当代大学课程秩序论

在「高深学问」和「个人知识」之间

王一军 ◎ 著

教育科学出版社
·北京·

序

龚放

（一）

在《高等教育研究》创刊 30 周年之时，我曾写过一篇文章，认为课程和教学论的研究是我国高等教育研究的潜在热点，也是高等教育学科发展新的增长点。从 20 世纪 50 年代以来，课程研究和教学研究始终是我国基础教育研究的重点所在，进入 90 年代以后，因为"建构主义"和"后现代研究范式"等新理论的引入，更因为新一轮基础教育课程改革和教材更新开始实施，课程与教学论成为教育科学最热门、最活跃、最富多样性的研究领域。与此形成明显反差的是，大学课程与教学的研究却未能在蓬勃发展的高等教育研究领域形成气候。恰如德国卡塞尔大学的 U. 泰克勒教授所云："然而，在高等教育方面，人们却不愿以相似的方式探讨教与学的问题。这种对较少系统化的课程的偏好可能源于教学和研究之间的密切关系。"[①]究其原因，不外乎三条。其一是在基础教育领域，"课程"这个术语意味着教育内容和形式、体系的规划或模型。因此，它往往强调"系统性"和"基准性"等内涵。而经典的、传统的高等教育恰恰反对类似的"系统化"或"基准性"，主张个性化教学和个别性指导。其二，经典的大学，特别是洪堡等创建的德国柏林大学十分强调"教学与研究相结合"，"由科研而达至修养"，强调学生通过独立探索和与教授的自由研讨来掌握新知，提高修养。这一理念对欧美大学，特别是研究型大学的影响很大。德国学者雅斯贝尔斯在《大学之理念》中特别强调：

[①] 胡森. 国际教育百科全书（第 4 卷）[M]. 贵阳：贵州教育出版社，1990:408.

"科研和教学的结合是大学至高无上而不可替代的基本原则";"最好的科学研究人员同时也应该是首选的教师",尽管他们在讲授方法上可能不尽如人意,但他们最具优势和最引人入胜的地方,就在于他们"能够引导学生接触到真正的求知过程,从而也就能够引导学生接触到科学的精神,而不只是接触仅凭借记忆就可以传授的僵死的结果"。①注重探求新知、追求真理的意识和能力,而不在意、不讲究教学的艺术与技巧,成为经典大学人才培养的重要特点。其三,大学教师的发展与晋升,很大程度上取决于他们的研究水平和研究成果,而不像中小学教师那样,取决于教学的优秀与效能。这三个因素至今依然在不同程度上左右着高等院校教授、学者的思维与行动,从而造成了大学课程与教学研究的欠缺与滞后现象。

我们还应当从大学课程与教学研究对象的特殊性视角来反思这一现象。诚如约翰·S.布鲁贝克所说:"第三阶段教育和高等教育有着低层次学校中碰不到的特殊问题;高等教育研究高深学问。""教育阶梯的顶层所关注的是深奥的学问。这些学问或者还处于已知和未知的交界处,或者是虽然已知,但由于它们过于深奥神秘,常人的智慧难以把握。"②确实,中小学的课程及其所蕴含的知识相对简单、普适,容易掌握。而高等教育所传递、所探讨的知识,却有极强的专业性。例如凝聚态物理、分子医学、非线性理论等,没有相应的知识背景,一般的教育研究人员很难入得其门,更别说"窥其堂奥"了。这也是中小学课程与教学论研究持续热门而大学课程与教学论研究鲜有问津的原因之一。在我国,1983年即将高等教育学作为教育学门类的二级学科列入研究生招生目录,但高等教育学的研究生及其导师,往往关注的是大学理念、体制改革、战略规划、政策评价等;而另一个教育学二级学科课程与教学论则将自己研究的边界不成文地界定为从学前到高中。大学的课程与教学,成为"两不管"地界,成为高等教育研究和课程与教学论研究的"双盲区"。

大学课程与教学研究相对薄弱和滞后的状况亟待改变。因为高等教育已经从精英阶段步入大众化(甚至普及化阶段),高等教育的对象已经发生了根

---

① 卡尔·雅斯贝尔斯.大学之理念 [M].邱立波,译.上海:上海人民出版社,2007:73.
② 约翰·S.布鲁贝克.高等教育哲学 [M].郑继伟,张维平,徐辉,等译.杭州:浙江教育出版社,1987:2.

本的变化；不再仅仅限于极少数智能卓越、才识出众者了；高等院校的层次和类型也具有丰富的多样性，培养目标差异甚大、层次丰富，不再仅仅是造就高素质的学术研究人才。随着高等教育大众化的发展，更多的院校越来越注重为学生进入学术生涯之外的其他职业作准备。这就推动高等教育的课程哲学和教学理念发生了质的变化。原来的"去系统性"和"去基准化"不再能够统摄整个高等教育系统。一方面，像医学和工程技术学科领域的教学大纲比人文、社会科学领域的教学大纲更有结构，更具"基准性"；非研究型大学比研究型大学更青睐严整的课程规划和明确的知识、技能要求。另一方面，高等职业教育和应用型本科人才对"应知应会"的要求更加严整，而不再强求"知其所以然"。即便是在研究型大学，也需要确定学习的程序和基础的要求，以确保学生在参加高级的研讨课并参与研究之前能够掌握相应的基础知识。因此，在公共基础课以及专业基础课中，不能一味地强调个性、开放性而排斥系统性和基准性，不能一味地强调领悟、探索而排斥系统学习、系统讲授。当然，研究型大学的高年级本科教学以及研究生教学仍须强调课程的开放性和探索性，强调作为高等教育目标之一的职业准备与其他更广泛的目标如人格完善、研究定向、非功利主义的批判性思维等的平衡，而不是相互抵触和相互排斥。要做到这一点，就需要加强对大学课程与教学论的研究，特别是专职教育研究人员与具有专业研究素养而又承担学科教学工作的教授、学者的携手合作、共生和分享。

我们看到，在欧美发达国家，情况已经和正在发生变化，批判"失去灵魂的卓越"和"回归大学之道"的呼声日益高涨，诸多研究型大学改弦易辙，在重构本科教育的同时，更加注重对教师的"教"与学生的"学"以及二者交互、共生的研究；大学的教与学的理念、教学艺术与技术、课程的设计与体系的更新，正在成为高等教育研究的新的热点。我国《国家中长期教育改革和发展规划纲要（2010—2020年）》中明确指出，未来10年，"提高质量是高等教育发展的核心任务，是建设高等教育强国的基本要求"。如何提高高等教育质量？如何在多样化中体现不同层次、类别、专业的人才质量标准？如何通过教师领悟教育、研究教学来激发学生投身学习、主动探索的热情，以增强社会责任感、提升创新能力和实践能力？成为高等教育研究者和实践者不可回避的课题。因此，关于高等院校课程与教学的研究逐渐增多。

例如，以大学生学习参与、学习投入与学习经历的调查研究为依据的高等教育质量评价，越来越引起我国高等教育决策者、管理者和研究者的重视。清华大学成功地参与了 NSSE 国际联盟，并尝试将学习参与的调查问卷本土化、中国化；南京大学、西安交通大学、湖南大学与美国伯克利加州大学的合作及其 SERU（研究型大学本科生学习经历调查）调查，2011 年以来业已开展了两轮；还有北京大学、中山大学自主开发的学习经历调查等。此外，对大学通识课程、"慕课"的研究等也正方兴未艾。对这些问题的理论探讨与改革尝试，将直接关系到高等教育"核心任务"的完成与否，同时也推动大学课程研究、教学研究真正成为高等教育学科的一个崭新的、生机无限的增长点。

王一军博士的新著《当代大学课程秩序论——在"高深学问"和"个人知识"之间》，就是这一高等教育学科新枝上萌生的新芽。

（二）

近年来，陆续有一些以大学课程为研究主题的博士学位论文或学术专著出版，但这些论著大多围绕通识课程、本科课程政策或管理、课程现代化等专题展开。王一军的博士学位论文《在"高深学问"与"个人知识"之间——当代大学课程的秩序转型》则别开生面，对大学课程哲学原理进行大胆探索。论文立足于高等教育大众化、生存方式数字化、社会组织学习化的时代背景，围绕大学课程研究中的知识问题，引入"个人知识"概念作为研究主题，把大学课程概念化为"秩序"，试图由此分析当代研究型大学的课程哲学原理，结合大学课程实践提出自己的鲜明观点和理论体系。论文在 2012 年 5 月顺利通过答辩，并被评为中国高等教育学会 2013 年度 5 篇优秀博士学位论文之一。现在，王一军博士将学位论文修改完善，更名为《当代大学课程秩序论——在"高深学问"和"个人知识"之间》，交由教育科学出版社正式出版。

知识问题是大学课程研究的本体问题，是王一军探讨大学课程哲学的一个重要维度，也是本书的一个重要特征。在将近千年的发展历程中，大学从当初类似于"一个居住僧侣的村庄"，发展为"一座由知识分子垄断的工业城镇"，而后又成为克拉克·克尔所自诩的"充满无穷变化的大都市"①，其规模、体量、结构、功能和社会影响发生了巨大的变化，但其作为知识传播场所的性质却始终没变，变的只是知识的内涵、传播的方式以及场所的形态。大学对知识的传播主要是通过课程实现的。早期大学的课程与知识是同义语，近代大学课程则依据学科专业领域展开，而学科、专业则是人们探索客观世界的不同知识通道，是知识分化的产物。现代大学的课程，意味着学生学习特定高深知识的过程。根据知识的性质，大学课程可分为通识课程和专业课程；根据知识学习的群体，大学课程可分为必修课程与选修课程；根据知识学习的功能，大学课程可分为认知主义课程、人文主义课程、实用主义课程等。在纷繁现象的背后，知识与课程的内生关系是以价值判断与选择为桥梁的。正如王一军博士所分析的那样，围绕"什么知识最有价值"形成了大学课程研究的知识本位范式，围绕"谁的知识最有价值"形成了大学课程研究的社会本位范式。在当下数字化生存方式、知识民主化和学习型社会的大背景下，知识越来越呈现多元化、个性化的特征。正是在此背景上，作者发现，随着高等教育从精英教育阶段走向大众化甚至普及化阶段，大学逐渐成为各种知识交流的场所，成为大学人自我发现、自我建构的重要驿站，每一个体的价值在大学中都应得到尊重。于是"每一个人的知识都有价值吗"成为新的知识论域，也是新的课程论题。作者据此着力探寻大学课程研究的学生本位范式。就论文的整体设计来说，研究是围绕"研究型大学知识旨趣的转变是如何影响和内生大学课程秩序的"这一核心问题展开的。作者站在历史分析的视角，用丰富的史实描述了人类知识旨趣的转变与大学课程演进的共生关系。

以"秩序"这一基本范畴观照、解读大学课程，是本书的第二个重要特征。知识传播本身具有某种"秩序"特征，随着知识社会学研究的不断深入，对这些特征的认识逐步清晰。作为知识传播者，知识分子聚集的地方也表现出鲜明的社会秩序特征，马克斯·韦伯曾说，凡是在文士阶层出现的地方，

---

① 克拉克·克尔. 大学的功用 [M]. 南昌：江西教育出版社，1993：26.

都显示出一种与农民的公众狂欢不同的个人智力上的入迷倾向。[①] 大学课程作为一种有目的、有计划、有影响的社会实践活动，理所当然是一种"秩序的存在"。王一军另辟蹊径，运用"秩序"这一范畴来描述大学课程的社会性质、系统属性和实践特征。在他看来，大学课程在不同的实践层面上分别表现为：一种理智性的"标准秩序"、一种信念性的"文化秩序"、一种情感性的"伦理秩序"，三者有机统一构成整体的课程秩序状态，并具有外部关涉、目标驱动、主体合作、对话生成、持续发展等鲜明的实践表征。基于知识演进和大学发展的丰富史实，王一军描述了大学课程秩序的转换轨迹：生成于古希腊知识遗产土壤的大学课程秩序，因宗教的控制和国家的人才诉求得以维持，并从"普遍知识秩序"演变为"高深学问秩序"，在当代历史条件下正在走向"个人知识秩序"。19 世纪以来，"高深学问"一直是经典大学存在的合理依据。"高深学问秩序"的维持，依赖"大学是高深学问的领地"、"大学学习是少数精英的特权"、"大学自治"、"学术自由"等要素和条件。但在当代大学教育生态中，这些要素或者受到冲击，或者难以为继，使大学课程秩序与社会需求疏离、与学生需要冲突、与教授观念相左，因失范、无序而备受指责。"高深学问秩序"向"个人知识秩序"转型，已经是大势所趋。"知识生产模式二"的出现、学术资本主义的兴起、知识民主化进程加快，构成了当代大学内外知识的主要特征。对大学课程秩序的冲击具体表现为个性化知识建构成为课程重要目标、课堂由知识传播的场所变为知识交流的场所、传统的学科体系受到跨学科研究需要的冲击、促进了教学与研究关系的重建，对个性化知识建构的诉求、学科知识范式的式微以及教学向生活的转移显示出"个人知识"课程秩序生成的必要性。在个人知识建构的意义上，大学是学生自我唤醒、学术体验和理智生成的地方。

其实，早在 30 年前，南京大学《高教研究与探索》就刊发了化学系老教授、中科院学部委员戴安邦先生一篇题为《化学教学十八法》的文章，戴老在此文中提出一个重要的观点：大学化学实验、物理实验和生物实验，不应当是简单的再现和演示，而应当是小型的科学实验。作为南大《高教研究与

---

① 卡尔·曼海姆. 知识阶层：它过去和现在的角色 [M]// 苏国勋，刘小枫. 社会理论的知识论建构. 上海：上海三联书店，2005：404.

探索》的编辑，我第一时间接触到戴老的这篇文章、这些思想。我的理解是：就人类认识总体而言，这些化学实验、物理实验或者生物实验，都是前辈学者一百年前甚至几百年前已经成功完成并有所发现、有所创新的活动，因而只是一个"再现"，一个"重复"、一种"演示"；但是，对于每一个学生个体而言，它们应当是全新的探索，是个体认知的发现与建构！根据戴老的建议，南京大学对实验进行了改革，将传统的根据实验手册按部就班、重复演示的实验，变为"半开放"、"全开放"和"自由探索"的实验。我理解，现代研究型大学将继续在"高深学问"与"个人知识"之间，在探索求知、把握真理和为学生成长与发展服务之间，确立自己的办学理念与发展道路。

在"制度分析"框架与课程体系之间寻求大学课程的实践建构，是本书的第三个重要特征。就某一门课来说，其实践框架由课程目标、课程内容、课程组织、教学方式、课程评价等要素构成；就某一专业来说，其课程实践框架由课程理念、培养目标、课程结构、教学要求、课程管理等要素构成。而就一个学院、一所大学甚至一个时代来说，大学课程体系复杂而多样，建构一种实践框架是非常重要的研究课题。王一军博士基于"秩序"基础是制度，用诺斯的制度分析框架，即正式规则、非正式约束以及二者的实施特征，对应大学课程系统中的正式课程、隐性课程与课程实施，形成大学课程秩序的实践框架，着力探讨大学课程"个人知识秩序"的制度重建。在大学课程的意义上，"个人知识"可理解为学生对专业知识的个性化建构、在具体情境中解决问题的能力、具体行动中所采取的独特思路与方法、对知识价值与自我需要的意知、理性信念与情感寄托。据此，大学课程的总体目标就包括丰富学术体验、建构专业知识、提升意会能力和唤醒理智激情四个维度。在案例分析的基础上，作者认为"个人知识秩序"生成的课程制度建设包括以学生学习为中心的正式课程整体设计、丰富学生学术经历的隐性课程开发、服务学生行动学习的课程实施安排。在"个人知识秩序"主导的大学课程实践中，学术本位无疑让渡于学生主体发展，"学术自由"的话语局限也就难以彰显大学的自由意义，需要向"发展自由"展开话语转换。在作者看来，大学"发展自由"既意味着尊重个体价值、通过环境学习、机会成就自我建构、进化性道德与制度规范，也表现为精神自主、行动自律、学问自理，学生作为自我探险者、教师作为课程开发者、学习场域作为课程等一同构成了大学"发展自由"的实践旨趣。

我们可以看到作者研究大学课程的清晰而严整的内在逻辑：由知识问题的本体研究——秩序视角的认识论探讨——"发展自由"理念下的实践制度重建，筑起当代研究性大学本科课程的哲学殿堂。

（三）

王一军的博士论文即将付梓，作为他的导师，我分外高兴，也由衷地祝贺他！在学术研究上，王一军既有挑战传统理论的勇气，又有坚持自己观点的执着，我以为这是难能可贵的。书中创新观点颇多，这里略举一二。

其一，从"教授普遍知识的场所"到"学生自我探险的场所"。纽曼围绕"教授普遍知识的场所"阐述了大学的教学功能，强调知识本身是大学的教育目的，这是中世纪以来欧洲大学的传统理念；洪堡借助柏林大学创建，践行"为科学而生活"的大学理念，把科学研究纳入大学的主要功能，确立了作为知识生产主体的学者在大学的重要地位；威斯康星大学把大学功能拓展到服务，强化知识应用场所"社会"的地位。"尽管在某些时期可供大学选择的理念较少，但从来不曾有某种单一的大学理念存在。只不过在不同理念之间会有轻重之分，大学可能会比较强调其中的某一种理念。"[①]不争的事实是，学生作为学习主体的地位没有得到自觉的强化。论文从当代大学作为各种知识交流的场所这一命题出发，提出"每一个人的知识都有价值"的论断，系统阐述了大学作为"学生自我探险的场所"这一理念。显然是对当代大学功能的描述与拓展。

其二，从"探索高深学问"到"发展个人知识"。"高深学问"一直是大学合理存在的基石，也是大学引以为豪的领地，高等教育哲学正是基于"高深学问"的分析、传播与研究而建构的。作者从分析当代知识状况入手，敏锐地发现基于"高深学问"的大学哲学的危机，并提出发展"个人知识"的必要与可能。论文指出，谈高深知识或高深学问强调的是知识的性质，谈个人知识说的是个体对知识的建构与形成的结果。在高深学问秩序课程从以知

---

① 谢尔顿·罗斯布莱特.现代大学及其图新——纽曼遗产在英国和美国的命运[M].别敦荣，译.北京：北京大学出版社，2013：1-2.

识为目的向学生主体回归的过程中，高深学问始终是研究型大学的特征，在高深学问秩序中学问本身处于支配地位；在个人知识秩序中学生发展处于支配地位。在高深学问秩序中，学生为学问而来，自身发展遮蔽于学问之中；在个人知识秩序中，学生为发展而来，学问遮蔽于自我完善之中。没有高深学问不可能有个人知识，有了高深学问不一定生成个人知识，或许只是一堆识记的事实。就大学来说，赖以生存的知识永远是高深学问；但对学生个人来说，在当代社会背景上，生存与发展更多地依赖个人知识。

其三，从"学术自由"到"发展自由"。如文中所述，在"以学术为业"的大学黄金时代，"学术自由"不仅是传统大学发展的动力，也吸引着各种力量投身于大学教育事业，"学术自由"成为大学人崇高的信仰。随着大学功能的不断拓展，大学与国家机构的界限趋向模糊，大学在不断地变化，但学术自由的旗帜一直在高高飘扬。在当代高等教育语境中，学术自由几乎涵盖了从教育价值观到大学文化生态等全部大学意识的思想边界，抽象话语背后的意义扩展其实也在销蚀话语自身存在的合理性。学者的自由就与那些更普遍的自由没什么两样。"学术自由"知识本位的价值取向，已经不能适应服务学生发展的个人知识秩序需要。向"发展自由"的话语转换，聚焦于知识群落中人的发展，在自身获得合理性的同时，也将实现大学教育新的意义建构。"发展自由"作为大学教育的价值取向，其意义在于保证学生多样化发展、个性化发展，并推动教师的充分自由发展。

因为观念相左，更因为王一军关于大学课程的哲学探索是全新的，甚至是对传统的、经典观念的某种颠覆性的思考，还因为王一军的思考与批判难免有其粗糙、疏漏甚至偏颇之处，因而王一军的论文从开题到答辩都有不同的声音，部分观点发表后也引起商榷和争论。我始终认为，有锋芒、有争议的论文才可能是有创新的好论文。如果四平八稳、中规中矩，答辩时顺风顺水、波澜不惊，那肯定是一篇平庸之作。关键是年长的学者们应当宽容、理解和鼓励年轻学者的创新观点，要努力保护他们勇于坚持、敢于挑战和善于批判的学术性格。然而，"对创新思维的抵制在学术界里是天然存在的，这种观点随着时间的推移极具洞察力，也获得了普遍的认同。"① 也许日本哲学家中村雄二郎道明了这种抵制的原因："人们随心所欲地将自己的专业划分得很狭窄，并给它制定一个框框，然后自己心安理得地躲在里面；或者是害怕失败，因而不再去进行探险和面对挑战；又或者在已经当作标签的客观性及普遍性的名义之下逃避自己的责任等等。"② 研究的实质就在于过去逐渐让位于将来，旧的知识逐渐让位于新的知识，曾经出现的知识创新逐渐让位于激动人心的更加大胆的创新。有了这种认识，我们的学术研究才能避免著名科学教育家施瓦布所说的"理智的偏狭"：一是将科学拔高到其他学术学说之上，主要是把社会研究和人文研究诋毁到自圆其说的水平；二是把接近真知的互动过程转变为辩论防御和抨击。

韦伯在《以学术为业》中曾说："我们应当去做我们的工作，正确地对待无论是为人处世的还是天职方面的'当下要求'。如果每个人都找到了握着他的生命之弦的守护神，并对之服从，这其实是平实而简单的。"2008 年在博士研究生入学复试时，我曾经问王一军："你曾经是小学教育的名教师、名校长，后来一直从事基础教育的课程与教学论研究，为何要来报考高等教育学的博士？"他的回答是："我想挑战一下自我。"在研读高等教育学博士的过程中，王一军不但挑战了自我，而且勇敢地挑战了大学课程哲学的现存理论依据，我认为他已经真正找到了"握着他的生命之弦的守护神"。我希望他能够继续下去，以学术为志业，在大学课程与教学论研究的学术之路上越走越远。

（作者系南京大学高等教育研究所所长、教授、博士生导师）

---

① 托尼·比彻，保罗·特罗勒尔. 学术部落及其领地——知识探索与学科文化 [M]. 唐跃勤，等，译. 北京：北京大学出版社，2008：105.
② 中村雄二郎，山口昌男. 带你踏上知识之旅 [M]. 何慈毅，译. 南京：南京大学出版社，2010：1.

目　录

引言　探寻大学课程研究中的知识问题

　　大学作为人类文明的奇葩，被赋予诸多功能和荣耀，但就其本质来说无不依附"知识"。纽曼（John Henry Newman）明确指出："我对大学的看法如下：它是一个传授普遍知识的地方。"（约翰·亨利·纽曼，2001）[1] "大学教育有非常实际、真实、充分的目的，不过，这一目的不能与知识本身相分离。知识本身就是目的。这就是人类心智的本性。"（约翰·亨利·纽曼，2001）[23] 与纽曼不同，雅斯贝尔斯（Karl Jaspers）更强调人的探究旨趣："大学是一个由学者与学生组成的、致力于寻求真理之事业的共同体。"（卡尔·雅斯贝尔斯,2007）[19] 怀特海（A.Whitehead）则注重大学教育实践的创造价值："大学之所以存在是因为她能把青年人和老年人联合在对知识的富有想象力的思考当中，并维持了知识和生活的联系。大学的确是传授知识，但却是创造性地传授知识。"（Whitehead，A，1929）[39] 布鲁贝克（John S. Brubacher）对发生在大学里的"知识"作了具体的描述："每一个较大规模的现代社会，无论它的政治、经济或宗教制度是什么类型的，都需要建立一个机构来传递深奥的知识，分析、批判现在的知识，并探索新的学问领域。换言之，凡是需要人们进行理智分析、鉴别、阐述或关注的地方，那里就会有大学。"（约翰·S.布鲁贝克，1987）[13] 先哲们思考的角度不同，却都在阐发"知识问题"是大学核心问题的观念。很显然，有关大学教育中知识的价值分析、内容选择、组织结构等，都是大学课程的实践要素。大学课程研究中的知识问题是大学的基础问题，是大学的哲学问题，也是大学存在的合理性问题。大学课程中的知识问题研究，是多学科的共同命题，本书主要关注"知识本位"和"社会本位"两种范式，并着力探讨"学生本位"范式。

一、从关注"什么知识"、"谁的知识"到关注"每个人的知识"

从"七艺"到经院哲学，从中世纪神学到现代科学技术，在适应普遍嬗变的环境中，知识的本质在不断改变，大学的生存和发展正是通过大学课程，在不断吸收新知识同时改造旧知识的过程中实现的，大学的历史实质上是知识演进的历史，在历史的磨砺中，大学课程逐步形成了知识的敏锐感，铸就了基于知识展开斗争的性格。

1. 围绕"什么知识最有价值"形成了大学课程研究的知识本位范式

早在 16 世纪，培根（Francis Bacan）就对古典课程提出质疑。他在剑桥大学就读三年，对当时的古典语文和神学深为不满，认为英国的学校教育制度是根本有害的，对经院哲学家们所从事的"学问"甚为蔑视。他是科学技术的倡导者，其名言"知识就是力量"，赋予科学知识鲜明的功利价值，引导大学课程重新思考知识的意义，成为鼓舞大学课程走向实用理念的推动力。到 19 世纪，斯宾塞（Herbert Spencer）提出了一个大学课程的核心命题："什么知识最有价值？"在《什么知识最有价值》一文中，他批评当时的教育是装饰的教育，学校中教育的知识是为了自炫，而不是为了实用，不是为了指导人们的现实生活。他认为教育所传授的应该是最有价值的知识，"为我们的完满生活做准备是教育应尽的职责，而评一门教学科目的唯一合理的办法就是看它对这个职责尽到什么程度"（斯宾塞，1994）[826]。也就是说，对人的现实生活的指导作用的大小是衡量知识价值大小的标准，指导人的现实生活所最必需的知识才是学校应教授的知识。斯宾塞为科学知识进入大学课程提供了价值判断的标准。20 世纪的美国是各种教育观念交汇之地，围绕"什么知识最有价值"形成了不同的大学课程流派。以杜威为代表的实用主义，发展了斯宾塞的思想，高举科学知识大旗，主张大学课程的功利价值。杜威认为理智和知识是应付生活环境的工具，"面对日常生活的各种问题，学生和教师应该从高深学术中选择那些对克服眼前种种困难的有用的材料来学"（约翰·S. 布鲁贝克，1987）[108]。面对知识的追求沦为实用的工具，赫钦斯（R.

M. Hutchins）从知识的统一性出发，认为"理想的教育不是一种特殊的教育，不是一种指向眼前需要的教育；……它不是一种功利主义的教育，它是一种发展智能的教育"（陈锡恩，1948）[77-78]。他说："大学就是提供一个特别的环境，使人置身其中能够不受功利主义与企求结果的压力的阻碍，努力追求真理。"（陈锡恩，1948）[72] 他倡导人文知识教育，主张古典的名著课程。弗莱克斯纳（Abraham Flexner）同样反对实用主义的大学主张，但他追求的是以研究为中心的大学课程愿景。他认为，在大学里，思想的清流时时注入人类的宝藏，对于大学教师来说，激发学生自己探索和使研究者团结合作比学问本身更重要。"学问之所应培养好奇心，它们受即刻功用的因素干扰越少，它们对人类福利和现代社会智力生活做出的贡献就越大。"（贺国庆，等，2006）[376] 他所说的研究是纯科学意义的研究，不带任何功利色彩。

在大学发展史上，知识本位范式长期占有绝对的统治地位。这一范式关注知识本身，对知识的价值分析主要有四个维度。一是社会、文化发展需要维度，这一维度是大学教育产生的条件也是生存的基础。从中世纪大学依附宗教到大学的世俗化，从古典人文教育到近代科技教育，大学课程的每一次变革都是社会、文化发展对知识重新选择的结果。二是人自身发展需要维度，是教育品质提升和大学理想追求的哲学前提，也是自由主义教育的根基。人们本着"闲逸的好奇"精神把追求知识作为目的，了解他们生存的世界，只是一种兴趣，一种自我的充实，一种对未知的好奇心。在维布伦（T. Veblen）看来，"探讨深奥的实际知识是学术事业不证自明的目的，与它可能对上帝的荣誉和人类的利益所产生的任何影响都毫不相关"（约翰·S. 布鲁贝克，1987）[14]。从人自身发展需要来看，大学教育把追求真理作为最终归宿，尽管大学课程随社会变化时常动荡，但自由主义教育这一主线未曾根本动摇过。三是知识传播、生产与应用维度，这决定了大学的性质与其存在的合法性。因为知识的激增和高层次人才培养的需要而产生大学，早期大学并不是知识生产的中心，那时的知识生产者大多在机构之外，他们是作家、自由流动的知识分子、贵族阶层的成员或改革派的牧师。"文艺复兴、宗教改革、启蒙运动都是对独立于政权和教权之外的知识的渴望。"（杰勒德·德兰迪，2010）[27] 传统大学主要是知识的传播场所。到了 18 世纪，随着启蒙思想的进一步发展，以康德的理性批判思想和洪堡的文化观念为主导，一些新人文主义大学坚持知识自治，作为批判理性的保护者，进而成为知识的生产者，体现为教学与科研相统一，共同为追求真理服务。"20 世纪是一个专门化、职业化的时代，也是取代启蒙时期人文主义最后遗留物的时代。……大学作为一个机构，承认社会整合的新文化形式，这种机构服务于社会的经济需求、维护民族威望、保卫国防以及培养技术专家。"（杰勒德·德兰迪，2010）[29] 至此，知识的传播、生产都统一于运用之下，大学充当着社会的公共服务机构，知识本身不再是目的。四是教育体系整体设计维度，这决定了大学教育的实践特征。由于初等教育和中等教育的存在，大学作为高等教育在知识的选择上必须有别于前两级教育，这是大学课程实践必须考虑的维度。"高等教育与中等、初等教育的主要差别在于教材的不同：高等教育研究高深的学问。在某种意义上，所谓'高深'只是程度不同。"（约翰·S. 布鲁贝克，1987）[2] 正是在教育体系的整体设计中，"高深学问"成为大学知识性质的一种描述。在不同的历史时期、不同的大学教育机构，对知识的分析和选择并不是严格按照这四个维度展开的，可能侧重于某一个维度，这就产生了自由主义教育、功利主义教育等不同的大学教育流派，使大学课程形成丰富多彩的历史面貌。

2. 围绕"谁的知识最有价值"形成了大学课程研究的社会本位范式

在叩问"什么知识最有价值"的时候，进入大学课程的知识便理所当然地获得精英化的身份，并被赋予一种客观化的地位，于是消解了对知识合理性的质疑，知识问题转化为学习有效性问题。随着社会民主进程的加快，人们强化了对教育中民主、自由和权力等问题的讨论，许多学者走到知识的背后，探讨知识教育的深层意义。麦克·F. D. 扬（Michael F. D. Young）指出："知识的增长和获得，与知识的逐渐分化是并行的。从经验上看，我们能够无可争议地证明，知识的日益分化对于某些希望获得某种地位，进而将'他们的知识'赋予更高的级别和更高的价值，并加以合法化的群体来说，是一个必要的条件。""当我们设定与课程有关的某些社会联系的模式时，一旦统治阶级认识到这些变化将动摇他们的价值观、相对权力和特权时，它们将受到抵制。"（麦克·F. D. 扬，2002）[42-43] 他把教育中的知识置于特定的社会关系之中，分析了知识分层背后的权力与控制问题。吉鲁（Henry A. Giroux）认为，知识一旦作为外在于人的客观事实的领域，就不再被看作某种要被质疑、被分析和被磋商的东西，而变成了某种要被处理和掌握的东西。"认识主体维度一旦丧失了，那么，知识的目的就变成一种积累和分类。在这样一种界定知识的语境下，'为什么是这种知识'这样的问题，就被'什么是学习这种既定知识体系的捷径'这样的问题所取代了，……在传统的课程模式下，控制，而不是学习，似乎有着很高的优先地位。在这里，丧失的是这样一种观念，即知识不单单是'关于'外部实在的，更重要的，它是导向批判的理解和解放的自我认识。"（亨利·A. 吉鲁，2008）[24-25]弗莱雷（Paulo Freire）把这种知识控制称为"灌输式教育"。他说："大多数人越是完全地适应由统治地位的少数人为他们设定的各种目的（统治者由此可以随意剥夺大多数人的权利），占少数的统治者就越容易继续发号施令。灌输式教育的理论和实践非常有效地服务于这一目的。语言课、阅读要求、衡量'知识'的各种方式、教师与被教育者之间的距离、提升的标准：这一现成方法中的一切都是为了消除思考。""它企图控制思考和行动，让人们去适应这个世界，并抑制他们的创造力。"（保罗·弗莱雷，2001）[28-29]基于这些思想，阿普尔（Michael W. Apple）比照斯宾塞，提出了"谁的知识最有价值"这一命题，他说："进入学校的知识是对较大可能范围的社会知识和原理选择的结果。它是一种来自某个方面的文化资本形式，经常反映我们社会集体中有权势者的观点和信仰。"（迈克尔·W. 阿普尔，2001）[8]他认为，我们的教育机构对分配意识形态价值和知识产生作用，在帮助生产某种类型的知识，这种知识被用于维持现存社会统治以及经济、政治和文化安排。

大学课程的社会本位研究有良好的传统，重点从三个主要方面展开。一是学科的组织。学科是大学课程主要呈现形式，从本质上说学科知识是社会化的建构过程，正如麦克·F.D. 扬所说："把课程的变化看成是知识定义的变化，这种知识的变化和社会分层、专门化，以及知识组织的开放程度是一致的。"（麦克·F.D. 扬，2002）[43]伯恩斯坦（B. Bernstein）认为，当一门学科分类清晰、框架明确而且拥有一个功能强大的累积制度时，该学科领域的学者就被赋予了权力。他说："权力原则与社会控制原则通过学科制度实现，并通过这些制度，它们进入人们的意识，形成人们的意识……制度的改变会使知识分类和框架结构发生根本变化，进而引起权力结构和权力分布的改变，

以及调节规则的改变。因此，学科制度的问题受到如此巨大的抵制也就不足
为奇了。"（托尼·比彻，等，2008）[40] 学科的组织问题始终是社会学关注的
重要问题。二是社会控制。社会通过知识控制人的思想和行力，是通过知识
的选择和实际的教育行为规范达成的。在大学主要表现为是否拥有学术自
由，包括教师教学和研究的自由以及学生学习的自由。马克斯·韦伯（Max
Weber）较早地对大学官僚化趋势下学术研究失去自由竞争机制表示了极大
忧虑。他尖锐地批判"思想的官僚化"，要求改变一切使人从官僚主义出发
去考虑问题的想法。他指出，德国学术在诱惑和欺骗中走向腐败，世俗功利
主义笼罩下的大学人追逐名利、趋炎附势而浑然不觉，教授们自欺欺人，把
他本应该献身的学术当作一项表演事业，竭力以其"学术成就"来证明自己
的价值，而不管这些在学术进步上的影响和实际作用。大学人失去了作为学
者的尊严感，降低了人格，给人一种卑劣的印象，如同政治领域一样，他们
被一些权力强人所愚弄，"这样的体制，试图把新一代学者变成学术生意人，
变成没有自己思想的体制中的螺丝钉"（马克斯·韦伯，2006）[51]。大学人越
来越像资本主义这部大机器中的小零件，在严密组织的官僚体制里循规蹈矩
地运转。三是知识的分层。大学课程广泛存在着按照知识地位的高低对学科
领域进行分类，对知识进行分层。就分层而言，体现了社会权力分配和知识
分配之间的关系，并通过对不同群体进入知识领域的能力的限制，来达到人
的社会阶层划分。所以麦克·F. D. 扬指出："如果高层次知识的标准与占统
治地位的利益群体的价值观联系在一起，特别是在大学中，那么，人们将可
以看到，与学术课程相联系的高层次知识的任何变化都将受到最大程度的抵
制。"（麦克·F. D. 扬，2002）[46] 正如康奈尔大学前校长罗德斯（Frank H. T.
Rhodes）描述的那样："每一个院长都知道，要想教师会议有人缺席，最好的
办法就是宣布会议的题目是讨论课程设置。想减少教师的和谐气氛，制造出
一种冰冷、不舒服的沉默的最好办法，就是建议对课程中的主要问题进行回
顾。"（弗兰克·H. T. 罗德斯，2007）[114] 这充分说明任何有关对进入课程的知
识调整都是一种艰难的利益和权力分配，知识的价值通过课程得以彰显，知
识背后的权力通过学科分层得以合理化。

3. 围绕"每一个人的知识都有价值吗"建构大学课程研究的学生本位范式

围绕"谁的知识最有价值"进行课程研究，主要关注进入课程的知识受到权力的制约，揭示了知识选择过程的主观性。那么知识本身是否具有主观性呢？进入后工业社会，尤其是信息社会的快速发展，知识的客观性、统一性和确定性受到挑战，开始向主观性、差异性和主体性转变，这是知识自反性、知识信息化等多种因素共同作用的认知结果。美国当代新实用主义者罗蒂用反本质主义来描述实用主义知识主张："在关于应该是什么的真理与关于实际上是什么的真理之间，不存在任何认识论的差别；在事实和价值之间，不存在任何形而上学的差别；在道德和科学之间，不存在任何方法论的差别。"（理查德·罗蒂，2007）[614] 罗蒂是要否定知识的理性化，寻求道德、事实与价值的融通，强调实践的智慧。在罗蒂看来，"人应付环境的功用问题"（理查德·罗蒂，1992）[1] 是判断知识或信念为真的根本标准，而不是静观中的表象是否与实在相符合。这种以主客观的符合为前提的真理论，使传统的、以抽象的方式求知的知识论从根本上动摇了。实用主义者旗帜鲜明地把实用的目的理解为真正的知识的必要前提，使知识回归了人的实践活动本身，主体的认知活动融入了鲜明的价值取向，个人的观念与需求映射于知识之中。实用主义对知识工具价值的强调使知识走向了人的生存实践，法兰克福学派对知识的人本价值追求使知识走向了人自身的解放。哈贝马斯反对仅仅从工具性的角度看待认识，他把那种唤醒人自身需要的"理性的兴趣"看成认识的基础，把认识视为人类兴趣不可分割的一部分，把认识判断与价值判断结合起来，使过程回归人的主体。波兰尼明确提出了"科学知识是个人的"的论断，企图用"个人知识"来替代那种具有超脱性理想的客观知识，主张知识是个人性与客观性的结合，知识的典型特征是个人性、意会性和信念性，强调个人的情感、意志、直觉或无意识的本能冲动是一种无法用概念和语言表述的、不能言传且不能论证的知识，并把它们设定为人乃至世界的本质。对于这些存在于个体的知识价值与意义，哈耶克进行了精辟的论述。哈耶克认为，个人知识是在具体社会行动中有关个人行动者之间自发生成并传播。在他看来，社会行动中的均衡状态意味着"组织该社会的个人为即时性行动所制定的不同计划是彼此相融合的"（哈耶克，2003）[64]。在这个意义上说，作为对特定情势把握的个人知识就是对那些行动的"预见"和"调适"，这是自发秩序展开的行为基础。另外，利奥塔尔认为，那些传统形态的知识在信息社会已经改变其存在与传播方式。他说："知识只在转译为信息量才能进入新的渠道，成为可操作的。……一切构成知识的东西，如果不能这样转译，就会遭到遗弃，新的研究方向将服从潜在成果变为机器语言所需的可译性条件。"（让－弗朗索瓦·利奥塔尔，2011）[12-13] 超出利奥塔尔预期的是，在多媒体网络时代，知识已完全数据化，在理论上每个当代人都具备将个人掌握以及生产的知识在数据网络上与他人分享的能力。任何知识的传播都超越了传统课程的局限，并推进了知识的民主化进程，同时，网上数据库与传播方式正在成为大学课程形式。在这种知识理解与传播的条件下，"谁的知识更有价值"的追问已失去课程意义，充分发挥每一个人的知识价值成为大学课程研究的新命题。

面对知识信息化对大学教育方式的冲击，利奥塔尔一针见血地指出："对传递确定的知识而言，教师并不比存储网络更有能力。"（让－弗朗索瓦·利奥塔尔，2011）[182] 数字化生存的现实已经说明，多媒体网络已经成为知识的百科全书，远远超出了当代人的使用能力，成为年轻人成长的"自然"。因为每个人所处的"自然"环境不同，利用"自然"的能力有差异，所以进入大学的每个人都是一个独特的知识体，加上大学本来就存在的多元知识体系，大学成为多元知识汇聚的场所，大学的理想应从关注"谁的知识"进一步走向关注"我们所有人的知识"。基于这种思考，德兰迪指出："现代大学制度的伟大之处在于，它可以成为现代知识社会中互相交流的最重要场所。如此之多的不同种类的知识大量增加，再也没有任何一种知识可以把其他所有的知识统一起来。大学不可能重建已打破的知识统一性，但它可以为不同种类的知识提供相互交往的渠道，尤其是为科学知识和文化知识提供相互交往的渠道。"（杰勒德·德兰迪，2010）[7-8] 这是大学课程的美好愿景，大学课程研究与开发就是要促进各种知识在大学相遇与平等交流。

围绕"每一个人的知识都有价值吗"这一问题，大学课程走向学生本位研究，并从四个方面展开。一是知识对人自身解放的意义与价值。与"知识本位"课程把知识本身作为目的不同，"学生本位"课程追求知识对人自身发展的价值。雅斯贝尔斯认为，科学因人而存在，大学生在科学探究中可以更好地实现生命价值。他说:"由于体验到了真正的无知,我逐渐间接地意识到那种超越我整个求知过程并暗中推动我整个求知过程的同一性。恰是这种同一性给我的探索赋予了生命和意义。"(卡尔·雅斯贝尔斯,2007)[46] 在他看来,正是求知的热情与过程点亮了主体人生。哈贝马斯的观点与雅斯贝尔斯不同,认为科学技术作为生产力实现了对自然的统治,作为意识形态则实现了对人的统治,他希望人与人之间相互作用的交往行为合理化,以实现人自身的解放。许多学者的观点已经得到证明,在变动不居的当代社会,知识对人的发展形成了新的困扰,那些过时的专门知识往往成为学生进入社会后寻求自我超越的障碍物。究竟要学生学习什么,如何对待传统的大学教育,是学生本位课程必须思考的问题。二是大学服务学生终身发展的知识建构。在信息化社会,知识自身的快速生产以及对人生活方式的支配,决定了任何人都无法在短期内完成学习使命,学习成为人一生的行为。杜德斯达(James John Duderstadt)说得明白:"大学教育的目的不是为学生的第一份工作做准备,而是要为他们最后一份工作做准备。"(詹姆斯·杜德斯达,2005)[65] 基于同样的思路,库恩(George D. Kuh)提出:"本科教育的核心功能之一是,使学生了解挑战我们熟知的观念和行为的新思想和经验,为他们成为有能力的具有公民责任感的社会成员打下坚实的基础。"(乔治·D.库恩,2007)[235] 正是基于这样的思考,许多专家指出,大学教育的目标主要是促进学生全面素养的提升,让学生提高持续学习的能力,因此服务学生终身发展的知识一定是学生不断自主学习的知识,"唯一不会过时的技能是学习新技能的技能"(迈克尔·吉本斯,等,2011)[65]。三是基于知识传播形态的学习方式变革。面对知识的信息化,人机互动成为学生学习的主要形式,对此,克拉克·克尔以怀旧的心情描述道:"学生生活的神经系统活动现在越来越多地依赖电脑终端和传真机,越来越少地依靠面对面接触。这使我悲伤——冰冷的机器接触取代了温暖的人际互动。"(克拉克·克尔,2008)[111] 如果单纯停留在"高深学问"习得上,人机互动完全可以取代传统的教师教学,但是在当代知识生产模式 2 背景下,"随着知识生产从大学转移到社会中,社会上各种各样的价值观也进入大学之中"(迈克尔·吉本斯,等,2011)[67]。就需要一种面对面的对话交流,这正呼唤一种共同体合作学习。另外,研究从大学向社会其他形式转移,研究的训练同样走向应用情境,那么具体情境中的行动与实践学习也将成为一种重要的学习方式。四是大学知识场域中的交往行为。正因为大学知识垄断地位的消解，大学教育职能正在发展转变。德兰迪认为："大学的任务就是在社会中开放交往的场所，而不是像最近那种危险的行为：使自己成为一个高傲自大的官僚机构。"（杰勒德·德兰迪，2010）[9] 库马尔（Krishan Kumar）把作为知识场所的大学定位为"公共生活空间"。他说："在日益家庭化和个人化的社会里，大学是少数存留下来能够吸引人走出私人空间的机构之一——它鼓励人们参与共享的公共活动。"（安东尼·史密斯，等，2010）[60] 他强调保持大学作为知识场域的独立性和独特性，以更好地服务于社会。正是交往行为的合法化，才能使哈贝马斯所说的人的自身解放得以实现，学生本位大学课程的旨趣即在于此。

二、超越知识——大学课程研究的新视野

围绕知识的演进，大学课程不断实现自身的适应和超越，在这过程中也实现了课程与知识的双向建构。由于"大学是民族灵魂的反映"，大学和大学课程研究自然是社会各学科共同关心的领域。早在 20 世纪 80 年代，伯顿·克拉克（Burton R. Clark）主编的《高等教育新论——多学科的研究》一书开创了高等教育研究的新范式。正如克拉克在该书导言中所说："当学科专家们研究高等教育时，我们可以跟随他们，要求他们解释他们聚光灯所揭露的东西，并给他们相互介绍，这是有意义的事。偶尔的集体研究也可能是很有效益的。这种努力可以加强一种意识，就是那些分裂知识的人有责任把知识整合起来。它们可以通过其他领域的专家的坚持在树丛中多看一下森林，并且帮助各个领域的专家开阔思想。"（伯顿·克拉克，2001a）[4] 20 世纪 70 年代以来，西方教育科学领域发生了重要的"范式转换"：开始由探究普适性的教育规律转向寻求情境化的教育意义。课程研究领域开始超越以"泰勒原理"为代表的具有理性主义性格的"课程开发范式"，走向把课程作为多元"文本"来理解的"课程理解范式"，呈现出多学科、多种话语的研究视野。这种超越知识的课程研究范式，在大学课程研究中更具实际意义。

1. 课程是一种政治

阿普尔认为，只有通过霸权、意识形态和选择性传统的概念对课程进行分析，才能真正理解课程。他从意识形态和课程的相互关系分析入手，提供了一个课程的政治分析框架。"我们不仅需要批判性地检视'学生如何获取更多的知识'（这是我们这个追求效率社会的突出问题），而且还需要批判性检视'为什么和怎样使集体文化的特殊方面在学校里呈现为目标性的、事实性的知识'。说得更具体些，也就是官方的知识如何来代表社会中起支配地位群众的意识形态结构；学校怎样把这些有限的、部分的知识标准化为毋庸置疑的真理。""我们必须至少在学校生活的三个领域里提问这些问题：（1）学校基础的日常规范如何使学生学习这些意识形态；（2）这些特殊的课程知识形式在过去和现在是怎样来反映这些结构的；（3）这些意识形态怎样被反映为教育者自身的基本理念，并控制和指导他们的活动，给他们的活动赋予意义。"（迈克尔·W. 阿普尔，2001）[14] 阿普尔的研究开创了课程的政治理解之路。罗德斯从组织行为的角度给我们展示了课程作为政治的另一方面。他说："如果用一个词来形容大学所进行的教学、研究和服务等多种任务的独特方法，那么这个词就是'共同体'。不建立学术共同体，知识就会变成孤僻的东西……不建立学术共同体，个人的发现就是有限的，这不是因为个体研究者的创造力和开拓性不及研究群体，而是因为他或她的结论没有接受质疑，也无法得到更多的检验；这样，个人的知识就是不完整的。"（弗兰克·H. T. 罗德斯，2007）[55] 罗德斯强调了学术共同体建设在大学课程开发中的重要地位，实际上大学中许多组织和机构都是围绕大学课程运行的，从而构成了大学课程的政治系统。课程作为政治的研究就是关注课程中的权力分配、行为控制、组织运行、相互关系以及政策安排等问题。

2. 课程是一种消费

美国畅销书《老师的谎言——美国历史教科书中的错误》描述了教科书的故事。教科书要进入学校必须通过州教科书采用委员会的审查，"教科书的营销就好像是兜售鱼饵，关键在于抓住垂钓者而不是鱼本身"（詹姆斯·洛温，2009）[340]。很多被采用的教科书都是很花哨的，它们只注意吸引采用委员会的眼球，教科书采用委员会往往较多关注对自己州来说很重要的人物和事件，征订者通常都在教科书里找寻自己想要的那些细节。在听证会上，评估委员会邀请社会各界就被列入评估对象的各种书籍展开评论，由于委员会总是竭力迎合那些提名自己进入委员会的人的要求，那些在听证会上说三道四的人常常一言九鼎，不论其说得对与不对。采用委员会还经常逼迫出版商们公开表示赞同某些观点，很多州修订了自己的教科书规范，以屈从这种对教科书内容的无理要求。"出版商们删除一些针对美国政策的温和批评，以迎合某州右翼分子的批评，但结果却发现，自己冒犯了另一个州的左翼分子。"（詹姆斯·洛温，2009）[345] 在作者看来，美国历史教科书中充斥谎言的原因之一，是教科书出版社迎合消费者的结果。大学课程作为消费有着广泛的内涵。选修课是一种知识的消费，更是一种学分消费，所以，"随着选修制的采用，普遍存在的学业标准快速下降的苦恼也应运而生；学生越来越多地选择那些只有初级水平的课程而放弃学习逻辑和古典语言，大学因而被指责正在培养诡辩家和业余艺术爱好者"（菲利普·G. 阿特巴赫，2007）[363]。学生对学习方式的新的需求，直接影响课程的形态；政府对大学研究的资助，直接影响教授的科研，间接影响课程的具体内容和服务对象。课程伴随学术时尚、社会品位和服务需求的变化而做出相应的变化，也是课程作为一种消费的重要表征。

3. 课程是一种制度

制度是课程的重要形态。《哈佛通识教育红皮书》认为，因为学分制的建立，每类课程就都合法化了，且被赋予了相同的地位。在实践中，课程学分制是一个工具，通过这个工具，学生的各种天赋和兴趣都能通过配套的教学而得到发展，各种各样的课程，都平等地计为 1 个学分。它类似于学科中的"专修"或"主修"制度，这种制度在大学广泛实行。它增强而不是缓和了学生之间的差异性，"因为它鼓励学生把自己的学业看作一个个模块。每个模块自身是完整的，相互之间是独立的。对于学生，它也产生着类似的作用，也就是说，它把学生的功课分成若干个单元，其中有一些与前面或后面所学的课程是有关系的，但是有许多只是经验的'孤岛'，与其他课程没有任何关联，没有任何统一的目的"（哈佛委员会，2010）[8-9]。学生的分化具有双面性，积极的一面是促进了学生的个性发展，消极的一面是由于知识的孤立没有实现整体的建构。课程制度往往是大学办学特色的重要标志。哈佛大学因为率先实施选修课制度而开创了一个教育新时代。埃利奥特（C. W. Eliot）就任哈佛校长第二年，创造性地提出"科目"（course）的概念——包括科目名称和编号，以供各年级选修。几年后，埃利奥特推出了另一创新举措：学生决定课程时，学校会告知特定课程由哪位教师任教。到 1884 年，哈佛的必修课程所剩无几，又过了十年，必修课已经消失殆尽。与此同时，学生数量、开设的课程数量和上课教师的数量都在激增。刘易斯（Harry R. Lewis）评论说："在很大程度上，所有大学采取的这方面措施只得到了学生的欢迎，但并没有给本科教育本身留下太大的发展空间。让教授自由地选择教学内容，固然保证了他们作为学者的基本地位，但也纵容了教师漠视学生个性化的需要；虽然学校殚精竭虑地设计课程并采用了学生选择这一'无形的手'，但学生的选择结果参差不齐，他们只是选择了一大堆课程，却也留下了一大堆问题。"（哈瑞·刘易斯，2007）[36] 这就是制度，在特定的历史条件下诞生，也要在历史的涤荡中变迁，刘易斯表达的是一种怀旧的情绪，多少体现的是一种精英情结。更古老的是牛津大学的导师制，在世人心中长期享有崇高的地位。在过去的几百年间，这种师生之间定期进行的小规模的甚至是一对一的直接学术交流一直被誉为镶嵌在牛津皇冠上的一颗耀眼的宝石。然而，随着高等教育大众化趋势愈演愈烈，政府对高等教育的投入日渐减少，教师科研压力越来越大，牛津导师制也在悄无声息地向"小组教学"转变。但就大学教育的理想来说，导师制仍然是璀璨的教育瑰宝，它代表了教育的科学价值和崇高美德，也呈现出教育应有的华丽和奢侈。

4. 课程是一种文化

课程作为文化就是把课程概念化为文化，以便注意课程开发中的信念系统、价值观、行为、语言、艺术表达、权力关系，以及教育发生于其中的环境，关注那些影响判断什么是正确和什么是适当的规范。课程文化表现为多种课程观。如"永恒主义"相信人的本性是不变的，主张教授永恒的知识；"进步主义"认为应当根据新知识和新的社会状况来改革教育，侧重点是学生的兴趣、学习的民主环境；"要素主义"重视学科知识，相信有一部分知识和技能是学习者必须掌握的，尽管这知识和技能是变动的；"改造主义"认为应当就严重的社会和经济问题进行教学，并致力于塑造一个民主的社会政治经济新秩序；"存在主义"强调个人选择和个人责任，主张尊重学生的自由并鼓励学生认识自己的自由。课程的价值取向是一种特定课程文化的核心。不同的课程文化有不同的课程价值取向。如认知过程发展取向：关注改善理智的运作过程，关注如何教而不是教什么，目标是磨炼理智、发展认知能力；技术性课程取向：也关注如何教，把课程功能概念化为寻找一些高效率的方法，关心知识传递和促进学习的技术；自我实现取向：重视个人的目的和个人整合的需要，把课程看作每一位学习者个人提供他所满意的、不断完善的自身经验，崇尚学生中心；社会改造主义取向：把社会需要放在个人需要之上，把社会改革和对未来社会的责任放在首位，认为社会可以通过学校教育的"自导"作用来改变自己；学术理性主义取向：关心的是让年轻一代获得能够帮助他们参与文化传统的工具，同时接触人类创造的最伟大的思想和事物，课程强调古典学科。英国知名学者托尼·比彻（Tony Becher）和保罗·特罗勒尔（Paul R. Trowler）合作的《学术部落及其领地：知识探索与学科文化》一书，是一部关于学科文化研究的力作，用作者的话说："高等教育的研究者主要集中研究了高等教育在结构和组织上的问题，而很少谈论特罗所称的高等教育的'私生活'。而我们最关心的就是后者，即其'私生活'，特别是研究学科范围以及在整个'大学科'范围内外的学科团体。"（托尼·比彻，等，2008）[31] 他们运用文化人类学的方法对学科知识与学术文化之间的关系做了细致的探究，揭示了特定的学术群体组织及其学术生活的方式，与他们所从事的知识活动密切相关，表明学科认识论与学术文化之间有一种不可分割的互动关系。比彻等的研究既丰富了大学课程文化，也为我们理解大学课程文化提供了一把钥匙。

寻求多学科的课程理解，探索一种新的研究视角，是本书的重要旨趣。

三、知识演进中的大学课程秩序——本书的研究设计

社会、经济、政治、文化的变迁决定着教育尤其是大学教育的功能、内

容、组织和制度。大学从中世纪诞生起，历经近八个世纪，终于建构起包括教学、科研、服务为主要内容的大学功能，实现了从传统大学到现代大学的跃迁。在之后的近半个世纪中，大学不断强化这些功能，在实现自身教育理想的同时，强化现时存在的合法性与合理性。教育质量稳步提升的同时，教育规模也在不断扩大，许多国家陆续实现高等教育大众化，大学教育进入一个新的历史发展阶段。尽管哈佛前校长洛韦尔（A. L. Lowell）曾豪迈地说，"大学的存在时间超过了任何形式的政府，任何传统、法律的变革和科学思想，因为它们满足了人们的永恒需要。在人类的种种创造中，没有任何东西比大学更经受得住漫长的吞没一切的时间历程的考验"（约翰·S. 布鲁贝克，1987）[30]，所谓"昔人已乘黄鹤去，此地空余黄鹤楼"，大学作为场所仍然屹立在历史的风雨之中，但课程、教师、学生已经穿越了无数个轮回。对大学课程的研究必须置于当下特定的历史背景中。

1. 研究的背景分析

审视社会的变迁，当代大学教育主要面临三个方面的机遇和挑战。

一是高等教育大众化。在过去几十年中，继美国之后，欧洲、亚洲许多国家相继进入高等教育大众化阶段，并大踏步向普及化高等教育时代迈进。我国于 2002 年实现高等教育大众化。马丁·特罗指出，精英型高等教育首先关注的是培养统治阶层的能力和人格，使学生为在国家和学术专业中充当精英角色做好准备。在大众型高等教育中，学校仍然是为了培养精英，但这是一种更广泛意义上的精英，包括所有经济和技术组织中的领导阶层，高等教育发展的整体思路也从塑造人格转向传授更为具体的技能。而普及型高等教育则第一次开始关心为大多数人在发达工业化社会中的生活做准备。它的首要目的不再是培养精英，而是为全体公民。它关注的焦点是尽可能地提高人们的适应能力，去适应一个以迅速的文化和技术变革为特点的社会（谢作栩，2001）[13-14]。可见，高等教育大众化需要树立新的高等教育观，需要更多地关注学生的技能、适应生活的能力，这对大学课程变革提出了新的要求。

二是学习型社会逐步形成。"学习型社会是一个能支持个人终身学习的社会。"联合国教科文组织在 1999 年的一份报告中指出："处在今天逐渐复杂纷乱的世界，每个人以及所有的社会，都必须能够持续发展与使用各种不同的知识架构、价值体系、智力结构和技能。对于终身学习需要透过较为广泛的观点，赋予新的意义。学习不再只是一种仪式，也不仅是关联于职业需要而已。"（连玉明，2004）[3] 在学习型社会中，终身学习理念被越来越多的人所接受，并直接冲击着学校一次性教育的观念，需要高等院校着眼于学生的终身发展，合理规划学生在大学阶段的学习，其关键在于从学科或专业中心转向学生个体发展中心。早在 1991 年，美国劳工部就对终身学习的知识与技能做出明确的规定，包括：收集、分析和组织信息；交流思想和信息；计划和组织资源；理解和设计系统；解决问题；使用技术，运用数学概念和技术；与他人共事（克里斯托弗·K.纳普尔，等，2003）[45] 。目前的高等教育课程常常只限于特定领域的知识技能，从终身学习的需要出发，坎迪等呼吁大学课程改革要以终身学习知识技能作为核心，其次一级是通用性知识技能，最后表面层为各学科内容和情景性知识（克里斯托弗·K.纳普尔，等，2003）[76] 。终身学习的社会现实使传统高等教育课程面临巨大挑战。

三是数字化生存方式。由于信息技术的推动，网络已经不仅仅是一个连接学习资源的平台，它已经成为高等教育组织的基本框架。信息、知识和学习机会现在是通过强大的网络来传送给成千上万的人们。那些从前只能是特权的极少数人才能获得的知识、学问及文化资源，现在可以在任何时间、任何地点迅速地传送给任何人。正如杜德斯达（James J.Duderst）所指出的那样："网络学习结构最适合提供随时随地的教育服务——也就是说，提供'及时式'的教育而不是'以防万一'的教育。应当承认，这也许不是与普通教育相关的一般学科的适当框架，但它完全有可能支配专业教育和与工作有关的学习。……在这样的统一体中，学位的重要性越来越小，而一个人学到了什么变得更有意义。……学习者、教师和研究者之间的区别会变得模糊。"（詹姆斯·杜德斯达，2005）[259] 由此观之，那种基于教材的课堂讲授已经不能满足学生的学习需要，因为知识的获得已经远远抛弃了讲授这一古老的途径，高等教育必须以新的课程形态确立自身的社会地位。

本书的研究正是在这样的背景上展开的。

2. 研究的问题与选题意义

在以上分析中我们看到，无论是在社会变迁，还是知识演进、大学教育变革的过程中，大学所追求的知识旨趣都在发生着变化，作为其实践核心的课程秩序也应做出回应。关于大学的知识旨趣是如何变化的？在这个变化的过程中需要建构怎样的大学课程秩序，包括形成怎样的课程开发模式、师生角色都发生怎样的变化、建立怎样的课程制度等这些问题，在当代大学课程研究和实践中并没有得到足够的重视，更缺少有分量的研究成果。基于这样的现实，本书要研究的核心问题是"研究型大学知识旨趣的转变是如何影响和内生大学课程秩序的"。在这一问题之中，"研究型大学知识旨趣的转变"是自变量，是一种历史的变化力量，它要求大学课程主动地适应这种转变，并内生新的课程秩序，新秩序是渐进生成的，需要通过研究使这种隐性的秩序显性化，通过研究对实践的引导推动和加快新秩序生成进程，在这个意义上，"大学课程秩序变革"是因变量。本书研究主要是对二者因果关系及对新的课程秩序的探寻。这一核心问题涉及六个具体研究的问题。一是在当代大学发展的社会背景下分析"高深学问"作为大学的传统旨趣面临的挑战及其"个人知识"转向；二是把"基本素质培养"与"个人知识建构"作为基础教育与高等教育的目标分野，围绕"个人知识生成"这一核心价值思考高等教育的实践特质，建立大学课程开发研究的哲学基础；三是在"青年学习"与"儿童学习"的比较研究中，把握大学生学习文化，结合终身学习的实践诉求，建立以"个人知识"为整合要素的本科课程目标；四是基于个人行动的自发秩序原理，探索服务于学生个体发展的课程理念、解放学生学习权利的课程制度、满足学生多样学习需求的课程资源，建构学校课程制度建设、学院课程整体规划的实践模式；五是在传统基于教材的学习与基于行动的实践学习之间，探讨学生行动学习的必要与可能，建立以丰富学生经历为任务、以学生学习为中心的教学策略；六是分析教授的研究行为与课程开发行为，探讨教授作为课程开发者的行为特征、专业要求与实践内容，试图提出教授专业发展的时代命题。

本书研究的意义主要有三。

其一，作为大学课程理论建构的努力。目之所及，国内外的大学课程研究要么窄化为大学课程结构体系的研究，要么简单指向大学教材的编写，要么在课程理论与实践的框架内进行思考和探索，既缺乏大学课程价值、认识的研究，也缺少大学课程开发本体的探索。本书试图超越课程理论基于基础教育的思维模式，从高等教育的理论视野寻求大学课程的价值观，从特定认识论的视角建构大学课程的认识框架，从大学生自身发展需要出发建构大学课程开发模式，以此在大学课程理论建构上做出努力。

其二，提供大学课程改革的实践参照。当前的大学课程改革主要有两种取向：一种是在学科内对教学内容进行修修补补，另一种是模仿哈佛大学的通识教育课程开发。发达国家的实践已经证明，大学课程改革仅仅在教学内容上动脑筋是劳而无功的，模仿哈佛大学也是要走弯路的。刘易斯作为前哈佛学院院长，对哈佛大学的课程改革进行过非常深刻的批判："改革强调'统揽全局'，从整体上把握课程计划，而不是修修补补。但实际上，新课程支离破碎、缺乏系统性。我所在系的一名同事私下里说，这次改革违反了工程学的两项基本原理：第一，设计解决方案前务必要理解所要解决的问题所在；第二，在不能预知什么行动将导致怎样的结果时，就不要试图一次性改变太多。"（哈瑞·刘易斯，2007）[20] 本书的研究试图从新自由主义认识论出发，整体建构大学课程开发的实践框架，为大学课程变革提供系统思维模型。

其三，彰显高等教育研究学科性的具体尝试。长期以来，高等教育研究避开高等教育本体而热衷于从与经济、社会、文化等关系中进行边缘研究，习惯于就高等教育实践中的具体问题进行研究，边缘性研究使高等教育研究失去了学科性，问题解决研究本身忽视了教育问题个别性的本质而失去了研究自身的价值。在精英化教育阶段，高等教育不是教育问题而是社会、政治、经济问题，而在大众化乃至普及化阶段，高等教育强化了自身的教育性，更多地表现为教育问题。所以，大学课程作为高等教育的核心，其研究是提升高等教育学科性的必然选择。本书就是这一选择的重要尝试。

3. 基本概念诠释

"大学课程"（university curriculum）这一概念，国内学者大多是从一般课程的概念入手进行界定的。潘懋元教授、王伟廉教授曾指出，"根据教育是一种有目的的活动，并结合我国高等教育当前的研究状况，'课程'这一概念采用这样的定义是比较恰当的：课程是指学校按照一定的教育目的所建构的各学科和各种教育、教学活动的系统"（潘懋元，王伟廉，1995）[127]，并在随后的论述中将这一系统分解为"目标的确立与表述"、"课程内容的选择与组织"和"课程实施与评价"。谢安邦教授认为课程有狭义和广义之分："狭义的课程是指被列入教学计划的各门学科，及其在教学计划中的地位和开设顺序的总和。广义的课程则是指学校有计划地为引导学生获得预期的学习结果而付出的综合性的一切努力。与前者相比，广义课程既包括教学计划内的，也包括教学计划外的；既指课堂内的，也指课堂外的：它不仅指各门学科，而且指一切使学生学有所获的努力。"（谢安邦，1999）[235] 薛天祥教授对课程的理解从知识拓展到人："高等学校的课程，一方面是知识传播的媒体，另一方面更是知识生产、创新的'胚芽'，涉及人的、教育的发展的各个方面。"（薛天祥，2001）[232] 在这些已有的讨论中，往往按照逻辑学原理的种属关系来分析，认为课程是大学课程的属，大学课程是课程的一个种。在逻辑关系上，课程是上位概念，大学课程是从属于它的下位概念。问题就出在这里，因为课程研究主要是从基础教育实践展开的，基础教育与高等教育有着不同的实践范式，因此大学课程应走出一般课程研究的束缚，在高等教育的视野中寻求自身的意义建构。

　　对大学课程的意义发现是渐近的，现在还走在这种发现的旅途中。克拉克·克尔（Clark Kerr）在为鲁道夫 1977 年出版的《课程：1636 年以来美国本科生课程史研究》一书所写的前言中为课程下了一个定义，课程"就是学院提出的在人类不断发展的知识和经验中那些被认为是对某个时期受教育者的生活有用的、适当的或相关的知识和经验"（Rudolph，Frederick，1978）[xxi]。卡内基教学促进基金会 1977 年发表的报告《大学课程的使命》中这样描述："我们强调的是课程，它是代表着知识、信念、价值和技能的课目系统的主体，这些也是大学提供正式教育的预期结果。我们也认识到了拓展性课程（extracurriculum）的重要性，它是由学院或者学院相关的组织发起的娱乐、社交和文化活动等提供的非正式学习经验的组成部分。这些课程常常被称为隐性课程，它是由非正式学习和某些时候学生在师生交互过程中不经意的学习组成的，不是通过制度性的规则和传统有意识地展开。"（The Carnegie Foundation，1977）[xiv] 拉萨·R. 拉特卡等把大学课程定义为"情景中的学术方案",认为:"方案包括行动的全部蓝图——目的、行动和测量的方法。要成功地实现目标,方案应该包括那些针对性强并行之有效的选择。从这个意义上讲,方案是理想状态的。任何学术方案的目的都是促进学生的学术发展,因此,设计方案时应考虑到特定的学生群体和学习目标。这个中心点要求课程和专业的设计者将学生的教育需求放在首位,而不是学科内容。术语'方案'以大家熟悉的词汇表达了学术领域许多教师所认识到的那种非正式的发展过程。"(Lattuca, Lisa R., Joan S. Stark, 2009)[4] 学术方案至少包括以下要素:教学目标、教学内容、教学顺序、学习者、教学过程、教学资源、教学评价、方案调整等。学术方案可服务于单独的一节课、一门独立的课程、组合的课程、比学科更大的组织团体乃至整个大学,并强调组织层面的方案呈现出完整性和一致性。他们将课程界定为学术方案的目的是指出决策的关键点,这一点若能有效表达的话,学生的学术经历会被加强。他们指出:"学术方案的定义蕴含着关注教育理念的慎重规划过程。这个过程会受到研究领域、教师、学生、组织目标等因素的影响。尽管存在这些变数,'方案'的观念给了我们启发——应鼓励决策过程更加深思熟虑。每一门课程都呼唤以下方案要素——是否被给予了有意识的关注?决策的过程是否慎重?或者是否曾经犯过错?将课程看作方案需要我们考虑所有的要素,而不是仅仅关注单个因素,比如具体的教学内容或者特殊的教学策略。"(Lattuca, Lisa R., Joan S. Stark, 2009)[4] 在具体的实践行为层面,莱特克利夫(J. L. Ratcliff)则在更广泛的意义上描述了课程的定义:许多教师和管理人员一致认为,本科生的课程定义应作为学生获得学士学位的正式学术经历,尤其是那些包括工作坊、研讨会、学术会议、实习、实验以及其他非典型"课程"学习经历在内的广博定义(Ratcliff, J. L., 1997)[5-29]。有关大学课程的这些理解拓展了"自明性"的意义,使当代大学课程的本质与属性逐步彰显出来。

可以看出,尽管对大学课程的定义不同,但各定义中都包括以下一个或多个要素:大学或专业的使命、目的或者大家普遍认为对学生学习非常重要的因素;权威人士(专家)认为所有学生都应该拥有的一系列经历;可提供给学生的一系列课程;学生实际能选修的一系列课程;具体的学科内容;院校提供教育的时间和学分结构;等等。可以概括地说,大学课程(大学普通本科课程）是指为本科阶段学生所制订的基于高深学问中的普通知识与特定专业知识的学习、研究和行动方案及其实施过程。

"高深学问"（higher learning）又称"高深知识"，与"基础知识"相对，所谓"高深"只是知识代表的认识程度不同，是与高等教育相适应的知识形态，基础教育传播基础知识，高等教育研究高深学问，体现不同教育阶段教材所组织的知识层级的差异。陈洪捷对于高深知识有过较细致的描述："①高深知识是知识中比较高深和深奥的部分，是建立在一般性知识基础之上的；②高深知识是专门化和系统化的知识，需要专门的学习和训练才能掌握；③高深知识通常有专门的传播、发表和认可制度；④高深知识通常由特定的机构和组织来进行加工、传授和创新；⑤高深知识是一个相对的概念，在不同的历史时期和不同的文化之中，其内涵是不同的，其边界会随着人们认识能力的提高和知识价值观的变化而变化。"（陈洪捷,2006）有关"高深学问"，历来被作为大学的职能[①]，也是我国近代大学的重要定位[②]。布鲁贝克围绕"高深学问"构建了高等教育哲学，他认为：在出现大学的公共服务职能之前，"高等教育的主要职责一直是保存、传授和发展高深学问"（约翰·S. 布鲁贝克，1987）[17]。换言之，"每一个较大规模的现代社会，无论它的政治、经济或宗教制度是什么类型的，都需要建立一个机构来传递深奥的知识，分析、批判现在的知识，并探索新的学问领域"（约翰·S. 布鲁贝克，1987）[13]。这一机构就是"大学"。他在认同"高深学问"比基础知识在认知程度上处于高层级的同时，认为"在另一种意义上，这种程度在教育体系的上层是如此突出，以致使它成为一种不同的性质。教育阶梯的顶层所关注的是深奥的学问。这

---

① 早在 1912 年 10 月 22 日，教育部《专门学校令》第一条规定："专门学校以教授高学术、养成专门人才为宗旨。"1912 年 10 月 24 日，教育部《大学令》第一条规定："大学以教授高深学术、养成硕学闳材、应国家需要为宗旨"。1912 年 11 月 2 日，教育部《法政专门学校规程》第一条规定："法政专门学校以养成法政专门人才为宗旨。"

② 1917 年 1 月 9 日，蔡元培在就任北京大学校长之演说中直言："大学者，研究高深学问者也。"嗣后，蔡元培在对《大公报》记者谈及其"大学之计划"时曾言："大学生向来最大之误解，即系错认大学为科举进阶之变象，故现在首当矫正者即是此弊，务使学生了解于大学乃研究学术之机关，进大学者乃为终其身于讲学事业。学生如此，教授亦如此，盖大学教授须一面教人，一面自家研究也。"在蔡元培看来，大学应"以研究为本位"，"研究学术"，也即"研究高深学问"。

些学问或者还处于已知与未知之间的交界处，或者虽然已知，但由于它们过于深奥神秘，常人的才智难以把握"（约翰·S. 布鲁贝克，1987）[2]。这里布鲁贝克强调了由于知识的性质不同决定了高等教育与基础教育的性质差异，主要两点：一是表现在知识的已知层面，基础教育所传播的知识是明确的、是已知的，而高等教育所研究的高深学问有未知的成分；二是表现在知识的接受性层面，基础教育所传播的知识是普通大众都能接受和理解的，而高等教育所研究的高深学问只有精英层面的人能接受与理解。布鲁贝克基于"高深学问"赋予了大学存在的合理基础，进而使"高深学问"成为高等教育哲学的研究核心。

"个人知识"（Personal Knowledge）一词，出自波兰尼《个人知识——迈向后批判哲学》一书的书名。所谓"个人知识"并不是一种相对"科学知识"的另类知识形式，而是对科学知识性质的一种表述，主张知识是个人性与客观性的结合，知识的典型特征是个人性、意会性和信念性，强调个人的情感、意志、直觉或无意识的本能冲动是一种无法用概念和语言表述的、不能言传且不能论证的知识，并把它们设定为人乃至世界的本质。波兰尼主要从"知识具有个人性，是一种要求技能的行为，是一种艺术"、"知识具有意会性，在一定程度上是不可言传的，是具有个人性的"，"知识是一种信念，是一种寄托"三个方面表达其"个人知识"的认识论框架（许泽民，2000）[45]。波兰尼把个人知识分为"言传知识"与"意会知识"两类。他说："通常被说成知识的东西，像用书面语言、图表或数学公式来表达的东西，只是一种知识；而非系统阐述的知识，例如我们对正在做的某事所具有的知识，是另一种形式的知识。如果称第一种知识为言传知识，第二种为意会知识，就可以说，我们总是意会地知道，我们在意知我们的言传知识是正确的。"（迈克尔·波兰尼，1985）[14]这里波兰尼强调因不能言说而为个体所独占的知识部分即意会知识，这种知识是个人所拥有的知识的根本，它让主体能够判断其所掌握的言传知识是否正确，波兰尼把"意会知识"作为人类认识的本质。波兰尼强调，个人知识不是主观知识，强调科学研究中个体性介入的重要性，不是要将科学知识主观化。他从"个体知识具有普遍的意图"、"个体知识受责任心和必然性的支配"、"个体知识指涉了外部的实在"三个层面揭示了个体知识与主观经验的区分（郁振华，2002）[14-15]。这种区分旨在说明，个体知识的要旨在于，尽管每个不同的人相信为真的东西是有差异的，但真理只有一个。对"个人知识"给予关注的还有新自由主义旗手、1974 年诺贝尔经济学奖得主哈耶克（Friedrich A. Von Hayek）。哈耶克在分析知识在社会中的运用时指出："我们必须运用的有关各种情势的知识，从来就不是以一种集中的且整合的形式存在的，而仅仅是作为所有彼此独立的个人所掌握的不完全的而且还常常是相互矛盾的分散知识而存在的。"（哈耶克，2003）[117] 这种个人所掌握的分散知识即"分立的个人知识"，具体指个人所具有而不为他人所知的那些对一瞬即逝之情势的专门了解的特殊知识（哈耶克，2003）[121]。在哈耶克看来，个人知识是与理论知识相对的一种知识，他的划分让人看到了知识并不是同质的。这种"个人知识"有两个特点：一是具有"分散性"或"分立性"[①]；二是一种"可以发现"和"可以阐明"的知识[②]。从这个意义上讲，哈耶克关于特定时空下的情势的知识，只是一种"知道那个"（know that）的知识，而非"知道如何"（know how）的知识。

综合波兰尼和哈耶克的观点，所谓"个人知识"，不是与科学知识相对的另类知识，而是对科学知识特征的一种阐述，旨在说明人的本质力量内居于科学知识，个人所拥有的知识大量是不可言传，只能意会的，是人在具体行动中表现出来的。"个人知识"意味着知识具有个人性、意会性、信念性、分立性和可阐明性。在大学培养目标的意义上，"个人知识"不是对传统"高深学问"的反叛，而是对"高深学问"的主体意义建构，旨在强调以高深知识为目的的教育走向通过"高深知识"实现学生自我充分发展的教育。其目

---

① 哈耶克认为，并不存在一种整合了的社会知识，也不存在那种把全部知识都化约成"科学知识"的知识，所存在的只是无法加以组织的为无数个人所特有的分立的知识，科学知识不是全部知识的概括，当然还存在许多工作经验甚至不可能被称为科学的知识。但正是在这方面每个人实际上都对所有其他人来说具有某种优势，因为每个人都掌握着有可能极具助益的独一无二的信息，但是只有当立基于这种信息的决策是由每个个人做出的或者是以由分工的积极合作而做出的时候，这种信息才能够得到运用。参见哈耶克.个人主义与经济秩序 [M].北京：生活·读书·新知三联书店，2003.

② 在哈耶克那里，这种知识主要是一种独立于"知道者"且常常隐含于各种形式制度之中或为其他行动者所拥有的知识，所以行动者本人未必一开始就拥有这种知识，但是他们却能够经由学习等手段而掌握这类知识；而这也意味着，行动者对这类知识的把握和传播，实是以一种"知"或"有意识"的方式达致的，因为行动者知道他们所需要的知识和所知道的东西并且能够阐明它们。参见邓正来.哈耶克社会理论 [M].上海：复旦大学出版社，2009.

标具体包括学生对专业知识的个性化建构、学生在具体情境中解决问题的能力、学生具体行动中所采取的独特思路与方法、学生对知识价值与自我需要的意知、学生的理智信念与情感寄托。

本书把课程概念化为一种秩序（order），试图揭示特定知识条件下课程实践所具有的稳定、和谐、持续状态及其失调与转型，探讨当代知识背景下研究性大学正在发生的新的课程秩序。在我国古汉语中，"秩"和"序"含有常规、次第的意思。"秩"即为常规，西汉学者毛亨曾云"秩，常也"。"序"通常指次序，《诗·小推·宾之初筵》云："是日既醉，不知其序。"据东汉学者郑玄诠释："序，第次其先后大小"。古人所说的"言有序"、"长幼有序"或"以岁时序其祭祀"等，都指的是这个意思。可见，"秩"和"序"在古代都是对某种有规则状态的概括。后来西晋陆机曾在其《文赋》中写道："谬玄黄之秩序，故典忍而不鲜"，把"秩"和"序"连在一起使用（辞海编辑委员会，1999）[4705-4706]。此后，"秩序"一词逐渐被广泛应用于社会的政治、经济以及日常生活之中并成为反映社会生活有序性的一个基本范畴，意即"次序"，也指人和事物所在的位置，有整齐守规则之意。在《汉语大词典》中也有类似的解释：有条理，不混乱，符合社会规范化状态（罗竹风，1991）[70]。对"秩序"概念的词义解释强调了协调和规范的特点。在 *The Shorter Oxford English Dictionary on Historical Principles*（1933 年版）中，"order" 一词作为名词主要有四类含义："Ⅰ.Rank generally; a rank, grade, class. Ⅱ.Rank in specific departments. Ⅲ. Sequence, disposition. Ⅳ.The action or an act of ordering"（The Shorter Oxford English Dictionary on Historical Principles，1933）[1381-1382]。作为动词的含义主要是对名词含义的转换。具体分析"order"一词的以上含义我们发现：第一类词义关系到社会整体分层或社会某一单元的分层，是对社会差别的一般性描述和概括；第二类词义是对社会生活的某一专门领域或部门的分层和差异的描述和概括，关系到宗教、精神生活、科学甚至自然领域；第三类词义是对某种顺序、次序和安排、布置的状态的抽象，涉及各种复杂而有共性的情况。在 *Longman Modern English Dictionary*（1977 年版）对"order"一词的解释中，除包含许多与上文提到的解释中相类似的内容外，还具有该词在社会生活的其他领域例如经济领域的应用内容。比较"秩序"中英文的词义，可以看出：第一，虽然各个时代的理解分别有不同的侧重点，但此概念在中西方都广泛应用于社会生活的各个领域，都包含对次序、顺序等状态的理解和对社会差别的描述。第二，英语中"order"一词有与秩序概念在中文中不同的含义。前者有"命令"的含义而后者没有，但两者都与规范相关。中文中更强调次序和位次尤其是在政治生活和人际关系中；英语中更强调与法律和规范相关、与权利和权威相关的社会生活的正常状态或和谐状态，强调从行动看次序和顺序。第三，《汉语大词典》的解释与在英语中的理解大体相符。这表明我们在汲取思想资源时，既要注意中西方和不同时代的理解的差异的一面，又要看到人们对秩序概念的理解的相同或相似的一面。特别是在现代社会，虽然在文化传统等因素的作用下人们的理解仍会有差异，但对于秩序概念的理解已经变得易于沟通并十分相似了。秩序是多学科研究的范畴。社会学把社会秩序看作"表示社会有序状态或动态平衡的社会学范畴"（中国大百科全书编委会，1991）[353]，包括相对的稳定社会结构、正常实施的各种社会规范、对无序和冲突的控制等。政治学或法学往往把秩序直接等同于法律或社会制度等社会规范体系，强调社会秩序与社会权威或政治权力相关的意义，强调与自由等价值理念相对应的意义。经济学往往把秩序理解为某种经济体制性质和特征的根本要素，而经济体制又嵌入特定的道德、法律和政治结构中并与这些分秩序共同构成了社会活动（阿尔弗雷德·席勒，等，2006）[1]。好多学者对秩序都有自己的理解。哈耶克认为："社会的秩序，在本质上便意味着个人的行动是由成功的预见所指导的，这亦即是说人们不仅可以有效地运用他们的知识，而且还能够极有信心地预见到他们从其他人那里所获得的合作。"（哈耶克，1997）[160] 我国学者韦森认为，秩序是"人们在团体、组织、社群和社会活动与交往中所构成的一种有条不紊的结果、状态和情形的事态"（韦森，2001）[119]。纪宝成所说的社会秩序是"在一定规则体系的基础上社会系统运行所体现出来的一种有规律、可预见、和谐稳定的状态"（纪宝成，2003）[14]。本书把秩序理解为特定实践系统中由制度推动而形成的一种相对稳定、和谐与可持续的状态，秩序转型是指特定实践系统秩序从维持、失调到生成新秩序的变迁过程，也包括通过特定实践系统中的制度设计与实施促进新秩序生成的实践活动。本书的秩序转型特指大学课程系统的秩序转型，把大学课程作为一种社会整体秩序中的一个实践系统，且具有相对独立的秩序状态，在大学发展的历史进程中，分析大学课程作为一种系统的秩序的不断变迁，以及外部和内部各种力量的相互影响，在准确把握大学课程秩序自然进化的基础上，强化大学课程的秩序意识，自觉地认知秩序的失范并推动和谐实践秩序的形成。

4. 研究方法选择

现代课程研究范式是泰勒 (Ralph W. Tyler) 建立起来的，又称"泰勒原理"。他认为："如果我们要从事课程编制活动的话，就必须回答这些问题：学校应该达到哪些教育目标？提供哪些教育经验才能实现这些目标？怎样才能有效地组织这些教育经验？我们怎样才能确定这些目标正在得到实现？这四个问题也可以看作是课程编制的四个步骤：确定目标；选择经验；组织经验；评价结果。"（拉尔夫·泰勒，1994）[1] 这四个步骤构成了现代课程开发范式的基本框架，所谓"泰勒原理"就是对这些步骤的进一步解释。"确定目标"是核心，其他步骤都是围绕目标展开的。所以，泰勒的课程研究范式又称为目标模式。

英国著名课程理论家劳伦斯·斯滕豪斯（L. Stenhouse）在批判目标模式的基础上，提出了课程研究的"过程模式"。在他看来，目标模式的基本假设是：教育应该关注学生行为表现的变化。其最大的特点就是它的条理性和简易性，但它有明显的缺陷，具体表现为忽视课堂教学的经验、目标分解与知识的性质和结构相矛盾、强调控制而把个人需求边缘化、过高估计了教育者教学理解与预测学习结构的能力、根据学生的行为变化来衡量课程与教学的成败等。所以，他尝试探索一种新的课程编制策略，它不把预先具体规定的目标作为起点，但又能够对课程和教学过程做出有效的说明。这就是所谓的"过程模式"。在他指导的"人文学科课程设计"中，尝试采取了过程模式的课程编制方式。他从知识和理解的角度陈述宽泛的目的，设计了一种与该目的逻辑上相一致的教学材料和教学过程。这样，目的被分析成学习过程或输入，而不是预期的行为结果或输出。过程模式的目的在于编写一种课程说明，阐明存在哪些可能的学习结果，并把这些结果与它们的起因联系起来。它的公式可表述为："如果你在这个学校背景下对这类学生使用这些材料并采用这些程序，导致的结果将会趋向于 X。"（施良方，1996）[172] 这种课程说明作为一种对教学过程的假设，由教师自己在具体的情境中验证和调整，他据此提出"教师就是研究者"。

在施瓦布（J. J. Schwab）看来，课程开发习惯性地依赖理论，已经走到了穷途末路，他提出了实践的课程探究模式，其方式是"集体审议"，按"实践—准实践—择宜"的思路运作。在他看来，课程审议涉及备择方案的形成与选择、遵循实践的逻辑而不是形式的逻辑、具有集体的和教育的特征。课程审议作为实践的艺术，是针对每个个人所感知的各种个别的、具体的、特定的情境而言的，这样的情境都是一个特定的整体，显然与理论研究课题迥然不同。这种实践的艺术是感知的艺术、是问题解决的艺术。准实践艺术是实践艺术的延伸，我们所遇到的问题情境往往不同于一种单个的、孤立的"纯"实践的情境，而是由相互关联的、多样的个别情境所组成的准实践的情境。处理准实践情境中的问题远比处理"纯"实践的问题更复杂，准实践的艺术就是准实践决策过程的艺术和准实践的决定的系统表达方面的艺术。择宜的艺术就是折中的艺术，旨在为课程决定提供辩护。施瓦布认为，课程审议的重点应放在学科内容、学生、环境与教师这四个基本要素的协调与平衡上（施良方，1996）[192-206]。施瓦布的实践模式强调课程开发的实践性与情境性，将课程开发与课程形成统一起来，开阔了课程研究的思路。

如果说目标模式、过程模式与实践模式作为课程研究范式，更注重于课程编制的话，波斯纳（George. J. Posner）的课程分析框架则是一种典型的课程研究范式。他提出，反省式的折中主义是课程研究的中心，"反省式的折中主义建立在这样的假设之上：尽管我们都不有意承认，在教育中并没有万能药；想为教育问题寻找一劳永逸的解决办法只是白费气力；不同的情境需要不同的行动。那些课程专家们，在假定他们能解决任何问题而不论问题的具体情境的时候，就犯了根本性的错误。课程决策者需要的是对无数课程的理解。但为了避免'垃圾桶'般的折中主义，他们应该理解在每一个课程决策背后的两难选择，能够明了在每种方法背后默认的假设。当人与人之间这样做的时候，他们就能够批判性地看待这些课程选择和他们倡导者的主张"（乔治·J. 波斯纳，2007）[5]。因此，波斯纳课程分析的视角，是引导课程开发者对现成的课程理论与实践案例进行研究，为课程决策提供依据。据此，他提出了图 0-1 所示的课程分析框架（乔治·J. 波斯纳，2007）[20]。

图 0-1　课程分析框架

这种框架也可以说是课程分析的主要流程，每一流程波斯纳都提出了诸多具体的课程分析问题。波斯纳认为："课程分析是必需的，因为它居于由教师和管理者所履行的两任务——课程选择和课程调整的核心。当为一个具体的班级、学校或学区选择或调整课程时，判断该课程是否适合于要应用研究的情境非常重要。……如果你认为学科的标准恰当地描述了学生们的知识和能力，你的分析就应该调查课程与标准的一致程度。一旦你学会了怎样来做全面和完整的课程分析，你就会发现你已经内化了从事该事业的基本感觉。"（乔治·J. 波斯纳，2007）[34] 实际上，波斯纳的课程分析框架也是课程实践建构的一种模式，为课程研究提供了具体的范式。

从泰勒到波斯纳，变迁中的课程研究范式都是在一般课程论层面展开的，较多的是基于基础教育课程开发实践的研究，对大学课程研究提供了必要的理念和模式参照。大学课程由于在实施中更偏重于研究，其实施主体是具有高理解力的青年，其内容选择嵌入过多政治及社会文化因素，因此其研究范式内在地要求与一般课程论不同。本书把课程作为秩序进行研究，从价值层面回归学生主体，学生个体的课程需要成为研究的分析起点，社会科学领域广泛运用的"方法论个人主义"，提供了重要的方法论依据。

"方法论个人主义"（Methodological Individualism）这一术语源于马克斯·韦伯的"关于方法的个人主义"或"个人主义方法论"（Individualistic Methodology）。这个术语，是米塞斯将"个人主义方法论"转述成现在的形式，即"方法论个人主义"。方法论个人主义作为一种社会科学方法论，具有悠久的历史和传统，它是在"个人主义"与"整体主义"的论战中形成的。"方法论个人主义"的原则坚守这样一个信念，即个人是社会科学分析中的终极单位，所有社会现象只有考虑行为者个人的情况才能得到合理的解释。方法论个人主义有两条至关重要的前提：其一，所有的行为都由个体完成；在面对外部世界、通过"选择"或"策略筹划"对外部世界中的机会与限制做出反应时，个体是自给自足的固定实体。因此，对社会现实的分析必须从个体开始。其二，除了社会中每一个个体的行为之外，"社会集体"在现实中根本不存在。因此，"社会集体有自己的意志和目标"这一诊断是错误的。政府、公司、国家之类的"集体"全都是抽象概念；除了组成它们的每一个个体之外，它们本身在现实中是不存在的（G. 霍奇森，2005）[90-91]。

方法论个人主义的理论构建首先是由韦伯在其社会学解释理论中完成的。韦伯在《经济与社会》中提出：在社会学著作中，社会集体（social collectivities，诸如国家、协会、公司、基金会等）必须被视为单个的人的特定行动的组织的结果与模型。韦伯赋予个人行动以优先性是因为他认为只有行动才是可以"主观地得到理解"的。在韦伯那里，个人行动（action）是行为（behavior）的子集，是由意向性状态（intentional states）所激励的行为。个人行动对于韦伯的重要意义在于：我们可以理解它，而对它的理解所依赖的乃是对当事人的潜藏的动机（motive）的理解。而其他社会现象（集体现象）无法像个人行动那样得到理解，因为它们不是被意向性状态所激励的（集体不具有意向性状态）。由此，行动—理论解释（action-theoretic explanation）模型是社会科学解释的核心。这样看来，韦伯的目的与其说是在社会科学的解释中赋予了个人以优先于集体的地位，不如说是赋予了解释的行动—理论解释模型的优先性。韦伯把这种解释同理性人联系起来。因为方法论个人主义涉及对个人动机的追寻，但是社会学家显然更倾向于将解释抽象化、一般化，而非求助于特定个人的具体动机，所以社会学理论必须基于人的行动的某种模型（理想类型，ideal type）：理性人。正如韦伯所说，把行为的所有非理性的、为感情所决定的成分视为一个在概念上单纯的理性行动的类型的变种，是方便的。韦伯的方法论个人主义最重要的后果之一就是它将理性行动理论置于社会科学研究的中心。

奥地利经济学派的创始人门卡尔·格尔（Carl Menger）在其经济学研究中强调了方法论个人主义的基础地位。众所周知，门格尔对经济学的突出贡献是引入了边际效用（marginal utility）的理念。在其名著《国民经济学原理》中，门格尔认为，决定商品的价值和价格的，既不是生产它的劳动，也不是生产的总耗费，而是参与经济的个人的主观评估。门格尔把一个市场体系的运作概念化了，认为市场体系受个人的主观评估所控制，这种个人的主观评估决定了整个生产结构与分配资源以及稀缺资源的计数。门格尔鉴于自己的《国民经济学原理》被当时经济学界所忽视，于是写了一部专门论述方法论的著作《社会学和政治经济学方法研究》，与德国历史学派进行方法论论战。门格尔强调对国民经济现象的理解要回到它们的真正元素（elements），回到国家的单个的经济（singular economies），并且探究前者是如何由后者构成的那些规律，把复杂现象还原为它们的元素的问题。门格尔这种方法实际上是一种原子主义的方法论，对方法论个人主义的辩护，对于门格尔来说也就成为对原子主义方法论的辩护。

熊彼特于1908年提出了"方法论个人主义"这一话语，把方法论的个人主义和"政治上的个人主义"区分开来。[①] 他强调方法论个体主义也不同于社会学上的个体主义，它是经济学家用于解决经济问题的一种合理方法，它分析的出发点是对个体的描述，试图从个体出发推出微观经济学的整个理论。经过几十年的沉寂，哈耶克和波普尔在"二战"之后重新阐释了方法论个人主义。哈耶克在其文集《个人主义与经济秩序》中探讨个人主义的文章题为"个人主义：真与伪"，他虽然没有使用"方法论个人主义"这一术语，但是其"真个人主义"实际上包含两个层面：方法论层面和规范层面，如哈耶克本人所说："真个人主义首先是一种社会理论，亦即一种旨在理解各种决

---

① 熊彼特在《经济分析史》中，通过"政治上的个人主义"、"社会学上的个人主义"和"方法论个人主义"的对比分析阐明了方法论个体主义是一种经济学的分析模式。"所谓政治上的个人主义"，是指经济政策问题上的自由放任态度。所谓"社会学上的个人主义"，是指17世纪和18世纪广泛流行的观点，认为自我控制的个人构成社会科学的基本单位；认为所有社会现象都可分解成为个人的决定和行动，而对个人的决定和行动不必也不可能用超个人的因素作进一步的分析。"方法论上的个人主义"是怎样应用于那个时代的一般经济学的实际过程的呢？可以证明，在主要使他们感兴趣的问题的范围内，也就是在有关经济机制的逻辑性的问题的范围内，那个时期的理论家所采用的方法，可以作为方法论上的个人主义来加以辩护，而且他们的研究成果，就其本身而言，实质上并没有受到这种方法所固有的限制的损害。（参见约瑟夫·熊彼特.经济分析史（第三卷）[M].北京：商务印书馆，1996：208–210）

定着人类社会生活的力量的努力；其次，它才是一套从这种社会观念中衍生出来的政治准则。"（哈耶克，2002）[11] 哈耶克认为，"真个人主义"是旨在阐明自生自发秩序理论，主张个人享有自由，强调个人理性所能设计或预见的局限性。[①] 在哈耶克看来，个人的理性始终受逻辑上的局限，并无法客观审视自身的行动，个人也永远无法摆脱所处时代及社会的局限，也就无法对自身行动做出理智的判断。在他看来那种宣称凭个人理性能够周全地顾及各方面条件的人是一种"致命自负"，他主张一种进化论理性主义，认为不断试错、日积月累是文明进步的前提，文明只是一种偶然获得的成就，人们对内在于社会的一般性规则的遵守是实现个人目的的基础，尽管这种系统规则不一定被认识和把握。在哈耶克看来，"社会"作为集合体不是给定的客观事实，是人心智建构的产物[②]，是经由个人的行动、意见和态度而得到建构的，社会

---

① 哈耶克真个人主义所主张的具有社会性的"个人"观，有三个要点：首先，作为"个人"构成要素的"个人行动"及其"客体"实际上都不具有本体论上的实在地位，因为这些构成要素并不是由所谓的物理特性或某一终极原因决定的，而是由种种不确定的主观因素所导致的结果。其次，哈耶克进一步主张，在我们认识或理解个人行动及其客体的时候，起关键作用的实是作为认识者的我们与被认识者所具有的意见或意图，因此社会科学家不应当而且也不能只关注孤立个人行动的"事实"或者仅仅关注个人行动之客体的"物理特性"。简而言之，在社会科学中，事物乃是人们认为的事物。再次，社会科学家对社会政治秩序或社会经济秩序的认识或理解必须经由对个人行动及其客体施以"类推"认识的方式而得到实现，换言之，当我们在认识和理解个人行动及其客体的时候，我们总是会把我们所知道的那种客体分类系统投射到该行动者的身上，并且依据这种方式对我们实际上看到的行动添附其他意义。（参见哈耶克. 个人主义与经济秩序［M］. 北京：生活·读书·新知三联书店，2002）

② 哈耶克通过真个人主义观念的阐发，既是为了否定孤立个人决定社会存在的有效性，也是为了否定所谓前定的社会结构决定个人存在的有效性。据此，哈耶克对集体主义进行了批判。哈耶克认为，方法论集体主义就是以诸如"社会"或"阶级"这类颇为盛行的解释性观念的有效性为基础的，对于"集体主义"来说，诸如社会、国家、无产阶级或诸如此类的概念，与行动者个人相比较，不仅具有首位的实在性，而且也有着更大的价值。"集体主义"还经由将一般性的"理性"观念和"意志"观念偷偷转换成特定的"群体心智"、"集体意志"或"主体者意志"这种方式，不仅赋予了那些概念以整体性，甚至还赋予了隐藏在背后的某个特定个人意志以正当性。"集体主义"的实质在于：一方面否定任何并非直接出于更改设计甚或理性不及的各种社会力量，另一方面则试图仅根据唯理主义的理性观并以极端的方式从政治上、经济上和道德上重构社会秩序。（参见哈耶克. 个人主义与经济秩序 [M]. 北京：生活·读书·新知三联书店，2002）

只是个人的理解。

分析马克思主义（analytical Marxism）学者、哥伦比亚大学教授埃尔斯特（Jon Elster）将方法论个人主义引入对马克思的著作的研究，使其成为分析马克思主义的方法论基础。埃尔斯特重视个体选择和筹划在历史发展中的意义。他以社会中特别是市场经济社会中个体理性而自私的基本选择行为作为分析起点去阐释社会事件的发生及结果。他试图以方法论个体主义为原则，去解释马克思以阶级、生产力和生产关系、经济基础和上层建筑的矛盾运动为框架所解释的革命现象，认为"所有社会现象——其结构和变化——仅仅在涉及个体（其品性、目标、信念和行为）时才基本可以理解"（Jon Elster 1985）[5]。埃尔斯特的方法论个人主义，在个人行动方面主张不介入自私和理性特征，需要一种很泛的背景，一些个性特征的描述需要以别人为参照，个体对社会的还原不是机械的而是有机的。埃尔斯特强调解释社会现象的方法论个人主义提倡回到个体和微观基础，从个人角度出发解释社会现象。

霍奇森（Geoffrey M. Hodgson）最新研究认为，方法论个人主义存在诸多模糊点：普遍的方法论上的必要性还是学科（子）的分水岭？是关于社会本体论还是社会解释？是依据个体进行解释还是仅仅用个体进行解释？他认为："所有对社会现象令人满意的成功（包括经济学当中的）解释，都包含了个体之间的互动关系。换言之，即使被还原为个体，个体之间的互动关系仍然被包括在这个解释中。"（G. 霍奇森，2008）[287-293] 他指出，依据个体和社会结构解释社会现象，是多了一个标签而不是多了一个选项，由此，方法论个人主义描述为"方法论结构主义"或"方法论制度主义"或许同样合理。我国学者赵汀阳由儒家思想发展出来的"方法论的关系主义"（methodological relationalism），表达了另一种理解。他说："方法论的关系主义以关系作为基本单位去分析人类行为和价值观，思考重心不在个人而在关系，但并非否定个人利益，而是优先确保关系安全和关系利益，以便更好保证各自利益，优先考虑关系的最优可能性以求开拓更大的可能利益和幸福。"（赵汀阳，2011）[91] 在他看来，方法论的关系主义与其说是一种伦理主张，还不如说是另一种更为合理、更有远见的理性计算方法。在此意义上，方法论的关系主义就是试图发现一种更好的存在方式，是要建立一个更合理的理性概念，以中间人视野的关系理性去代替单边主义的个人理性。实际上，哈耶克的真个人主义已经包含了这些主张。从这个意义上说，哈耶克的方法论个人主义具有经典意义，本书的研究主要以此为方法论基础。

综上所述，方法论个人主义作为研究的方法论基础，旨在强调个人、个人行动和客体都是主观因素导致的结果，对事物的把握需要个人认知，对社会秩序的理解需要从个人行动及其客体加以类推。方法论个人主义作为方法论在大学课程研究中的应用主要有三点。**一是提供教育秩序自发性的理论假设**。哈耶克的自发秩序原理冲击着教育固有的计划秩序属性。在传统认识中，教育设计者根据社会发展需要对学习者的未来进行规划，并通过教育计划的实施帮助学习者达成发展目标，但在哈耶克看来，基于个人理性的教育建构始终受逻辑上的局限，教育实践外加于学习者的所谓未来只能是一种幻想，学习者的有效发展应是在个体互动中偶然获得的成就。这就是教育秩序的自发性。自发性的教育理论假设为基于学生主体需要的课程开发提供了理论基础与实践思路。**二是提供个体行动解释的教育认知方法**。根据方法论个人主义的主张，教育作为一种社会实践并不是能够把握的客观事实，我们所理解的教育不是教育的整个实体，只是基于我们的视野从"整体"中选择出来的某个部分，由于教育实践总是个体行动相互作用的产物，教育理解则是通过个体行动对教育整体的一种还原。个体行动能够被认知是依赖对个体动机的理解，客体的属性总是投射到行动者身上。在方法论个人主义的视野中，教育认知是通过对学生学习和教师教学的行动及其知识等客体的认知加以"类推"而实现的。这为从大学生生存方式、个体需要、互动行为等出发研究大学课程明确了具体路径。**三是提供关系利益最大化的教育实践取向**。在方法论个人主义的辩论中，基于师生个人行动的教育实践并不是师生个体行为的相加，而是主体之间、主客体之间互动关系的产物，有效的教育实践总是作为外在要求的社会一方与内在要求的主体一方的平衡，是不同学习个体之间以及与服务学习的教师主体之间关系利益最大化的结果。在这个意义上，大学教育的内在结构及其外部环境决定着学生存在的价值与意义，决定着学生学习行动的具体方式。因此，学生学习本位的课程秩序形成，重点是推动大学课程内外制度的变革。这种教育实践取向内在地规定了大学课程秩序研究的内容框架。

在方法论支撑下，本书的具体研究思路有四点。一是建立大学课程研究的理论框架。围绕"个人知识"这一核心概念，在秩序理论视野中、以制度分析为基本框架寻找实践的核心要素，基于这些要素深化为课程开发的实践要素，结合"意会认识原理"、"自发秩序原理"建构大学课程开发的实践框架。二是进行大学课程秩序转型的相关历史研究。包括大学课程内涵的变化、大学教授课程行为的变迁、学生学习方式的演化等，以建立大众化条件下大学课程开发的理论与实践范式。重点探讨"高深学问"作为一种大学课程秩序的运行状态以及在当代背景上所遭遇的挑战，以"个人知识"这一核心概念描述当代大学课程的应有秩序。三是有关课程开发现状的调查研究。包括大学课程开发认识水平、大学课程制度建设现状、大学课程改革的现状、教授现实的课程开发行为、学生学习现状等，从"个人知识"课程观出发对现状进行价值判断与事实分析。四是有关大学课程开发、大学生学习的案例研究。包括部分研究型大学课程建设的案例研究、个别大学教授课程开发的案例研究、代表性学生的学习案例研究等。

综上所述，本书研究的总体思路可以用 V 形图[①]表示，具体见图 0-2。

图 0-2　本书研究的整体思路

本书在方法上试图在以下几点进行创新性探索。一是将秩序理论和制度分析作为理论框架引入大学课程研究，体现研究思路的创新。二是结合大众化教育理论对"高深学问"的课程观展开批判，建立"个人知识"课程观，

① V 形图（Vee diagram）是一种有助于人们理解知识结构及知识建构过程的启发式工具，通常可包括研究问题、关键思想、概念、事件、数据以及结论等。

进行大学课程哲学基础的重建。三是根据大学生学习心理、意会认知原理、自发秩序原理，整体建构基于个人知识生成的大学课程开发范式，进行大学课程开发理论的创新。四是提出课程秩序、正式规则、背景约束、行动学习、教授作为课程开发者等创新性实践命题，丰富大学课程研究语语体系。

5. 研究框架与本书结构

就"秩序"作为一种稳定和协调之状态的意义而言，社会有社会秩序、经济有经济秩序、政治有政治秩序、文化有文化秩序，教育自然也有教育秩序，课程秩序则是教育的核心秩序。在大学教育发展的历史进程中，尽管大学课程处于不断变动之中，但在不同的历史时期也表现出稳定和协调的状态，从而形成了不同的秩序类型，如普遍真理秩序、高深学问秩序等。一般认为，制度促成秩序，同时制度也是秩序的直接载体。制度分析为大学课程秩序研究提供了有效的理论框架。

制度是约束人们行为的一种规范，是一种"游戏规则"，制度分析实质上是人的行为分析、利益矛盾分析、人与人关系分析的总称。在形形色色的制度分析理论中，因为诺贝尔经济学奖获得者道格拉斯·C. 诺思（Douglass C. North）对文化的特别关注而被广泛认同。诺思在《制度、制度变迁与经济绩效》一书中，开明宗义地指出："制度是一个社会的博弈规则，或者更规范一点说，它们是一些人为设计的、型塑人们互动关系的约束。"（道格拉斯·C. 诺思，2008）[3] 在他看来，正式规则、非正式约束以及它们的实施特征作为基本成分构成制度。宪法、法律、行政法规、组织内部的规章等是正式规则，价值信念、伦理规范、道德观念、风俗习惯、意识形态等为非正式约束，这些规则和约束在社会现实中得以实现的机制和过程构成它们的实施特征。诺思认为，正式规则与非正式约束之间常常存在复杂的互动，且二者与它们的实施方式一起，型塑了我们的日常生活，指引着我们生活的大部分尘世活动，也是制度的稳定性和持存的根源。"非正式约束的主要作用是修改、补充或扩展正式规则。因此，正式规则或其实施的变迁，将导致一个非均衡状态的出现，因为构成稳定选择理论的基础的，是一个包括正式与非正式约束以及各种实施在内的综合因素。"（道格拉斯·C. 诺思，2008）[120] 诺思指出，制度分析从根本上来说并不是研究博弈规则，而是研究个人对这些规则的反应。尽管这些规则可以即时改变，但个人对规则变化的反应却是一个极其复杂和缓慢的适应过程。规则的变化要求规范、惯例和非正式准则的演进 [韦森，2008（代译序）][16]。由此来审视大学课程，特定时期的大学课程体系，是由若干课程编制、结构和实施规则构成，人类学习和生活的诸多价值观念、文化、伦理和习惯无不嵌入大学课程的实施过程之中，其实施中的许多机制和过程环节以及要素关系则彰显着课程的实践表征。诺思的制度分析框架完全适应于大学课程秩序的研究。大学课程体系作为正式课程对应于正式规则，学校的文化、组织、非课程性制度以及生活环境、人际关系等作为隐性课程对应于非正式约束，课程实施中的互动机制和管理、评价等行为对应于实施特征。对大学课程变迁的分析也就是一种制度变迁的分析，是制度变迁导致了课程秩序的不断转型。根据诺思的制度分析理论，正规课程、隐性课程和课程实施为基本成分构成大学课程秩序的分析框架。

以制度分析为研究框架，本书的具体结构如下：

引言，探寻大学课程研究中的知识问题。从知识探索与大学课程的内在关联，寻求超越知识的大学课程研究思路，明晰本书的研究设计。

第 1 章，大学课程作为秩序的存在。从分析大学课程研究的问题与现状入手，明晰当代大学课程研究的缺失，探寻大学课程作为秩序的意义、实践表征和功能，分析大学课程秩序的生成、类型和维持条件，基于理论探讨梳理大学课程秩序从"普遍知识"秩序向"高深学问"秩序变迁的历史轨迹。

第 2 章，高深学问秩序的当代反思。从分析高深学问秩序的维持条件入手，基于现状调查等实证研究，阐明高深学问秩序与社会需求的疏离、学问本位课程与学生发展需要的脱节、管理制度与教授观念的冲突等问题，从而得出高深学问秩序失调的结论和秩序重构的必要性。

第 3 章，个人知识秩序建构的必要与可能。分析当代知识的特征及对课程秩序的影响，找寻个人知识与课程重构的内在关联，对有关个人知识的理论进行综述，明晰作为课程秩序的个人知识的意义轨迹，在大学理念、课程目标、课程开发实践思路等方面对个人知识秩序进行建构，并基于实践案例分析阐释大学课程个人知识秩序生成的可能。

第 4 章，促进个人知识秩序生成的制度重建。根据制度变迁的框架，围绕以学生学习为中心的整体设计的正式课程、丰富学生的学术经历的隐性课程、以服务学生行动学习为主旨的课程实施进行制度设计，以彰显个人知识秩序的制度诉求。

第5章，走向"发展自由"。通过对大学演进中自由意义建构的嬗变，探讨大学所追求自由的当代命运，基于大学课程"个人知识秩序"的理念诉求，探寻从学术自由走向"发展自由"的必然性，从学理上阐述发展自由的内涵，基于个人知识秩序探讨学生与教师的发展旨趣。

结语，秩序自觉中的学生个人知识建构。

第1章 大学课程作为秩序的存在

对于大学老师和学生来说，课程从来就是一个不言自明的概念，就是指学习的科目和具体内容。这种"自明性"造成作为大学教育核心的课程开发，还停留在自然的实践状态，远没有成为自觉的专业行为，有关大学课程的研究往往包含在学科研究或教学研究之中，被大学教育的问题话语所淹没。在社会文化不断转型和大学教育急剧扩张的背景上，大学课程的"自明性"遭遇两方面的挑战。一是"知识"解释的多样化。课程作为学习内容，其实质是知识的社会组织。麦克·F.D. 扬就知识如何在课程中得到组织提出三个相互联系的问题：其一，某些规定有"价值"的知识是什么的权力，提出了一个需要说明的问题，即知识是如何"分层"，又是根据什么标准分层的；其二，对不同群体进入知识领域的能力的限制，提出了一个与课程有关的问题，即对不同年龄群体而言，特别是对于在各个年龄层次影响专门化程度这一类型的社会因素而言，他们可以接受的知识范围是什么；其三，是知识领域之间的联系和能够获得这些知识的人之间联系的问题，即在不同的时间和文化中通过像"科学"这样的术语，探讨的领域究竟包括哪些方面。（麦克·F. D. 扬，2002）[40-41] 这些问题探讨的是课程背后的意识形态、权力结构和利益群体，是知识回归实用与价值之后课程对社会关系的适应。表面上作为学习内容的课程，实质上是社会控制的有机组成部分。由此，我们不得不思考，为什么大学课程被称为"学术的墓地"？为什么大学学术课程的任何变化都会受到疯狂的抵制？为什么大学课程变革能够成为大学教育改革的先导力量？二是学生发展需要的多元化。在过去的半个世纪里，高等教育规模以惊人的速度增长，1980 年大学生的入学人数大约是 5116 万名，2006 年则达到 13939 万名，日本、韩国和芬兰等国家的高等教育毛入学率已经超过 80%（菲利普·阿特巴赫，等，2010）[143-144]。在高等教育大众化时代，接受大学教育的学生来自不同的社会背景，拥有不同的知识和能力，学生更加多元化，兴趣和目标各异的更多元的学生群体为课程分化带来更大的压力，这使课程开发的任务更加复杂。德兰迪（Gerard Delanty）认为这种状况是导致知识模式变化的重要因素："大众教育、社会异议及新的社会运动、新信息技术的涌现的结果，即知识比以往任何时候都更广泛地在社会中传播——不再限于精英分子的范围，而是更多地被公众掌握。这样，普通知识与专业知识再也分不开了。这种洞察力是自反理论的基础，也就是说，在晚期现代性中，知识越来越关注对自身的适应性，而不是关注对其他事物的适应性。"（杰勒德·德兰迪，2010）[6] 德兰迪对现代社会中知识自反性的洞见，揭示了当代大学课程开发应有的价值取向，即促进知识多样化以满足每一个学生的发展需要，为每一个学生提供适宜的课程。在这种认识中，课程必然从静态质料或结构走向动态的制度化过程。大学教育发展历程中课程认识所遭遇的挑战，不是赋予了大学课程新的意义，而是使我们越来越清晰地看到了本来就属于大学课程的意义大陆，大学课程不仅仅是作为素材性资源的知识体，而是一种复杂的社会实践秩序。

一、当代大学课程研究的现状与问题

当代大学课程研究的现状分析主要从国内和国外两方面的文献研究入手，在此基础上审视我国当代大学课程研究存在的主要问题。

1. 我国当代大学课程研究的现状考察

我国对大学课程的研究较早是从研究国外课程开始的。由陈锡恩先生撰写、1948 年翻译出版的《美国大学课程的改造》一书，是所见最早专门研究大学课程的著作。作者时任美国南加州大学教育学教授兼东方文化研究系主任，他专门访问美国各地大学，分析介绍了美国大学在 20 世纪 20—30 年代进行的课程改造运动，涉及学分制改革、概论学程实验、以生活为中心的课程改造、学生的素质发展等诸多内容。由于我国的教育研究缺少课程研究范式，当前国内针对大学课程的研究专著并不多，改革开放以来最先出版的是张圻福的《大学课程论》（江苏教育出版社，1992 年），该书以大学课程的理论基础、建设原则、建设实际以及大学课程沿革和理论流派为线索，是对大学课程理论一个整体概貌式的描述。时隔十多年，浙江大学季诚均教授出版了《大学课程概论》（上海教育出版社，2007），该书围绕大学课程内涵、设计、设置、实施、评价、管理等要素展开研究，借鉴了一般课程论的思路，但没有彰显大学课程的本质。近年来，为了构建具有中国特色的高校课程体系，许多研究者从国际大学课程走向、面向未来的课程理念创新、大学文化素质教育课程体系、人才培养模式与大学课程结构模式创新等专题展开研究，取得了新的研究成果。王伟廉教授的《高等学校课程研究导论》（广东高等教育出版社，2008 年）一书，主要研究高等学校课程与社会诸因素的关系、与人的发展的关系、与文化科学知识的关系，围绕生成系统和实施系统构建了高等学校课程系统分析框架，该书对高校课程理论建构进行了有益的探索。苏州大学母小勇教授出版的《后现代高等学校课程研究》（福建教育出版社，2011 年）一书体现了最新的大学课程研究成果。该书在反思传统高等学校课程在"成人"与"成才"方面的缺失和偏颇，从生命哲学的角度论述了现代高等学校课程忽视大学生生命活动、心灵体验和精神陶冶的弊端，提示了后现代高等学校课程回归和完善生命的本质，对高校课程关怀大学生生命绵延、呵护大学生生命冲动的观点、方法和策略进行了建构。

全面审视当代大学课程研究（改革开放以来），主要可以分为三个阶段。

一是以教学研究为主、课程作为教学计划的研究阶段。主要处于 20 世纪后期，高等教育中总体缺少课程概念，即使是教学研究也相对落后。潘懋元先生主编的我国第一本《高等教育学》（人民教育出版社，1984 年），从大学教学过程的特殊性、教学原则、大学课程论及教学环节四个方面系统论述了大学教学问题，可以看作对当时大学教学研究的总结。其中大学课程论主要讨论了教学计划的安排问题，把教学计划看作各个专业培养目标的实施方案以及各专业课程体系的总体设计，代表了当时的大学教学与课程思想，课程就是作为教学计划方案来加以理解和研究的。针对在相当长时期内大学课程研究缺失的问题，龚放教授认为主要有三个原因："其一是在基础教育领域，'课程'这个术语意味着教育内容和形式、体系的规划或模型。因此，它往往强调'系统性'和'基准性'等内涵。而经典的高等教育恰恰反对类似的'系统化'或'基准化',主张个性化教学和个别性指导。其二,经典的大学,特别是洪堡创建的德国柏林大学十分强调'教学与研究相结合','由科研而达至修养',强调学生通过独立探索和与教授的研讨来掌握新知、提高修养。这一理念对欧美大学,特别是研究型大学的影响很大。……注重探求新知、追求真理的意识和能力,而不讲究教学的艺术与技巧,成为大学人才培养的重要特点。其三,大学教师的发展与晋升,很大程度上取决于他们的研究水平和研究成果,而不像中小学教师那样取决于教学的优秀与效能。"(龚放,2010)[24-25] 这些问题依然影响着大学教育研究者和广大大学教师的课程意识,使大学课程研究远远落后于教育的发展。

二是以大学通识教育课程研究为主的阶段。世纪之交和21世纪初,国内掀起大学通识教育课程研究高潮,也是学界在大众化条件下应对高等教育问题的重要回应。这方面的研究专著有:专门介绍美国的通识教育的《通识教育——一种大学教育观》(李曼丽,1999年);从比较研究的角度介绍美国、中国大陆、中国台湾、中国香港等高等院校通识教育课程的《大学通识教育课程论稿》(张寿松,2005年);从教育史的视角探讨中国高等教育史上的通识教育及其课程的《中国大学通识教育》(冯慧敏,2004年)等。阎光才博士的专著《大学的人文之旅——大学本科教育中人文社会科学的价值重估》(2005年)主要是从人文学科在大学中的地位、人文学科在大学教育中的功能等方面进行探讨,来研究本科教育的基本问题。我国台湾学者关于高等院校通识教育研究比大陆学者起步要早一些,比较有影响的有:黄俊杰教授的《大学通识教育探索:中国台湾经验与启示》(2002年)和《大学通识教育的理念与实践》(1999年)。在《大学通识教育的理念与实践》一书中,黄教授从建立人的主体性和儒家文化中"全人教育"的视角探讨了"通识教育"的概念,梳理了在工业社会中实施通识教育的困境和现今通识教育面临的挑战,并提出自己的通识教育构想。书中还详细介绍了美国和日本部分大学实施通识教育的经验。《通识教育探索:中国台湾经验与启示》一书主要是从大学知识社群特质与专业伦理和道德教育的需求方面探讨了通识教育的重要性,详细地介绍了台湾大学,特别是教育中实施通识教育的经验,并从职业教育和公民教养要求上展望了21世纪台湾实施通识教育前景。

　　三是走向大学课程结构、管理、开发等研究阶段。21 世纪以来尤其是近几年来，大学课程研究话语发生重要转变，课程研究由作为教学内容转向课程开发过程，由通识教育课程拓展到整个大学课程体系，由具体的问题领域走向课程理论的建构，课程研究实现了应有的转向。这集中反映在博士论文的选题和研究中。《大学课程管理的理论与方法研究》（2000 年厦门大学博士论文，唐德海）探讨了课程管理的理论基础，系统研究了高等院校课程管理的基本问题，对课程目标、课程内容、课程内容的组织、课程评价等高等院校课程编制因素的管理的本质及内在规定进行了分析。《走向创新时代的大学课程发展——以综合性大学本科为例》（2002 年华东师范大学博士论文，周海涛）从创新时代人才素质要求的角度，探讨我国综合性大学应该构建为大学生创新素质发展服务的课程体系。《高等学校课程体系现代化研究》（2004 年厦门大学博士论文，胡弼成）探讨了高等院校课程体系现代化的特征、课程编制现代化表现等问题，运用矛盾分析法和系统动力学原理，呈现了现代社会大学课程对现代性的追求路径。《20 世纪美国大学课程思想的演进》（2005 年河北大学博士论文，郭德红）在 20 世纪美国高等教育背景上，以大学本科课程思想为研究对象，重点研究了美国 20 世纪主要大学课程思想主张及其影响，提供了美国大学课程思想的全貌。《普通高等院校本科基础课程研究》（2006 年华东师范大学博士论文，李海芬）立足于高等教育实践，以本科人才培养作为切入点，运用历史研究、比较研究和调查研究等方法，对本科基础课程的基本问题进行了系统探讨。《我国大学课程观的反思与建构——基于从实践出发的理论探讨》（2007 年华中科技大学博士论文，朱晓刚）基于从实践出发的理论研究范式，该研究对我国大学课程的历史发展进行了梳理，分析了我国大学课程的特征，对我国传统的大学课程观做出了归纳，反思了其时代弊病，并尝试建构一种新的大学课程观。另外，还有《提高大学课程实践自觉性的哲学探讨》（2003 年厦门大学博士论文，叶信治）、《大学人文教育与人文课程》（2005 年华中科技大学博士论文，谭伟平）、《大学课程的建构性研究》（2006 年华中科技大学博士论文，欧阳文）、《知识论域下的高校德育课程》（2008 年西南大学博士论文，邓达）、《大学课程决策研究》（2010 年湖南师范大学博士论文，常思亮）、《我国研究型大学本科课程结构变革研究》（2010 年年厦门大学博士论文，姜凤春）、《社会需求视域中的大学课程变革——基于江苏省六所大学的研究》(2011 年南京大学博士论文，徐高明)、《高校课程结构优化论——以英语专业为例》(2011 年湖南师范大学博士论文，戴小春）等。可以看出，近年来，围绕大学课程研究撰写的博士论文数量逐年增加，大学课程研究的话语也趋向多样化，说明大学课程研究正在走向繁荣。

2. 国外大学课程研究现状简述

卡内基基金会自 1974 年成立以来，对大学课程的研究已经成为关于高等教育政策研究和推动教学发展研究的重要领域，先后推出三本著作，对大学课程的改革和发展产生了重要影响。第一本是《大学课程的使命——当代建议综述》(*Missions of the College Curriculum* : *A Contemporary Review with Suggestions*，1977）,作为大学课程的评论，该书试图推进对众多院校课程问题和课程开发展开讨论，帮助人们理解现存课程，梳理现阶段课程的主要问题和改革方向的建议，指出一些更有效的获得课程变革的预期目标和方法。第二本是美国著名历史学家弗瑞德里克·鲁道夫（Frederick Rudolph）著的《课程：1636 年以来的美国本科课程学习史》(*Curriculum* : *A History of the American Undergraduate Course of Study Since 1636*）一书，用生动的、具有历史转折点意义的事件展示了课程所承受的来自高等院校内部和外部的持久的冲突和压力，描述了课程在如何反映美国社会事实上已是解决社会冲突的战场，在探讨课程内容变迁的同时揭示出课程被谁设计并分析了其中的原因。第三本是亚瑟·莱文（Arthur Levine）编订的《大学本科课程手册》(*Handbook on Undergraduate Curriculum*，1978）,作为政策咨询研究，提供了影响大学课程决策的诸多信息，从课堂层面到研究机构，以及教育服务和消费者，每一方面都围绕定义与历史、发展现状、批评与建议展开。拉萨·R. 拉特卡（Lisa R. Lattuca）和约恩·S. 斯塔克（Joan S. Stark）的新书《型塑大学课程：情境中的学术计划》(*Shaping the College Curriculum* : *Academic Plans in Context*，2009）,建构了一种新的课程观，将大学课程看作一项方案，鼓励教师和管理者将课程看作一个对教学和学习有重要意义的决策过程，他们提倡的学术方案模式不仅显示了课程决策的复杂性，也明晰了课程决策的过程性，使教师和管理者能够对"如何让学生的学习成效最大化"这一问题进行思考。重要的英语文献还包括:《设计和改进高等教育的学程和课程:一种系统的方法》(Robert M. Diamond, *Designing and Improving Courses and Curricula in Higher Education : A Systematic Approach,* Jossey-Bass Inc., Publishers, 1989),《学院的教学目标》(Kenneth E. Eble, *The Aims of College Teaching,* Jossey-Bass Publishers, 1990),《课程前景与民主展望:高等教育中领导阶层的变化》(William G. Tierney, *Curricular Landscapes, Democratic Vistas : Transformative Leadership in Higher Education,* Praeger publishers, 1989),《理解本科教育》(Robert L. Emans, *Understanding Undergraduate Education,* University of South Dakota Press, 1989),《本科课程手册:关于目的、结构、实践和变革的全面指南》(Jerry G. Gaff, James L. Ratcliff, and Associates, *Handbook of Undergraduate Curriculum : A Comprehensive Guide to Purposes, Structures, Practices, and Change,* San Francisco : Jossey-Bass Publisher, 1997),《管理大学课程:向着共同的目标前进》(Jean Bocock and David Watson, *Managing the University Curriculum : Making Common Cause,* The Society for Research into Higher Education & Open University Press, 1994),《探索美国高等教育遗产:哲学体系和政策的演变》(E. Grady Bogue and Jeffery Aper, *Exploring the Heritage of American Higher Education : The Evolution of Philosophy and Policy,* Oryx Press, 2000),《高等教育中的隐性课程》[Eric Margolis (ed). *The Hidden Curriculum in Higher Education.* New York & London : Routledge, 2001],《课程手册:第一个百年》(William L. Schubert, Ann Lynn Lopez Schubert, Thomas P. Thomas, Wayne M. Carroll, *Curriculum Books : The First Hundred Years,* New York : Peter Lang Publishing, Inc., 2002),《大学课程:增进学生学习的发展和培养方案的研究》(Lisa R. Lattuca, etc.*College and University Curriculum : Developing and Cultivating Programs of Study that Enhance Student learning.* Boston : Pearson Custom Publishing, 2005)等。

许多涉及大学课程的高等教育著作被翻译到中国来。约翰·S. 布鲁贝克的《高等教育哲学》(2001 年)中用专门的章节讨论了课程选择、课程结构与课程组织等问题,对课程的适切性与合理性、课程的学术性与实用性以及跨学科组织方式等进行了深刻的学理分析。德雷克·博克的《回归大学之道——对美国大学本科教育的反思与展望》(2008 年)堪称大学本科课程哲学，作者基于当代本科教育的问题，提出本科教育应有的目标取向，围绕这些目标的落实进行了系统的论述。哈佛委员会的《哈佛通识教育红皮书》(2010年)是影响深远的大学通识教育经典著作，是通识课程研究的必读书，既系统阐述了通识课程的哲学基础，又提出了大学通识课程开发的结构形态。弗兰克·H. T. 罗德斯的《创造未来：美国大学的作用》(2007 年) 专章讨论了本科课程重建问题，明确提出课程开发是教师的责任，而课程开发最好的办法是考虑学校应该培养什么样的学生，以此为出发点寻求课程的改进。其他涉及大学课程研究的著作主要有：亚伯拉罕·弗莱克斯纳的《现代大学论——美英德大学研究》(2001 年)、克拉克·克尔的《高等教育不能回避历史——21 世纪的问题》(2001 年)、欧内斯特·L. 博耶《大学——美国大学生的就读经验》(1993 年)、伯顿·克拉克的《高等教育新论——多学科的研究》(2001年)、罗伯特·M. 赫钦斯的《美国高等教育》(2001 年)、伯顿·克拉克的《探究的场所——现代大学的科研和研究生教育》(2001 年)、迪·芬克的《创造有意义的学习经历——综合性大学设计原则》(2006 年)、哈瑞·刘易斯的《失去灵魂的卓越——哈佛是如何忘记教育宗旨的》(2007 年)、D.A. 库伯的《体验学习：让体验成为学习和发展的源泉》(2008 年)、托尼·比彻等的《学术部落及其领地：知识探索与学科文化》(2008 年)、安东尼·史密斯等编的《后现代大学来临？》(2010 年)、杰勒德·德兰迪的《知识社会中的大学》(2010年)、大卫·帕尔菲曼的《高等教育何以为"高"：牛津导师制教学反思》(2011年) 等。

置入大学发展的历史进程，国外大学课程的诸多理论建构反映了当代大学课程的实践转型，主要表现在以下三个方面。

一是课程目标研究从关注专业知识转向关注学生素质发展。美国一些著名大学的校长在他们的论著中，对本科教育的课程目标作了深入的思考。前哈佛大学校长德雷克·博克指出，在一个变化的、破碎的社会里，本科生教育最重要的产物就是"不受教条束缚的，由人文主义价值所滋养的有判断力的头脑"。为此，他认为本科教育有八大有价值的目标：表达能力，批判思维能力，道德推理能力，公民意识，适应多元文化的素养，全球化素养，广泛的兴趣，为就业做准备（德雷克·博克，2008）[39-48]。密歇根大学前校长詹姆斯·杜德斯达认为："在一个需求不断变化的世界里，本科生教育的一个目标必定是要使学生们要做终身学习的准备。有句老话说，大学教育的目的不是为学生的第一份工作做准备，而是要为他们的最后一份工作做准备。"（詹姆斯·杜德斯达，2005）[65] 康奈尔大学前校长罗德斯（Frank H. T. Rhodes）从探讨有教养的人的素质结构出发，根据社会、企业对人的素质要求，提出了本科课程较为明确的培养目标："以开放的态度对待他人，有倾听、阅读、观察和分析理解的能力，可以清楚准确地用语言、文字表达自己的意见；自信和好奇心，并且有能力保持自信和满足好奇心；对于自然界和社会的构成有一个正确的认识；理解人类经历和表现的丰富性与多样性；对于某一特定领域具有一定的专业知识和热情，包括知道该领域的假设、实质性内容、思维模式和种种关系；做一个有责任感的公民，包括对他人的尊重和与其他人友好相处的能力；具有自我约束、个人价值观和道德信仰的方向感。"（弗兰克·H. T. 罗德斯，2007）[117] 罗德斯认为，这些品质的实现并非只是对通识教育的回归，同样可以通过专业化的课程来实现。大学必须通过学生学习目标的实现来达到自身的目标，而不是重新设定或者替代学生的目标。"学校必须把学生当作一个完整的人来教育而非一些支离破碎的知识传授的对象。"（弗兰克·H.T. 罗德斯，2007）[118]

二是从关注大学课程的内容到关注大学课程的系统变革。早期高等教育著作如赫钦斯的《美国高等教育》，对课程的研究主要在课程内容上，主张课程由那些永恒的学习构成，具体内容是那些经典名著。布鲁贝克则在高等教育哲学视野下对大学课程变革进行了系统的研究。他强调大学课程目标的确立既要体现学术性又要具有社会性。主张以传播、创造高深专门的知识为中心的同时，要以社会价值为中心，教育目标的确立和具体教育活动的开展都应根据社会发展需要来确定。他倡导价值多元课程结构。这种多元价值体现在理论学科与实用学科的有机结合上，他认为，学院和大学常常要么忽视实际学科，把它们当作理论性学科来对待，要么只对它们的理论成分加以考虑。要满足课程的适切性需要就必须把实用学科和理论学科两者结合起来。布鲁贝克重视跨学科的课程组织方式，认为"其方法是严密符合逻辑的，与高等教育的认识原理相一致。每一步它都为概念的探究所支配。任何学科都极为重视确立概念的方式，以及把这些概念当作流动的而不是固定的探究的对象来对待"(约翰·S. 布鲁贝克，1987)[111]。这种方式具体表现为三步：人们在获得了普通文化基础知识之后，接受一门学科的训练；应用这门学科去探讨该领域中的一些问题；通过共同问题把各门学科联系起来。这种对概念化的强调体现了高深学问课程的本质。

三是从课程的精英主义走向课程的大众主义。作为大众化高等教育理论的建构者，马丁·特罗对高等教育大众化阶段的课程实践提出了自己独特的见解。精英型大学教育的课程倾向于高度结构化，大众化阶段大学教育中以半结构化的课程序列为特征；精英化阶段大学所设课程高度专门化，大众化阶段课程间的结合更加灵活，同时也更易于在不同专业领域及学校间流动。精英阶段大学教育集中进行，大众化阶段学习与生活之间的区别更趋减少；精英型高等教育师生之间表现为一种个人关系，在大众型高等教育中师生关系开始减弱；精英阶段高等教育是第三阶段教育，学生住校不间断地学习，大众阶段入学口径日益宽泛，走读学生增多，学生在校期间可以进行短期创业。

3. 我国当代大学课程研究存在的问题

我国高等教育界对大学课程研究的重视程度不高，对大学课程在教育质量提升中的意义和价值认识不足，导致大学课程研究的整体水平有待提高。问题主要表现在以下三个方面。

一是研究视野较窄。全面考察我国学者有关大学课程的研究，主要集中于三大领域：对现有课程体系的反思、对通识课程的研究、对西方尤其是哈佛课程的借鉴。缺少基础的理论研究，缺少具体实践问题的深度探讨，缺少对课程制度的多元检视，缺少对课程主体的全面诠释。对课程体系的研究往往站在宏观的、整体的高度思考问题，不涉及系统内部要素的关系，而只关注作为一个整体系统的特点。提出具体的行动方案时，长于对课程设置加以论述，强调最多的是重视人文课程、重视课程设置的综合化等。研究大多是就课程体系而谈课程体系，没有看到现行课程背后的政治思维、政校关系、师生互动以及知识理论等方面的假设，也没有捕捉到大学自身课程能力的缺失。对通识课程的研究，总是片面强调文化素质课程的重要性，总是追求在课程上做加法，缺少对学生作为人的整体发展的科学认知，人为割裂通识教育与专业教育的关系。实际上，任何专业教育课程都追求一般能力培养与专业知识提升的有机统一，大学通识教育必须在专业课程中得到强化和延伸。在新的社会背景上，从前仅把专业课程看作狭窄的、传统的职业和专业训练，现在则把它重新解释为更为关注专业知识、素质提升与工作技能之间的明确联系和相关；从前主要关注专业或职业技能，现在则更为关注一般技能；素质培养从前是隐蔽课程，是个人化的、附带的和偶然的，或多或少被看作一种自然的过程，现在则是显性课程，是外显的、明确的各种形式的结构和功能。对国外大学课程的研究，尤其偏爱哈佛的核心课程。热衷历史和国际经验时常会掩盖现实的真实问题，任何课程改革举措都有其历史的合理性和局限性，对哈佛核心课程的偏爱则是缺少专业自信的表现，因大学的学科分割而胆怯，因课程能力的不足而裹足。视野的局限制约了课程研究的品质，有的学者甚至因此而言大学课程不可研究、无研究前途。以个人能力和喜好对待研究是典型的学术堕落。

二是学科意识欠缺。高等教育研究的问题解决取向，造成了没有学科意识的先天不足，大学课程研究亦是如此。大学课程与一般的高等教育问题不同，有着浓厚的学科背景，具有很强的专业性，是教育学科中最具专业品质的研究领域之一，从范式选择到研究方法、从要素关系到实践形态，从政策设计到制度安排，从教师的教到学生的学，都有科学的研究规范做参照。大学课程研究中学科意识欠缺，主要表现在三个方面。其一，依赖一般课程论。一般课程论主要是基于基础教育课程开发行为的研究，对课程的理解、要素分析、开发过程、编制技术等知识可以作为大学课程研究的参照。但是大学课程与基础教育课程在实践模式上有相当大的区别，大学课程的实践主体是青年，基础教育课程的实践主体是儿童，大学课程的内容主要是高深学问，基础教育课程的内容是基础知识，大学课程的实施方式主要是对话与研究，基础教育课程的实施方式主要是活动与讲授。这决定了大学课程研究对一般课程论的依赖是有限的，从一般课程理论导入大学课程研究往往不能彰显大学课程的实践特征，很难说具有学科的合理性。其二，缺少研究框架设计。许多大学课程的研究文章和专著，往往就问题谈问题，普适性地关注"是什么"、"为什么"、"怎么做"几个基本问题，较少从特定问题出发，结合大学课程研究的内在要求和实践表征，进行体现学科性的研究框架设计，所以造成语言和概念的贫乏，造成要素的不整，也就失去了应有的学科品质。许多有关西方大学课程历史和经验的研究，往往只是一种史料的梳理而缺乏学理性分析与批判，同样反映了对大学课程研究框架的无知。其三，没有方法建构。教育学科研究本来就缺少具有学科特点的研究方法，经常运用的是一般的社会科学研究方法，据此，许多学者自然地用一般的社会科学研究方法研究大学课程，在以科学实证或数据分析（往往经不起学理追问）为时尚的今天，习惯于做点调查、搞些访谈、整点案例，简单的实证方法时常遮蔽了研究的片面性。大学课程是一种实践活动，大学课程研究是具有很强情境性的研究，需要建构具有实践理性和行动分析的研究方法。

三是研究主体单一。大学课程的研究队伍主要是以教育专业为背景的高等教育研究者，而大学课程的管理权在教学管理者手中，大学课程的开发权则在具有一定学术权威地位的教授们手中，管理者关注行政大于课程专业，开发者关注学科大于课程知识，管理者和开发者较少进行具有专业性的课程研究。这种课程研究与管理、开发行为的分离，给大学课程研究带来诸多问题。首先，课程研究严重脱离实际，就只能从总体上、宏观上入手，难以进入具体实践领域进行深入的研究，研究的视域受到局限，难免会热衷别人的经验、热衷形而上的分析、热衷于说点应然的对策。其次，课程研究成果难以向实践行为转化。大学的学科壁垒决定了大学课程研究成果较难进入各学院教授们的研究视野，即使有实际的课程专业需求，那些所谓强学科的自以为是的教授们也不会认同教育的研究成果，这就在客观和主观两个层面筑起了课程理论向实践转化的障碍。其三，课程研究缺少信心。以上两个问题直接导致大学课程研究有时陷入自娱自乐的尴尬境地，有的学者以此断言大学课程研究没有前途，许多人更愿意把研究精力花在那些招生、就业等非教育研究上，作为大学教育的刚性核心——课程，其研究的生命力受到严重影响，这是大学教育的悲哀。大学课程研究需要唤醒广大大学教师的课程意识，需要进行课程观念的启蒙。历史必将证明，在高等教育大众化并向普及化迈进的背景上，质量问题成为大学教育的核心问题，学生问题成为学科教学的难点问题，当质量与学生进入教学中心的时候，课程开发问题也就必然进入大学教育工作中心；当课程能力成为教授的专业能力，当教授成为课程开发者和研究者的时候，大学课程研究的春天就随之到来。

二、大学课程的秩序分析

如前所述，在高等教育走向普及化的背景上，大学课程作为学习科目与具体内容的"自明性"，受到知识解释多元化和学生发展需要多元化的双重挑战，当代大学课程越来越多地被理解为借助学术方案的制订与实施，帮助学生建构各种正式或非正式学习经历的过程。大学课程作为社会实践活动，具有多方面属性，这些属性构成了大学课程作为秩序存在的基础。

1. 大学课程的基本属性

一是大学课程是一个实践系统。课程首先是社会实践体系的子系统。从功能上来说，它通过结构化和内容选择与实施，借助考试、评价、学位证书等手段，全面提升人的专业能力和全面素养，把人分配到相应的社会角色中，包括职业的、经济的、政治的或组织的，也包括个人的和家庭的关系。以课程为核心活动的教育是社会最重要的公共事业，不管是普及教育还是精英教育，都通过人的发展、文化的建构而型塑社会。其二，它是具有自身历史传承的实践体系。有大学就有课程，尽管在不同的历史时期大学的形态和机构性质不断变化，大学课程则始终按照自身的演进规律在传承与变革，即使在当代课程中，古代"七艺"、中世纪神学、哲学、文学与逻辑等依然在大学教育中占有重要的地位，变化的是新科学的进入，是课程内容的更新，是具体学科在课程结构中地位的变化。大学课程的任何变革都是以对传统的继承为前提的，这种历史的存续铸就了大学课程的持续发展力，赋予大学存在的合理性。其三，大学课程开发本身是一个实践系统。课程开发包括理念的确定、目标的选择、资源开发、内容设计、过程安排、活动组织、管理与评价等诸多实践环节，每一环节都是社会环境、教育资源、学生、教师等要素的有机互动过程，课程开发无疑是一个复杂的实践系统。王伟廉教授将课程看作一个不断与外部环境进行相互作用的开发系统，并用图 1-1 表示。

图 1-1　大学课程系统

在王教授看来，大学课程系统由"生成系统"与"实施系统"两个子系统构成。其中"基本理论"是系统的输入部分，通过"专业设置和课程编制过程"具体化为"预期的课程"，这就是课程的生成。预期课程的实施即"教学过程"，取得"教学的结果"，构成了课程的实施。依据结果反馈预期课程的问题，以调整原有的理论，形成课程自身的评价体系。（王伟廉，2008）[13-15]这种系统分析彰显了课程作为实践系统的面貌，有利于更好地把握大学课程的实践特征。

二是大学课程有一套程序规范。课程理念始终是当时经济、社会、文化等环境规范的产物，也是教育理想的内在规定；课程编制是具有很强专业品质的行为，受一系列专业要求的规范；课程的实施、管理和评价本身就是基于规则的主体互动过程。离开规范就不存在课程，课程规范主要包括内容组织、修课制度和学位资格等。从古典人文课程到科学实用课程，大学课程在内容组织上没有超越知识本位取向，只是随着学院的建立和专业的分化，知识的门类不断增加，引发学生学习的分化。进入课程的知识往往体现了国家和阶级的利益，知识分化的背后也体现了文化和地位的分配。当代课程内容的选择仍然是国家意志的本质体现，首要任务是担负起把人整合成一个拥有共同文化的社会群体的责任，使人们掌握有关自然环境和社会构架的必要知识。从制度主义观点考察，这种内容组织存在明显的缺陷：忽视如古典文学等具有超越性的传统的重要性和权威作用，专注的是现代的社会文化；有一种国家化和全球化取向，极少强调地方社区和区域文化知识的学习；强调知识和行为具有普遍性意义的模式，却极少顾及青年人接受教育后将来如何发挥作用。（约翰·W. 梅厄，等，2004）[257-258] 围绕课程修习建立的各种规范是大学课程制度的核心。学院的建立适应了学科不断分化以及新科学知识进入大学课程的需要，课程出现专业区分的同时，在专业课程与通识课程博弈的过程中，选修制逐步走向历史舞台。19 世纪以前，几乎所有的大学都采用学年制，主要是以班级为单位组织教学，统一规定学生所修课程、顺序和进度等要求。德国大学比较特殊，他们崇尚学术自由的原则，包括教学自由和学习自由，所谓学习自由，包尔生（F. Paulsen）这样描述："在德国大学中学习，全以学习自由原则为基础……除了对修业时间有一定的规定外，几乎一切事项全在个人：没有必听的课程和中期性的考试，……每学期选什么课程全由自己决定，而且听课与否全在自己。学习自由包括什么也不学、什么也不做的自由。"（陈洪捷，2002）[78] 这种学术自由原则是在哈勒大学和哥廷根大学确立的，到柏林大学创办时，学术自由已成为德国大学的重要特征。基于学习自由的课程状态是早期的选修制。托马斯·杰斐逊最早把选修制引入美国大学。1825 年，在杰斐逊的倡议下，弗吉尼亚大学成立，有一条基本规定："每一个学生都可以自由地到他所选择的学院去听课，而且只能由他自己来选择。"（赵祥麟，2003）[212] 自由选课和听课成为这所学校的特色之一。1869 年，年仅35 岁的化学家埃利奥特（Cherles William Eliot）被选为哈佛大学校长，他在就职演说中明确宣布赞成选修制。布鲁贝克认为："在呼吁建立这一制度的过程中，19 世纪占主导地位的自由竞争和放任主义给予了埃利奥特极大的支持。像人们从政府过多地对私人事业的干预中争取自由一样，教育也要从过于呆板、过于僵化的课程中寻求它的自由。与放任自流、自由主义相联系的实用主义也是助长选修制的一个因素。对埃利奥特来说，自由是那些知道自己想学什么而又能力超群的学生必不可少的条件。"（约翰·S. 布鲁贝克，1991）[454-455] 在埃利奥特的领导下，哈佛大学的课程改革稳步进展，到 1895 年，哈佛一年级的必修课已经减少到只剩两门英语和一门现代外语了，其他年级都是自由选修课。哈佛的改革促进了美国大学选修制的真正发展，但自由选修制"所导致的自由泛滥引发了许多难题。如果学生可以从现在非常宽泛的课程中选修任意科目，他们学业的连贯性和心智训练靠什么来保证？这种训练可能存在，但是可能是很粗糙而随意的"（哈佛委员会，2010）[28-29]。

基于对一问题的忧虑，所谓"专修"或"主修"制，成为选修制的重要补充。在各类院校推行的选修制实践中，大体可以分为四种主要类型：自由选修制、选修必修各半制、主辅修制、分组制。选修制与学分制是紧密联系的，学生修习课程获得一定的学分就可获得学位证书或毕业文凭。在中世纪，大学学习的最高目标是获得硕士或博士学位。这种学位有许多附属的权利和特权，包括从事一职业或任教一所学专业的资格、任教他喜欢专业的权利以及免税权、免服兵役权和不受地方法庭审判的权利等，学士学位只是进入高级阶段学习的一种候选人资格，不享受种种特权（约翰·S.布鲁贝克，1991）[434-435]。现代大学课程同样与学历资格关联，任何课程安排都是为了最终获取学历资格。这种基于证书的课程学习规范是大学课程管理的重要内容之一。

三是大学课程表现为一种集体行动。目的性、计划性和行动性是课程的基本特征，从课程设计到课程实施与评价，都是一种集体行为。在课程这一集体行动过程中，官员、学科专家、教育专家、教授、学生、教学管理人员、社会人力资源使用者，以在场或不在场的方式构成了共同体。奥尔森（Mancur Olson）基于利益分析把集体区分为相容性集体与排他性集体。前者指利益主体在追求利益时是相互包容的，即"一损俱损，一荣俱荣"，利益主体间是一种正和博弈；后者指的是利益主体在追求利益时是相互排斥的，即"你多我少，我多你少"，利益主体之间是一种零和博弈（卢现祥，朱巧玲，2007）[326-327]。据此分析，特定的大学课程集体既具有排他性也具有相容性。排他性来自麦克·F.D.扬一直关注的纵向分化，那些被称为"高深学问"的东西和不是"高深学问"的东西之间有着清晰的界限，这就通过课程设定了一种严格的等级关系。即使同样是"高深学问"，按照比彻等的研究，实际上也被区分为纯硬科学、纯软科学、应用硬科学和应用软科学。在这种情况下，"把一种课程的可能性建立在有所分化但没有分层的知识的基础上，是困难的"（麦克·F.D.扬，2002）[36]。课程开发中对高深学问的选择是一种排他性利益博弈的过程。在多元文化主义课程思想的浸润下，在课程开发中，知识的纵向分化逐步走向横向分化，"这种横向分化呈现为一种文化图谱，其覆盖的社会范畴和自然范围在不断地加大。借用文化图谱的比喻我们主要是想要强调横向分化课程比纵向分化具有更大的开放性和选择性"（约翰·W.梅厄，等，2004）[256]。从纵向分化到横向分化，在整体课程结构中，随着供学生选择的课程门类的增多，各种知识所代表的群体利益得以相容，课程集体也就由排他性转向相容性。大学课程的相容性更多地表现在课程实施的过程中。大学教学方式是多种多样的，有读课、论辩、游历、导师制等经院式教学，习明纳、讲座、实验等研究性教学，也有实习、产学研合作等实践性教学。在教学过程中，教师、学生还有其他指导者组织学习共同体，推广知识、探究学问、提高专业能力等成为他们共同的目标和利益，每个主体的努力和进步都构成了他人的资源，所有利益主体间具有高度相容性。这种相容的前提是相互认同，举个例子来说，就有很多学生蜂拥着去听马尔福德·西布利（Mulford Q. Sibley）的导论课。他的课之所以受学生欢迎，并不是因为西布利的教学能力如何突出，也不是因为学生学习的能力如何强。当学生们解释为什么他们愿意选西布利的课时，他们说是因为西布利的眼里有学生，而且他的课有一些关于道德和价值的探讨，因此能激发他们的思考（丽贝卡·S.洛温，2007）[284]。当然，当主体利益发生冲突时，教学过程中也会出现排他性，这种排他性是促进教学改革的必要动力。

2. 大学课程的秩序分析

促进社会秩序建立的规范体系就是制度。在阿尔弗雷德·席勒（Alfred Schüller）等人看来，制度之所以能够促进秩序的形成，在于社会实践中存在一些本原性的秩序因素，成为制度生成的基础，也是制度作用于社会的基础。一是道德行为的自然的、情感的因素，首要的是亲属关系，无论在空间和时间上都是道德规则产生和得以遵循的基本要素，这些规则可以称为情感约束制度。二是早期已被很广泛使用的宗教信仰，能够打破亲属、血缘关系形成的紧密联系，并使其通过宗教道德规则而得以扩展，这些可以称为宗教理念约束制度。三是世俗意识形态中与信念紧密相关的信仰，以及由此产生的有关自由的、公正的、维护人的尊严的社会秩序的基本价值观和理想，这些规则可以称为意识形态约束制度。四是理性，表现为自觉地确立和遵循社会生活的共同准则，由一些强制的和可强加的标准或规则组成，主要表现为法律，称为理性法律约束制度。同时，在无利益冲突因而社会利益关系不存在问题的情况下，社会主体可以统一于共同规则之下，保证相互间可信赖的合作的实现，这些规则称为自我约束型制度，如习俗、风俗习惯、礼仪和其他的文化传统（阿尔弗雷德·席勒，等，2006）[101-102]。根据席勒等人的观点，可以形成如图1-2所示的秩序分析框架。

根据这一框架，从秩序的本原性因素出发，立足于促成秩序的各种规范体系，可清晰体悟社会秩序的生成结构。基于大学课程是一种实践系统、有一套程序规范、表现为集体行动，是情感、信仰和信念、理性等本原性秩序因素的统一体，因此以上秩序分析框架为分析大学课程作为秩序的存在提供了重要工具。

图1-2　秩序分析框架

其一，大学课程是一种理智性的标准秩序。面对复杂、丰富、多样的各种学问，大学课程总是按照一定的专业标准进行组织。课程组织标准有三大基础，一是对社会力量的理解，涉及社会目标、文化概念、文化趋同和多元的张力、社会压力、社会变迁以及未来计划等，它有助于了解价值和价值教学；二是对人的发展的理解，包括人的发展阶段和个别差异的理论，有助于了解学习的连续性和自我理解的发展；三是对学习和学习风格的理解，包括不同类型的学习和个人处理信息与寻求含义的学习风格，有助于根据学习者在不同情境中发现有用的和迁移的学习结果进行课程设计。大学任何教学活动都是基于标准进行的，课程标准是教学的基础，这种标准表现为课程大纲。关于标准的价值和意义，教育史学家戴安娜·拉维奇（Diane Ravitch）指出，"如果标准明确规定教学的内容以及哪种成就是为人所期待的，标准可以促进成就；标准（国家、州、地方）是实现机会均等的必要条件；国家标准提供了有价值的统一功能；标准和评价通过向学生和家长提供充足的信息，保护了消费者的权益；标准和评价为学生、家长、教师、雇主和大学提供了重要的标示工具"（弗雷斯特·W. 帕克，等，2010）[191]。课程标准包括教材标准和成就标准。教材标准主要是规定学生应具备的知识和能够做到的事情；成就标准规定了"多好才是足够好"，主要用于评价学生在学术领域内已经达到的标准的程度。在总结学生学习面临的困难时，马里兰大学课程审批委员会曾列出了一系列的重要问题，他们认为，这些问题在教师向学生提供的教学大纲中经常是得不到回答的：（1）学生为什么要选这门课？（2）课程要求是什么？课程对学生的思想和实践有什么益处？（3）课程对学生的基础有什么要求？教师对学生已有知识有什么了解？学生基础技能的不足之处会不会在课程中得到补习？（4）课程各部分内容的顺序安排是出于什么考虑？（5）课程是以讲座、讨论还是小组讨论为主？（6）教师对学生有什么期望？（7）布置的任务有什么教学目的？（8）考试考什么？记忆？理解？综合能力？合逻辑地提出证据的能力？灵活运用知识的能力？（9）为什么要采用目前所使用的课本？它们在课程和学科中有什么相对的重要性？（罗伯特·M. 戴尔蒙德，2006）[160]为此，戴尔蒙德（R. M. Diamond）提出要以学生的学习为中心编写课程大纲，并做到以下几点：明确学生为了学好这门课程所应当承担的责任；加强学生记课堂笔记的能力和学习能力；降低考试焦虑和改进应试技巧；让学生熟悉课程的教务安排；提供不易找到的阅读材料；提供那些需要人手一册的讲义；提高学生的效率（罗伯特·M. 戴尔蒙德，2006）[161-162]。这样，课程大纲就成为学生的学习指南。课程标准是课程实施的"法律"，基于标准的大学课程是一种和谐、稳定的秩序状态。

其二，大学课程是一种信念性的文化秩序。大学是传播和生产共同知识与共享价值观念的场所，课程既传播高端文化也创新文化，受自觉或不自觉的教育信念的支配，其实质是基于现代文化模式及其教育要求的一种建构。以永恒主义课程为例，其代表人物赫钦斯（Robert M. Hutchins）坚信："作为教育，这就是真诚地追求知识；作为学术，这就是真诚地献身于知识的进步。"（罗伯特·M. 赫钦斯，2001）[19]"教育的目的之一是发掘出我们人性的共同点，这些共同点在任何时代和地方都是一致的。……教育应该在任何地方都是一样的。……我认为，如果正确地理解教育，那么面向全体人民的课程的核心在任何时代、任何地方、任何的政治社会和经济状况下都将一样。"

（罗伯特·M. 赫钦斯，2001）[39] 基于这样的教育哲学，他倡导普通教育与永恒学习的实践模式，把学生的理智活动、发掘共同的理智要素作为教育的目标，把那些"理智遗产"作为学习中心，把那些经典名著等永恒学习作为课程的组织原则，"因而，我们的普通教育课程应由西方名著以阅读、写作、思维和说话的艺术组成，再加上数学，它是人类推理过程的最佳范例"（罗伯特·M. 赫钦斯，2001）[50]。这种普通教育在大学阶段的目标是智慧，意味着了解事物的原则和起因，"形而上学探究的是事物的最高原则和起因"，所以大学课程结构主要为形而上学、社会科学和自然科学三大板块，大学将由形而上学、社会科学和自然科学三大学院组成，所有的学生都将在所有的学院学习，这样，"他们所获得的教育将不再是琐碎的或混杂的教育，而是与大学本身一样的统一的教育"（罗伯特·M. 赫钦斯，2001）[67]。赫钦斯的这些课程主张，构成了完整的永恒主义课程模式，是课程文化的重要组成部分。在具体实践中，在追求永恒知识的信念支配下，从课程目标确立、内容选择、思辨的学习方式等都闪耀着古典人文精神的光芒，构成一种特色鲜明的文化秩序。其他课程诸如功利主义课程、以研究为中心的课程、社会服务性课程等，也是如此。作为文化秩序，意味着大学课程本身是一种文化，有着鲜明的价值追求、独特的思维方式、适切的行动模式以及相应的组织机制。

其三，大学课程是一种情感性的伦理秩序。基于主体互动关系的道德感、美感等是大学课程的重要属性，在课程生成与实施的过程中内在地存在伦理秩序。在这方面，马克斯·韦伯形成了系统的伦理观。他认为，大学教师避免表达自己在各种思想斗争中的态度是被严格规定的义务，他只能在讲坛上讲授盖棺定论式的观点，即使这种观点与他自己的观点完全相反或者有分歧，也不能在讲坛上鼓吹自己的观点。韦伯称之为"讲坛禁欲"。在韦伯理念中，与"讲坛禁欲"紧密联系的是"价值判断"。他认为"价值判断"是一套固定的成见，使人不是根据客观事实做出判断，而是以其好恶来做判断。与"价值判断"相对应的是"价值中立"。韦伯指出："所谓价值中立，乃是指大学和学者在追求学术时，应尽可能排除主观的价值判断，严格遵守以事实和逻辑推理为基础的客观性，力求得出'不受价值影响'的结论，又称价值自由。"（周光礼，2003）[75] 韦伯主张严格恪守价值中立的立场是学术活动应有的要求，政治家或宗教先知可以解答与信仰有关的价值判断问题，教授在讲坛上却不能。韦伯说："大学并不把传授'对国家怀有敌意'抑或'对国家表示好意'以及其他什么观点或立场作为它的职责，也不是谆谆教诲绝对或本质的道德价值的机构。它们分析事实及其存在的条件、法则和相互关系，分析概念及其逻辑的前提、内涵。……在这点上大学必须履行自律的义务。"（马克斯·韦伯，2006）[32] 他把价值中立作为教授的学术责任，也是学术共同体的责任。韦伯认为，大学人必须学会与"文化人共同体"分担旨趣和风险，必须与搞政治的人一样，为共同体担起责任和义务，在科研中，像政客一样地主动公开自己的立场。大学教师如果要表达其所承认的、应该实施的政策的看法，那么，他应当承担起这样做的责任，而不应只是把它作为基于"事实"的"假设"，置道德责任于不顾。个体责任感和团体自尊感是学术繁荣和大学正常运作及其社会功能发挥的前提。作为伦理秩序，意味着大学课程有着明确的权利和责任，有着崇高的目标和理想，也彰显着大学课程作为共同体的行动品质。

基于秩序内涵与大学课程实践的秩序分析，可以概括地说，大学课程秩序是在一定教育制度基础上课程实践系统运行所呈现的稳定、协调和可持续的状态。大学课程作为文化秩序意味着课程系统受一种价值观和行为方式的支配，大学课程作为标准秩序意味着课程系统受一整套制度的外在约束，大学课程作为伦理秩序意味着课程系统的和谐需要共同体和每一个体的内在道德维系。如同情感、理性、习惯统一于个体一身一样，标准秩序、文化秩序、伦理秩序作为大学课程秩序的组织部分，有机地统一于大学课程系统运行之中，构成大学课程完整的秩序状态。

三、大学课程秩序的实践表征与功能

对大学课程的秩序分析，使人们能够从宽广的学科视野理性认识大学课程，把握其复杂的理论属性。课程开发是一种实践行为，把课程概念化为一种秩序，我们必须弄清楚大学课程作为秩序的实践属性。

英国社会学家科恩（Stanley Cohen）从五个方面对"秩序"进行了描述："其一，'秩序'与社会生活中存在一定的限制、禁止、控制有关；其二，它表明在社会生活中存在一种相互性即每个人的行为不是偶然的和杂乱的，而是相互回答或补充他人的行为的；其三，它在社会生活中捕捉预言的因素和重复的因素——人们只有在他们知道彼此知道的情况下，才能在社会上进行活动；其四，它能够表示社会生活各组成部分的某种一致性和不矛盾性；其五，它表示社会生活的某种稳定性，即在某种程度上长期保持它的形式。"（田润峰，2002）[2] 科恩关于秩序的观点对于我们理解秩序的各种表征具有积极的意义。无疑，大学课程开发受诸多外部因素的制约，课程主体之间存在多样的互动关系，行动中有共同的课程愿景，各种课程要素有机地相互作用，课程实践基于传统并不断地进行文化创新，这共同构成了大学课程秩序的实践表征。

其一，外部关涉。大学与社会、政府等外部关系问题始终纠缠着大学发展和课程变迁。早在 20 世纪 30 年代罗斯福新政时期，有 130 多所私立大学拒绝联邦援助，包括哈佛大学与耶鲁大学，它们认为，私立大学如果真正是"私立"的，就应该摆脱任何可能的政治影响。在 1937 年的 AAU（美国大学联合会）会议上专门讨论"联邦政府与高等学校的关系"，大学代表一致认为：最低程度的联邦支持都会导致很多问题。时任普林斯顿大学校长的哈罗德·多兹（Harold Dodds）解释说，私立大学与公立大学的根本不同就因为私立大学不接受纳税人的资金，私立大学就避免了可能试图制定入学标准、影响课程和支配学者和科学家工作的政治力量的介入，"在这个令人惊惧的时刻，让我们确保不要牺牲我们的自由去换取外在的控制"（丽贝卡·S.洛温，2007）[38-41]。公立大学则完全不同。"早期，加州选民否决了一项旨在为加强医学院设施而发行一笔数目可观的州公债后，加州大学（校长）最终认清了大学的公共绩效责任，即如他在学术评议委员大会上表示的那样：'不要犯错！大学是一个公共机构，人民通过选举出来的代表与行政人员的行动来支持大学，人们不会允许大学以过分违反公共意愿的方式运作。如果大学偏离公共期望与需要太多，那么在多种压力与手段之下，大学也会被迫屈服与遵从。'"（福兰克·A.斯米德林，等，2007）[57] 不管是私立大学的拒绝，还是公立大学的适应，都是外部关涉，只是表现形式不同。在全球化、信息化的背景上，作为知识创新的集中地带，社会对大学的依赖性越来越大，大学的社会责任感也越来越强。私立大学可以不要政府的资助，但它必须通过课程的专业调整适应社会对人才的需求。以哈佛大学为例，20 世纪后半叶，学校一方面增加了公平性与多样化，国际影响力扩大，另一方面积极涉足商业投资，办学基金大增，官僚作风日盛，已经成为世俗型的国家大学。适应智力、社会和文化变化的能力是现代哈佛大学成功的源泉。因此，政治、经济、社会、文化等的关涉性，是大学课程秩序的重要表征。

其二，目标驱动。成功的大学都有统一的课程哲学和目标。早在1968年，爱德华·赫希·列维（Edward Hirsch Levi）在担任芝加哥大学校长的就职演讲中指出："芝加哥大学的使命主要是用知识去追求真理和传播知识价值观。重点必须放在获得理解上，这种理解也可以叫作发现。……我们必须重申教学创新和研究创新之间有着非常紧密的关系。同时，我们也必须重申我们致力于理解性思维这个宗旨，违背了这个宗旨，大学就会具有威胁性和讽刺性。"（威廉·墨菲，等，2007）[134] 对理解性思维的追求是赫钦斯发展智慧课程目标的继承，体现了芝加哥大学对永恒学习的追求。但现时中由于系科分立、学院隔离、课程盲目追求多样化，大学课程的统一目标被消解，导致学生间失去了基于共同目标的内在文化联系。德里克·博克认为："制订单一的、'统领全局'的大学目标，或者把大学目标局限于智力发展领域，都无法涵盖本科生活的全貌——都可能推卸本应让学生在成长的关键时期，养成一些极为重要的素质。因此，大学的培养目标应该是多方面的，这些目标应该被广泛接受且经过谨慎的界定，诸如'诚信'、'种族宽容心'等价值观与行为就是这样的目标。"（德雷克·博克，2008）[39-40] 这里，博克强调大学目标的丰富性，核心是促进学生作为人的素质发展。课程就是在具体培养目标的驱动下运作的。在微观层面，大学课程中的每一科目都有具体的培养目标，只是在一些专业课程中，有些目标窄化为职业技能训练，目标设定褊狭。实际上，任何具体课程都是学生全面素质发展的重要载体，要在追求知识技能本身目标的同时，服务于学生作为人的发展，达成育人目的。没有目标就没有课程，没有全面的育人目标，就会失去课程丰富的价值。目标既是大学课程的核心要素，也是大学课程科学、有效实施的内在驱动力。

其三，主体合作。课程的主体包括领导者、专家委员会成员、广大教授和学生，课程开发的过程就是这些主体充分合作的过程。哈佛大学最近一次课程改革的凄凉命运足以说明主体合作的实践价值。起始于2002年的这次课程改革，被校长劳伦斯·萨默斯（Lawrence H. Summers）称为"一个世纪以来哈佛课程史上最综合性的改革"。改革的旗手文理学院院长威廉·C. 科比（William C. Kirby）从开始就提出了这样的问题："21 世纪受过教育的人应该具备怎样的素质？"一系列自问自答的问题构成了标准化的学术游戏程式，当权者利用这样的程式，装模作样地咨询周围的人以博取教授的支持。这样提出的课程报告只能是校长萨默斯演说的翻版，一位学生表达了失望之情："60 页的报告索然无味，不疼不痒的建议，有的太笼统，有的不切实际。"课程委员会的一名成员如此描述报告的内容："最后，委员会认为最好的办法是把一排空瓶子放在那里，然后看看教师们可以在里面放一些什么材料。"一位教师认为，这次改革违反了工程学的两项基本原理：一是设计解决方案前务必理解要解决的问题所在；二是在不能预知什么行动将导致怎样的结果时，就不要试图一次性改变太多。前哈佛学院院长哈瑞·刘易斯（Harry R. Lewis）评价说："一些教授们抱怨课程改革缺乏新意，他们在《纽约时报》上撰文提出了尖锐的批判；另一些教授们赞成课程改革，认为新课程对教授或学生都没有提出太高要求；也有一些教授认为在学院一片抱怨和管理混乱的环境下进行课程变革的做法不明智。""哈佛就像是处于一帮争吵中孩子的母亲，看着 32 个系及其下属的无数专业，却说要平等对待，没有偏颇。因为不能在教师们中推行自己的计划，校长只能全然放弃。"（哈瑞·刘易斯，2007）[2-20] 到 2006 年，新课程改革方案终被放弃，哈佛课程改革宣布失败。哈瑞斯不禁追问："课程改革应该满足学生的需要、教师的偏好还是社会对教育的要求？学生应该成为教师心目中的好学生，还是学生通过教育为社会谋福利？大学应该服务于学生、教师还是社会的利益？"（哈瑞·刘易斯，2007）[36] 任何课程设置、改革与具体实施都是各主体利益博弈的过程，没有课程相关主体充分合作与广泛认同，课程实践就没有理想的结果。在课程发展史上，课程改革的成功多是管理者、专家与教授合作的结果，但没有学生主体的实际参与，课程的性质是知识本位的，学生主体的回归是课程新秩序的重要课题。

其四，对话生成。在微观层面，课程秩序不仅包括课程设置、内容设计，更重要的是课程实施的过程。讲授制是课程实施最古老的方式之一。早在埃里奥特上任之初就警告说："讲座制通常在白白浪费精力，教师在不遗余力地把知识注入一个筛子，但知识从一头流进，又从另一头流出。学生的大脑只有工作起来才能得到锻炼。"（哈瑞·刘易斯，2007）[31] 拥有半个世纪丰富教学经验的贾尔丁（Jardine）教授（格拉斯哥大学）也说："要开发年轻人的头脑，让其形成思维的习惯，最糟糕的办法莫过于仅仅通过讲座，而不辅之以进一步的师生交流。"（哈瑞·刘易斯，2007）[68] 在对讲授制反思的过程中，大学教育者们看到了在课程实施中主体间互动的重要性，认识到学生实际获得的课程绝不是对教师讲授内容的复制，而是基于主体理解的主动建构，实现建构则需要师生间、生生间进行广泛的对话，课程最终是对话中的意义生成。在高深学问的探究中，加强师生互动尤为重要，牛津的导师制是一典型案例，一位教授这样描述牛津的导师制："'无处藏身'是某些导师描述导师制教学过程时喜欢说的话，并且导师的'无处藏身'感像学生的一样强烈。你不可能躲在别人后面掩饰你的无知，但是导师也是一样，他要在那里随时应对学生的发问乃至质疑。……在导师看来，这种导师制辅导课的最大优点在于，他们能够直接发现学生在某一特定主题方面的研究进展情况，然后带着他们继续深入下去，并为进一步的深究提供'指导'，同时提出一些问题以促使学生赶紧去扩大阅读并加深思考（我们希望如此）。从学生角度来看，一旦懂得了要信赖导师，并且发现犯些错误或者缺少学识不会受到严厉的惩罚，那么导师辅导课就会提供大量的机会让你老老实实地承认你到底弄清了哪些东西，还有哪些是你尚未掌握的东西或干脆就是让你一头雾水的东西。此外，导师制教学过程还会激发你的热情。在某种意义上，理想的导师辅导课就是，你在其中能够沉浸于对所选择的主题的思考，跨出思考之后就会意识到这确实是多么有趣的事情，以及意识到，唉，还有多少工作等在那里要靠你去完成。"（大卫·帕尔菲曼，2011）[105-106] 固然如此，面对众多学生，师生互动的空间与时间均是有限的，学生间的同伴对话在课程实施中对生成具有创新性的意义同样具有重要价值。"学者们普遍得出结论，当教学方式从讲授改为课堂讨论，或是吸引学生积极参与的学习活动（比如一项模拟沟通，或是一个小组设计），或者通过向别人施教而学习时，学生们能够学得更多。……而越来越多的研究也确立了这样一个观点：当学生积极活跃地投入学习的过程，而不是被动地坐在一边听讲时，他们更有可能避免死记硬背而走向更深层次的理解。"（弗兰克·纽曼，等，2012）[147] 多层次、多角度地对话，是生成课程主体意义的主要方式，已成为当代大学课程实施中重要的实践表征。

其五，持续发展。大学课程无论是结构体系还是具体门类，一方面具有稳定性，另一方面则处于不断的变革之中。有的学科早在一个世纪前甚至更早就创立，但时至今日仍保持了学术事业的核心部分。课程稳定性的核心力量之一是学术文化，因为大学的核心任务之一是保持历代的知识。"人们把改变课程设置称为搬迁墓地。这需要严肃认真地对待。课程并不能从没有改变，而是从没有收缩，问题处于扩张的状态。"（弗兰克·H.T. 罗德斯，2007）[114] 尽管人们把课程称为"学术的墓地"，在那里任何教育的理念都走向消亡，普遍相信课程很难改变，但是种种课程变革却从未停止过。在哈佛大学，大约每 25 年都要进行一次综合性的课程改革。"虽然在课程中具有革命性的变化很少见，但随着时间的推移，越来越多的变革经常聚集在一起，能产生显著持续的影响。"（麦克尔·N. 巴斯特多，2007）[372] 麦克尔·N. 巴斯特多（Michael N. Bastedo）认为，知识分化是课程变革的关键因素，为了应付知识分化的无情压力，课程必须调整内容和形式，相应的，大学也变革课程结构和系统组织。同样，作为大学组织的社会建构，课程向学生提供组织文化的形态，并提供适应社会需要的内容和技能，是推动课程变革的重要力量。而诸如种族权力运动、女权主义等社会运动影响着课程变革的重要途径。"尽管大学课程看起来永远充满专业化、冲突和变革，但仍是一个已适应了社会经济和政治需要的稳定的统一体。"（麦克尔·N. 巴斯特多，2007）[368] 正是稳定与变革的有机统一，使大学课程表现出持续发展的秩序特征。

大学课程作为共同体秩序的本质是主体的内在联系或内在规定性，具体体现为共同体活动的一致性状态、社会关系的结构化状态和一般性规范的约束性状态。大学课程秩序的主体包括学生与教师个人、学生群体、学院等机构、社会服务的场所等，个体意志已经通过各种方式赋予群体、机构，群体和机构也以自己相对独立的意志对个体学习和生活发挥着特殊的影响。大学课程秩序在实践中不断生成，同时在实践中实现知识传播与创新、人类自身生产的价值和功能。

第一，大学课程秩序能够确保课程共同体内部关系的再生产。在一个共同体中，秩序存在确保了共同体本身的存在，保证共同体内部基本关系的再生产，也保障共同体内部利益的分享以及成员个体的发展。从国家到学校到院系，课程的存在意味着不同层次课程共同体的存在，共同体的实质是各种要素的互动关系，各种内部关系是教师、学生等作为教育主体存在的标志。

在大学课程秩序之中，不管是共同体还是个体的存在无不受文化的熏陶和型塑，都在不同程度上体现为内在自觉和存在性限制，即心灵秩序和社会生活秩序。每一门课程都有着内在的秩序要求，有秩序才有课程生活，课程秩序追求不仅是共同体内部结构稳定的要求，也是大学学生和教师等自身在教育生活中形成基于学习的存在方式的基本需要。卡西尔指出："人只有以社会生活为中介才能发现他自己，才能意识到他的个体性。但是对人来说，这种中介并不只是意味着一种外部规定的力量。人，像动物一样，服从着社会的各种法则，但是，除此以外，他还能积极地参与创造和改变社会生活形式的运动。"（恩斯特·卡西尔，1985）[282] 没有一个人能够在无序的环境中获得真正意义上的生存，也没有一门课程允许师生无序存在。"人对自身价值与生活环境的认识和体验在无形之中扩展个体自身的心灵秩序，直接影响和制约着个体的存在方式和人类文明形态的发展。"（张国启，2010）[217] 教师对学术的追求、学生的知识建构和素质发展都在生成和扩展课程秩序，在特定课程秩序中也确保每一个体的发展。

第二，大学课程秩序能够使相关主体对自身的利益建立稳定的预期。当课程实施中相关主体以互动方式展开行动时，大学课程秩序已经成为管理者、教师、学生等行动者之间达成的共识，即行动是依据课程的愿景开展，每个行为者由此可以对自己的目标和方向建立起稳定的预期。对于行为者来说，意味着可以依据秩序中各种关系的稳定来计划自己的行动，可以减少盲目的短期行为而更多地追求长期利益。意味着在课程秩序的边界内形成一种相对稳定的信任状态。"信任就是行为者对其他行为者行为不会伤害到自己利益的判断。"（迪戈·甘姆贝塔，2001）[270] "秩序也是一种信任，是由行为者在共识的基础上形成的一种稳定的关系复合体。"（杨冬雪，等，2006）[282-283] 秩序的自然扩展过程也是信任扩展与构建的过程。包括对新的"外来者"的信任、对交往中介的信任、对总体秩序的信任。在这些信任中，行为者之间的信任是最为根本性的，因为他们的交往与互动构成了整个秩序运行的基础，更重要的是，对组织、制度、中介、秩序以及各种关系的认识和信任也是通过行为者之间的交往完成的。就大学课程秩序来说，最核心的信任是师生间的信任，师生的互动行为构成课程秩序的基础，师生交往主要以知识、制度、教学组织、学习环境等为中介，知识的传播与扩展、社会的教育目的等都是通过秩序中的信任关系实现的。每个行为者在秩序中被赋予了不同的身份，除了它们的个体身份外，它们承担着诸多社会身份，而这些社会身份决定了它们基于信任的个体互动行为，行动的和谐互动仍然依赖明确的预期。在大学课程实施中，教师既是知识传播者的身份也是研究者身份，还是学生可信任的朋友身份；学生是学习者身份，也是研究体验者身份，还是未来社会建设主体身份。这些身份决定了师生互动行为的性质，决定了他们对课程目标的共同追求。

第三，大学课程秩序能够在社会需要与个体自由间建立动态平衡。任何一门大学课程都必须面对教师的个人喜好、社会的需要和学生的兴趣，但往往"教育的需要、本科生的需要和教师专业技能的矛盾模糊了我们的视线"（哈瑞·刘易斯，2007）[36]。秩序能够把各种要素或力量结合在一起从而促进共同体存在和发展。塞缪尔·亨廷顿说："人们可以有秩序而没有自由，但他们不能有自由而没有秩序。"（塞缪尔·亨廷顿，1989）[8]这句话说明社会秩序的重要性，但不能误认为秩序和个体自由存在不可调和的矛盾。秩序就是各种社会力量交互作用的产物，也是各种要素构成的有机整体。要维持自身的存在，必须使价值内核、社会规则和社会权威等各要素正常发挥功能并有机统一，这也是自身整合的过程。在一定意义上，个体自由正是社会秩序得以确立的一种前提条件，但个体自由根植于人的自然和社会利益需求，繁杂而无穷尽，如不加以约束和梳理，不要说已存的秩序不能持存，新的秩序根本没有确立的可能，而且意味着所谓个体自由的主张也就丧失了实质性的意义。一定的社会秩序生成后，必须发挥其规则的约束功能。但如果因为维持秩序的存在而销蚀了自由的存在可能，也就失去了确立秩序的本来意义。秩序的存续能够把规则干预保持在一定的限度，就是在规则约束和个体自由之间达到具体条件下的平衡和统一。由于以现实条件为基础，这种平衡和统一应是动态的过程。课程发展过程中，不仅在课程整体结构调整中存在各种利益的博弈，在具体课程内容选择、教学方式选择、课程评价等诸多环节中，都存在主体利益的博弈。就社会需要与学生兴趣来说，社会需要是制定课程制度的基础，但课程制度不能以牺牲学生的兴趣或个体发展自由为基础，否则教育将走向格式化，将以牺牲人类的创造性为代价；就社会需要与教师的学术爱好来说，课程制度尽管以社会需要为基础，但最终在课堂上发生的课程始终是教师建构的课程，教师的专业结构和学术兴趣无不融入课程的每一个环节，课程制度设计必须为教师的专业融入提供足够的空间；而教师的专业技能与学生的发展需要之间，也应以基于共同目标的对话合作为基础。课程秩序就是要在多种需要和矛盾中寻求一种动态平衡，以满足社会、教师和学生的不同需要。

四、大学课程秩序的构成

大学课程是一个复杂的系统，决定了大学课程秩序具有同样的复杂性。在宏观层面，围绕国家的课程政策和学科指南，涉及政治、经济、文化、社会等各种互动关系；在中观层面，以学校课程体系和院系课程计划为主要内容，既有教学、科研与服务等功能的融合，也有课程管理制度设计中的利益博弈；在微观层面，围绕课程实施，基于教授的学术研究，以师生、生生互动为主要方式，课程本身成为一种生活。作为开放系统，大学课程要维持其原有结构，并促使其走向更高级、更复杂的有序结构，就必须从外界不断地输入物质、能量和信息，推动系统的自强行为，在有序与无序之间不断寻求平衡。大学课程内部又是由若干子系统构成，子系统之间互相开放、相互作用，既有矛盾冲突又有和谐取向，从而形成整体秩序。从不同的层面审视大学课程秩序，其构成要素也不一样，本书就社会关系、组织方式、实践类型等层面分别进行描述。

1. 在大学课程与社会的关系层面，有外部秩序与内部秩序

霍尔丹勋爵在《大学与国民生活》一书中指出："大学是民族灵魂的反映。"（亚伯拉罕·弗莱克斯纳，2001）[2] 这种反映是通过大学的职能定位得以呈现的，用弗莱克斯纳的话说，大学主要关心四件事：保存知识和观念、解释知识和观念、追求真理、训练学生以"继承事业"（亚伯拉罕·弗莱克斯纳，2001）[4]。大学的使命就是民族的使命、国家的使命、人类的使命，从民族、国家到经济、社会、文化，与大学都有着内在的联系，大学从诞生之日起从来都没有独立存在过，它是社会的一员，它是国家的重要机构，在现代

民主社会，它可能是与政府并立的官僚组织。课程作为大学教育行为的刚性核心，同样与外部各种社会系统发生复杂的关系，是各种文化利益竞争的载体，围绕课程的文化定位、科目设置与具体内容选择，在各种关系互动中形成了一种社会秩序，可以称之为课程的外部秩序。就本体而言，"课程意味着学术知识和教师价值的最高表达，课程意味着所有的内容都适合学生；课程意味着通识教育必修要求；课程意味着证书和专业的要求"（大卫·沃德，2007）[56]。围绕课程计划的实施，课程目标、教学内容、学术资源、研究活动、教师、学生、文化环境等要素的互动行为构成教学过程，加之管理、反馈、评价、调整等实践行为，构成课程运行的内部秩序。课程外部秩序是内部秩序运行的主要背景，是一种约束力也是一种推动力，为课程实施提供了重要保障。课程内部秩序是课程实践的主体，大学教育的质量主要取决于课程内部秩序的良性运转。拉萨·R. 拉图卡（Lisa R. Lattuca）和约恩·S. 斯塔克（Joan S. Stark）围绕"情境中的学术方案"这一课程界定，将学术方案嵌入现实的情境中，从而揭示社会文化和历史因素的影响以及课程作为学术计划的运行结构，其图示（Lattuca, Lisa R., Joan S. Stark, 2009）[5]较为完整地描述了大学课程内、外部秩序作用的状况。

图 1-3 中，社会文化背景包括两组影响因素——"A"是机构外部的影响（例如雇主、认证机构），"B"是学院、大学等教育机构内部的影响。内部影响进一步分为机构层面的影响（例如使命、资源、领导力和管理）和单位层面的影响（例如专业目标、教师信念、和其他专业之间的关系，以及学生特点）。这些特征呈现了课程被制定和执行的不同层面的互动关系。课程、专业和机构不同，外部影响和内部影响的显著性和强度也是不断变化的。图中所描述的这些特定影响因素以及在它们互动中所创设的教学环境，把教学过程和教学成果放在了课程环境的外部、置于了更大的社会文化背景当中，可以清楚地看出外部秩序对课程实施的制约关系。课程外部的大量影响因素都处在课程设计者的控制范围之内，例如选修一门课程或者学生的学习态度和准备、在特定时间和地点里影响感知的社会文化现象等。评价和调整的过程不仅有助于方案的完善（路径 A），也有助于教学环境的完善（路径 B），这一过程会受到课程计划产出结果的影响，最终，在路径 C 中，外部和内部的受众对教学成果的感知和理解会导致其更改它们所施加的影响。这就是课

图 1-3　大学课程实施情境

程外部秩序与内部秩序要素作用的状态。

2. 在大学课程组织方式层面，有集合秩序与整合秩序

伯恩斯坦（Basil Bernstein）从课程组织的视角，认为课程主要分为两种类型，即集合型课程与整合型课程。"如果各项内容处在一种彼此封闭的联系中，这也就是说，各种内容得到非常清楚的界定，而且彼此之间相互独立，我便将这样一种课程称为集合类型的课程。在这种课程中，学习者必须掌握大量有效的内容，以便于符合某些评价的标准。……现在，我想要提出一种与集合类型并列的课程类型，在这种课程中，各种内容并不是各自为政的，而是彼此之间处在一种开放的关系中。我将把这样一种课程称为整合类型的课程。"（B. 伯恩斯坦，2002）[49] 在伯恩斯坦看来，内容界限分明的课程是一种集合课程，而内容界限模糊的课程则是整合课程，区分的原则就是课程内容之间界限的清晰程度，他认为这种概念界限的清晰程度构成了分类和构架的基础。"分类涉及内容之间差异的性质。分类强的地方，各种内容常常通过清晰的边界而彼此泾渭分明。而分类弱的地方，由于内容之间的界限比较模糊，所以各种内容之间的独立性也比较弱。……构架涉及在教学的联系中，

传递内容和非传递内容之间边界的清晰程度。在构架强的地方，传递内容与非传递内容之间存在一条鲜明的边界；而在构架弱的地方，则是一条模糊的边界。……构架强则意味着选择小，而构架弱则意味着教师和学生有比较大的选择范围。"(B.伯恩斯坦，2002)[64] 伯恩斯坦用"编码"的概念来描述课程中知识的组织。所有涉及分类强的知识的组织都导致集合编码，所有涉及分类强度明显减小的知识的组织被称为整合编码。集合编码的专门化形态发展出一种对人们的身份进行严格审查的程度，涉及一种知识的等级组织，其深层结构是通过特定身份的构成，从内部对界限建立强有力的控制和维护。整合编码则将统整各种不同的内容，并消解它们彼此之间的孤立和分离，能够减少各种单个内容的权威性，有利于提高学生的理解力和辨别力。伯恩斯坦用图 1-4 (B.伯恩斯坦，2002)[78] 表示两种不同编码课程的理想化和典型的组织结构。

注：实线代表强边界，实线箭头代表强联系的方向；虚线代表弱边界，虚线箭头代表弱联系的方向。A、B、C、D代表课程门类。
集合编码类型=强分类：强架构
整合编码类型=弱分类：弱架构

图 1-4　两种课程编码理想化和典型的组织结构

图 1-4 显示，集合编码与整合编码在权力分配和控制的原则上形成明显的差异，因为这些权力正是包含在这些课程的编码之中。在知识通过一种集合编码进行调控的地方，这种知识通过一系列完全分割的科目等级而得到组织和分配。通过各个部门领导和各个教育机构的校长或领导的正式的和非正式会议，这样一种结构显示了对教育机构的寡头式控制。而整合编码则要求不同科目的教师都进入共同的社会联系中，这些联系不仅出现在非工作的领域，而且也存在于一种既有分工又有合作的教育任务之中。教师与授课者彼

此联合的条件恰恰就在于一个共同的工作环境中，会进一步削弱集合编码中各个等级之间的分离程度。在伯恩斯坦看来，在知识被集合编码所控制的地方，秩序的产生往往与权威关系的等级性质有关，与时间和空间中不同知识的系统排列有关，而且与一种清楚的、通常是可以预见的考试程序有关。内在于个人的秩序是通过特殊身份的构成而建立的，强分类和构架的制度化表达便在时间和空间中建立了可预见性。"在大学层次上，个人自由的范围已经被某些集合编码中的道德系统符号化，并由此成为分化的整体重新结合的根据。"（B. 伯恩斯坦，2002）[81] 在整合秩序中，基于共同认同的整合理念、协调的知识链接性质、有效的反馈系统和明晰的评价标准，整合编码在文本上是具体和清晰的，是一种开放性的有机团结，并通过界限的模糊和松散形式而获得实体性。整合编码强调知识的内在统一，可以在信念系统和道德秩序比较模糊的条件下，建立一种具有渗透性和内在的社会化形式。在大学课程秩序中，集合秩序是主体，整合秩序是补充且更多地应用于通识教育之中。

3. 在大学课程实践类型层面，有教学秩序与研究秩序

学生成就大学，课程与教学成就学生，大学课程的基本问题和核心问题始终是教学问题。以纽曼为代表的传统大学观主张大学就是传播知识和训练心智的场所。而由洪堡参与创建的柏林大学"用现代的方式重建了大学"，"将科学研究作为学校活动的一个组成部分"（菲利浦·G. 阿特巴赫，1986）[19]。不仅将科学研究作为人才培养的重要路径和不可或缺的主要环节，而且将研究视为大学的另一个主要职能，自然成为大学课程的重要组成部分。大学课程秩序在实践中就包括了教学秩序和研究秩序。基于德国的传统，不论是教学还是研究都追求学术自由，诚如深受德国传统影响的埃里奥特在1869年的就职演说中所说的那样："一所大学应该是本土的和资金雄厚的，最重要的是它应该是自由的。自由的微风应该吹拂到校园的各个角落，自由的飓风能够扫走一切阴霾。理智自由的氛围是文学和科学赖以生存的空气。"（沃特·梅兹格，2010）[137] 1907年，这位70岁的哈佛校长在一次讲话中以"学术自由"为题，认为学术自由包括：学生有选择课程的自由，拒绝参加礼拜活动的自由，等等；教授有选择自己认为最适宜的教学方式的自由，不受常规干扰的自由，等等（沃特·梅兹格，2010）[141]。学术自由是大学教学与研究秩序的实质。

伴着现代大学前进的脚步，"教学与科研相统一"的观念被越来越多的大学和广大教授所认同。因为，"一个洞察专业领域的发展和最新研究的人，能更准确地判断大学教育的课程应含哪些内容，应当怎样编制；拥有研究素质的大学教师所教授的学生，能够学到以开放的心态求知的态度，能够应对社会环境和劳动条件的变化"（钟启泉，2006）[522]。19 世纪用现代方式重构的大学德国模式所确立的"科研—教学—学习"紧密统一的原则，根据伯顿·克拉克（Burton R. Clark）的分析，正被越来越多的高等院校放弃："各国正在经历反应性发展的高等教育系统稳步地在以下三类院校进行投入：（1）'以教学为主'的院校，（2）以教学为中心的大学的初级阶段，（3）在研究生阶段的非科研的学生。没有必要和科研紧密结合，或者大量地用做科研训练的教学，需要大大地增加。在大批院校，教学漂离传统的科研—教学—学习联结体。"（伯顿·克拉克，2001B）[232] 从克拉克的分析中我们不难看出，在"教学漂移"概念的背后，蕴含着三个重要的认识问题：一是以科研为基础的洪堡式的大学人才培养传统，在高等教育普及化进程中发生了变化，教学越来越漂离科研的基础，许多高等教育机构较少投资科研，主要进行教学；二是不同类型的高等院校、高等教育的不同阶段，教学工作的地位以及教学方式不同，复杂性和多样性成为当下高等院校教学的重要特征，也是高等教育大众化条件下一种客观存在的现实；三是尽管高等院校教学存在复杂性和多样性，如有的以科研为基础，有的以专业知识训练为中心，但"教学漂移"现象的背后，揭示了教学工作始终是高等院校教育的核心，只是具体表现形式不同（王一军，龚放，2010）[63]。在关于大学教学的讨论中，欧内斯特·博耶在美国卡内基教学促进基金会的报告《学术水平反思——教授工作的重点领域》中提出"教学的学术"这一概念，试图打破教学与研究的二维思维，重新思考教学的内涵，以此弥合教学与研究的鸿沟。他认为，"教学作为一门学术性事业，是从自己所懂得的东西开始的。当教师的一定要消息灵通，沉浸在自己专业领域的知识之中。教授只有广泛涉猎并在智力上不断深化，其教学才能得到好评。""好的教学还应意味着，教师既是学者，又是学生。……最好的教学则不仅传授知识，同时也改造和扩展知识。通过阅读，通过课堂讨论，也通过学生的评论和提出的问题，教授的自身也将被推向新的创造性的方向。"（E. L. 博耶，2004）[23] 博耶所说的"教学的学术"是在寻求专业领域的研究与有效的教学的统一，而不是教学自身的研究。实际上，大学教学自身的研究也是一种学术活动。然而，在大学教育的实践中，教授们的研究总是围绕自身的学科领域展开，并没有把主要精力放在教学研究上，也就很难实现教学与学术研究的统一。

"教学与科研并重"是研究型大学本科课程的基本原则，这意味着教学活动与科研活动一体化展开，教学基于科研、科研即是教学，教学与科研并不是两个教育范畴，在时间上教学与科研也不是等分，科研只是作为教学的途径与方式，课程的主要实践形态依然是教学。教育重心在于建立"教学—科研—学习"共同体。库伯（David A. Kolb）详细分析了"行为复合型学习情境"中大学生体验学习的方式。他认为，学生所研究的问题不一定非有正确或最佳的答案，但是必须有一些学习者可以联系、重视的东西，并且问题被解决后学习者能感到内心的满足。这将是一个正式的、真实的问题、案例或模拟，是学习者作为一个专家时期望遇到的。解决问题的关键在于做，但完成任务是必要的。学习者只需关注自己目前的行为会对整个任务的完成产生什么影响，自己下一步的行为会不会脱离自己现在的行为。从这个意义上讲，学习者的问题探究需要自己来做决定或选择自己下一步做什么或者怎样进行。只有当学习者要求时，教师才可以作为教练或顾问参与进来。在此情境中，学习成功的评判标准包括：问题解决得如何、可行性、销售性、客户的接受性、成本、测试结果、美学质量等（D. A. 库伯，2008）[169-170]。就研究型大学本科学生来说，这种"行为复合学习情境"主要是课题研究和专业实践，教学的要义在于引导学生在研究与实践中获得反思性体验，在真实的体验中提升学生的研究能力。课程秩序的目标在于追求学生参与研究与实践的兴趣、专业研究素养的提高和创新意识的生成。在"行为复合型学习情境"中，大学课程的教学秩序与研究秩序实现了一体化。

五、大学课程秩序的生成与维持

大学课程开发本质上是一种秩序建构，稳定的秩序是保持教材、学生、教师、环境关系和谐的基础，而充满创新的秩序则是提高教育质量、挖掘学生发展潜能的不竭动力。探讨大学课程秩序的生成与维持机制是认识大学课程实践的重要内容，也是提高大学课程开发水平的理论前提。这首先需要了解社会实践秩序的基本类型。

1. 社会实践秩序的类型

哈尔蒂·布荣（Hardy Bouillon）根据哈耶克的论述，对秩序类型作如下区分：独立于人之计划与人之行动之外的自然秩序；由人之计划或设想建构的计划秩序；独立于人之计划外、在人之行动作用下偶然生成的自发秩序（哈尔蒂·布荣，2001）[112]。简单地说，自发秩序是社会中的某种规则性或事态的秩序，不是纯粹的自然现象也不是人们有意识设计创造的产物。在哈耶克看来，人类社会秩序的扩展是一个自发的进化过程，如果人们不想失去自己的文明基础和文明的成果，就应当让这个自发的进化过程持续地进行下去，而不要试图凭借自己的理性去人为地设计和建构社会秩序，把文明的进展纳入任何计划就必然导致文明的覆灭。[①] 所谓计划秩序就是哈耶克所说的组织（Organization）或人造秩序，它是命令的结果，是有意识的计划的产物。在一个组织中，为了实现一个共同的目标或一个目标体系，其行为由一

---

① 哈耶克认为，扩展秩序之所以不可能是理性设计的结果就在于人类理性是有限的，其本身也是一个自然选择的进化过程的产物，在我们行动的基础和条件中总是包含"理性不及的因素"（non-rational factors），设想产生于进化过程中的人类理性能够支配文化的进一步发展，或者认为有思维能力的人创造并控制着自己的文化进化，都是错误的，都是用超自然的假设代替了科学的解释。他认为，我们所谓的理智，并非像个人生来就有大脑一样，是他生来便有的东西或是由大脑产生的东西，而是他的遗传组织在他成长的过程中，帮助他从自己的家庭和成年同胞那里不是由遗传的传统成果而获得的。从这个意义上说，头脑并没有包含多少可以检证的有关世界的知识，也没有多少对人的环境做出解释的能力，而是包含不少限制本能的能力———一种无法由个人理性加以检验的能力，因为它是作用于群体。由此推知，尽管我们可以说人创造了文明，但"这并不意味着文明是人之设计（design）的产物，甚至更不意味着人知道文明功能或其生生不息之存续所依凭的所有基础性条件。那种认为人经由审慎思考而建构起了文明的观念，乃源出于一种荒谬的唯智主义（intellectualism）；一种唯智主义视人的理性为某种外在于自然的东西，而且是那种能独立于经验就获致知识及推理的能力。但是，人之心智的发展乃文明发展的一部分；恰恰是特定时期的文明状态决定着人之目标及价值的范围和可能性。人的心智决不能预见其自身的发展"。（参见哈耶克. 致命的自负 [M]. 北京：中国社会科学出版社，2000：21；以及哈耶克. 自由秩序原理 [M]. 北京：生活·读书·新知三联书店，1997：21）

个中央机构来操纵和监控。这就需要具体规则的存在和适用，这些规则规定一个组织成员的行为或对其提出要求，从而限制其追求自身的目标和能力。组织典型的例子是国家、企业、军事机器和其他等级制的机构。这些组织赖以生存的具体规则大多为有意识创造出来的规则。哈耶克将这种规则称为外部规则，视为一种独特类型的社会秩序规则，而把自发秩序中的一般性规则称为内部规则。其与一般性规则的区别乃在于它们"意指那种只适用于特定之人或服务于统治者目的的规则。尽管这种规则仍具有各种程度的一般性，而且也指向各种各样的特定事例，但是它们仍将在不知不觉中从一般意义上的规则转变为特定的命令。它们是运作一个组织或外部秩序所必要的工具"（Hayek，F. A., 1978）[77]。一般性行为规则同样约束着外部规则。有效的权威命令总是依赖符合一般性规则指示的形式而非完全具体的命令，表现为决策过程依赖大量的信息和知识，并随时根据新的情报信息不失时机地对行为和命令做出调整。在哈耶克看来，计划秩序是依据命令所维系的秩序，将制约组织成员对个人知识的利用，影响个人履行职责，体现权威者的意志和目的。

计划秩序的好处就是缩短了自然演化的时间，减少了自然演化中的"试错成本"，这种人为设计的秩序很容易形成利益集团。从表面上看，这种秩序有利于社会的制度创新，但实际上可能有利于某些既得利益集团的制度安排。有的研究认为，人们在初期得到的人力和物质资本禀赋的数量有差异，这种初始资源和机遇的差异决定了人们有不同的偏好，并结成了不同的政治利益集团。各种集团将通过投票来决定国家的政策和制度，从而影响未来的资源分配，甚至未来的政治利益格局。所以，与其关注制度的缺失，不如关注需要良好制度的利益集团的缺失。计划设计的秩序一般把大多数当事人排除在制度设计之外，尽管也通过一定的途径征求了当事人的意见，但出于费用或成本方面的考虑，这种意见的征求是很有限的，所以计划设计的制度很难达到均衡状态，很容易受既得利益集团的影响，在制度设计的过程中，谁的呼声高，谁就有可能左右制度的设计。

2. 大学课程秩序的生成

作为一种社会秩序，大学课程是有目的、有计划、系统性的人类自身生产实践活动状态。教育伴随着人类活动而产生，大学是人类知识生产达到较高水平的产物，大学课程则是大学教育制度化的知识载体。如果说初等教育还有可能存在于自然生活之中的话，那么大学教育必然剥离了自然而走向实践自觉，大学课程不可能是自然秩序，在本质上是基于人之设计的计划秩序。但早期大学课程往往是约定俗成的产物，更像一种自发秩序。盛行于宋代的书院堪称我国早期大学，书院课程主要由三部分构成：一是教学内容即"四书五经"；二是教学计划，一般按年龄规定阅读书目的顺序；三是教学方法，包括学生自学和教师讲会制度。这种课程体系既没有明确的课程理念，也不注重编制技术，内容单一而无结构体系，是一种初级阶段的课程，有计划但缺少应有的设计，更像是人们在学习与研究的过程中逐步形成的有关高深知识阶段学习的一般性制度。西方早期大学亦是如此。西欧于中世纪诞生的大学构成了世界近现代大学和高等教育机构的基本原型。从 11 世纪至 12 世纪中期，欧洲大学的课程内容主要是沿袭古希腊，特别是希腊化时代后期及古罗马的教育内容，即"七艺"的内容，以阅读经典文献为主，以确保权威性。12 世纪末期开始，通过翻译和介绍阿拉伯世界的文明，古典时期的希腊教育内容以及阿拉伯世界的哲学和科学内容逐步进入欧洲大学课程内容。大学中最常见的教学方式有讲授和讨论两种，比较典型的课堂教学多由教师口述，学生记录，大致采取如下步骤：提出论点，列出正反两方面的论据，通过演绎推理和逻辑分析，排除错误，得出结论。考试则以辩论为主，旨在考察学生的判断、分析和辩论能力（黄福涛，2008）[48-49]。可以看出，早期大学课程只是在内容难度上追求高深、强调学习与研究相结合、及时吸收新的知识，所有这些并不是人们刻意设计的结果，而是在学习行动中逐步形成的规则，具有自发秩序的特征，课程自身的专业性并没有得到应有的发展。

推动大学课程建构的力量主要来自三个方面。一是国家对大学的控制。"在 13 世纪，大学的诞生或是'自发的'，或是教皇的意愿。而在 14 世纪和 15 世纪，大部分大学则由君主创建。"（雅克·韦尔热，2007）[111]13 世纪的国家任由教会去创办大学，去确定其机构，去保障其纪律。但在 14 世纪中间逐步发生变化。一方面，国家将 13 世纪尚属简便的国家机器变成极其复杂的官僚机构，对法律专门人员有大量的需要；另一方面，国家概念本身即"君主之形象"，也有刻意追求，鼓励学习，创办大学便成为国家声望的要素之一，成为国家政治的必然选择。大学数量的增加，为国家提供了大量的仆从，国家必然对"仆从"提出相应的要求。在这过程中，大学学者自然充作了国家的官吏，不仅如此，他们有时要参与执政，干预政治生活，尽管作用有限，"但却足以令政府不安，也足以让政府严密控制大学的自治"（雅克·韦尔热，2007）[132]。一个显著的例子是路易十一，在大学禁止教授唯名主义。二是大学与社会的融合。伴随大学自治的衰落，学习也越来越实用化，并延伸到广泛的大学生活。大学在排斥贫穷，"贫困学生被抛向短期和劣等的学习，许多不能通过艺术学院的考试，因此他们只能期望谋得下级职位、微薄的收入、家庭教师或学校教师等低下收入的职业"（雅克·韦尔热，2007）[141-142]。同时，大学的贵族化却在明显增长。贵族的首要价值，即追逐富丽奢华，成功地全面转变了大学的实际物质构成。15 世纪，大部分大学建设了自己的校舍，用于会议与教学，大部分大学开始设置图书馆。这就使教学得以在一个威严的环境中进行，教师与其听讲者教学关系全面转变，教授确立了"主"的地位。大学条件的改善，也开始吸引更多的年轻贵族接受大学教育，推动了住宿学院的变革。住宿学院原始的慈善关怀的性质退居其次，在教学组织中发挥着越来越重要的作用，逐渐地改变着学校的课程生态。三是教育思想的丰富。在席卷欧洲的文艺复兴运动、宗教改革运动、思想启蒙运动等各种因素影响之下，教育思想也获得极大解放，各种大学教育主张不断浮现。16 世纪后期对英国大学绅士教育课程产生较大影响的是约翰·洛克（John Locke）的教育思想，他继承了英国传统绅士教育中注重品德与道德教育的传统，认为德行是一个绅士必须具备的最重要的品质，将教育目标和最终归宿视为绅士。17 世纪前半叶，托马斯·埃里奥特（Thomas Elyot）和劳伦斯·汉默夫雷（Lawrence Humphrey）都主张大学的教育目的不仅在于培养牧师，更应造就未来的社会精英。二者也有分歧，埃里奥特的主张世俗倾向鲜明突出，教育目的在于培养听命于国王、效忠王室和宫廷的绅士，因而其课程设置强调个人才华和学识的训练，更多地体现了意大利文艺复兴时期的人文主义思想；汉默夫雷的理论宗教色彩浓郁强烈，追求造就人间凡世集基督与学者于一身的统治精英，所以着重伦理和道德的培养，反映了宗教改革对大学教育的影响。这些教育思想是大学课程建设的重要理念，是大学课程设计的重要支配力量。

在多种力量的推动下，17 世纪末期和 18 世纪中期分别建立的哈勒大学、哥廷根大学等进行的课程改革开启了近代大学课程秩序的先河。哈勒大学首次在法学系中将骑马、击剑、外国语和一些时髦新学科等绅士教育内容与培养国家和地方官吏必备的知识组合起来，以迎合当时王公贵族的需要，并把以往的文学系改为哲学系，摆脱了从属于高级系的地位，取得与神、法、医学系同等的地位。哥廷根大学在改革的路上走得更远，在哲学系中开设了经验心理学、自然法、政治学、物理学、自然历史、纯粹和应用数学、历史和一些相关的辅助性学科，还有地理、外交学、科学与艺术、古代和近代语言等。文学系的课程几乎包括当时所有的新兴人文和社会学科，法学系的课程也完全摆脱了宗教神学的束缚，洋溢着浓郁的世俗和民族主义色彩。除此之外，还开设了当时欧洲最好的有关宫廷艺术的课程，学生们还可以选修跳舞、绘画、击剑、骑马、音乐和近代语言等有益于锻炼体魄和宫廷交际的内容（黄福涛，2008）[82-84]。可以看出，哥廷根大学课程已经有了独立的价值取向和教育理念，明确的培养目标，教育内容经过精心设计，形成了具有学校特色的结构体系，初步体现了大学课程作为计划秩序的特点。近代各国和各大学课程经过多次改革运动，在传承和创新的双重旋律中，走向成熟，并形成各种流派，呈现出具有理性的计划秩序状态。

  基于人为设计的大学课程秩序可以称为创生秩序，在大学课程的创生秩序中并不排斥自发秩序的存在。创生秩序的价值在于有效传播知识，充分发挥教师的学术影响和引导作用，但是从理论上讲，任何创生秩序都是基于权威的一种制度设计，课程的性质是知识本位或教师本位的，以命令、约束为基本手段，教学方式表现为讲座为主，必然制约学生创造性和潜能的发挥，难以实现学生的学习自由。课程创生秩序的设计需要在制度层面保证学生学习的自由和教师教学的自由，只有在自由的学术环境中才能实现追求真理和发展学生的目的。课程实施中，各种要素尤其是师生、生生之间的自由互动，是课程真正的发生机制，也就是说，课程意义的生成并不是传授的结果，而是在互动中学生自主建构的结果。知识的建构不是流水线上可控制的直线运动，而是主体思想的灵活对话，是基于主体经验的意义生成，这种生成过程是行动中随机完成的，具有自发性，是一种自发秩序。从这个意义上来说，大学课程秩序是创生秩序与自发秩序的有机整合。

3. 大学课程秩序的维持

尽管课程变革无时不在展开，但大学课程秩序总体上表现为一种长期的稳定状态，也只有维持一定的稳定状态，才能实现大学课程的教育功能。同其他社会秩序一样，大学课程秩序的维持也需要一些条件。"在一般意义上，作为公共产品的社会秩序来说，其维持的基本条件有：(1) 暴力手段是垄断的而不是分散的，防止了共同体或社会内部冲突的无限扩大；(2) 建立了有效的惩罚和激励机制，能对行为者行为产生必要的约束和引导；(3) 具有对弱者的最低限度的保护机制，可以把各种关系控制在可承受的范围内；(4) 能发展起调节或协调内部关系的中介物，使行为者之间能够正常地、便利地交往，并形成相对稳定的预期。"（杨雪冬，2005）[72] 与作为公共产品的社会秩序不同，大学课程秩序需要一种专业手段而不是暴力手段来加以维护，其途径主要表现为以下四个方面。

一是制度化的供给。秩序是制度的产物，大学课程秩序的维护首先依赖专业制度的供给与保障。在集权制国家多有国家制定的大学课程目录，在分权制国家各大学都有自己的课程目录，这些课程目录具有法定地位，规范着大课程的框架和设置。由于学科发展、社会分工的变革以及教育对象的变化，都直接影响着大学的专业设置和调整，课程目录也按一定的周期进行修订，以确保课程的适应性。以我国本科课程为例，中国教育部（原国家教育委员会）1984 年以来先后分科类公布实施有关普通高等学校本科专业的目录，以后分别于 1987 年、1993 年和 1998 年进行了三次大规模的学科目录和专业设置调整工作。[①]2011 年上半年开始，教育部正在进行第四次修订工作，尚未公布。这种制度性安排是大学课程正常实施的基础，就我国大学教育来说，是维护大学课程秩序的基本保障。

---

① 第一次修订目录于 1987 年颁布实施，修订后的专业种数由 1300 多种调减到 671 种。第二次修订目录于 1993 年正式颁布实施，专业种数为 504 种。第三次修订目录于 1998 年颁布实施，本科专业目录的学科门类达到 11 个，专业类 71 个，专业种数由 504 种调减到 249 种。现行本科专业目录及专业管理办法是 1998 年制定实施的，距今已经有 12 年时间，明显存在以下问题：一是不能适应经济社会发展实际需求的变化；二是不能适应高校多类型、人才培养多规格的需要；三是新兴学科和交叉学科专业设置困难，不利于复合型、创新型人才的培养；四是与研究生培养《学科目录》的专业划分衔接不够。

二是历史性的承继。大学课程从结构体系到具体门类的内容与形态，都是历史的产物，对原有学科基础的继承是大学课程开发的重要思路，也是大学课程持续发展的根本。以《教育学》课程为例。近代教育学形成于 18 世纪与 19 世纪之交。最初为道德人格陶冶意义的教育之学；19 世纪初，赫尔巴特尝试构建把"教"之学与"教育"之学融为一体的《普通教育学》，为师生双边活动过程之学，即教育过程之学，从而奠定了近代教育学的基础，也是大学教育学课程的基础。约在 19 世纪中叶，赫尔巴特学派把教育过程之学扩充为"教育实体"之学，即学校教育学，尔后，随着教育事业的发展，包括各级各类学校在内的学校系统的形成，进而出现"学校系统"和"教育系统"之学。至此，教育学研究领域已经界定。19 世纪与 20 世纪之交，教育价值发生显著变化，出现"人本位"、"社会本位"、"文化本位"、"人格本位"之类教育价值取向的纷争，同时又形成教育研究方法取向的多种选择，以此为契机，发生了从单一类型的赫尔巴特学派教育学到多种类型教育学的演变，形成教育学"多元化"格局，进而越出传统教育学框架，出现包括各种教育交叉学科、教育学子学科与教育学亚学科，标志着教育基础理论建设的完成（陈桂生，2006）[704-705] 教育学课程也相应地形成较为成熟的体系。可见，对历史的继承既是大学课程合理性的表征，也是大学课程发展的起点，尊重历史才有学科对话的知识基础。

三是经验性的借鉴。大学课程是一种开放的系统，必须不断吸收和借鉴外来的学术和方法，才能提升自身的生命力。我国近代大学对西学的直接引入是一种借鉴，更重要的则是方法的迁移。蔡元培在 1918 年就对大学研究的任务提出了他的看法："研究也者，非徒输入欧化，而必于欧化之中为更进之发明；非徒保存国粹，而必以科学方法，揭国粹之真相。"意思是应当引入西方的方法对传统中国内容进行新的研究。这一主张在当时受到一致的赞同，胡适提出的"输入学理"和"整理国故"的口号便与蔡元培的主张毫无二致。在蔡元培的倡议下，当时北京大学研究所国学门于 1923 年出版了《国学季刊》，胡适受委托撰写了一篇《发刊宣言》，其核心就是"整理国故"，即"把三千年来支离破碎的古学，用科学的方法作一番有系统的整理"，或者说"用系统的整理来部勒国学研究的资料"。在蔡元培、胡适等看来，西方科学方法的一个重要特征就是"系统"，这正是医治国学"纷乱"、"纷繁"之病的一剂良药(陈洪捷,2006)[154-165]。胡适在上述著名的《发刊宣言》中明确地写道："我们理想中的国学研究至少有这样一个系统:(1) 民族史,(2) 语言文字史,(3) 经济史,(4) 政治史,(5) 国际交通史,(6) 思想学术史,(7) 宗教史,(8) 文艺史,(9) 风俗史,(10) 制度史。"(陈洪捷,2006)[165] 可以看出,"整理国故"实际是我国学术研究范式转型,奠定了国学研究的学科框架。经验借鉴是大学课程建设的高效之路,也是大学课程秩序和谐运转的专业保证。

四是合作性的型塑。任何课程的开发都是官员、专家与教师合作的结果,也是科研、教学与服务功能融合的结果。课程实施不仅需要师生、生生的合作,也需要管理、资源开发、信息网络、社会服务等相关部门的合作。课程秩序的维持是一种合作性的型塑。以数学教育专业课程为例。培养一个中学数学教师,必须使他掌握宽厚的数学学科知识,掌握数学教学中所运用的教育学与心理学知识,掌握在实际教学中所具有的情境性知识。实现这些目标,需要大学教师与中学数学教育专家合作,研发数学基础课程体系以适应基础教育需要;需要实习学校与大学密切合作,加强实习指导,丰富师范生的实践性知识;需要教育学、心理学课程与数学学科课程配合,使一些教育与心理基本原理与学科知识结合融入学生的知识结构,培养学生分析与解决教育问题的技能。只有各方面的合作到位,才能以和谐的秩序达成课程目标,同时维护课程应有的秩序。

在历史的视野中,大学课程秩序的维持只是暂时的,秩序失范与再生才是永恒的主题。课程变革是课程秩序失范的主要原因。在课程变革的过程中,课程制度规范经历着更新与重建的过程,这一过程最容易出现秩序失调状态。大学控制机制的弱化时常导致课程秩序失调。在学术自由的环境中,教育控制的手段由集中向分化,由单一向多元化的方向发展,维持原有课程秩序的机制发生重大变革,课程秩序出现混乱,从而催生新的课程秩序。而知识的转型则是课程变革的动因。

六、知识演化中的大学课程秩序类型

知识演进包括知识生产、知识性质和知识形态的变迁，这些要素与大学、大学课程发展都有着密切的关系，是大学社会地位和教育功能变化的标志，也是大学课程秩序转型的内在动因。

1. 大学中的知识传播与生产

早期大学只是知识传播中心而不是知识生产的中心。中世纪的大学以"七艺"为百科全书式的课程，并以亚里士多德的著作为主要内容，学问并不来自大学。以英国为例，"当大学由于宗教的、政治的和社会的偏执而近死亡时，杰出的学者们便避世隐居，做自己的学问。……一位银行家曾是直到他那个时代为止最杰出的希腊史的作者，一位悠闲的绅士在《物种起源》中做出了对科学和哲学最令人意外的贡献，里卡多也好，约翰·斯图亚特斯·密尔也好，都不是大学教授"（亚伯拉罕·弗莱克斯纳，2001）[195]。纽曼引用格迪尔红衣主教的话表达了同样的意思："科学院与大学的本义之间并不存在真正的对立，只是观点不同而已。大学只是给那些接受培训的学生教授科学，而科学院主要是在科学领域里从事新的研究。意大利的大学只是提供能给科学院增光添彩的课程，科学院则为大学输送教师，而教师又极其出色地完成教学任务。"（约翰·亨利·纽曼，2001）[4] 正是基于这样的现实，纽曼才一再强调大学的目的是传播与推广知识而非增扩知识："如果大学的目的是为了科学和哲学发现，我不明白为什么大学应该拥有学生；如果大学的目的是进行宗教训练，我不明白它为什么会成为文学和科学的殿堂。"（约翰·亨利·纽曼，2001）[1]

中世纪后期，随着大学世俗化程度提高，大学担负起科学研究的责任，大学逐渐成为知识生产的中心。其标志是柏林大学的创建。柏林大学的创建者洪堡（Freiherr von Humboldt）反对传统大学将传授知识作为主要职能的做法，主张大学的主要任务是追求真理，科学研究是第一位的。没有科学研究，就无法发展科学，也不能培养出真正的科学人才。大学教学必须与科研结合起来，只有教师在创造性的活动中所取得的研究成果，才能作为知识加以传授，只有这种"教学"才真正称得上大学教学或大学学习（贺国庆，等，2006）[158]。爱德华·希尔斯（Edward Shils）认为，1865—1920年也就是美国南北战争结束与第一次世界大战结束这一段时间里，美国大学取得了学术的支配发位，地方的科学与学术机构"与大学，尤其是作为更大的、跨地域的学术团体的最基本机构的大学的系科和实验室所提供的交流与研究机会的贡献比起来，它们所贡献于社会的太微不足道"（爱德华·希尔斯，2007）[6]，并依据韦伯《以学术为业》的描述推断类似的转变在德国早已完成。

"二战"以后，随着高等教育大众化和知识信息化水平的不断提高，大学以外的知识生产与传播得以大大加强。根据经合组织（OECD）的统计，过去30年，就OECD国家的平均水平而言，37%的24—34岁人口完成了高等教育（经济合作与发展组织，2011）[6]。这意味着，从高等教育体系中涌出的潜在的知识生产者的数量在不断增加。正如吉本斯（Michael Gibbons）等人所分析的那样，大学在扩大培养合格毕业生的同时，也在暗暗削弱自身作为知识生产者的垄断地位。很多毕业生在随后有能力对大学的研究工作进行评判时，他们自己也属于从事同样工作的其他组织了。"大学开始认识到，即使仍然是主要角色，他们也只是一个大大扩张了的知识生产进程中的角色之一。"（迈克尔·吉本斯，等，2011）[11]在全球化的背景上，社会弥散的知识生产正朝着全球网络蔓延，网络的联结点随知识生产机构的快速增加而不断增加，这就需要新的电子通信和计算机网络技术作为支持，知识生产的社会化既推动了信息技术的创新也成为新技术的消费者。信息技术的快速发展大大扩展了知识的存储空间和传播途径，使一些最新的知识很快能在大学以外传播，这同样削弱了大学作为高深学问传播者的垄断地位。

大学的知识地位是与知识性质的变化紧密联系的。哲学界习惯于把从古希腊哲学家泰勒斯到德国哲学家黑格尔的学说称之为"传统知识论"。亚里士多德在《形而上学》一书中开宗明义地指出，"求知是人类的本性"，并把知识与实用的目的相分离。他说："无论是古代还是今天，人们的哲学思索都起源于他们的惊奇……所以他们从事哲学思索是为了摆脱无知，显然，他们并不是为了任何实用的目的，而是为了求知而追求科学。"（俞吾金，2011）[3]基于这种知识理解，传统"知识"主要是指形而上学理论、宗教教义、常识性信仰和科学理论等哲学层面的认知。在中世纪，这些知识被统一在基督教信仰体系中，其核心是在上帝这唯一真理下的普遍知识。在奥古斯丁的论述中，他所规定的界限即要求非宗教的和自然知识之获得须以服务于基督教为目的，使得人文学科直接从属于神学。大学教授阿奎那构建了对世界的形而上学"道德"学说。宗教教义被赋予知识意义，将抽象的知识变为指导人们日常行为和解释神的最终旨意的"道德"真理。这是一种借助于亚里士多德的形而上学、逻辑学、科学和自然哲学的理性，综合了哲学与神学的统一真理观。这种知识观在文艺复兴、宗教改革和启蒙运动的急风暴雨中受到沉重打击，加上自然科学的快速发展尤其是达尔文进化论、牛顿力学和笛卡尔认识论的出现，使基于神学的统一知识体系失去光芒。19世纪，密尔、斯宾塞（Herbert Spencer）和迪尔凯姆（Emile Durkheim）等早期实证主义者，强调观察、归纳、演绎与实验等科学方法，并从自然科学引入人类思想与行为领域里。奥古斯特·孔德（August Comte）把人类知识的发展划分为"神学时期"、"玄学时期"和"实证时期"三个时期。"实证时期"的知识是真实的、有用的、肯定而准确的知识，是基于经验方法论而获得的知识。实证主义科学寻求的是一种去道德化的知识体系，它完全割裂了知识与德性之间的关系，在这一知识体系中有着多种分门别类、不分高下的知识，这种知识观是一种多元化的科学知识观。随着后工业社会到来，人们逐步进入数字化生存时代，那种将知识科学化的工具理性的知识观受到冲击。利奥塔强调，知识并不限于科学，"还掺杂着做事能力、处事能力、倾听能力等意义"（让-弗朗索瓦·利奥塔尔，2011）[74]。波兰尼进一步把人类知识分为言传知识和意会知识，并认为意会性是知识的本质。哈耶克基于社会行动理论，认为知识具有个人分立性，默会知识往往支配着人的行动。知识的差异性、主体性和个人性取代了普遍性、客观性和确定性，形成一种个人知识观。

以统一性为本质诉求的知识形态可以称为普遍知识，基于普遍知识构建的大学课程秩序称为普遍知识秩序；以多元化为本质诉求的知识形态可以称为科学知识，基于科学知识构建的大学课程秩序称为高深学问秩序；以个人性为本质诉求的知识形态称为个人知识，基于个人知识构建的大学课程秩序称为个人知识秩序。新秩序总是伴随制度变迁而逐渐生成的。在《制度、制度变迁与经济绩效》一书中，诺思给出了清晰的制度变迁分析框架：即正式规则、非正式约束以及二者的实施特征（道格拉斯·C.诺思，2011）。在这一框架中，制度有的是最优化选择的结果如正式规则，有的则有演进的成分如非正式约束，二者的实施特征往往取决于实施者的主动建构。就大学课程制度来说，正式规则表现为正式课程包括课程结构体系及相关规定；非正式约束表现为隐性课程包括各种规章制度、学校文化传统、校园活动、各种学院经历以及人际关系等；二者实施特征具体呈现于课程实施中，主要是教学，也包括实践活动、情境创设、科研行为等。正规课程、隐性课程与课程实施构成大学课程秩序的分析框架。

2. 普遍知识秩序

大学课程的普遍知识秩序产生于古希腊知识遗产的土壤，因教会的专制得以维持。纽曼的大学理论可以看作这一秩序的总结和提升。他基于传统大学理念，明确提出大学教育的目的就是传授普遍知识，在他的知识论视野中知识是统一的。他说："知识的所有分支是相互联系的，因为知识的题材本身是密切关联的，这正如造物主的行为和所生之物一样。因此，可以说，构成知识的各门科学之间有着千丝万缕的联系。它们内部统一协调，并且允许甚至是需要比较和调整。它们相互补充，相互纠正，相互平衡。……一门科学被视为整体的一部分时所产生的意义，与一门孤立的科学在没有其他科学的保障（如果可以称其为保障的话）情况下所产生的意义是不可同日而语的。"（约翰·亨利·纽曼，2001）[20-21]他用"自由知识"与"自由教育"来诠释普遍知识的性质："因为自由知识本来就是为了引起我们思索，自由知识立足于自己的要求，不受后果支配，不期望补充，不受目的的影响（如人们所说），也不会被任何技艺所同化。最普通的追求具有这种特征，只要这些追求是充分而完整的。而最崇高的追求也会推动这种特征，只要这样的追求是为了获取追求之外的某种东西。"（约翰·亨利·纽曼，2001）[28]他引用亚里士多德说的"'在你拥有的东西中'，'有用的东西带来收益，自由的东西用以享受。所谓收益，我指的是能获得收入；所谓享受，则指除了使用之外，不会带来任何结果'"（约翰·亨利·纽曼，2001）[29]。在纽曼的理论中，求知不具有任何实用的目的，知识本身就是目的，这是普遍知识秩序课程的本质。尽管纽曼强调大学不以宗教训练为目的，但它并不反对教会对大学教育的参与，他认为"教会对实现大学的完整性是有必要的","这并不是说，因为有了宗教的介入，大学的主要特征就会被改变。大学仍具有智育的职责，但教会使大学在履行职责的过程中表现得更稳健"（约翰·亨利·纽曼，2001）[1]。纽曼对传播普遍知识作为大学目的的强调同样基于他对教会创办大学目的的理解。他说："当教会创办一所大学时，它并非出于爱护才智或知识自身，而是为了孩子，为了他们的精神幸福和他们的宗教影响和效用，以便达到训练他们更好地履行各自的生活职责并把他们培养成更聪明、更能干、更活跃的社会成员的目的。"（约翰·亨利·纽曼，2001）[3] 正是在宗教与世俗的融合中，以普遍知识为目的的大学课程生成稳定的秩序。

正规课程。第一是课程理念。知识本身就是目的，用纽曼的话说："知识不仅仅是达到知识以外的某种东西的方式，或是自然地发展某些技能的基础，而且是自身中心依赖和探求的目的。……知识对我们是有价值的，拥有知识能以习惯的方式为我们所用，尽管从知识身上我们不会得到其他的好处，也不会对任何直接的目的有益。"（约翰·亨利·纽曼，2001）[24-25] 大学所要传授的知识是自由知识或绅士知识，之所以是自由的，因为它带有哲学的性质，纽曼认为"知识之所以真正高贵，之所以有价值，之所以值得追求，其原因不在于它的结果，而是因为知识内部含有一种科学或哲学的胚芽。这就是知识本身即为目的的理由。这就是知识可以被称为自由知识的原因"（约翰·亨利·纽曼，2001）[33]。他充分肯定了知识作为精神启示、习惯、个人财富、内在禀赋等的教育价值。第二是课程目标。其核心是理智的培育。纽曼指出："我相信从历史的角度来说，大学要做的事情就是要把理智的培育作为直接范畴，或者是投身于理智的培育——正如医院的职责是救死扶伤，骑射学校和体育馆的功用是锻炼体魄，救济所的工作是救济、安抚老人，孤儿院的工作是保护无辜，教养所的工作是改造罪人。我认为，大学从单纯的概念来说，在我们把它当作教会的工具之前，它应有这样的目标和这样的使命。它所考虑的既不是技艺方面的，也不是职责方面的。它的功能是理智培育。"（约翰·亨利·纽曼，2001）[45] 理智的特点是让人感受到头脑冷静、通情达理、直率诚恳、克己自制及立场坚定。第三是课程内容与结构。纽曼强调扩大大学的学科范围，并加强学科之间的联系。他说："虽然学生不可能攻读对他们开放的所有学科，但生活于代表整个知识领域的人中间，耳濡目染，受其熏陶，必将获益匪浅。我认为，这就是这个学习普遍知识的场所具有的优势。把这个场所当作是接受教育的殿堂，一大群学识渊博的人埋头于各自的学科，又互相竞争，通过熟悉的沟通渠道，为了达到理智上的和谐被召集起来，共同调整各自钻研的学科的要求和相互之间的关系。"（约翰·亨利·纽曼，2001）[22] 但事实上，传统大学课程体系中的学科是有限的，主要是文学专业、律师和法学专业、医生和医学专业、神职人员和神学专业，并形成了文法神医四大学院或系。以巴黎大学为例（黄福涛，2008）[52-53]。文学系的学习科目几乎完全是继承古罗马时代遗留下来的由文法、修辞、辩证法构成的"三艺"和极小部分由算术、几何、天文、音乐组成的"四艺"，合称为"七艺"。文学系的课程属于预科阶段，是为将来学习法律、医学，特别是神学做准备的。神学系的学习步骤包括：一般用四年学习《圣经》，两年学习有关箴言，通过考试取得神学或圣经学学士，此后，两年时间独立讲授《圣经》。法律课程在巴黎大学不受重视，而且所有教材须受教皇审定，内容仅限讲授教会法。医学系开设生理、病理等方面的知识，仅以罗马传统医学教材为主，也可讲授经阿拉伯介绍来的东方医学。

隐性课程。第一是组织。大学师生通过建立自己的行会以及各级各类组织机构，在拥有较大自治权的基础上，按照一定的专业或职业传授知识，颁发统一的学位证书。其中，教师或学生行会拥有大学自治权，包括：招收学生或邀请学者的权力；自主制定教学内容和授课的权力；颁发教学证书或学位的权力；不受外来干涉，自主管理大学教学、行政等其他一切事务的权力。（黄福涛，2008）[45] 中世纪大学有教师型大学、学生型大学和混合型大学，重要的组织包括系、民族团、学院等。第二是仪式。不同类型的典礼十分繁多。首先，大学参与诸多的官方典礼。巴黎大学的礼队与主教的礼队居于皇家葬礼行列之首。另外，大学也有其自身典礼，如弥撒、仪仗队、葬礼、新博士接纳礼，都邀请嘉宾出席。特别是新博士接纳礼尤其值得注意。中世纪末，新博士接纳礼仪的细节经常模仿骑士称号授予仪式。新博士从大学校长手中接过同时具有科学与骑士象征的标志：学士帽、金指环和金腰带，在西班牙甚至还有金马刺和佩剑，之后双方施亲吻礼（雅克·韦尔热，2007）[143]。第三是人际关系。大学普遍存在贫困学生，在德国大学中，贫困学生的数量特别多；在巴黎，也有贫困生，住宿学院只能接受一少部分学生，许多贫困学生生活在大学的边缘，甚至法制的边缘，贫穷妨碍他们继续正常学业。一般来说，在艺术院的地位仍然重要的大学和仍保留教士特点的大学中贫困学生的数量特别多。因为艺术学习时间相对较短、花费较少，可以进入一般的知识职业如担任小学老师等。而在教士特点仍然显著的大学，贫困学生可望较迅速地获得维持其生存的教士俸禄。但到 15 世纪，贫穷遭到排斥。在帕多瓦大学和波伦亚大学，每个学院都象征性地保留一个贫困学生，全部免除学费和考试费。排斥之所以从未全面实现，因为它与基督教的教育免费理念有极大冲突。当贫困学生被冷落时，大学的贵族化却在明显增长。这些迹象不仅在大学章程的变化中可以看到，也可以在学校的日常生活中看到。大学与贵族之间的亲近随处可见（雅克·韦尔热，2007）[138-142]。大学学者认可了贵族的价值，并在大学的环境内寻求贵族式的生活。

课程实施。首先是教学过程。普遍知识秩序课程的教学过程大致分三个阶段进行。因为讲课和讨论都用拉丁语，所以大学生的第一阶段就是掌控拉丁语。大学生通常第一学年完善自己的拉丁文，同时也学习文理科课程，圆满完成这些训练后，学生被授予文学士学位。第二阶段主要是学习辩证法、形而上学、政治学和亚里士多德美学，完成第二阶段学习任务，就成为文科硕士。第三阶段，他将接受一次考试，然后才授予硕士学位。取得硕士学位后，他可以继续学习，进入一个更高层次的学习领域，如法学、神学。（约翰·S. 布鲁贝克，1991）[433] 其次是教学方法。一是讲授，二是讨论。大学大量地采用讲座的形式，其原因就是在印刷术发明之前，课本极为缺乏。由于这个缘故，讲课常常就变为教师向学生通读他自己编写的教材。讲座有普通的与特别的两种，普通讲座常常由硕士和博士在上午进行，那些特别的讲座则由高年级优秀学生断断续续地举行。在讲授过程中，教师不时地利用一切机会评价、解释课文，举例说明课文或修正课文的某些观点。牛津大学还明文规定要求教授提供讨论的某些基本论点，只要与主题有关就行。讨论也可使讲授从教条主义的困境里解脱出来。讲授为学生提供了参加当时神学争论的武器，而争论为学生提供了练习的机会。（约翰·S. 布鲁贝克，1991）[433-434] 最后是学习环境。纽曼设想学生尽管学习的科目不同，但他们可以经常地交流、讨论与沟通，"他们学会了互相尊重，互相磋商，互相帮助。这样就造就了一种纯洁明净的思想氛围。学生也呼吸着这样的空气，尽管他本人只攻读众多学科中的少数几门。他得益于一种理智习惯，这种习惯不依赖于特定的教师，且能指导他选择学科并及时替他解释所选的学科。他领会知识的大框架，领会知识所基于的原理，领会知识各部分所涵盖的范围，其闪光之处和不为人注意的地方，以及它的重点和次要部分"（约翰·亨利·纽曼，2001）[22]。这种民主讨论的氛围应该是课程实施的重要特点。

3. 高深学问秩序

作为大学课程的高深学问秩序始于柏林大学，从统一知识转向多样知识、从已知信念转向未知领域、从知识本身转向知识探究，是新秩序与旧秩序的主要区别。尽管洪堡不主张传授实用的专门化的知识，主张传授所谓"纯粹知识"，但他倡导的学术自由打破了他的教育固执，使"高深学问"更加丰富多彩，激起大学教育更加旺盛的活力。大学课程从"普通知识秩序"走向"高深学问秩序"，知识演进固然是其内在动因，但与多种外部因素的综合作用是分不开的。基于高深学问的大学课程从理论上说有三个特征：知识的专业性强，包含对未知领域的探究，面向少数精英人群。这些特征的生成基于四个现实条件。一是中等教育的大众化。这一点是提升大学教育层级、选拔优秀生源的基本条件，现代大学正是在这一条件下得以发展的。在欧洲，14—16世纪宗教改革运动中的路德派和加尔文派为了同天主教争夺教民，都提出了普及教育的思想。标志着义务教育产生的德意志魏玛公国的《学校法令》于1619年颁布，它规定父母应送其6—12岁的子女入学。到19世纪50年代，义务教育在欧美许多国家迅速得到发展，第一次世界大战以前，各主要资本主义国家在初等教育阶段实行了义务教育。与此同时，各发达国家也加快了普及中等教育的步伐。1919年魏玛共和国的《宪法》明确实行义务职业教育，规定凡中学第一阶段毕业不升读文科中学高级阶段的青少年都必须接受职业教育，这意味着德国高中阶段教育早在20世纪初就开始了普及化。"二战"前后，各发达国家中等教育迅速迈向普及。如美国在1940年中等教育毛入学率就达到了50%以上；法国于1959年颁布的法令把义务教育延长至16岁，即延长至高中一年级，并于1967年实现；日本以1954年为分界点，高中教育毛入学率达到50%，到1974年高中入学率达到90%，进入了高中教育高度普及化阶段。英国1944年以后进入了现代中学的发展时期，综合中学、文法中学大多实行开放入学，中等教育迅速走向普及化。在实现中等教育大众化甚至普及化的条件下，各国都制定了完善的学制，把大学教育作为继初等教育、中等教育后的第三阶段教育即高等教育，从而为高等知识教育提供了合法性。二是人才的专业性成为社会的普遍需求。随着社会分工走向更加精细，以科学技术的广泛运用为基础，各行各业都需要大量的专业性人才，各种专业普遍受到重视，这样大学的各个学院和各个专业就具有了同样重要的地位，知识不再有类型的高低之分，专业性成为判断学问高低的主要指标，使大学的高深知识教育具有了合理性。正如弗莱克斯纳所说："从历史上看，专业指'学问高深的专业'，这是完全正确的。没有学问的专业是不存在的。"（亚伯拉罕·弗莱克斯纳，2001）[23] 三是研究成为大学职能。"研究"将大学的理智生活引入未知领域，对未知的理解、建构与发现是高深知识的重要标志。柏林大学创造性地赋予了大学研究职能，成为现代大学的起点，使大学逐渐成为科学研究中心，为大学的高深知识教育提供了现实资源。雅斯贝尔斯指出："最好的科学研究人员同时也应该是首选的教师"，因为"他能够独立地引导学生接触到真实的求知过程，从而也就能够引导学生接触到科学的精神，而不只是接触仅凭借记忆就可以传授的僵死的结果。他是活灵活现的科学探索过程的精神所在；在与他沟通的过程中，一个人可以看到知识存在的朴素形态。他也在学生之中唤起了类似的激情。他指导学生直达知识的源头。只有那些亲身从事科研工作的人才能够真正地传授知识。其他的人只不过是在传播一整套按照教学法组织起来的事实而已。大学不是一所高中，而是一个高等学府。"（卡尔·雅斯贝尔斯，2007）[73-74] 雅斯贝尔斯在这里既描述了科研在高深知识教学中的价值，也强调了科研作为大学职能的教育意义。四是大学享有学术自由。学问之高在于创新，在于批判，在于立异，都需要自由的学术环境，学术自由是高深学问成为大学课程的制度保障。一百多年来，雅斯贝尔斯的声音始终在大学上空回响："学术自由是一项特权，它使得传播真理成为一种义不容辞的职责，它使得大学可以横眉冷对大学内外一切试图剥夺这项自由的人。"（卡尔·雅斯贝尔斯，2007）[19] 大学为了自身的学术自由权利从来没有放弃过不懈的斗争，正是拥有这一权利，在变动不居的世界中，在机构轮回的历史长河中，大学依然保持着作为高深学问特殊组织的旺盛活力。

正规课程。一是课程理念。弗莱克斯纳用"现代大学"的概念区别于纽曼的传统大学，并将对现代大学的思考根植于社会整体结构之中，无疑赋予大学高深学问课程深厚的历史内涵。他认为："现代大学在最高层次上全心全意并毫无保留地致力于增进知识、研究问题（不管他们源自何方）和训练学生。"（亚伯拉罕·弗莱克斯纳，2001）[19]这种对大学的功能定位也是高深学问课程开发的基本理念。之后，在大工业生产和社会不断动荡的大背景上，社会需求呈现多样化，对大学的诉求也不相同，大学课程理念表现出多元化特点。雅斯贝尔斯从存在主义的观点出发，主张大学人可以不受任何限制地追求真理，并且是为真理而真理；杜威基于实用主义哲学，主张课程要面对日常生活中的各种问题；赫钦斯作为永恒主义教育的代表，主张大学课程由永恒学习组成，旨在发掘出那些共同的人性要素。所有这些，共同构成了现代大学课程开发的理念。二是课程目标。大学不可能有统一的课程目标，课程目标的确立也都是在理想层面。弗莱克斯纳通过对专业教育的分析，认为大学应该培养思维严密、知识丰富、具有批判精神的人，这样的人具有掌握经验、关心问题、灵活解决问题以及善于动员力量的能力。（亚伯拉罕·弗莱克斯纳，2001）[24]赫钦斯认为高等教育的目标是智慧，意味着了解事物的原则和起因。他说，教育的目的是睿智与至善，任何不能指引学生更接近此目的的研习，皆不能在大学中立足（刘宝存，2004）[57]。他是在阐明大学课程的目标在于强调、发展及保护人类的理性力量。雅斯贝尔斯主张大学教育的目标是培养全人："除了单纯的事实和技巧传播之外，教学与科研还应该有更多的追求。它们的目标应该是塑造整全的人，实现一种最宽泛意义上的教育。"（卡尔·雅斯贝尔斯，2007）[21]他所说的全人主要是指基本的科学态度、广泛的知识、独立性和个人责任感以及适宜的个性特征等。三是课程内容与结构。课程作为对话的结果，体现了多种社会力量的融合，包括新学院的建立、职业化诉求、教师的多元化、学科领域自身的发展等，课程变得更加专业化和多样化，一般包括通识教育课程、专业课程和自由选修课程等部分。各大学都建立了自身的课程体系，并随着历史的进程而不断变革。以哈佛大学为例。1940—1941年，文理学院全面审视了本科课程，超过400门，制定了新的规则。在所有课程中，学生只要完成16门全课程，即可获得学士学位。本科生必修的要求是：为未能熟练使用英语的新生开设的英语作文必修课；10 种古代或现代语言中的任意一种的阅读课；包含 46 门课程的可供选修的新生课程计划；在 32 个领域中选择一种进行专修；通识教育分布必修课，它涵括几个系的全部课程。入学新生在院系指导老师的帮助下，在一系列"定期向新生开放"的课程中做出第一个选择；一年级结束时，根据指导老师的建议和学生的选课情况，学生选择一个专修领域，其中，获得学位所要求修习的 16 门课中至少要有 6 门属于该专修领域。1941 年，文理学院提供的所有课程分成 3 个领域，并可分为 8 个部分，两个部分组成自然科学领域，两部分组成社会研究，四个部分组成艺术、文学和哲学领域。规定要求每个学生的学习计划必须包括四个部分中每部分的至少一门课程，并且必须代表所有三个领域。为了防止过度专业化，规定还进一步要求每个学生的所有计划至少包含一部分以外的 6 门课程。如果学生所选修的三个部分能涵盖所有的 32 个主领域，那么军事或海军科学中的一门课程可以代替第四个部分中的一门课程。1945 年"红皮书"建议在学生学位所有要求的 16 门课程中，应有 6 门属于通识教育类课程，其中至少有一门属于人文学科，一门属于社会学科，一门属于自然科学。在人文学科和社会科学这两个领域中，应当各有一种课程为所有学生所必修。（哈佛委员会，2010）[145-155] 其他大学的课程也是如此复杂。

隐性课程。一是组织制度。大学治理结构明显向科层管理和官僚管理体制转变。认证和专业协会等机构扮演着半官方机构的角色，它们甚至可以影响生师比例、实验室的规模以及某些领域人员的任职标准。教师在聘用、开设课程和授予学位方面获得了权利；董事会负责大学的管理。大学规模越大，相应的部门就越多，每个部门都有一个管理者并在一定权限内负责本部门的人员配备和预算。校长任命学院院长，学院的系主任负责实施大学的政策，老师开始出现职务等级的差别。学生事务发展成为一个独立的领域。在美国，最早的女生部主任产生于 1892 年建立的芝加哥大学，1903 年女生部主任协会形成，1919 年成立了男生部主任协会，1934 年成立学生辅导和学生事务联合会。1890 年哈佛大学任命了学生事务部主任，接着分管男女生事务主任的工作逐步制度化，出现了分管学生事务咨询、辅导、管理、校友联络、学生就业辅导等方面事务的官员。（亚瑟·科恩，2010）[137-140] 二是学院经历。各学院都通过社会事务、学院风格、战斗歌曲、各种联谊会、举办体育和艺术节、举行各种典礼等系列活动，丰富学生的学院经历，来促进学生人格塑造，开展忠诚母校、团队精神等教育。有些学院通过提供家政和社会工作，开设音乐、美术、儿童看护和初等教育等专业活动，满足女子学生的需要。三是人际关系。学院一直主张平等主义思想，强调任何有学术能力的人都能入学。每个学院都是独立的社会，向自己的学生灌输它们的价值观并期待学生一生都忠于本校，学生们形成了具有"学院人"特征的行为方式。课外活动成为类似社会活动的替代物，通过活动把学生与其他学院的学生群体联系起来。学生乐于参加社会活动，包括女权主义运动、工人罢工运动、共产主义运动等。

课程实施。一是教学过程。其核心是为获取某种学位所必须修习的所有科目的学习活动。包括一套学习科目的组合，教师与学生进行的所有单元教学活动，是一系列的有意义学习。有专门为学生设计的各种经验，以及利用包括从图书馆到宿舍的种种设施而开展的有意义活动。二是教学方法。在现代大学与大众化时期，各种教学方法层出不穷，更多的是对早期教学方法的改进。讲授和实验室方法是主要的方法，采用的也主要是班级授课制。教学方法革新很普遍，以美国为例，1966 年实行的凯勒计划（**Kaller Plan**）是一种自定进度式的教学方法。学生在自修室中利用自学材料进行学习成为流行的教学方法，大学尝试使用计算机教学、自学手册以及其他大量的教学辅助技术，发行商推出了精心编制的学习参考书、音频教学系统以及各种自动化学习材料。（亚瑟·科恩，2010）[210] 但大多数教师还是采用机器教学以前的方法进行教学。教学形式依然以讨论、背诵、演讲、考试以及自学为主。虽然所有可以采纳的先进技术手段在课程中都得到了运用，但总的来说大学教学的本质没有变，学生来大学上课，教授与学生相互交流，图书馆提供图书或者电子资料，教学就是这样一种理智的生活。三是学习环境。教师享有教的自由，学生享有学的自由。以德国为例，无论是编外教师还是教授都可以不受限制地走自己的路，在准备讲题、决定讲授方式、组建研讨班和考虑生活方式等方面，他完全有选择的自由，学部也好、教育部也好，都不会对他进行监督。他享有学术职位拥有者不听命于任何人的尊严。学生享有同样的自由，由于证书的字面价值得到广泛的承认，他可以想去哪儿就去哪儿，他可以自己选择教师，他可以从一所大学游学到另一所大学，他可以沉溺于击剑或酗酒而不能自拔，他可以放弃假期到实验室或诊所做助教或助手，等等。（亚伯拉罕·弗莱克斯纳，2001）[277-280] 实际上，在一个制度性的框架内，教师和学生要想晋职或通过某种考试，都不可能拥有这么多充分的自由。但学术自由是课程实施的本质环境。

近一个半世纪以来，尽管大学教育新机构不断涌现，大学课程不断变革，但总体上维持了大学课程的高深学问秩序。20 世纪后半叶，在后现代知识的意义建构中，在高等教育大众化的背景上，伴随着数字化生存方式成为现实，高深学问秩序受到越来越多的挑战，导致大学受到越来越多的指责。大学课程正面临新的秩序转型。

第2章　　高深学问秩序的当代反思

在历史长河的磨砺下，当代大学已经成为社会上一个体系庞大、肩负大量公共服务任务的重要机构。作为公共服务产品，政府对大学的投入，主要是为了服务社会的公共目的，而不是为了学校自治、学术自由、独立探索等理想的大学理念。这种政策设计导致大学传统理想的式微，并使大学教育进入社会生活的舆论中心。在招致自身怀旧者批判的同时，大学也因公共服务质量的不尽如人意而备受各方指责。德里克·博克（Derek Bok）在列举了一些批判文章后指出："几乎所有的批评都指向了顶尖的研究型大学，而非所有的本科院校；……更重要的是，在所有的批判言辞之中，有几个共同的话题被反复提及，还引起了读者的共鸣。"（德雷克·博克，2008）[2] 这些"共同的话题"包括"本科课程体系缺乏统一的目的"、"本科教育的质量已经开始贬值"、"大学开始逐渐变为提供就业帮助的训练营"、"教师无暇关注学生"，等等。"顶尖研究型大学"之所以备受批判，源于这些大学丧失了其所代表的理想大学形象。面对人们关注的"共同话题"，我们需要在理性上进一步追问：本科课程在历史的长河中有无统一的目的？顶尖大学本科教育在历史的长河中有无统一的质量标准？就大学课程来说，需要在大学时代变迁格局中，审视"高深学问"作为课程秩序的现实合理性。

一、高深学问秩序的维持

如前文所述，大学课程的"高深学问秩序"生成于知识统一性的消解，在科学发展、学科分化与科研结盟教学的共性情境中得以发展。高深学问秩序是大学黄金时代的重要标志，也是现代大学的存在基础。这一秩序的扩展是伴随大学功能的丰富而进行的，在从精英化大学教育模式中获得了维持的充分条件。

1. 高深学问秩序与大学功能同步扩展

最早的大学是行会的概念。[①] 在高等教育机构的生活中，行会组织为基础和首要的现实。行会组织并不一定按照高等教育机构的不同活动划分成组，但控制其全部。在巴黎，教师和学生组成大学，但所有原创行为属于教师，学生只是大学的"随从"。在博洛尼亚则相反，是学生组建了大学，博士则被排斥在外。这不仅意味着学生自己保证着大学的运行，还体现着学生招聘教授，并对教授教学的价值与合法性进行经常性监控，甚至控制教授的私人生活。大学课程基本由文献构成，因为文献在每门学科都是"权威"，阅读文献是教学和知识的基础。基础书籍的阅读，加之古典与新派最具权威的有助于理解的评注。教学是大学的基本职能，授课与辩论是主导教学的两项基本活动。大学通过授予学位对教学加以认证，并确保学位持有者的能力。

从中世纪末到现代历史的开端，历经 150 年，是欧洲文艺复兴和宗教改革时期，尽管这一时期传统大学没有发生根本性变革，但文艺复兴的人文思想和广泛的宗教改革运动，对传统大学产生了深刻的影响。主要表现在三个方面。一是加快了大学世俗化的进程，各国政府都加强了对大学的控制，大学最终成为世俗政权的工具，服务于国家的需要；二是新的人文学科如修辞学、诗歌、历史等被正式纳入大学课程，冲击了中世纪大学占垄断地位的经院主义课程；三是开启了学术自由的风气，正是政府对大学的控制、宗教派别间的论争与迫害，激发了学术自由的意识，萌生出学术自由的种子，最终在宗教改革的策源地德国形成气候。

在 17—18 世纪欧洲大学衰败阴影中创建的柏林大学，动摇了西方大学教育体制，标志着新大学时代的来临，用弗莱克斯纳（Abraham Flexner）的话说："柏林大学的兴建，使旧瓶装入了新酒，旧瓶也因此破裂。古老的学

---

① 在中世纪的拉丁语中，大学同时由"studium"和"universitas"表示。"studium"意味着高等教育机构，"universitas"表示行会组织，它保证高等教育的自治并行使其功能。

府如此彻底地按照一种理念进行重塑，可以说前无古人，后无来者。"（亚伯拉罕·弗莱克斯纳，2001）[272] 具体来说，柏林大学确立了大学的科研功能，从而与先前的学术传统决裂。这种大学功能的定位，与负责柏林大学创建的洪堡有密切关系，"洪堡从理想主义和新人文主义思想出发，认为将研究和教学机构的分离与强调专业的实用性教育，不利于人的发展和科学的发展"（陈洪捷，2006）[24] 他认为大学兼有双重任务，一是对科学的探求，二是个性与道德的修养。在组织制度方面新建的柏林大学与传统大学并无区别。大学由传统的神学、法学、医学和哲学组成；教师分正教授、编外教授和私人讲师；教授由政府所聘，有义务开设其专业的课程，私人讲师经大学允许可以开设课程；各学院正教授负责讨论决定本院内部事务，院长从他们中间自行选出；全体正教授组成评议会，共同就全校性事务做出决策。（陈洪捷，2006）[25-26] 柏林大学的独到之处在于研究任务成为教授的正式职责。正如鲍尔生（Friedrich Paulsen）所说："柏林大学从最初就把致力于专门科学研究作为主要的要求，把授课效能仅作为次要的问题来考虑；更恰当地说，该校认为在科研方面有卓著成就的优秀学者，也总是最好和最有能力的教师。"（弗·鲍尔生，1986）[125] 基于这种理解，柏林大学的课程重视高深的科学研究，既给教师提供充分的科学研究自由，也允许学生享有充分的学习自由，包括选科、选择教师和转学的自由。为使教学与科研相结合，采用了讲座的方法，重视习明纳的方法，这种方法是在教授指导下，组成小组研究高深的科研课题，使之成为"科学研究的苗圃"。

进入 20 世纪，世界高等教育的重心转向美国，正是"威斯康星思想"的光芒，赋予大学社会服务功能。创建于 1848 年的威斯康星大学，在获得依据《莫里尔法案》所分配的赠地基金后，开始进入一个快速发展时期。南北战争后，旨在社会改革的"进步主义运动"在美国开始得到发展，在一定程度上推动了州立大学与州的联系。威斯康星大学校长亚当斯（Charles K. Adams）1896 年在《大学与州》一文中指出："大学不是与州分离的。它是州的一部分，正如议会大厦是州的一个部分、脑和手是身体的一部分一样。"（Veysey, Laurence R., 1970）[104] 当地的经济发展为威斯康星大学提供了有利条件。到了 19 世纪末，威斯康星的农业开始从小麦种植向乳制品业转变，其结果是农村经济更加繁荣。在这种经济中，更有效的商业管理和专业技术知识是一种必要条件，为此，威斯康星大学开始实施有关农业方面的短期课程计划，并开设了这方面的课程，促进了该州农业生产力的迅速提高。与此同时，大学的研究也开始关注农业生产，如脂肪测试方法的开发为该州的乳品加工者挽回了成千上万美元的损失，大学的实验室测试土壤推动了威斯康星土地的改良，等等。为此，威斯康星大学被称为民众生活中的"咨询工程师"。同时，威斯康星大学积极发展大学推广教育，成立了大学推广教育部，具体承担函授、学术讲座、公共讨论、提供一般信息和福利等服务项目。这些做法，使整个威斯康星州成了大学的校园。州政府与大学也形成了密切的伙伴关系。州政府的一些立法议案曾得到大学专家们的反复研讨和咨询。据统计，1910年，威斯康星大学有35位教授兼任州的一些部门职务。对此，布鲁贝克（John S. Brubacher）评价道："在威斯康星州，地处麦迪逊中心大道两端的大学和州议会并肩协力为大众的意愿服务。大学的纯理论研究被用于确定政治目标，并被用于指明如何最有效地实现这些目标。……在此之前，高等教育的主要职能一直是保存、传授和发展高深学问，而现在它又担负起为公众服务的职能。……大学越来越经常地被喻为'服务站'。"（约翰·S.布鲁贝克，1987）[17]

至此，大学从中世纪诞生起，历经近八个世纪，终于建构起包括教学、科研、服务为主要内容的大学功能，实现从传统大学到现代大学的跃迁，在这个过程中，大学课程的高深学问秩序进一步稳定和扩展。在以后的近半个世纪中，大学不断强化这些功能，在实现自身教育理想的同时，强化现时存在的合法性与合理性。教育质量稳步提升的同时，教育规模也在不断扩大，许多国家陆续实现高等教育大众化，大学教育进入一个新的历史发展阶段。

2. 高深学问成为现代大学的存在哲学

尽管基于学理分析，认识到大学课程的知识论基础经历了"普遍知识"到"高深知识"的转变，但对大学的社会认知与大学工作者自身均把"高深学问"看成大学的天然属性。根据《牛津英语辞典》（*Oxford English Dictionary*）的解释，"大学"是教师和学生聚集在一起探讨高深学问的地方。正如鲍曼（Zygmunt Bauman）描述的那样："九个世纪以来，校园的小桥下川流不息，多少小桥或因年久失修而崩塌，或因质量问题而被拆除，同时，新的、更好的小桥不断出现。然而，不论流水和小桥发生什么变化，教师和学生一如既往地聚集一起，共同追求高深学问。很显然，他们相信自己所从事的一切理应如此。他们相信，无论是一般的'学问'，或者专门的'高深学问'，或者所有值得学习的知识，都存在某些共同之处，人们有足够的理由聚集在某个或一群建筑中，在相同的权威下，遵循相似的规则和制度一起追求学问。"（安东尼·史密斯等，2010）[29-30] 正是这种历史的存在，使"高深学问"成为大学存在的哲学。在布鲁贝尔看来："每一个较大规模的现代社会，无论它的政治、经济或宗教制度是什么类型的，都需要建立一个机构来传递深奥的知识，分析、批判现在的知识，并探索新的学问领域。换言之，凡是需要人们理智分析、鉴别、阐述或关注的地方，那里就会有大学。"（约翰·S. 布鲁贝克，1987）[13] 怀特海赋予"高深学问"更加明确的教育意义："大学之所以存在不在于传授学生知识，也不在于其提供给教师研究机会，而在于其在'富于想象'地探讨学问中把年轻人和老一辈人联合起来，由积极的想象所产生的激动气氛转化为知识。在这种气氛中，一件事实就不再是一件事实，而被赋予了不可言状的潜力。"（约翰·S. 布鲁贝克，1987）[14] 针对杜威"知识是行动的必然结果"的观点，布鲁贝克认为获取"高深学问"有多种路径："实际上，在学问的圣殿里有许多厅堂。在有的厅堂里，学者是通过在隔音的实验室里拨控制盘来验证真理的。在另一些厅堂里，他们是通过在喧闹的城市、福利中心、诊所、法院等地方参与工作来积极验证真理的。在还有一些厅堂里，一些孤军奋战的思想家是在静寂的图书馆里通过钻研故纸堆来验证他们的思想的。"（约翰·S. 布鲁贝克，1987）[25] 所以，学者不能指责行动者的不完善，行动者也不能指责学者生活在象牙塔里。

3. 高深学问秩序维持的基本条件

"高深学问"作为大学的教育特征，最终落实为大学课程目标，表现为一种秩序的存在。多少世纪以来，大学课程一直是围绕保存、传授和发展高深学问而设计与实施的。"高深学问"能够成为大学存在的理由，并作为大学课程的现实秩序，依赖四个条件得以维持。

其一，大学是高深学问的领地。韦尔热（Jacques Verger）在探讨中世纪大学时指出:"几乎 13 世纪的大思想家都是大学学者,如果不能将他们的著作重新置于其诞生的学校环境,就不能理解其结构本身。确实,他们的思想或早或晚通过所有教师的教学得以完成,但可能是以一种与我们研究的已经完成的著作不同的方式。"(雅克·韦尔热,2007)[44-45]美国学者希尔斯(Edward Shils)对 1865 年以来美国的学术秩序进行了很有说服力的研究,认为"南北战争结束与第一次世界大战结束这一段时间里,……作为学术重镇的大学,在知识的发现与传播上取得了支配地位。……新型的学者和科学家,基本上以供职于某所学院或大学来维持生计"(爱德华·希尔斯,2007)[2]。"在业余研究淡出的过程中,业余研究的同类机构,即地方的科学与学术机构,也走向衰退。与大学,尤其是作为更大的、跨地域的学术团体的最基本机构的大学的研究所和实验室所提供的交流与研究机会的贡献比起来,它们所贡献于社会的太微不足道。"(爱德华·希尔斯,2007)[6]"20 世纪初期开始出现、并同样采用专业化原则的独立研究机构,也没有能够与大学形成有力的竞争,即使在它们做出重要工作的自身领域也是如此。它们的成就不足以使它们能够与大学抗衡。它们依赖于大学,是对大学的补充。"(爱德华·希尔斯,2007)[6]美国如此,其他地方也是这样。可以说,从中世纪到 20 世纪中叶,在相当长的历史时期中,大学既是高深学问的占有者,也是各种学术研究的权威机构。人们只有进入大学,才有机会接触到知名的专家和学者,才能领略到高深学问的真谛。因此许多教育工作者把 19—20 世纪的大学称为"象牙塔","它摆脱了外界的束缚,放弃暂时利益,成为保护人们进行知识探索的自律的场所"(约翰·S. 布鲁贝克,1987)[16]。

其二,大学学习是少数精英的特权。弗莱克斯纳对大学专业的描述,在一定意义上明确了基于"高深学问"目标的大学课程开发要求。他认为,追求科学和学术的工作属于大学,中等教育、技术教育、职业教育不属于大学,普及教育也不属于大学。"我们怎样区别属于大学的专业和不属于大学的职业?标准不难明确。从历史上看,专业指'学问高深的专业',这是完全正确的。没有学问的专业是不存在的。不含学问的专业——这一说法自相矛盾——只能是各种职业。专业是学术性的,因为它深深扎根于文化和理想主义的土壤。此外,专业的本性是理智的。"(亚伯拉罕·弗莱克斯纳,2001)[23]"一种专业是一种等级、一种地位,虽然事实上它并非完全没有自私的目的,但至少在理想上它献身于实现比较普遍、比较崇高的目标，而不是满足个人的野心。"（亚伯拉罕·弗莱克斯纳，2001）[24] 弗莱克斯纳在指明大学专业标准的同时，也在说明大学不是"普及教育"，是面向少数能追求科学与研究的人的教育。正是在这个意义上，麦奇路普（F. Machlup）对有些大学是否在提供高等教育表示怀疑，"他认为，教育只有建立在中学知识基础之上并且除了少数大才之外它无法在早期教育阶段获得时才是'高等'的。严格地说，麦奇路普把高等教育解释为学者、科学家和其专业是以继续研究为基础的专业人员的教育。学习这种课程必须有六种品质：智力、创造力、好奇心、抱负、勤奋和坚韧"（约翰·S. 布鲁贝克，1987）[27]。据此，布鲁贝克指出："或许只有 10%—15% 大学年龄组的人有资格接受高等教育。"（约翰·S. 布鲁贝克，1987）[27] 许多有关大众化条件下学生不能适应传统课程学习的研究结论，也从反面说明，基于"高深学问"的大学学习只能是少数精英的特权。

其三，大学学术自治。最早的大学本身具有行会的内涵，所以自治成为高深学问最悠久的传统之一。"无论它的经费来自私人捐赠还是国家补助，也不管它的正式批准是靠教皇训令、皇家特许状，还是国家或省的立法条文，学者行会（guild）都自己管理自己的事情。"（约翰·S. 布鲁贝克，1987）[31] 布鲁贝克指出："既然高深学问需要超出一般的、复杂的甚至是神秘的知识，那么，自然只有学者能够深刻地理解它的复杂性，因而，在知识问题上，应该让专家单独解决这一领域中的问题。他们应该是一个自治团体。"（约翰·S. 布鲁贝克，1987）[31] 但事实上，由于大学办学的复杂性和学术行会管理的局限，大学学术自治一直是有限度的，侵犯学术自治的现象经常出现，不过这种侵犯并不是限制大学的理智自由。总体来说，大学在学术上的自治权受到广泛的社会尊重，并得到一定的法律支持。

其四，学者的学术自由。与大学学术自治密切相关，为了保证知识的准确和正确，学者的活动必须只服从真理的标准，而不受任何外界压力，自由是追求真理的先决条件。"忠实于高深学问看来需要尽可能广泛的学术自由。"（约翰·S. 布鲁贝克，1987）[49] "学术自由是这样一种情形，学者个人可以在其中活动而不致带来可能损害他们的地位、他们作为终身任用的学术机构身份，或者他们的公民身份的后果。学术自由是这样一种情形，学者们在其中可以选择在教学中坚持什么、在研究课题的选择以及在他们的著作中坚持什么。学术自由是这样一种情形，学者个人在其中可以选择学术活动的特定路径或立场。学术自由形成于这样一种情形，其中任何权威——无论是全系同事的一致看法、系主任、院长、校长甚至学校董事会的观点、校外任何权威的判断、无论是公务人员还是政治家、牧师还是主教、政策评论家还是军方人士——都不能阻止学者根据他的学术兴趣和能力提出的学术追求。学术自由是学者个人在特定高等教育机构内部、在高等教育体系内部以及在全国性社团内部和社团之间思考和行动的自由。"（爱德华·希尔斯，2007）[277-278] 希尔斯认为，学术自由的条件是教会与社会分离，宗教与学问分离。从宗教改革开始，大学自治的传统和追求真理的传统开始建立起来。"在过去四十年里，学术自由在西方国家的大学里相对比较牢固的地位，应该归功于广泛传播的自由主义或多元主义，自由主义或多元主义在中央政府的权力不断加强和福利政策非常广泛地扩展的背景下生存了下来。"（爱德华·希尔斯，2007）[301-302] 正是自由的学术环境，大学追求高深学问得到尊重，基于高深学问的大学功能得以实现。

二、高深学问理想与社会现实需求的疏离

20 世纪中后期，随着大学社会服务功能的强化，激发了政府举办大学的热情，大学规模迅速扩张。公立大学与政府在实现联姻之后，退化为政府的"婢女"，除了少数传统的私立大学之外，多数大学机构逐步走向官僚化。一些新办的民办或私立大学，更多地充当了市场或社会的服务机构。大学的生存环境发生了根本的变化，加上信息社会到来、学习型社会进程加快，"高深学问"作为大学课程秩序，已经与社会现实需求产生疏离，失去了几乎所有的社会支撑条件。

1. 高深学问秩序维持条件的式微

一是垄断身份的消解。在相当长的历史时期内，大学是高深学问的占有者，是最新知识的生产者，是学术权威机构，对高深学问具有无可辩驳的垄

断地位。正是这种地位使"高深学问"成为大学最本质的文化特征。对高深学问的垄断需要两个基本条件：其一大学是科学家、学者的聚集地；其二大学是传播高深学问的主要场所。这两个条件现在已不存在了。首先，各种研究机构与大学并立成为科学家的新的聚集地；其次，信息网络成为各种知识最快捷的传播平台。对此，齐格蒙特·鲍曼进行了透彻的评述："制度化的高等教育机构发现，曾经天经地义的对专业技能与能力标准的决定权，如今正迅速从他们手中丧失，这是对大学地位和威望的沉重打击。如今每个人——学生、教师及教师的导师等——都拥有连接互联网的个人电脑，而最新的科学思想经过适当修改，都可以成为便捷而生动的课程内容，而且这些内容可以在任何一个电玩游戏商店里获得。同时，学者们需要更多依赖金钱而不是靠攻读学位的方式，去掌握最新前沿和尖端的学术成果。如此情形下，有谁能够声称，只有大学教师才可以自诩掌握传道解惑、指点迷津的权力呢？……教师权威曾经是如此依赖于对知识资源的集体垄断，在所有通向这些知识资源的道路上，教师具有无可争辩的掌控权。同时，我们可以看出，历史上学术权威对'学习的逻辑'——不同知识片段可以或者需要按照怎样的时间顺序进行学习和消化——具有独断权力。现在这些曾经独享的特权开始旁落，……如果学术界仍然认为大学是'追求高深学问'唯一和当仁不让的领地，那么除非是固执己见的人，否则任何人听起来都觉得苍白无力。"（安东尼·史密斯，等，2010）[39-40] 这里鲍曼强调由于数字化生存方式，大学教师不仅失去了对高深学问的集体垄断权，也失去了关于高深学问课程的开发权，人们具有了开放的学习与研究高深学问的时间和空间。

二是合法地位的转移。20 世纪后半叶以来，各国高等教育在不断扩大规模的同时，开始向更高层次教育发展，包括硕士和博士在内的研究生教育获得快速发展。以我国为例，从 1999 年到 2005 年，研究生教育规模从 19.9 万人增加到 97.9 万人，约是原来的 4.92 倍，年递增率 25.58%，基本达到 1991 年我国普通本科在校生规模。（中国高等教育学会，2008）[350-357] 在发达国家这种变化要早一些。这种高等教育结构中，对高深学问研究开始上移，本科教育作为第一学位教育更多地强调教学而不是科研。如德国在 20 世纪 80 年代后期，在第一级学位专业，只有很少学生，不到 10% 和一位教授建立亲密的关系，通过参加实验室或研讨班，仿效理想化的模式，很少有学生寻求科研训练和学科知识。"在德国大学，一般学生并不参与科研。"（伯顿·克拉克，2001b）[49] 伯顿·克拉克（Burton R. Clark）认为，在大众化条件下，大学对质量和费用增加的关切，"集中注意第一级学位学生的招生、保持和成绩时，科研活动典型性地或者被忽略，或者被消极地认为使教学和学习分心。教学被看作教学人员的中心活动"（伯顿·克拉克，2001b）[278]。这种与科研分离的学习意味着本科教育已经游离"高深学问"的传统目标，这种传统目标历史性地落到了研究生阶段教育上。

三是现实需求的丧失。布鲁贝克认为，"高深学问"作为高等教育合法存在的哲学基础包括两个方面：其一是认识论的，其二是政治论的。"强调认识论的人，在他们的高等教育哲学中趋向于把以'闲逸的好奇'精神追求知识作为目的。他们力求了解他们生存的世界，就像做一件好奇的事情一样。"强调政治论的人认为，"人们探讨深奥的知识不仅出于闲逸的好奇，而且还因为它对国家有着深远的影响。……过去根据经验就可以解决的政府、企业、农业、劳动、原料、国际关系、教育、卫生等问题，现在则需要极深奥的知识才能解决。而获得解决这些问题所需要的知识和人才的最好场所是高等学府"。（约翰·S. 布鲁贝克，1987）[13-15] 这种基于学习者主体需求的哲学基础，在当代社会已经不复存在。那种把追求高深学问作为"闲逸的好奇"是贵族式生活中的精英行为，远离大众的生活形态，在高等教育大众化条件下，这种目标既是遥不可及，也失去了存在的空间。至于追求高深学问以达成"对国家有着深远的影响"，在信息化社会、在变动不居的社会生活中，也只能是一种理想，因为在大学中追求的所谓"学问"远远落后于社会变革的步伐，不能适应毕业后的生活需要。正如斯科特（Peter Scott）所说："在新的大众化阶段，大学不能保证学生获得'特权'知识，因为这样的知识已不复存在；同样，大学也不能保证把学生培养成适应不同专业分工的'专家'，因为认识论方面的不确定性和劳动力市场的重新整合，已经打破了传统的劳动分工格局。"（安东尼·史密斯等，2010）[72] 可以肯定地说，对于当代绝大多数本科学生来讲，有关高深学问的需求已经基本丧失。

四是制度环境的变迁。高深学问赖以生存的学术自治和学术自由环境，在当代社会发生了重大变化。在1982年年初，由于入学率下降，位于索诺马的加利福尼亚州立大学的校长发布了一个"处于危险之中的人的名单"，里面列出了 35 位教员的名字，作为解雇的候选人。处境危险的教授们之所以上了名单，是因为他们的教学服务领域面临"资金的缺乏或者工作的缺乏"。教学服务领域从本质上讲是一种机制，它允许校长单独考虑每一个教员。把教学服务领域用作削减费用的单位，管理部门也就能够清除掉在系里扮演批评家角色的资深成员，而保留被认为是有价值的资历浅的教授（加里·罗兹，希拉·斯劳特，2004）[74-75]。这是一个案例，反映了最具自由制度的美国的当代学术环境：教授的学术权利受到严重干扰、许多学科或专业受到市场或投资者的干扰、学校管理政治化。美国如此，其他国家的学术环境更加恶化。另外，教授的学术工作受到越来越多的问责。阿特巴赫（Philip G. Altbach）指出："几个世纪以来，人们都确信无须对学术工作进行任何严格的监督，学者的工作能力和工作成果都是令人满意的。现在问责日益成为学术生活语词的一部分。因为扩张的缘故，高等教育所消耗的资源越来越多，政府和私人投资者要求高等教育履行更大的责任。一种问责文化已经出现，并且开始影响学术职业。在许多国家，越来越多的高校普遍开展了学术工作评价，包括对教学、科研、服务和管理等全部学术工作范围的情况的评估。"（菲利普·G. 阿特巴赫，2006）[3]这种学术问责的结果，是学校的学术自治失去基础、教授的学术自由走向没落。

五是机构功能的分离。"高深学问"的大学课程目标建基于科研与教学的一体化。这里的科研主要是指自然科学、社会科学与人文科学的研究。自从柏林大学赋予大学科研的使命，大学就一直努力做到通过科研传播、推进和保存知识，实现科研与教学功能的一体化，这种一体化主要是通过学科进行整合的。17—18世纪是科学发端的时代，科学科目有限，科学研究没有分化，研究工具较为简单，加上师生比例高，在大学中科研与教学能够较为容易地结合。然而19—20世纪科学技术获得突飞猛进地发展，"加速进行的不只是科学发现。随着比以往更多的科学家进行科研，并对更强大和精巧的科学设备进行探索，他们取得很多惊人的成果，足以震撼仅仅几代之前最具想象力的人的智慧。这样多的成就自然提供了庞大和详细的新证据，导致对于自然界某些复杂和具体化的新观念的出现。……电子学和计算机技术……使所有领域的数据采集和处理产生了革命性的变化"（科林·A. 罗南，2009）[384]。荣尼克尔（Christa Jungnickel）和麦考马克（Russell McCormmach）在他们

19世纪和20世纪早期有关物理学发展的不朽著作中指出，一门大学学科目前需要三样东西：公认的科学家进行的科研、通过卷入科研对学生进行科研训练和一套综合的学习课程。对此，伯顿·克拉克认为："在大学中，教师的科研又走在前面，学生的科研有点强调，但是，越来越受到教师的精力和资源转到'大众化课程'的限制。重要的是，'一套综合的学习课程'这个因素供应不足。……用简单的话说，是高深的研究，贫乏的课程。在科研、教学和学习的相互关系中，'研究型大学'的基本弱点是它把学习的成分处于比较无组织的状态。"（伯顿·克拉克，2001b）[60-61]正是课程学科综合性的缺失，导致大学生的专业学习"只见树木，不见森林"，缺失对知识整体性的洞见。当代科研由于自身的分化和艰深，无法与大学课程教学一体化，使高深学问失去应有的功能基础。

2. 高深学问秩序的单一性与高等教育多样性的矛盾

这里所分析的高深学问秩序存在的社会基础，不能等同于高等教育存在的社会基础。一个不可忽视的基本事实是，随着高等教育从精英阶段走向大众化阶段（诸多发达国家业已进入普及阶段），"大学"的内涵发生了质的变化，纽曼时代的"大学"与博耶时代的"大学"已经不是同一个概念。"19世纪和20世纪初的'大学'概念清晰、指代明确、论者与听者均无理解歧义或异议。但今天的高等教育，已经在传统大学的基础上分别向'高端'（研究型大学、顶尖大学）和'低端'（社区院校、职业技术学院、短期大学等）延伸，高等教育机构已经呈现出巨大的差异性。"（龚放，2008）[121]从两年制的社区学院或高等职业技术学院，到顶尖的研究型大学，形成了多个层级，它们之间在结构、功能、规模、形态和办学目标、使命上的差异，是我们探讨高等院校课程问题时必须高度重视的一个因素。在高等教育大众化的背景下，高等院校更具多样性，不同高校教育使命的不同也决定了课程知识定位的差异。因此，不能抽象地讨论大学高深学问的地位问题，必须回到高等教育的现实生态中作具体的分析。既分析这里主要讨论的是那些仍然可以称为"大学"的研究型大学的教学形态，至于那些在纽曼或洪堡时代尚未出现的难以归入经典的"大学"范畴的高等教育机构的课程问题，本身不存在"高深学问"秩序。

伯顿·克拉克认为，高等教育大众化和普及化，使高校和大学教师的数量大幅度增长，"为主要根据教学和科研的不同分布进行分化施加不可抗拒的压力：集中教学，某些背景被撤离科研。这种分化对科研、教学和学习的统一有决定性的影响，看来至少有三种主要的形式：一是高校类型之间的分化，二是大学和学院内部各专业层次的分化，三是在大学学习本身最高层次内部的分化"（伯顿·克拉克，2001b）[227]。他把这种分化现象称为"教学的漂移"。根据伯顿·克拉克的分析，19世纪用现代方式重构了大学的德国模式所确立的"科研—教学—学习"紧密统一的原则，正被越来越多的高等院校放弃。除了传统意义上的研究型大学，其他一些高校只是部分地投资科研，许多高校没有一个科研基地，主要是进行教学。非大学的学院特别是短期学院、社区学院，成为纯粹的教学型高校，并有意地与以科研为中心的高校分开。由于大众化进程迅猛展开、入学新生规模日增的影响，高校需要花较多的精力把学生提高到最初阶段的专门化学习。对大学新生的"补偿教育"，即帮助他们完成在中等教育阶段没有完成的通识教育，对于进入专业的入门性教育是非常必要的；而直接进入科研训练，对大多数学生而言显然是不合适的。在本科阶段主要以教学为主，以科研为基础的教学则延后至研究生教育阶段进行。科研基础弱化的教学甚至也扩展到研究生教育阶段，表现在两个方面：一是专业的变化，一些应用性、实践性、职业性的学位专业越来越占有重要的位置；二是高等教育的大众化、普及化使高等教育本身多样化，非学术取向的学生、非研究型学位越来越多。伯顿·克拉克在分析各发达国家高等教育分化的基础上得出以下结论，"各国正在经历反应性发展的高等教育系统稳步地在以下三类院校进行投入：（1）'以教学为主'的院校，（2）以教学为中心的大学的初级阶段，（3）在研究生阶段的非科研的学生。没有必要和科研紧密结合，或者大量地用做科研训练的教学，需要大大地增加。在大批院校，教学漂离传统的科研—教学—学习连结体"（伯顿·克拉克，2001b）[232]。克拉克的"教学漂移"说从本质上揭示了"高深学问秩序"的单一性与社会对高等教育多样性需求的矛盾。

三、学术本位课程与学生需要的冲突

我国研究型大学大多创办于 19 世纪末和 20 世纪初，历届校长多为欧美留学生，因此大学发展受欧美大学教育传统影响至深。尽管与国际研究型大学不是同步发展，但在全球化背景下与国际研究型大学已经走向同一对话平台。我国研究型大学的现行课程秩序是典型的"高深学问秩序"，充分体现了学术本位思想。对我国研究型大学本科学生学习情况进行抽样调查，是了解当代大学课程秩序现状的重要途径。调查表的设计以泰勒课程原理为基本框架，从课程目标、课程内容、课程实施、课程评价四个方面进行命题。本次调查选择有效样本共 1160 个，他们分别来自 5 所著名研究型大学。其中，南京大学共 260 人（占 22.4%），清华大学 180 人（占 15.5%），北京师范大学 240 人（占 20.7%），东南大学 200 人（占 17.2%），复旦大学 280 人（占 24.1%）。从性别来看，男生 586 人（占 50.5%），女生 574 人（占 49.5%）。从专业来看，文科学生 441 人（占 38.0%），理科学生 315 人（占 27.2%），工科学生 273 人（占 23.5%），其他专业学生 131（占 11.3%）。从年级分布来看，二年级学生 644 人（占 55.5%），三年级学生 465 人（占 40.1%），四年级学生 51 人（占 4.4%）。而从学生户籍情况看，来自农村的学生为 312 人（占 26.9%），来自县城的为 264 人（占 22.8%），来自地级以上城市的学生为 584 人（占 50.3%）。由此可见，在中国的研究型大学中，有超过 70% 的学生都来自城市，而来自农村的学生的比例比较少。从样本的分布情况来看，学校、性别、专业、年级等分布都比较均匀，抽样情况良好。调查结果反映了现存学术本位课程与学生实际需要之间存在严重冲突。

1. 课程目标的冲突

关于课程目标，主要向本科生提出三个问题：您认为当前大学课程实际追求的核心学习目标是什么（即外在赋予目标）；您在大学课程学习中实际追求的目标是什么（即主体追求目标）；您认为当前大学课程追求的学习目标与您的个人发展需要是否符合。在问卷设计上，把目标选项确立为"掌握专业

知识和技能"、"提高文化素养"、"培养科研能力"、"满足个人兴趣"、"提高
社会适应能力",主要体现了通识教育、专业教育的共同追求。统计结果反
映了学生对外在赋予目标的理解与主体追求的明显差异。

其一,学生对课程赋予目标理解基本符合课程设计意图,如图2-1所示。

可以看出,有52.8%的学生认为当前大学课程要求他们掌握专业知识和
技能,选择"提高文化素养"的占18.5%,选择"提高社会适应能力"的占
14.6%,选择"培养科研能力"、"满足个人兴趣"的各占7.4%、3.7%,经卡
方检验,χ^2=1218.276,df=5,$p < 0.001$。这说明,学生在这几个类别的选
择上存在显著的差异,绝大多数学生认为,当前大学课程就是要他们去掌握
专业知识,提升专业技能。这正是学术本位课程设计的目标定位,学生的理
解与当前的课程秩序追求是一致的。但是,进一步对学生的年级因素进行分
析,发现不同年级学生在外部赋予目标的理解上也存在一定的差异。

图2-1　学生对于当前大学课程外在赋予目标的感知

从年级这个因素来看,存在显著的弱关联性(根据列联卡方检验,存在
显著的弱相关性:C=0.130,χ^2=20.037,df=10,$p < 0.01$)。二年级和四年级两
个年级的学生比较而言,更多的二年级学生会选择"掌握专业知识和技能"
(53.4%),但是更多的四年级学生却选择了"提高文化素养"(19.6%)、"提
高社会适应能力"(17.6%)、"培养科研能力"(13.7%)、"满足个人兴趣"(7.8%)
(见图2-2)。这从一个侧面反映了学生随年级增高对课程理解的多元化。

图2-2　不同年级的学生在大学课程目标感知上的差异

其二，学生主体追求的学习目标明显呈现出多元化。调查发现，38.2%的学生实际追求的学习目标选择了"掌握专业知识和技能"，22.8%的学生选择"提高文化素养"，20.9%的学生选择了"提高社会适应能力"，7.6%的学生选择"满足个人兴趣"，7.4%的学生选择"培养科研能力"，还有3.1%的学生选择"其他"。统计结果如图2-3所示。

图2-3　学生实际追求的课程学习目标

如果结合年级和专业两个因素进行分类统计，发现存在一定的差异。

从年级的分布状况而言，随着年级的逐渐升高，越是临近毕业的学生，越强调非专业化的一般能力的培养，如科研能力、个人兴趣、社会适应能力等（见图2-4）。根据列联卡方检验（C=0.137，χ^2=22.336，df=10，$p < 0.05$），年级与实际追求的目标之间仍然存在显著的弱关联性。

图2-4 不同年级本科生实际追求的课程目标

根据列联卡方检验（C=0.220，χ^2=59.015，df=15，$p < 0.001$），可以看出不同专业的学生实际追求的学习目标存在显著的弱相关性，说明存在一定的差异。具体来说，对于文科学生来说，"提高文化素养"（50%）与"提高社会适应能力"（44.9%）是其主要的学习目标；而对于理科学生来说，排在第一位的目标是"培养科研能力"（44.2%），第二位的目标是"满足个人兴趣"（34.1%）；对于工科学生来说，其目标追求状况与理科十分相似，排在第一位的目标仍然是"培养科研能力"（27.9%），排在第二位的是"满足个人兴趣"（26.1%），而排在第三位的则是"掌握专业知识和技能"（25.7%）。数据表明，不同学科对于学生实际追求的目标是有一定影响的，专业能力、科研能力与个人兴趣似乎主导了理工科学生的学习追求，而更宽泛的文化素养与社会适应能力等的培养则成为文科学生更关注的学习目标（见图2-5）。

图 2-5　不同专业学生实际追求目标

　　其三，课程的外在赋予目标与学生主体内部追求目标之间存在显著差异。这种差异首先存在于对大学课程外在赋予目标理解的相对集中与主体自身追求目标的多元化。另一个重要方面表现在学生自己的判断上。统计结果如图 2-6 所示。

图 2-6　大学课程目标与个人发展需求的符合程度

　　我们把选项合并成三个：一是"非常不符合或比较不符合"，二是"不确定"，三是"非常符合或比较符合"。调查结果表明，选择"非常符合或比较符合"的比例为 **41.7%**，选择"非常不符合或比较符合"的比例为 **36.4%**，选择不确定的比例为 **21.9%**，有超过一半的学生认为当前大学的课程目标与自己实际的个人发展需要要么不太符合，要么不置可否。这种状况反映了当代大学课程与教学的设计并不符合多数学生的实际需求。

2. 课程体系的冲突

目前正规的课程体系包括必修课、选修课，涉及教材、课外阅读等因素。在这部分内容的问卷设计上，是从学生的感知出发，重在了解课程体系与社会需要、学生实际需要的关联性，了解学生在实际学习中的精力、兴趣等主体性的投入情况。包括五个问题：您认为当前大学课程体系与社会需要的关联程度如何？在您已经学过的必修课程中，您认为仅仅是为了获取学分的课程占多大比例？在学校为您开设的选修课目录中，真正想去学习的课程有多大比例？在您所学过的并已计入学分的所有课程当中，切合您自身学习需要的有多大比例？在所修大学本科课程提供的教材中，您饶有兴趣、多次阅读的有多大比例，在教师推荐的阅读书目中，您认真阅读的有多大比例？选项是基于实际进行判断的五点等分设计。

其一，当前大学课程体系与社会需求的关联程度不大。这里所说的"社会需求"是学生视野中的社会需求，是基于学生的理解，无疑融入了学生的个人需要。统计数据如表 2-1 所示。

表 2-1　大学课程体系与社会需求的关联程度

选　　项	非常不符合	较不符合	不确定	较符合	非常符合
人　数	67	324	224	422	13
百分比（%）	6.4	30.9	21.3	40.2	1.2

调查结果表明，认为二者"非常符合"只有 1.2%，认为"较符合"的占四成，近六成的学生认为"不符合"或持怀疑态度。在学生看来，大学课程体系较多地在象牙塔中，并不为广大学生所认同。

其二，必修课并非学生所需，多数学生的学习仅仅为了学分。统计结果如图 2-7 所示。

图 2-7 必修课程中仅仅是为了获取学分的课程比例

结果显示，5.09% 的学生选择了"几乎全部"，29.48% 的学生选择了"比例很大"，选择半数左右的则达到了 33.02%，这三个选项的选择面达到了 67.59%。这说明，当前研究型大学必修课程其实不太令学生感到满意，超过 6 成的学生都认为大多数必修课程都是为了凑学分而已，说明必修课对学生来说仅仅是学分必需，并非学习的内在需要，反映课程设计水平有待提高。不同专业、不同毕业去向的学生对必修课程的学习态度存在显著的弱关联影响。

从专业的角度来看，文科学生对于必修课程似乎更加不感兴趣。在 441 名受访文科学生中，认为是"几乎全部"课程是混学分和"大部分"课程是混学分的学生分别达到了 16 人和 152 人，占所有文科学生的 3.6% 和 34.5%；认为"几乎没有"课程是混学分和"比例较小"部分课程是混学分的学生则分别为 5 人和 110 人，占所有文科学生的 1.1% 和 24.9%。理科和工科的情况稍微好一些。感兴趣和不感兴趣的比例大致一半对一半。而其他专业的学生（主要是医科学生）则表现出对必修课的较为明显的满意程度。在 131 个其他专业学生中，认为是"几乎全部"课程是混学分和"大部分"课程是混学分的学生分别达到了 12 人和 22 人，占所有其他专业学生的 9.2% 和 16.8%；认为"几乎没有"课程是混学分和"小部分"课程是混学分的学生则分别为 5 人和 52 人，占所有其他专业学生的 3.8% 和 39.7%（见图 2-8）。根据列联卡方检验（$C=0.174$，$\chi^2=36.417$，$df=12$，$p < 0.001$），表明专业与大学生的必修课满意度之间存在显著的弱相关性。

图2-8　不同专业学生对必修课程的学习态度比较

毕业去向对学生的必修课程学习态度存在显著影响，根据列联卡方检验（C=0.170，χ^2=34.541，df=15，$p < 0.001$），可以得出结论，毕业去向与学习态度存在显著的弱相关性。从图2-9中可以看到，选择"去企业（或公司）"的学生更倾向于认为"必修课程是混学分"，而在"准备继续学习和深造"的学生之中，更多的人则认为"大部分必修课程不是混学分的"。而选择"去政府机关（或事业单位）"和"不明确"的学生则更倾向于"混学分"的这种感受。

图2-9　不同毕业去向学生对必修课程的学习态度

研究表明，我国研究型大学的必修课程更有利于那些准备深造、继续学业的学生，他们的学习态度要比准备今后直接就业的学生更加积极和认真。

其三，选修课程对学生并没有较大的吸引力。关于"在学校为您开设的选修课目录中，真正想去学习的课程有多大比例"问题的回答，统计结果如图 2-10 所示。

图 2-10　真正想学习的选修课的比例

调查结果表明，选择"几乎没有"的比例为 2.9%，选择"比例较小"的为 31%，选择"半数左右"的为 41.6%，选择"比例很大"和"几乎全部"的分别为 22.1% 和 2.3%。由此可见，当前绝大多数的选修课似乎不太能吸引学生的兴趣。对专业因素进行分析，不同专业的学生对于选修课的兴趣有着显著的差异。根据方差分析，文科学生对于选修课的兴趣程度最差，均值达到 3.18；工科其次，均值是 3.12；其他专业均值为 3.04，理科学生的兴趣程度最高，为 3.01。经过检验，$F(3,1156)=2.793$，$p<0.05$。经过 Bonferroni 后测，差异程度最显著的是文科学生与理科学生。也就是说，对于真正想去学习选修课的比例而言，理科学生明显要比文科学生大得多。这也进一步说明，当前我国研究型大学为文科学生提供的选修课质量问题尤为严重。

其四，在学生已学习的所有课程中，多数是外在控制的结果。为了达到毕业的学分要求，学生必须学习若干课程，在这些课程中，有多大比例是切合学生自身学习需要的呢？对这个问题的调查结果如图 2-11 所示。

图 2-11 在所有课程中切合自身学习需要的课程比例

选择"几乎没有"和"比例较小"的分别占 1.72% 和 27.24%,选择"半数左右"的占 44.22%。这其实就总体反映了当前的课程在满足学生个体需要方面并不尽如人意。接近 80% 左右的学生认为自己所学的课程中,至少有"一半"以上的课程不是自身所需要的,只是一种应付。说明课程安排中的制度与学生主体存在广泛的冲突,这种冲突直接造成学生精力的浪费,影响学生的学习效率,不利于学生的持续发展。

其五,学生对教材和教师推荐的阅读书目没有兴趣。在大学,教材是课程的主要表现方式,也是学习的核心资源,学生对教材是否饶有兴趣、多次阅读呢?针对这一问题,学生回答情况统计如图 2-12 所示。

图 2-12 学生饶有兴趣、多次阅读的教材比例

对于教材而言，分别有 51.9% 和 12.59% 的学生认为自己认真阅读的比例很小或几乎没有。经过卡方检验，学生在这个选项上存在着显著的差异性（$\chi^2=887.060, df=4, p < 0.001$）。与之相联系的是对教师推荐书目的阅读情况，调查统计如图 2-13 所示。

图 2-13　学生对于教师推荐书目认真阅读的比例

由图 2-13 可以清晰地看到，对于教师的推荐书目来说，有 47.69% 和 15.97% 的学生认为自己认真阅读的比例很小或几乎没有。经过卡方检验，选择在这个选项上存在着显著的差异性（$\chi^2=728.526, df=4, p < 0.001$）。

学生对教材或教师推荐书目没兴趣或不认真阅读，反映了学生对外在于主体的课程的排斥，揭示了学术本位课程的内在问题，是学生需要与当下课程秩序冲突的具体表现。

3. 课程实施中的冲突

如果说课程目标冲突是思想层面的，课程体系冲突是态度层面的，那么课程实施中的冲突则是行为层面的。课程实施几乎包括了大学生生活的全部，学生在校的大部分活动是围绕课程实施展开的，包括学习计划、学习活动、社团活动、同伴关系、考试评价等。关于课程实施情况的调查从对学生大学学习生活的影响因素入手，着重了解大学课程中主要因素对学生的影响，学生的学习计划情况、学生学习精力的主要投入方向、学生的学习方式选择、学生对课程成绩和考试以及教育质量的看法等。调查结果反映了课程实施中的诸多冲突。

其一，课程内容对学生的影响远不如同学之间的影响。关于"在大学学习生活中，哪个因素对您的影响最大"这个问题，统计结果表明，当前影响大学生学习生活的最大因素是同学，有 43.1% 的学生选择了这个选项。其次是所学的课程，主要是指学习内容，但比例仅为 18.45%。选择"教师"的也仅为 15.69%，结果如图 2-14 所示。

图 2-14 对大学生学习生活影响最大的因素

进一步从专业的角度分析，他们在最大影响因素的选择上是有差异的。根据列联卡方检验，存在显著的弱相关性（C=0.195，χ^2=45.826，df=15，$p < 0.001$）。具体而言，在选择"教师"作为最大的影响因素的学生中，文科学生的比例最高为 23.13%；而在选择"同学"为最大的影响因素的学生中，工科学生的比例最高为 48.72%，其次是理科学生为 46.02%；而选择"课程"为最大的影响因素的学生中，其他专业（主要是医科）的学生比例最高为 23.66%。具体数据如表 2-2 所示。

表 2-2 不同专业影响大学生学习最大因素比较

专业 \ 因素 百分比(%)	课程	教师	同学	社团活动	家人	其他
文科	17.01	23.13	37.41	11.56	3.85	7.03
理科	20.63	12.70	46.03	10.16	5.40	5.08
工科	15.75	9.52	48.72	14.29	7.33	4.40
其他	23.66	10.69	43.51	9.16	6.11	6.87

那么，教师、课程、同学、社团对学生的影响究竟表现在哪些方面呢？调查把影响的选项主要设计为以下几个方面：专业知识、学术体验、自我认知能力、社会适应能力、情感与信念。这是对前述课程目标的另一种表述。具体数据如表 2-3 所示。

表 2-3　主要因素对大学生学习影响最大的方面比较

百分比(%) 因素 专业	专业知识	学术体验	自我认知能力	社会认知能力	情感与信念	其他
教师	43.36	22.76	13.36	5.26	12.07	3.19
课程	58.79	17.41	13.36	4.31	4.14	1.98
社团活动	2.16	3.79	16.03	57.67	11.55	8.79
同学	4.91	4.91	20.86	32.59	34.57	2.16

从表 2-3 中可以较为明晰地看出不同因素对学生不同方面产生的影响。从教师这个因素来看，我们发现，有较大比例的学生认为教师对自己的影响主要体现在学业方面，这包含专业知识（43.36%）和学术体验（22.76%）。从课程这个因素来看，我们发现，仍然有非常大比例的学生把课程对自己的影响主要归结为学业方面，如专业知识（58.79%）和学术体验（17.41%）。从同学这个因素来看，我们发现，更多的学生主要认为同学影响了自己的自我认知（20.86%）、社会认知（32.59%）和情感信念（34.57%）。从社团这个因素来看，我们发现，57.67% 的学生认为社团影响了自己的社会适应能力，分别有 16.03% 和 11.55% 的学生选择了"自我认知能力"、"情感与信念"。

综上所述，"同学"这个因素被认为是对本科学习生活影响最大的因素，主要对学生一般能力发展有重要影响，如"自我认知能力"、"社会认知能力"等。这充分表明，在大学生的心目中，学生重视自身素质的发展，而学术性课程实施往往注重知识本身，对学生的发展远不如同伴间的交往。

其二，课程实施中缺少对学生系统化、个性化学习计划的指导。学生本科学习阶段的整体规划是学生素质发展与专业发展的重要基础，也是课程实施的重要组成部分，需要教师给予关注和指导。那么学生是否有明确可行的学习计划呢？具体数据统计如表 2-4 所示。

表 2-4　学生制订学习计划情况

选　项	人　数	百分比（%）
有完整系统的学习计划	67	6.40
有某一方面或某一阶段的学习计划	694	66.10
只有学校统一的学习计划	199	19.00
没有任何学习计划	79	7.50
其他	11	1.00

可以明显地看出，绝大多数学生（66.10%）都只制订了某一方面或某一阶段的学习计划，只有极少数学生（6.40%）制订了完整而系统的学习计划。此外，只按照学校规定的统一计划行事和没有任何学习计划的比例分别是 19.00% 与 7.50%，这表明有接近三成的学生根本就没有什么清晰的自我认识和自我发展规划。系统而有个性的学习规划的缺失，说明学生的本科学习缺少自觉性，其背后是课程实施中学生主体性的缺失。

其三，单一的教学方式不适应学生多样的学习方式追求。学生最喜欢的学习方式如图 2-15 所示。

图 2-15　学生最喜欢的学习方式

通过卡方检验，学生在"最喜欢的学习方式"的选择上存在显著的差异（χ^2=416.388，df=4，$p < 0.001$）。40.43%的学生喜欢"自学"，选择"合作学习"的占20.69%，选择研究性学习的为18.45%，只有17.50%的学生选择了听讲。引入性别这个变量，根据列联卡方检验（C=0.137，χ^2=22.224，df=4，$p < 0.001$），不同性别的学生对于所喜欢的学习方式存在显著弱相关性，差异十分明显。根据统计，"最喜欢听讲"的女生比例（21.4%）要高于男生（13.7%），而"最喜欢自学"的男生比例（46.2%）要高于女生（34.5%）。而在合作学习、研究型学习等方面，男女生的比例差异不大。而如果从专业的角度来看，根据列联卡方检验（C=0.170，χ^2=34.322，df=12，$p < 0.001$），不同专业的学生对于最喜欢的学习方式也存在显著的弱相关性，差异也十分显著，理科和工科的学生更喜欢"自学"，比例分别达到49%和47%，而在"听讲"、"合作学习"、"研究型学习"等方面，文科学生的选择比例要高于理科和工科学生。

其四，学生大部分时间花在专业课程学习上，与研究型大学的理念追求有差异。对"您花时间最多的是哪个方面的学习"问题的调查，统计数据如图2-16所示。

图2-16　学生在具体课程类型上所花时间情况

可以看出，大多数学生都选择了"专业课程"（60.43%），选择"普通文化课程"的仅占5.95%，通过卡方检验（χ^2=1290.431，df=4，$p < 0.001$）发现，学生在认为花时间最多的方面之选择，存在显著的差异。这说明当前我国研究

型大学还是专业化导向非常浓厚,普通教育或通识教育其实并没有得到真正的重视,学生在这个方面所花的时间也不多。其中选择"外语学习"的比例几乎是选择"普通文化课程"的比例的两倍,也反映了课程结构的不合理。学生在个人兴趣类学习上所花时间的不足,也制约了个性发展和创造能力提升。

其五,课程评价不能反映学生的真实学习情况。课程评价质量的高低也是反映研究型大学本科课程质量的重要指标,我们主要从两个方面进行调查:一是"课程成绩是否能反映学生的真实学习收获",二是"考试内容和考试手段是否能反映课程本身的学习要求"。有关第一个问题的统计结果如图 2-17 所示。

图 2-17　课程成绩反映自身真实学习收获的程度

学生认为课程成绩"很少反映"、"较少反映"、"一般反映"自身真实学习收获的比例分别为 11.03%、26.38% 和 45.69%,总计超过 80%。说明大多数学生认为当前的课程成绩其实是不太能反映自身的学习收获的,课程成绩的效度是成问题的。对不同专业学生进一步分析,根据方差检验,可知 $F(3,1156)=6.086$,$p<0.001$,说明不同专业的学生在对课程成绩能否反映自身真实学习收获的评价上存在极其显著的差异。从图 2-18 可以看出,文科学生的评价最低,他们的平均值只有 2.553,说明文科学生认为文科的课程成绩似乎最不能反映自身的真实学习收获,而理科、工科和其他专业之间没有显著差异,这三个专业与文科之间都存在显著差异。

图 2-18　不同专业学生对课程成绩真实反映学习收获的评价

　　课程评价不能反映学生真实学习情况的原因是多方面的，其中考试内容和考试手段是原因之一。那么它是否能反映课程本身的学习要求呢？调查数据如表 2-5 所示。

表 2-5　考试与课程要求相关性

程度	很多	较多	一般	较少	很少
百分比（%）	0.90	17.60	48.90	23.90	8.70

　　可以看出，对于"考试内容和考试手段能否反映课程本身的学习要求"这个问题，选择"很少"、"较少"与"一般"的比例分别为 8.7%、23.9% 和 48.9%，合计超过了 80%。这说明，总体来看，当前的考试内容和考试手段并不能反映课程本身的学习要求，这是课程评价质量不高的主要原因。在课程评价中，结果与学生学习实际情况间存在一定的冲突。

4. 师生关系的冲突

　　在课程秩序中，师生关系是最核心的一对关系，也是对学生发展影响最大的一组关系。我们进一步考察了当前研究型大学中学生与任课教师的关系状况。主要包含三个方面：一是与任课教师的关系远近程度；二是在哪个方面与任课教师的交往最多；三是教师对学生的个性化学习要求的关注程度。

从中发现在当前的课程秩序中，师生关系也存在诸多冲突。

其一，学生与任课教师的关系普遍不密切。就"总的来说，您觉得任课教师与您的关系怎样"的回答，结果如图 2-19 所示。

图 2-19　与任课教师关系的远近程度

可见，48.88% 的学生认为自己与任课教师关系一般，认为较疏远的占 26.55%，很疏远的为 6.64%，选择"很密切"与"较密切"的合计约 18%。这说明，总体来看，当前的师生关系是不密切的，说明教师并没有把学生的发展放在突出地位，有悖大学的精神。进一步分析学生任职情况对其与老师交往密切程度的影响，经过方差检验，可知 $F(2,1157)=14.156$，$p<0.001$。说明任职情况对于与老师交往的密切程度有显著的影响。其中，担任班干部的同学与老师交往最密切（均值为 2.957），其次是院校学生干部（均值为 3.171），与老师交往最疏远的是无任职的学生（均值为 3.285）。可能是因为班干部经常要代表班级学生群体与任课教师接触，相应地获得老师关注和提携的机会更多一些。再进一步分析学生所在年级对其与老师交往密切程度的影响，根据方差检验，可知 $F(2,1157)=3.318$，$p<0.05$。说明学生的所在年级对于与老师交往的密切程度有显著的影响。具体来说，二年级的学生与老师关系最疏远（均值为 3.244），三年级其次（均值为 3.123），四年级学生与老师关系最密切（均值为 3.039）。可能的原因是随着四年级学生逐渐适应大学生活，他们会主动地与老师联系，主动与教师交往，而低年级学生主动性还不够。那

么学生与教师在哪方面交往最多呢？统计如表2-6所示。

表2-6 学生与教师交往最多的方面

项　目	学习指导	生活帮助	思想交流	参与教师研究	帮老师做事	其　他
百分比(%)	72	3	12	5	3	5

可以清晰地看到，绝大多数学生都认为，自己与任课教师交往最多的方面是"学习指导"，占72%。其次是思想交流，但只有12%。学习指导的交往可能更多地围绕课程展开互动，多数发生在课堂上。教师对学生思想、品德、生活、研究等的关心显得十分苍白。那么教师对学生个性化学习要求是否关注呢？结果如图2-20所示。

图2-20 任课教师对个性化学习要求的关注程度

学生选择"从不关注"、"较少关注"和"一般"的比例分别是12.7%、37.3%和40.8%，合计超过90%。这说明，学生的个性化学习需求并没有得到广大教师的关注。不仅如此，日常教学中教师也缺少对学生学习意愿的关照，关于"一般来说，老师授课过程中是否就内容、方式、进程等征求学生的意见"问题的回答结果统计如表2-7所示。

表2-7　老师授课中在内容、方式、进程等方面征求学生意见的程度

程　度	很　多	较　多	偶　尔	较　少	从　不
百分比（%）	3.1	28.36	47.67	18.53	2.33

调查显示，在教学中从不征求、偶尔征求与较少征求学生意见的比例分别达到2.33%、47.67%与18.53%，累积接近70%。说明教师在教学过程中不太关注学生的真实需求，从更深层次来说，高深学问秩序的课程是知识中心课程，也是教师本位课程，学生实际上被边缘化。这是师生关系中存在冲突的根源，也必将导致课程秩序的失调。

四、制度安排与教师观念的差异

大学教授作为课程开发的主体，对大学课程有切身的体验和独特的理解，大学课程实施的过程在一定意义上是教授们对课程意义的建构过程。课程的制度供给与教授们的课程理解是否取向一致，是判断当前课程秩序是否和谐的依据之一。

1. 教授访谈的基本情况

本书试图通过对教授的结构式访谈来了解教授的观点和实践。本次访谈以研究型大学课程开发主体和要素为对话框架，以研究型大学具有本科教学经历的教授为访谈对象。访谈的主要目的有三点：一是了解被访教授对本科教育价值与定位、大学课程开发、教授的课程角色以及大学课程管理制度等现实问题的看法；二是了解被访教授对大学课程的认识、理解以及形成的课程观；三是就学生的课程主体地位、大学课程哲学等理论问题进行探讨。具体访谈提纲如下：

（1）从您个人的经历来看，目前进行教学和科研所依赖的知识，有多少是在大学本科阶段学到的？本科教育给您一生最大的影响是什么？

（2）目前的大学教育越来越关注为学生就业服务，有的专家认为其功能

是远不如周末"短期职业培训班"。您怎么看这一问题？究竟如何定位研究型大学的本科教育？

（3）您认为影响大学教学质量最核心的因素是什么？您的教学实践主要关注哪些问题？

（4）您是如何理解大学课程的？您认为当前研究型大学课程主要存在哪些问题？

（5）谈到大学课程，许多大学教授总是基于自身的研究编制方案和确立内容，您认为这样做合适吗？大学教授在课程开发中应扮演什么角色、主要工作有哪些？

（6）大学管理者应建立怎样的大学课程理念？现行的大学课程管理制度主要有哪些？您觉得应建立怎样的课程管理制度？

（7）回顾历史，大学教育文化经历了三次大的变革：一是中世纪大学走出宗教的桎梏，确立以知识传授为核心的教育职能；二是近代以柏林大学创办为标志，确立了大学的科研功能；三是现代以威斯康星思想为标志，赋予大学社会服务功能。但是学生自身的需求始终被边缘化，研究型大学能否确立学生中心的教育文化？您认为大学课程怎样才能更多地关注学生？您对大学课程改革有什么建议？

（8）"数字化生存方式"、"终身发展理念的确立"以及"快速的高等教育普及化进程"无疑对研究型大学教育产生重要影响，您认为这些影响主要包括哪些方面？围绕"高深学问"建立的高等教育哲学是否需要重新审视？

围绕此一访谈提纲，选取中外研究型大学 11 位著名教授作为访谈对象，他们是：

J. A. D，教育学博士，美国 CB 大学高等教育研究中心高级研究员，巴黎政治学院客座教授，牛津大学高等教育政策研究中心客座研究员，加利福尼亚中等后教育委员会兼职政策分析专家。主要从事研究型大学的学生学习经验、大学在经济发展中的作用、高等教育大众化对社会及全球化的影响等方面的研究。

J. M. N，社会学博士，美国 DW 大学教授，中国 NJ 大学讲座教授，主要从事社会心理、中美社会比较研究。

LJ，男，上海交通大学博士、博士后，现任 TG 大学机械工程学院副院长、教授、博士生导师，新能源汽车与动力系统国家工程实验室"汽车轻量化研究方向"学术带头人之一。

J，男，日本北海道大学物理化学博士学位，加拿大多伦多大学药剂学博士学位。现任 SG 药学院副院长、教授，药物输送与生物材料课题组组长。

GY，FD 大学外国语言文学学院副院长、教授，博士，《新英汉字典》（第4版）主编。

H，男，博士，现任 HD 大学物理学系主任、教授、博士生导师，华东师范大学终身教授、精密光谱科学与技术国家重点实验室副主任。

T，男，历史学博士，现任 HD 大学人类学民俗学研究所所长、教授、博士生导师，主要从事民俗学、人类学研究。

LD，男，1964 年毕业于南京大学物理系并留校任教，现为 NJ 大学教授、全国首届"高等学校教学名师奖"获得者，曾任 NJ 大学基础学科教育学院院长、物理天文学指导委员会委员，主要从事理论物理、统计物理与凝聚态理论研究。

X，男，南京大学理学博士学位，现任 NJ 大学多媒体科教中心主任、教授、博导，教育部现代教育技术协作委员会学术委员副主任，江苏省地质协会科普委员会副主任。曾获得国家教委科技进步二等奖和一等奖，主要科研方向为地球化学动力学、地质过程的示踪与模拟。

S，男，NJ 大学网络化学习与管理研究所所长、教授、高等教育学博士生导师，教育部现代远程教育专家顾问组成员，国家教育发展研究中心兼职研究员，北京大学兼职教授。主要从事教育哲学、高等教育信息化研究。

GF，男，1982 年毕业于南京大学中文系并留校任教，现为 NJ 大学高等教育研究所所长、教授、博士生导师，NJ 大学校务委员会委员。主要研究领域为高等教育学理论、高等教育政策、高等学校管理、港台高等教育研究等。

2. 被访教授的主要观点

根据教授们的访谈录音，其主要观点整理如表 2-8 所示。

表 2-8　被访教授主要观点整理一览表

被访教授	本科教育价值与定位	课程理解与问题反思	课程改革建议
J.A.D	价值：包括师生交流在内的学术环境对学生思维产生重要影响，学生的大学经历是一生的财富，专业教育提供一种解决问题的方式。 定位：专业教育代表教育的深度，通识教育代表教育的广度。	理解：课程需要重视跨学科知识，以利于学生职业变动需要；要重视课外的经历，提高学生的实践能力。 问题：教授基于自身研究教学，课程广度不够；有的大学缺少重视教学的文化。	课程设置找到一个平衡点，提供一种结构，让学生有发展路径。 学生参与课外的研究项目，收获会比课堂大得多。 大学在教学、研究与服务的过程中都要重视学生这一维度。 要在为学生提供广泛知识基础上才能进入高深的学问研究。
J.M.N	价值：培养批判性评估能力、形成论据能力、专业论文写作和即席表达能力。 定位：理解世界与适应变化的广博教育。	理解：教育者要把真实生活的经验和学科领域中的研究带给学生。 问题：当前的课程太聚焦记忆。	教学要在教师自己研究与他人研究成果间寻求平衡。 教师既要有学术自由又要保持一种学术忠诚。 教师为更具多样化的学生群体提供针对性服务。

被访教授	本科教育价值与定位	课程理解与问题反思	课程改革建议
LJ	价值：让学生获得一种学习能力、工作能力、社会关系处理能力、发现问题与解决问题能力。 定位：培养社会需要的人，对人进行一些基础训练，包括传授基础知识、训练基本技能、培养自学能力、树立良好世界观。	理解：课程就是给学生发现与发挥自己优势提供空间和机会。 问题：有15%的学生学了他不擅长的专业，课程没有关心学生的个性需要。	教师在教学中要注重课程资源的开发，而不是简单传播知识。 课程要为学生提供多种机会，让他们找到他们最敏感的事物领域，从而挖掘潜能。 让最著名的教授组织团队编写专业教材，体现学科最新成果。 课程旨在培养能力和兴趣。
J	价值：承认人的多样化，促进人的潜力获得最大的发挥。 定位：重视人的教育，以解放人的思想为目的，大学的灵魂是为学生营造一个学习和成长的环境。	理解：给学生多样化选择的机会，通过多样化满足社会需要和个体学习需要。 问题：培养学术领袖等是小概率事件，没有自由的环境给予保障；指标性评价不能反映人的科学素质。	课程开发要解决"道"与"术"两个问题，管理层面重"道"，教师实施层面重"术"。 课程可以将多专业课程打包让学生选择，课程包应多样化。 一个好的研究者其教学才能给予学生一个学科全貌。 大学科研是一种自由探索，是学生学习与成长的重要环境。

被访教授	本科教育价值与定位	课程理解与问题反思	课程改革建议
GY	价值：打基础，包括专业知识基础，学科兴趣基础，研究方法基础。 定位：综合素养教育。	理解：核心问题是教材建设，需要不断加入新的课程资源。 问题：必修课程的教材很难改革，往往知识老化，不能适应变革需要；教师很少顾及学生的很多需要。	加大通识教育比重，将专业教育重点落实在专业素养方面。 教师要通过定期的学生座谈会，了解学生需要，不断改进教学行为，提高质量。
H	价值：不仅教知识，还培养学生的素质包括人格、思维品质等。 定位：培养人才素质，为培养长线人才做准备。大学要让师生充分享受思想和精神的自由。	理解：因为专业教育，本科是个交叉点，不同专业给学生不同的思维、处事和世界观、工作等模式。 问题：教师普遍不重视教学，学生的专业兴趣缺乏必要的引领。	课程的实用化不利于整个文化和科学的发展。 大学文化氛围具有很强的学术感染力，本身就是课程。 科学研究如同军队打仗一样，需要进行训练。 培养学生的信仰是课程的重要任务。 大学教师需要进行资格考试。
T	价值：打好学科基础，广泛记忆知识，拓宽学术知识面。 定位：文化基础素养与专业素养教育，包括道德素养；大学除了原有职能外，还要进行文化建构，引导社会建立文化自信。	理解：重要的经典教材往往代表了整个学科的水平，教材讲透了称得上学科专家；课程应成为科技的发动机、文化的发动机。 问题：考公务员等就业准备影响专业学习。学生课太多、作业太多，没有自由思考的空间与时间。	应该鼓励研究型大学的学生积极投身学术事业，现在是一流大学学生就业，三流大学学生考研，不利于培养学术人才。 教学要在教材体系、参考书体系和教师讲的体系之间寻找平衡点。 学生学习积极性不高，要从改造社会大环境开始。 教学与研究要加强与社会的联系，要有更强的社会适应能力。

被访教授	本科教育价值与定位	课程理解与问题反思	课程改革建议
LD	价值：本科阶段是人生观形成的最佳时期，重在帮助学生学会做人、提升素养、形成信仰。 定位：把知识作为载体，培养学生的科学思想。	理解：跨学科的融合，实现学习上的学科交叉，给学生选择的权利，给学生宽广的学科知识基础。 问题：著名教授不教本科；好多教师只是知识的"二传手"，难以促进学生的知识建构。	建立助教制度，加强有经验教师与年轻教师之间的交流。著名教授要执教低年级基础科目，某一领域的专家执教高年级的专业科目。 基础课教材变革要经过几轮的试教，要有可读性和可接受性。教师教学中要通过一些具有文化性、思想性案例开发来启发学生的思想与文化意识。
X	价值：完成专业上的基本训练，包括思维、兴趣和方法。 定位：促进学生成为一个和谐的人，是人的共性与个性的和谐，大学教育是素质和谐教育。	理解：高深学问是一个具有历史性的相对概念，知识建构如同金字塔，高深学问是塔尖，只有少部分人可以学习与理解。 问题：课程结构不合理，有限时间内让学生学习许多无用的课程；懂教学的老师太少。	大学要把大师主题系列讲座作为重要课程，让学生自由学习。教师讲课应重视知识背景的东西，把科学家的思考揭示出来。学生在课堂上获得的知识远没有在自由讨论中来得深刻。大学要让学生在自由的学术氛围中感受思维和方法。教育作为批量复制的过程很难满足学生的个性学习需要。教材要体现学科的基本结构和学术成果，不能太个人化。知识面宽、乐于投入精力、事事为学生着想，是一个教师的必备条件。

被访教授	本科教育价值与定位	课程理解与问题反思	课程改革建议
S	价值：给学生广阔的学术视野；给学生一种专业定向；给学生一种专业的根基。让学生领略大学精神和大学文化。 定位：通识教育和职业生涯教育。帮助学生找到适合他的未来道路，实施分流。	理解：大学课程是学科整体的知识结构，包括一个专业的课程体系和课程结构。狭义的课程是具体一门课的开发。大学课程具有很大的专业差异性，传统的老牌专业需要多继承，新型的应用专业可以多创新。 问题：大学教授重视教材建设、教学设计、教学管理与评价，但不重视课程理念的建立与课程目标的确定。	专业教育重在培养学生服务社会的精神、职业意识和服务能力，以及责任感与使命感。 大学教育最基础的是学生的学习问题，学习方式要转变，学习能力要培养，学习兴趣要激发，学习动机要强化。 课程教学是一个整体结构，每一个环节都要从学生的需要出发。课程开发需要大师级专家组织团队进行。 教学中的科学、技术与艺术是真善美的统一，这种统一是提高教学质量的保证。 越是高端的课程越要与科研相结合，需要围绕学科前沿展开。
GF	价值：给学生一种思辨的方式，一种思考和理解问题的方式，特定的学科背景为学生提供终身发展的模式。 定位：本科教育是打基础的地方，包括知识观、价值观在内的很宽的基础。是把学科知识看成一个未完成的、需要不断探索的体系，并需要学生用自己独特的方式去推进和完成。本科教育要为学生的终身发展和可持续发展服务。	理解：每个学科都有专业性思维和逻辑，是学科安身立命的根本。专业课程的重点是引导学生形成特定的专业思维，主要是通过历史的、哲学的、方法的训练实现的。教学是学科研究的再学习和再开发过程。 问题：大学教师缺乏课程开发意识，也没有经过专业训练，大多是你有学问就能讲课。在大众化条件下是一个严重问题。这种学科本位的教学已不适应当代本科教育要求。	老师的教学主要是启发学生的思考。学生从与教师的交往、同伴的互动中获得的东西更多。基于研究的开放性教学实际上可以把学习的主动权给学生，让学生把自己的探索融入学习中。 系列讲座可以在学习方法、思考问题的方式、研究思路方面给学生提供示范。 围绕课题进行写作的任务驱动式研究性学习，是文科教学中主动的、个性化的学习方法。 教学中教师的作用主要是提出要求、重点指导、加强点评。要倡导不同风格的教学，这种宽松的环境可以为学术发展提供无限的可能性。 教授要重视新生研讨课，既给学生一种学科的全貌，也将学生吸收到学术研究的殿堂中。

3. 被访教授对当前大学课程制度的批判综述

被访谈的这些教授，在阐述自己观点的同时，对当前研究型大学本科课程的现状大多表达了批判的态度，主要表现在以下几个方面。

一是本科教育定位混乱，目标模糊。教授们普遍把本科教育定位为基础教育、人的素质教育，但现实课程体系中通识教育的比重很低，且存在形式主义问题。关于通识教育的重要性，J 教授认为，高中毕业生选择专业是很盲目的，他们根本没有判断这个动态社会发展的能力，过早的专业定向不利于学生的发展。S 教授认为，学生 18—23 岁上本科，还是一个走向人生成熟的时期，通过教育创造多种机会使他们明晰未来方向是课程责任，但现在缺乏这种意识。针对大学追求就业率的现状，J. M. N 指出："大学不应该仅仅把课程狭隘地聚焦到'为职业而进行培训'。考虑到职场的不断变化以及对于创新的不断需求，这样的'培训'将会很快地过时。我们不应该去'培训'学生，而应该去广泛地培养学生的思维、批判及行动等方面的能力，并且，要从一种未来的视野，而不仅仅是从当前的视野出发来展开教育。"在科研与教学的关系上，LJ 教授明确指出："大学的产品是学生，不是科研成果，不是获奖，也不是文章。但是我们好多大学都偏离了这个方向。"

二是课程结构不合理，缺少整体性。X 教授说："学生本科四年，去掉假期、实习期，没有多少学习时间，但是在所学的课程里，现在课程缺少整体设计，学生在外语等公共课上花的时间较多，还开了好多对学生发展没有意义的课。"T 教授认为，课开得太多，作业也多，学生没有空闲和玩的时间，没有思考的时间，不利于学生批判精神和创造力的培养。大家普遍认为，当前大学课程选择空间有限，不能满足学生多样需求。LJ 教授着眼于知识与学生的关系进行考察，认为现在的课程设计太强调知识体系，很少考虑学生的差异，个性化教学是专业性教学的前提，要让学生明白自己擅长什么，喜欢什么。现在很少这么做，所以好多学生成为课程的牺牲品。GF 教授针对大学教学过多重视知识本身的缺陷，明确提出："大学教学重要的不是帮助学生掌握一堆知识，而是让学生形成灵气，形成特殊专业必需的学养。这需要在发现问题、解决问题的科学研究中形成。"S 教授表达了同样的观点："课程观要立足于学生的学，而不是老师的教。课程不是一种知识的传授，而是学生学习的一个舞台、一个环境，然而现在课程管理制度有点封闭、有点死板，没有服务学生的学习。"这些思想从不同层面揭示了课程体系整体性的缺失。

三是教材建设滞后，没有核心理念。X 教授以地质专业为例，认为普通地质学教材编写的年代比学生的年龄都大。T 教授说："编一本好的教材实际上比写一本专著要难得多，但对它的评价还抵不上两篇论文。"GY 教授说，许多教材都很老了，但教授都不愿意花精力做这个事。现在很多教材都是摆设，教学主要以教师的讲义为主。J 教授说他的教学没有教科书，因为教的东西没有好的教科书，讲的不全是自己科研的东西，自己科研的东西只是作为例子来解释一些道理。S 教授基于大学课程开发科学性诉求，表达了自己的忧虑，"大学课程从研究到开发、评价、管理的知识，很多大学教授不懂，他们都是凭经验，或是一代代传下来的方法，难能保证质量。传承不好会产生断层，更谈不上创新"。在教材编写需要课程理论指导的问题上，GF 教授认为："大学不太重视课程开发，一个方面大学教师没有这方面的训练，同时也没有这种意识，尽管他在做课程开发的事情。现在就是你有学问你就可以讲课，你做研究有制高点在教学上也就有话语权。其实是很奇怪的事。"他同时认为，研究做得好可能局限在一个很窄的学科面上，很深入，但是专业课的教学，需要在面上开发课程资源，要给学生一种整体的知识面貌，对老师来说是一个研究和开发过程，是一种挑战，需要投入很大的学术精力。J. A. D 教授介绍了美国一些大学的做法：在美国的研究型大学有一些机制，激励教师来开发他自己的课程。教师会申请一些项目基金，可以一个学期的时间不用上课，用来开发新的课程或对已有的课程进行完善。有的大学把教师是否开发或提高自己的课程作为晋升的重要考核指标。

四是教学管理不科学，教师教学水平有待提高。X 教授指出："当前大学文化中功利性的东西太多，好多人忙于其中无心教学，糟糕的教授大有人在。"LD 教授说，"招生宣传的时候总是说有多少院士、多少教授，学生进了学校总是抱怨看不到他们崇拜的这些人"，"就课程来说，下面是基础部分，上面是专业部分。基础部分比较宽，适合资深教授任教，专业部分比较窄，适合年轻同志任教。现在是反的"。T 教授说出了同样的问题，"现在教本科的教授地位比较低，不教本科的人反而很神秘，所以好多教授都不愿意教本科"。关于教授不愿意将精力投入教学的问题，H 教授认为，现在对教师的评价机制有问题，教学是个无底洞，需要花时间、花精力，但对职称晋升等没有什么用，而科研成果则是显性的，原因则在于管理，"许多教学管理很不专业，经常让一些搞政工的人为有关学科专业决策投票，他们对专业的东西根本不懂。教学需要那些真正懂科研与教学的人来管理"。GF 教授立足于大学的变迁，认为：当代大学科研的组织加强了，但教学的组织大体上是瓦解了。以前的教学组织是很好的，有教研室，下面有教学小组，有助教跟着老教授听课，助教要上讲台先要试讲，还有老教师跟着。现在这种制度消失了，教学质量也就大打折扣。LD 教授表达了对助教制度的怀念，同时指出了助教制度对于教师教学水平提高的意义，"课程主要是靠老师去教的，现在助教制度基本上废了，有的学校暂时保留一些，也就是帮你改改作业，这哪是助教。没有助教制度，教学经验传承与交流的链条就断了，每个年轻教师都是在摸石头过河，都在自己积累经验，有的教学问题碰上了就碰上了，碰不上就一辈子都碰不上，等你经验积累到很丰富了，也就该退休了，效率非常低。教学中的问题很多，包括一些著名大学"。

五是考试评价思路僵化，难以反映真实水平。T 教授指出："现在学生各种各样的证书考试太多，浪费学生很多精力，而学科考试往往考前复习一下、划个范围，考试流于形式，对学生没什么帮助。"教育质量取决于教学过程的质量，但学校一向对教学过程缺乏监控和指导，对此，J. M. N 认为："教育过程的质量体现为院系与教师在何种程度上参与到研究活动和社会服务活动之中。只有当教育者把真实生活的经验和学科领域中的研究带给学生，理论才会变得'鲜活'。这就使得大学教育的学术部分与学生的真实生活产生了联系。要让学生因为卷入研究和社会服务活动中获得一些学分，且成为大学课程的组成部分。"J 教授认为，现在所有的评价机制都不能深入科学技术的细节，好多数字指标都不能评价科学技术水平本身，只能提供次要的信息。J. A. D 强调学生经历的发展意义，他说："专业是环境的一部分，最关注的是教师与学生之间的互动，在互动中激发学生的学习热情。"对此，J. A. D 强调了教授在课程评价中的主体地位："在研究型大学，如果要进行课程改革，必须要得到教授的认可。只有教授认为值得去做，才能取得成功。否则的话，改革就很难推动。课程评估的主体是教授，院系的一些考核也是以教授为中心的。"但是在现实的课程秩序中，学生的主体需要没有成为评价诉求，教授的主体地位也被遮蔽。

五、当代高深学问秩序的失调与重构

博耶在其著名报告《学院——美国本科生教育的经验》中，分析了本科教育中存在的八个冲突问题：从中学到学院的过渡、教育目标与课程、教师工作的重点、教与学的状况、校园生活的质量、学院的管理、成果的评价以及校园与外部世界的联系。报告认为，从中学到大学的过渡是无计划的、混乱的，学院教师对学生的期望与新生的学术准备之间存在矛盾。许多入大学的年轻人缺乏读、写、算的基本技能，而这些基本技能又是获得成功的必要前提。教师没有准备也不愿意教补习性课程。许多本科生学院由于争抢学生以及为市场需求所驱使而失去了使命感。他们对自己的使命模糊了，搞不清如何灌输高等教育和社会借以生存的共同的价值观念。学科变得支离破碎，本科生们感到很难在他们的课程中看清范例，而且也很难把他们所学的与实际生活相联系。学院似乎是在一个以多样性而非以共同性为指导原则的世界中寻求意义。强调技能训练的狭隘的职业主义统治着校园，对于有不同兴趣的行政管理人员、教师和学生来说，不可能就本科生教育的根本使命取得一致意见。教师对工作的忠诚被割裂开来，教师的晋升和终身雇佣地位的取得都系于科研和著述，而本科生教育则要求教师致力于学生和有效的教学，教学与科研之间无法取得有效的平衡。教师抱怨学生被动，在许多教室中缺乏生动的思想交流。校园中学术生活与社会生活是相互隔离的，有时竟达到了完全割裂的程度，许多教师和学术管理人员远离学生生活，而且对他们在非学术问题上的职责似乎感到含混不清。在高等教育的复杂性增加的时候，院校长们陷入了相互冲突的由各种压力构成的交织网中，学生、教师和行政管理人员不能通过更好的交流建立起社区。学生的学术进步是由各个教授逐课进行评价的。成绩只是履行公事般地记录下来，成绩的最后标志是证书，一份证书就代表着一个受过教育的人。学院很少有对整体教育质量进行评估的方法。在学院和外部大世界之间存在一条鸿沟，在学术和社会方面的孤立会导致学院教育效果的降低并限制学生的视野（博耶，2004）[74-76]。博耶研究报告的观点与被访教授的观点基本一致，反映了当代大学高深学问秩序的失调。

1. 秩序失调导致教育质量降低

乔治·D. 库恩指出，有关高等教育的认识中，在知识分子、政府官员、高等教育研究者和其他社会人士之间所达成的极少数共识之一，就是本科质量不高。对此，他列举了许多观点。许多评论家对大学生提出了批评，指责当今的大学生是爱发牢骚、以自我为中心、对政治漠不关心、对职业前景感到迷茫、物质至上的一代。但许多评论者认为大学教育质量问题不应只由大学生负责。有人指出，学院和大学办学效率低下，把工作重点放在了错误的事情上，许多大学为了创收而招收不合格的学生。大学的课程体系杂乱无章，毫无关联性，像网球入门、约会技巧以及文化多样性研究班课程都可以纳入课程，授予学术性学分，这无疑会降低课程体系的学术质量。教师不得不面对教室里心不在焉的学生上课。四分之三的院校都不得不向学生提供补习课程，约30%的学生要上一门或一门以上的补习课程。有些人认为，不合格的大学生所占比例之高让人难以接受。对这些批评特别敏感的是那些大规模的、组织结构复杂的研究型大学。有人声称，这些大学的学生毕业时的典型特征是：不知道如何进行逻辑思考、流利地书写或流畅地表达（乔治·D. 库恩，2007）[227]。也许正因为现有课程秩序与学生需要的冲突才影响学生整体素质难以达成预期目标。

艾伦·布卢姆尽管让我们感觉到，他是一个地地道道的"永恒教育"的怀旧者，但他对大学生现时学习环境导致不读书的担忧，却让我们看到了大学教育的现实矛盾与问题。他说："电视体察入微，力道十足，不但登堂入室，而且摸透了老老少少的口味，投其一时所好，颠覆了一切与之不相符的东西。尼采说过，报纸取代了现代资产阶级生活中的祷告，这意味着忙乱、廉价和短暂之物替代了他的日常生活中沉积下来的永恒之物。如今电视取代了报纸。"（艾伦·布卢姆，2007）[14] 所以，大学赖以生根的土壤更加贫瘠了，而今，把经典著作和学生们的感受或切身需要联系起来，已经变得难上加难，"失去典籍，使这些人变得更加狭隘和平庸。说他们狭隘，是因为他们缺乏生活中最必要的东西，即不满于现状、意识到还有其他选择的真正依据。他们得过且过，对逃离这种境况感到绝境。超越的渴望日益淡化，崇敬的榜样和轻蔑的对象都已消失得无影无踪。说他们平庸，是因为缺少对事物的解释，缺少诗意或活跃的想象力，他们的心灵能洞察人与人之间、人的行为与动机之间的细微差异，形成真正的口味，而缺了伟大典籍之助益，心灵的陶冶是不可能的"（艾伦·布卢姆，2007）[16-17]。布卢姆的哀歌正是高深学问课程的困境。

博克总结说，学术界内外对大学的批评集中在以下方面：对本科缺乏清晰认识；没有阻止知识不断分化的趋势；牺牲博雅教育迎合职业主义；重科研而轻教学。（德雷克·博克，2008）[13] 他认为评判大学的成败的思路之一是考察教授的行为，因为他们决定了学生的学习内容和方向。"通常情况下，教师和他们的领导们都具备足够的职业责任感，不会对学生视而不见。但是，无论教师还是院长、校长，都确实没有感到必须不断寻求更新、更好的教育方法的压力，也没有体会到应该尽可能提高教育质量的紧迫性。……最终结果是：教师及学术领袖们拥有了相当的自由，得以随心所欲的塑造本科教育、选择讲授内容。"（德雷克·博克，2008）[20-21] 这导致大学暴露出六大问题（德雷克·博克，2008）[21-32]：一是教授和学生对大学的角色和本科教育的功能有着不同的认识，在教师看来知识不是实现其他目的的手段，知识本身即为目的，而学生很少认为知识本身即为目的，而是更多地将其视为实现其他目标的手段；二是教授们各自为战，缺乏合作，校方组织教师讨论课程设置问题只是为了在"各自为战"的学者之间寻求平衡，通常情况下，本科课程体系是"整体小于部分之和"；三是探讨课程问题过程中，没有关注本科教育目的，所谓的教育目标只是些美好愿景，对教授来说，虽然在理论上认同教育目标，但是无人考虑是否有足够的课时实现这些目标；四是在课程体系中过分强调通识教育，结果是，通识课程质量并没有改善，专业课程交由院系自行评估而缺少学校层面的整体评估，自由选修课则完全听由学生自行安排而缺少必要的指导；五是缺少教学方法的研究与更新，对教师来说，改变教学方法比改变教育内容要难得多，课程科目不断增加，教学方法却陈旧不变，教授们对教育研究领域的学术成果也视而不见；六是忽视课外活动，学校往往把课外活动交由行政人员组织与管理，使之与课程教学分离，难以发挥课外学习与课堂学习相互交织、有效融合的作用。

2. 面对高深学问秩序失调的不同态度

美国学者从历史的视角审视当代本科教育存在的问题，实质上是反思"高深学问"课程秩序的问题。尽管我国研究型大学与发达国家研究型大学在办学水平上存在一定的差距，但由于具有共同的政治经济背景和教育的国际融合，在本科教育中面临一些共同问题。这正是大学课程"高深学问秩序"失调的具体反映。前文所述，高等教育的大众化、数字化生活方式和学习型社会的逐步形成，是大学教育转型的根本原因，这种转型具体表现为由单一的大学教育模式转向多样化的高等教育机构，对研究型大学来说，生源进一步多样化，学生学习取向个性化，基于研究的教学发生"漂移"。在这种转型的过程中，现存的"高深学问"课程秩序已不能适应大学发展的实际需要，失去了协调学生、教师、学校以及社会协调发展的功能，而新的课程秩序还没有建立，从而导致课程秩序的失调。大学课程秩序失调直接表现为三点。一是教育价值取向的多元化。原有单一的"永恒教育"或"进步教育"时期的价值定位不能合理地解释本科教育中的问题，不能适应学生的实际需求，新的共识还没有建立，于是各种教育价值观纷纷出现，造成价值多元的局面。二是本科教育目标的混乱。多元的教育价值取向与各学科相结合，与学生的个性需求相关联，出现了对本科教育目标的多种理解，不同的专业、不同的课程，就缺失了统整性的目标，造成课程成为科目的堆积而不是一个有机的体系。三是管理者和教师以及学生三者之间关系的紧张。这些人员在大学中似乎来自三个不同的世界，管理者的实用取向、教师的学科追求、学生的兴趣需要，在三条平行的道上运行，没有共同的行为愿景，缺少整合的道德理念，产生诸多冲突。

面对失调的"高深学问秩序"，学者们表现出三种态度。一如布鲁姆等怀旧者的失望。他们总是用传统的观念和思路来审视当下的教育状态，不能全面考察教育制度的变迁，希望教育回到传统中去。布鲁姆认为："在所有的机构中，大学最为依赖于参与其生活的成员的最深刻信念。我们目前的教育问题，不能被严肃地归因于管理不善，意志薄弱，缺乏纪律，资金不足，对读、写、算三种基本功的关注不够，或者一般性的解释，说什么只要我们这些教授抖擞精神，事情就能步入正轨。这一切都是对大学的天职缺乏深刻信念的结果。当有人敢于对支撑学术自由的原则提出质疑时，人们不会说我们必须保护学术自由。挺身而出为大学而战是崇高的，但这不过是一种爱国姿态。这种姿态是必要的，对国家也是有益的，但对大学无济于事。归根结底，思想才是大学的一切。今天，对大学的思考少之又少，即使有这种思考，也没有毫不含糊地支持它扮演传统的角色。为了搞清楚我们为何陷入这种困境，我们必须认识到，在最高级的智慧看来，大学的基础已经变得极其令人怀疑。"（艾伦·布卢姆，2007）[263-264] 这无疑是当代大学的悲歌。二如博克等亲为者的乐观。他们总是用积极的和建构者的态度面对教育中出现的问题，他们维护传统大学理念，也能面对现实问题，他们偏向于肯定大学的现实合理性。博克指出：那些对大学的批评意见，大多偏离了真正重要的教育主题，相反总是把注意力集中在更吸引眼球的话题上，如学生、教师、大学领导，"因此，这些批评性文献所展示的不过是一幅漫画，而不是当代美国高校的真实写照"（德雷克·博克，2008）[33]。他认为本科教育质量下降的说法缺乏历史依据，"这一轻率的判断不过是基于对所谓'黄金期'的过高评价"（德雷克·博克，2008）[17]，也没有证据表明大学教师对本科教学的关注度在降低。三如鲍曼等否定者的坦然。他们肯定大学传统的辉煌，正视大学面临的问题，能够用一种新的思维理解大学，重建大学的社会意义。鲍曼指出："如果说现代性抛弃了'永恒年代'的意义，那么我们可以说，后现代性抛弃了'进步时期'的意义。游离于永恒和进步双重废墟之间的时间片断，无情地否定了我们逐渐建立起来的、关于大学的标志性的认识，即大学是'人们相聚一起探寻高深学问的场所'。被否定的，不仅仅是终身教职的制度，更有这个制度所蕴含的思想和对美好未来的憧憬——那种经历，就像美酒一样历久弥香；那种技能，就像造房子一样，是逐步累积起来的；那种声望，就像储蓄一样，保存时间越久，产生的利息就越多。"（齐格蒙特·鲍曼，2010）[37] 然而，在当代大学悄悄溜出纽曼设计的"庄园"之后，走向了村镇、工厂、兵营，迷失在大众的日常生活之中，又怎能找到回家的路呢？比尔·雷丁斯（Bill Readings）把现代大学描述为"在废墟上栖居"，他认为："我们必须把大学看作一个废墟化了的机构，已经失去了存在的历史根据。"（比尔·雷丁斯，2008）[18]诚然，面对大学的"高深学问秩序"失去历史根据时，我们不应是"悲伤哀悼"，而应看到大学存在的现实合理性，重构当下的大学课程秩序。

3. 大学课程秩序重构的路径

秩序重构是通过制度重建实现的，包括正式规则的设计、非正式约束的更新以及二者实施方式的变革，而重建行为又受特定价值观的支配。因此，就大学课程秩序重构来说，其途径主要包括如下四点。一是重建课程价值观。价值观是大学课程秩序重构的精神内核，是民族和社会在一定时代大学教育思想的集中反映，包括课程设置的指导思想、理想、信念等。科学合理的课程价值观念将会指导学校和教师处理好学生个人需要、学科发展需要与社会需要之间的关系。在本科教育转型过程中，课程价值观念的转变具有一些明显的特征，如培养目标的差别性、课程标准的相对性、教学行为的变革性、学生发展方向的自主性等，迫切需要进行价值整合与重建，以引导大学课程秩序。二是整体优化课程结构体系。大学课程结构体系是大学课程得以实施的基本规范体系，是课程正常运作的基本条件，是课程秩序建构的主体也是课程秩序的制度保证。在某种意义上课程失范必然导致课程秩序失调，也就是说，重建课程秩序的主体则是重建课程规范体系。在教育转型中，课程结构体系的主要问题是没有统一的目标、结构性不强、设计思想多元、课程开发者各自为政等，课程规范的重建关键在于强化大学的整体性、结构化，体现共同的课程观、学生观、教学观和质量观。三是加强课程实施过程变革。稳定的大学课程秩序总是体现在课程实施的过程之中，课程实施体现着课程秩序的实践特征。课程实施包括教学、科研、社会实践、社团活动等诸多行为，在教育转型中，课程实施的问题在于不能适应知识内容变更与学生学习方式变迁的需要，长期以来没有发生明显的变化。重建课程秩序需要推动课程实施方式变革，运用最新的教育科研成果，引进先进的信息化教育技术手段，创新教学方法，改进教学行为，引导学生自主探究学习，提高教学过程质量。四是推动校园生态文明进步。学校生活中一些非约束性的规则是课程制度的重要组织部分，影响着课程秩序的和谐。这些非约束性规则包括校园文化活动、学校传统、校园生活规范、校园自然生态、一些行为公约等，它们构成了校园的生态环境，是对学生发展产生重要影响的隐性课程。在新课程秩序建构的过程中，要保护那些体现学校自由精神的生态元素，继承那些成为学校历史标记的传统文化，引进鲜活的社会文化资源，推动校园生态文明的进步。

第3章　个人知识秩序建构的必要与可能

　　既然"高深学问"秩序已经失调，那么当代研究型大学需要生成一种怎样的课程秩序呢？秩序生成有其历史必然性，把当下置于历史进程中，审视高等教育哲学与现实对大学课程目标的诉求，能够感受到一种新秩序的脉动，大学人的秩序自觉意识，将推进秩序生成的进程。实际上，每次大学教育功能的拓展都是通过课程目标重建实现的，近九个世纪以来，传统大学向现代大学迈进的过程中，围绕"高深学问"从"教学"、"科研"到"服务"，有其内在的发展逻辑，这种逻辑主要体现在对教育要素的关注点上。中世纪大学关注点是"知识"，强调知识本身就是目标，大学教育追求知识的推广与创新；以柏林大学为代表，赋予近代大学以研究职责，关注点是知识生产的主体即"教授"，学生是在参与教授主导的课题研究中获得科研训练，在与教授的研讨中获得学问的提升；以威斯康星大学为代表，增加了现代大学服务职责，关注点转向知识运用的场所即"社会"，强化了大学与社会的互动，使大学成为公共机构。从中不难看出，尽管大学因学生学习而存在，但从诞生之日起一直围绕"知识"这一中心而发展，兼顾到教师、社会等要素，唯独忽略了大学的真正主人——学生的变化。大众化的高等教育迫使我们把大学变革的目光集中于学生。当我们守着过时的基于"高深学问"的课程，不断地指责学生不能适应大学教育时，不得不进一步思考怎样使大学课程适应于变化了的学生。当代大学生，理应从边缘进入大学教育的中心。大学教育向学生主体的回归不是人为的选择，而是当代社会背景上知识特征内在决定的。

一、从当代知识特征看大学知识转型的必要性

在古典时期，大学是知识传播的中心；随着研究职能的确立，近代大学又成为知识生产的场所；现代大学在与社会互动过程中，主动承担起服务社会的责任，大学被社会誉为应用知识的服务站。从本质上说，大学是知识机构，大学的状态反映了知识的社会特征，知识的特征同样反映了大学的社会状态。分析大学课程的知识转型必须基于对当代知识特征的分析。知识模式2、学术资本主义、知识民主化三个方面共同构成当代知识特征，并对当代大学课程产生深刻的影响。

1. "知识生产模式 2" 的出现

英国学者迈克尔·吉本斯（Michael Gibbons）等人研究发现，在传统的知识生产模式之外，正在浮现一种新的知识生产模式。在这种模式中，知识在一个更广阔的、跨学科的社会和经济情境中被创造出来，这种新的知识生产模式影响十分广泛，不仅影响生产什么知识，还影响知识如何生产、知识探索所置身的情境、知识组织的方式、知识的奖励体制、知识的质量监控机制，等等。他把这种在传统的知识生产模式之外进行的转变称之为模式2。与此相对，传统的知识生产方式被称为模式1，在模式1中，知识生产主要在一种学科的、主要是认知的语境中进行。"模式1这一术语是指一种知识生产的形式——一种理念、方法、价值以及规范的综合体——这一模式掌控着牛顿学说所确立的典范在越来越多领域的传播，并且确保其遵循所谓的'良好的科学实践'。模式1旨在以一个单一的术语来概括知识生产所必须遵循的认知和社会的规范，使这种知识合法化并得以传播。很多情况下，模式1等同于所谓的科学，其认知和社会的规范决定了什么将被视为重要问题，谁可以被允许从事科学工作，以及什么构成了好的科学。"（迈克尔·吉本斯，等，2011）[2] 在模式1中，设置和解决问题的情境主要由一个特定共同体的学术兴趣所主导。而模式2中，知识处理则是在一种应用的情境中进行的。模式1的知识生产是基于学科的，而模式2则是跨学科的。模式1以同质性为特征，

而模式 2 则是异质性的。在组织上，模式 1 是等级制的，而且倾向于维持这一形式，而模式 2 是异质性的、多变的。两种模式也有不同的质量控制方式，与模式 1 相比，模式 2 的知识生产担当了更多社会责任且更加具有反思性。模式 2 涵盖了范围更广的、临时性的、混杂的从业者，他们在一些由特定的、本土的语境所定义的问题上进行合作。具体地说，模式 2 中的知识生产有以下一些特征（迈克尔·吉本斯等，2011）[4-8]。

一是应用情境中的知识生产。在模式 2 中，知识的生产是更大范围的多种因素作用的结果。这种知识希望对工业、政府，或更广泛地对社会中的某些人有用，而这种需求从知识生产的开始就一直存在。这种知识始终面临不断的谈判、协商，除非而且直到各位参与者的利益都被兼顾为止。这就是应用的情境。这种应用情境下进行的研究可能被认为是应用科学和工程科学中一些学科的特点——例如化学工程、航空工程或者最近的计算机科学等。从历史上看，这些学科是在大学中建立的，但是严格地说，它们并不能称为应用科学，因为恰恰是由于相关科学知识的缺失才促使这些学科产生。它们是新的知识形式，但不一定是新的知识生产形式，因为，它们很快也成了模式 1 中以学科为基础的生产的一部分。这些应用学科与模式 2 在知识生产的某些方面具有共同点。但是，模式 2 的情境更为复杂。这种情境是由一系列比很多应用性科学更加分化的知识和社会需求所决定的，而同时又可能促使纯粹的基础研究的进行。

二是跨学科。在模式 2 中，最终解决办法的形成通常会超越任何单一的学科。它将是跨学科性的。跨学科性有四个明显的特点：第一，跨学科性建立起一个独特但又不断发展的框架来引导问题的解决。第二，因为问题同时包含实践和理论两方面的要素，因而不可否认它对于知识的贡献，尽管不一定是对学科知识的贡献。尽管产生于一个特定的应用情境之中，跨学科性的知识还是发展出自己独特的理论结构、研究方法和实践模式，尽管这些可能无法在当前的学科版图上进行定位。这种成果是累积的，尽管这种累积可能会在一个主要问题得到解决之后向多个不同的方面发展。第三，与模式 1 中知识生产的成果通过体制上的渠道进行传播所不同的是，在模式 2 中，成果传播给那些参与到生产过程中的人，从某种意义上来说，成果的传播起初在其生产过程中就已经实现了。即使问题情境是暂时的，而问题的解决者又具有很高的流动性，但是传播的网络还是能够维持，而其中的知识也能够实现进一步的配置。第四，跨学科性是动态的。它是在过程中解决问题的能力。一个特定的问题的解答能够成为一个认知点，由此可以获得进一步的发展。在模式2中，发现存在于任何特定学科的限制之外，而参与者不需要回归学科之中寻求确认。以这种方式生产出的知识可能很难于对这一成果有贡献的某一个学科之中寻求确认，也很难确认其与某一个学科机构相关联或者作为学科的贡献被记录下来。在模式2中，至关重要的是，成果的传播永远可以在新的配置中进行。而这种传播一部分通过正式渠道，一部分则通过非正式渠道来进行。

三是异质性与组织多样性。模式2有如下特点：（1）可能进行知识创造的场所的数量大大增加，不再仅仅只有大学和学院，还有非大学的机构、研究中心、政府的专业部门、企业的实验室、智囊团、咨询机构共同参与其中。（2）经由功能性的沟通网络，不同的场所之间的联系方式是多样的，有电子的、组织的、社会的和非正式的。（3）在这些场所，研究领域同时向越来越细分的专业变异。这些次级领域的再结合和重新布局构成了新形式的有用知识的根基。久而久之，知识生产越来越快地由传统的学科活动转移到新的社会情境之中。

四是社会问责与反思性。在应用的情境下工作会使科学家和技术人员对于其工作产生的广泛的牵连更为敏感。在模式2中工作使得所有的参与者变得更加自我反思。由此带来的理解的深化反过来又影响了对于什么是值得做的研究的思考，也因此影响了研究本身的结构。

五是质量控制。模式1中的质量从根本上依靠同行评议来对个人所做的贡献进行评价。包含不同范围的学术范围的学术兴趣以及其他社会、经济或政治兴趣的应用的情境为模式2添加了其他的标准。根据这一标准，人们提出进一步的问题，比如"如果找到解决的办法，它有市场竞争力吗"，"它的花费有效率吗"，"它会被社会接受吗"，质量由一套更宽泛的标准来决定，这套标准反映了评议体系的更广泛的社会构成。这暗示了"好科学"变得更加难以确定。这是一种更加综合的、多维度的质量控制。

2. 学术资本主义的兴起

知识生产模式 2 的动力之一，是广泛兴起的学术资本主义。希拉·斯劳特 (Sheila Slaughter) 和拉里·莱斯利 (Larry L. Leslie) 通过对澳大利亚、英国、美国、加拿大四个英语国家的研究发现，学术工作的结构正随着全球市场的出现而发生改变。"由于国家对全球份额的竞争加剧了，澳大利亚、英国和美国制定了国家高等教育与研发政策，这些政策最终重塑了教学科研人员工作以及本科生与研究生教育。全球竞争的加剧与国家、州或省支出的优先项目相互影响，当以高等教育收入的一个份额或按每个学生的不变美元来衡量时，从政府那里获得的钱变少了。这就促进了学校对资源的依赖。在这四个国家中，作为高等教育资金来源的固定拨款在高等教育收入中占的份额都减少了，结果，教学科研人员和院校开始或加强了对外部资金的竞争。"（希拉·斯劳特，拉里·莱斯利，2008）[198] 他们指出，尽管把研究限定在英语国家，但从经济合作与发展组织的各种出版物中注意到，大部分西方工业化国家的公立大学都正在走向学术资本主义，并由在英语国家发生作用的相同的全球力量推动和拉动。

斯劳特等称院校及其老师为获取外部资金的市场活动或具有市场特点的活动为学术资本主义，试图通过使用"学术资本主义"作为核心概念，定义公立研究型大学的新生环境，一个充满矛盾的环境。在这个环境中，教学科研人员和专业人员越来越多地在竞争的形势下消耗他们的人力资本储备。在这些情况下，大学的雇员们在受雇于公立部门的同时，又逐渐脱离它而自主。他们是来自公立院校中的充当资本家的大学教师。他们是政府资助的创业家。

"大学是国家拥有的最稀缺的、最有价值的人力资本的宝库，这是有价值的资本，因为它对高技术和技术科学的发展至关重要，而高技术和技术科学对于在全球经济中成功竞争而言必不可少。大学拥有的人力资本自然是大学拥有的学术人员。因此，这种特殊的商品就是学术资本，即大学教师拥有的特别的人力资本。这一逻辑的最后一步就是说，当教学科研人员通过参与生产、运用他们的学术资本时，他们就正在卷入学术资本主义之中。他们所拥有的稀缺专业知识和技能被应用于生产工作，这对大学教师个人，对他们服务的公立大学，对和他们一起合作的公司以及对更广泛的社会，都产生效益。这便是在技术上和在实践中所涉及的学术资本主义。"（希拉·斯劳特，拉里·莱斯利，2008）[10] 可见，学术资本主义涉及市场的和具有市场特点的行为。院校和教学科研人员为获得资金而进行的竞争是具有市场特点的行为，如获得专利及随后的专利权使用费和许可协议等营利性的活动则是市场行为。学术资本主义对大学的影响是广泛的，就本科教育来说，主要有三点。

一是拓展了资金依赖的路径。在研究型大学，教学科研人员喜欢研究胜于教学，更喜欢把时间花在研究上而不是教学上，把研究的地位置于其他一切活动之上。从表面上看，是由于控制惯常的评估过程，如成绩评估、晋升和终身职位等教学科研人员的奖励制度造成的，实际上，"奖励制度是这个问题的结果，而不是根源——如果事实上教学科研人员确实不能给予教学足够的关注。正如我们所看到的，这个根源是资源依赖。教学科研人员的奖励制度不过是对十分混合的、不断变化的大学收入模式的理性反应"（希拉·斯劳特，拉里·莱斯利，2008）[221]。学术资本主义的重要意义，在于克服资源依赖的单一性，解决大学教育的资金问题。

二是在教学与科研之间找到新的平衡。在政府拨款减少的情况下，公立研究型大学内越来越少的基金用在教学上，越来越多的基金用于研究和其他增加院校赢得外部资金能力的活动。教学科研人员面临无法摆脱的困境。在学术资本主义活动中，并不是所有的教学研究人员都适宜市场行为，只有一部分教学科研人员能够在市场上获得成功，"考虑到数量相对少的教学科研人员带来大量资金与合同，大部分系把更多时间投在教学上，或者更可能投在发展混合的投资组织上，即教学科研人员从事教学与科研，也可能更偏重教学"（希拉·斯劳特，拉里·莱斯利，2008）[230]。实际情况与想象的情形不同，学术资本主义成为强化本科教学的重要保障。

三是带来学院组织关系变革。"教学科研人员在治理上有更大作用，也许能替代中层管理。他们利用教学科研人员的主动性，发展不固定的跨学科小单位，这些小单位更契合学生的要求和外部世界。这些单位制定策略进行招生和吸引跟随学生的资金，通过设立课程为学生提供教学、研究机会，为教学科研人员提供研究时间以便他们跟上他们领域的发展，并通过在单位所有人间调节教学科研工作量满足全面的需要。"（希拉·斯劳特，拉里·莱斯利，2008）[230] 组织关系的变革，直接影响着大学教学生态和知识的生产与传播方式。

3. 知识民主化进程加快

英国学者杰勒德·德兰迪（Gerard Delanty）从知识社会学的视野，审视当代大学知识的变迁，阐述了知识民主化对社会进步与大学理念的影响。他指出，那种认为大学建立在一个基本的、认知的"理念"之上的观念现在已经站不住脚了。现代社会中有多少种认知理论理念，也就会有多少种大学理念。随着认知模式中多元秩序的涌现，大学出现了身份认同的问题，大学拥有被合理化过的知识，但就是这些知识可能使大学失去自身存在的危险。

德兰迪看来，知识模式的变化主要体现在以下几个方面（杰勒德·德兰迪，2010）[5-6]。首先，17 世纪末国家与知识间形成的历史契约正在逐渐变得松散。虽然国家依然是主要的向知识提供资金的资助者，却不再是知识生产唯一的保卫者。确实，国家正在增加它对知识的资助，但知识生产同样得益于其他资源。全球化进程也对民族国家知识生产的封闭性产生了影响。在所有社会资源中，恰恰是知识，因为它非个性的、普适性的特征，使自己最容易融入全球化。其次，现代社会无论是在经济生产、政治管制还是日常生活中对知识的依赖都越来越大。这就使得这一判断更加可信：我们正生活在后工业／信息社会最后阶段的知识社会中。知识模式的第三个变化是大众教育、社会异议及新的社会运动、新信息技术的涌现的结果，即知识比以往任何时候都更广泛地在社会中传播——不再限于精英分子的范围，而是更多地被公众掌握。这样，普通知识与专业知识再也分不开了。这种洞察力是自反理论的基础，也就是说，在晚期现代性中，知识越来越关注对自身的适应性，而不是关注对其他事物的适应性。最后一点是，知识向相对民主化发展的过程中，知识发现的竞争越来越激烈。随着越来越多有活力的人被不断吸引到知识生产领域中来，年老的知识精英们的合法性越来越不确定了。在这个充满风险的社会中，随着科学合法性广泛丧失和民众对科技应尽社会义务的呼吁，由专家主导的文化陷入危机之中。

围绕知识的民主化产生了大学新的职责与定位问题。这里的民主化指的是越来越多的人参与到实际的社会建设中。德兰迪说："假设大学不再是社会中工具性知识/技术知识的再生产的至关重要的组织，也不再是那些破碎的民族文化的组织者，它就可以自己与公民社会结盟。如果大学不再拥有对特定知识的特权，它就可以成为对知识依赖程度越来越高的社会中一个关键性的机构。在自由的现代性中，知识通过提供民族文化和专业精英为国家服务；而在组织化的现代性中，大学在增强国家实力和提高威望的同时为大众社会中的职业秩序服务。今天，知识已经变得比过去重要得多，与此同时，它也不再像过去只拥有某一种特定来源。知识模式的重组意味着大学的革新而不是终结。现代大学制度的伟大之处在于，它可以成为现代知识社会中互相交流的最重要场所。"（杰勒德·德兰迪，2010）[7]这意味着，如此之多的不同种类的知识大量增加，再也没有任何一种知识可以把其他所有的知识都统一起来。大学不可能重建已打破的知识统一性，但它可以为不同种类的知识提供相互交往的渠道，尤其是为科学知识和文化知识提供相互交往的渠道。

因此，大学应该成为一个交往的场所。德兰迪指出，在全球化的今天，一切已经不同了。文字交流方式受到新的非文字交流方式和新媒介的挑战。知识的生产者和接受者不再是那些在讲座中专门从事高深学问研究的教授和学生。知识变得非个人化、非地域化和全球化，通过新的传播手段知识得到广泛传播，超越了传统的范围。在全球化时代，学者的活动空间已经超出了传统的图书馆、研讨教室等空间范围，在一种虚拟状态中研究。新的通信技术的出现使虚拟大学变成现实（杰勒德·德兰迪，2010）[138]。在这种背景上，"大学的任务就是在社会中开放交往的场所，而不是像最近那种危险的行为：使自己成为一个高傲自大的官僚机构。……大学只是社会中一个在文化、国家及经济方面影响力都在的机构。不过，随着知识在社会中的传播，它的重要性可能会上升。如果将大学看作一个互相联系的场所，交往就更将成为其中心。大学并不能真像旧大学模式规定的那样去教化社会。我们真正需要的是一个更重视交往的大学概念"（杰勒德·德兰迪，2010）[9]。在这里，交往的互相联系方式可分为以下三类：(1) 大学与社会间新的联系；(2) 不同科学间的联系；(3) 大学与国家间不断变化的关系。"大学不仅 仅反映现代性社会的变迁，而且本身是各种不同的社会构想得到阐释的主要场所。"（杰勒德·德兰迪，2010）[191]

在知识民主化进程中，大学承担起塑造文化公民身份和技术公民身份的责任。德兰迪说："21世纪大学的中心任务就是在公共领域成为一个关键的参与者，进而促进知识的民主化"（杰勒德·德兰迪，2010）[11]，即赋予公民身份以技术形式和文化形式。他指出："在技术公民身份和文化公民身份时代……大学提供的是下列几种知识：（1）与研究有关的知识，（2）与教育有关的知识，（3）与专业训练有关的知识，（4）与智力探究和批判有关的知识。第一种知识与基础研究和信息的积累有关。第二种知识与人的经验与个性的形成有关（自我修养）。第三种知识涉及职业训练的实际操作任务并取得职业生涯的许可证。第四种知识是要解决更广泛的社会公共问题，与社会的理智有关。与上述这几种知识相对应的分别是专家、教师、职业训练人员和知识分子。从公民身份的角度来看，教育、智力探究和批判主要与文化的公民身份相关，研究和职业训练主要与技术的公民身份有关。对这两种公民身份的满足就是大学的社会责任。"（杰勒德·德兰迪，2010）[11]以此观之，如果大学准备承担起在公共领域作为一个关键机构的责任，就要找出使这些职责和认知结构联系在一起并促进大学的交流和理解的方法，重要的是将公民身份提升到一个新的层次。这就意味着大学并不是面临终结而是一个新角色的开始。

4. 当代大学知识变迁对大学课程的影响

知识生产模式2、学术资本主义和知识的民主化进程，作为一个整体共同体现了当代社会发生在大学内外的知识行为的特征。知识变迁对大学课程秩序的冲击是显而易见的。

其一，个性化知识建构成为课程重要目标。知识转型必然需要大学课程转型，这是大学作为知识传播与生产的重要机构所决定的。史密斯（Anthony Smith）指出，"知识模式2"非等级、多元、跨学科、变化迅速，对多样化需求具有社会敏感性。"由于没有可识别的统一性，也不可能取得目标和工作方法上的一致，多元知识体系的建立宣告了大学共同目标的终结。"（安东尼·史密斯，等，2010）[176]"大学共同目标的终结"一方面意味着高等教育机构的多样化，同时也意味着同一所大学多元教育目标的出现，意味着大学本科教育更关注学生的个性化发展需要，强调学生主体对专业知识的自主建构。在学生自主建构中，"默会知识"成为培养目标。吉本斯认为："一个公司的竞争优势更多地存在于其默会知识部分而非专利知识部分。因为专利知识是被利用的，而且容易被模仿、改变或替代而逐渐丧失其市场价值。默会知识则只能通过启用那些掌握此种知识的人来获得，这也是公司对其自己特有的技术进行补充的首要方式。默会知识凌驾于专利知识之上的趋势使得那些高新技术公司的文化比我们想象的要更加接近于学术文化。"（迈克尔·吉本斯，等，2011）[22] 无论是知识生产模式 2 的召唤，还是学术资本主义的行动需求，都需要学生生成"默会知识"，以适应生存和发展的需要。另外，个人化的知识建构还表现为学习能力的建构，正如吉本斯等人所说，"在发达的工业社会，教育和培训背负的任务是矛盾的：一方面培养人们去胜任艰难的工作，另一方面又让他们接受自己将频繁地更换工作和技能这一事实……现代大众高等教育告诉人们，不要对某一份工作或某一类单一技能过于投入，这二者都常常变化，因此人们必须迅速转变。要做到迅速转变，就必须在技能和态度上实现轻松的转变。唯一不会过时的技能是学习新技能的技能"（迈克尔·吉本斯，等，2011）[65]。默会知识、学习能力等诉求意味着大学课程目标的新取向。

其二，课堂由知识传播的场所变为知识交流的场所。这种转变取决于两个条件：一是大学教师不再是新知识的垄断者，二是课堂参与者容易在课堂以外获取新知识。在当代知识生态中，这两个条件都成为现实。吉本斯等人认为，在应用语境下，研究的进行及其分散的本质意味着现代科学很难轻易维持在大学院系或学术中心的限制之内。这导致了一系列新的制度安排的出现，它们以不同的途径连接政府、实业界、大学和私人顾问团体。传统的基于大学的研究遭到了实业界介入和趋利的心理状态及价值观的威胁。另外，有着非大学研究传统的国家里，研究者们认识到有必要将他们的研究与大学紧密相连，使之对创新和知识竞争更加开放。研究从大学转移到其他形式，大学仅仅成为研究的参与者之一，这一现象在研究训练的领域也存在。（迈克尔·吉本斯，等，2011）[66] 更为重要的是，正如模式 1 中知识积累主要通过在大学中被制度化了的学术分工的职业化来进行，模式 2 中则是通过灵活的且主要是暂时性的组织形式来对人力资源进行反复配置，从而实现知识的积累。始于应用的情境，通过跨学科、异质性、组织多样性而形成的环，在新的适应性且情境化的质量控制形式处完成闭合，结果就是一种更具社会问责和反思性的新的知识模式。也就是说，在当代社会，许多社会所需要的新知识已经从大学走向社会的各个领域，大学传播的知识不再是大学独占的知识，而是来自社会各个领域的知识。而这些知识的传播途径是多样的、快速的，"快速运输和信息技术的发展创造出一种能力，使得这些场所之间能够进行互动。模式2极度依赖计算机和电信技术的出现，并且将惠及可以负担这些技术的人。这些知识场所之间的互动创造条件，使得知识和技术的互相联络以及可能的配置越来越多。这种结果可以被描述为一个社会弥散的知识生产体系。在这个体系中，越来越多的交流沟通发生在现有体制的边界上。结果就形成一张网，网上的节点在全球串联，而其连通性每天都在增长"（迈克尔·吉本斯，等，2011）[10]。一种弥散于社会的知识生产体系意味着，其知识由整个社会的个人和团体提供，并分配给这些个人和团体。当学生从网络等载体已经获得各种新知识的情况下，课堂只能是一种知识交流的场所。知识交流的核心是个人对同一知识的不同意义建构。这样的学习已经成为智慧的训练。

其三，传统的学科体系受到跨学科研究需要的冲击。在跨学科的情境中，学科边界、基础研究和应用研究之间的差异，以及大学和企业之间的体制差异都变得越来越相对化。模式2的新框架形成了一个新的起点，从这个起点将产生更深一层的问题，如果这些问题有足够多的需求，则相同的或者是别的研究者将会召集起来研究这些新的问题。"学科不再是大多数引导兴趣的问题所在的场所，也不再是科学家们必须回归其中寻求认同或者奖赏的地方。在毕生的时间中，这些专家可能长久地偏离于他们自己的学科之外，在各种各样充满刺激的问题中实现他们的职业生涯。"（迈克尔·吉本斯，等，2011）[26]大学原有的学科导向被问题导向所取代，学科间的隔离被基于应用情境的跨学科研究打破，这必然要求传统的学科教育做出应有的调整。知识产业的兴起也使传统的基于学科的原始知识生产缩减，"在许多研究领域，人们关注的重心从数据、理念等原始产品，转向将它们以新的形式重新配置并传播到不同的环境之中。这一转变的原因之一是，由于需要尖端的设备和高度专业的团队，原始的研究变得非常昂贵。在社会科学和人文学科中，过去耗资最多的专著出版转变为生产起来较为便宜的综合论文集。另一个原因是，发达的信息技术使得研究结果迅速可得并遍及各地。活跃的研究者不再需要聚集在原始知识生产的中心周围。最后，新知识的重新配置作为一个知识过程，是与原始生产一样令人兴奋的"（迈克尔·吉本斯，等，2011）[68]。当然，这并不代表传统的学科研究被问题研究所取代，必须认识到向模式2的知识生产模式进行转移的很大一部分动力内生于模式1的实践之中，只是学科研究优势已经被多元的问题研究所取代。这同样改变着大学课程的内容取向。

其四，促进了教学与研究关系的重建。 在新的知识生态中，大学不再是超然世外的发明和创造的源泉，而是勾勒出知识产业基本特点的问题解决、问题鉴别和战略经纪的一部分，"研究领域中知识生产的加速更加凸显了一切知识的短暂性。维持连贯的本科课程变得越来越困难，从而使得大学培养训练思维这一传统关切更加弱化"（迈克尔·吉本斯，等，2011）[68]。已经十分薄弱的教学与研究之间的联系可能会进一步分离，教学和研究将在完全不同的场所进行，资助的来源也不同。从知识的角度来看，教学和研究会进一步分离，因为技术辅助的教学需要高度的结构化，而研究则日益关注不确定的知识。另外，研究的问题取向与应用性将影响教学的基本方式，知识的开发利用要求参与到知识的生产之中，知识的应用情境可能成为教学的重要空间，能够促进一种新的教学与研究关系的形成。若能如此，学术圈和外行之间在知识生产方面的显著差异被弱化，因为外行们扮演了知识的经纪人甚至创造者这样的关键角色；师生之间，由于成年的学生和为有工作经验的人开设的课不断增加，学生能够获得替代性的技能和知识。随着这些界限的打破，许多更为基础的问题引起了人们的关注——理论与实践的分野，科学与技术的界限，甚至知识与文化的界限。这些界限的模糊最终打破传统的教学与研究的界限，二者能够有机融入应用情境中的知识生产或者市场中的学术资本主义活动之中。"院系大多已经成为行政的而非智力的中心，而真正的学术单位则变为课程或研究团队。"（迈克尔·吉本斯，等，2011）[62]值得注意的是，"毕业生来源和去向的民主化意味着，高等教育的核心技能和自由的价值观被那些将社会上文化的、政治的潮流和冲突带进大学校园的群体以不同的方式重新诠释。随着知识生产从大学到社会中，社会上各种各样的价值观也进入大学之中。这两股趋势都使得大学的边界更为模糊"（迈克尔·吉本斯，等，2011）[67]。这样，大学只是知识社会的一个有机组成部分，教育与生活的界限也必然被打破，那么，什么是教学、什么是研究、什么是服务，已经无法区分也不再有区分的必要。

对个性化知识建构、对知识理解的强调、学科知识范式的式微以及教学向生活的转移，无不显示一种新的大学课程秩序生成的必要性。与传统的以"高深学问"核心概念的大学课程秩序相区分，当代大学课程以"个人知识"为核心概念的秩序面貌已渐趋清晰。

二、个人知识理解的多种视角

明确使用"个人知识"（personal knowledge）一词的是波兰尼，出自其《个人知识——迈向后批判哲学》一书。但在哲学、社会学以及经济学的研究中，个人知识被广泛关注，且在不同的层面有不同的理解。

1. 作为一般知识论的个人知识观

对知识的追问一直是哲学的重要话题，苏格拉底较早提出"知识即德性"的命题，柏拉图首次明确阐述知识定义，即知识就是被证明为真实的信念。在西方哲学史上，笛卡儿的《沉思录》和斯宾诺莎的《知性改进论》标志着知识论成为哲学的核心，成为各门科学的基础。康德把形而上学纳入知识论的结构之中，成为第一个真正自觉把知识论看成哲学核心的哲学家。传统知识论主要是围绕知识与信念、知识与真理、知识与证实或辩护（justification）之间复杂的关系等问题展开研究的。

西方哲学界由"知识就是证实了的真的信念"（knowledge is justified true belief）衍生出一种观点，认为一个信念只能通过另一个信念或另一部分信念才能得到辩护或证明。外部世界和知觉本身不能直接给一个信念提供辩护或证明，只有当外部世界或知觉转变为认识主体的信念之后，才能为某个信念提供辩护或证明。那种主张以基本信念为基础来证实经验信念的理论被称为"基础主义"，主张经验信念与一信念体系相连贯（内部信念之间具有相互联贯融洽的关系）而获得证实的理论为"连贯主义"。其他辩护理论还包括内在主义、外在主义等。

按照笛卡儿的看法，只有两种方法保证我们达到知识：直观和演绎推理。直观，即理性的自然之光，提供的只是非推理的、确实不可错的信念，而演绎推理服务于把从直观而来的知识转换到我们直观所推出的东西。演绎推理保证真理。像洛克和他之前的阿奎那这样的经验论者，把知识的范围扩大到包括知觉信念。虽然不像直观的自明的真理（如数学）那样确实，经验知识仍是知识。休谟坚持类似的立场，把知识建立在感官印象之上，但不扩大到形而上学信念。"所有这些哲学家的共同点是这样一种理论，即我们可以具有直接的、不可错的第一原则或基本命题的知识，我们可以从这些知识演绎出进一层真理。由于我们是在不可怀疑的第一原则或直观的不可错的基础上进行建构，所以我们可以通过演绎推进过程构造一幢坚固的知识大厦。"（路易斯·P.波伊曼，2008）[110-111]

与笛卡儿不同，近现代的黑格尔、布拉德雷、布兰夏尔德等主张真理存在于绝对的知识体系里，即真理不能被规定为命题与事实的符合，而是被规定为整合的与绝对的整体，其中个别命题得到辩护，相对真理得到肯定。每一真的信念是通过连贯体系内的每一其他信念或命题被推出的。我们有限的知识仅仅接近这种绝对真理。但是，当代的奎因、塞拉斯、哈曼、莱尔等人拒绝一种难以置信的形而上学的绝对真理观，主张个别信念是通过它们在其中所连贯的整个信念体系而辩护的，经验信念被证实需要我们的信念体系作为整体起作用，信念体系内的各信念或多或少是一致的，并对相关事实提供最好的解释。

无论是笛卡儿等的基础主义还是黑格尔等的连贯主义，都把知识的证实看成认识主体个人的心智活动过程，只不过基础主义更加强调理性，连贯主义更为看重经验，认为知识的证实行为实质是一种个体行为。强调知识首先是信念，"信念通常为某一特殊的认识主体所持有，是认识主体内在的一种心理状态，或是在自己的思维活动中对某一思维内容的断定"（胡军，2006）[58]。很显然，个人性与内在性是信念作为经验知识的根本属性。当代知识论者约翰·波洛克（John L. Pollock）等认为，除了这些基于"信念假设"的信念理论，还有否认"信念假设"的非信念理论，他主张"直接实在论"，认为一个信念不仅可以通过另一部分信念得到辩护，而且也可以通过非信念的知觉印象或记忆状态直接得到辩护。由于这种理论主张从知觉印象到关于外部世界的信念的过渡是直接的，不需要以关于知觉印象的信念为中介，因此，这种理论被称为"直接"实在论。波洛克等认为，只有直接实在论才能为人类的合理认知提供最好的解释，其余的理论都有着各自难以克服的困难（约翰·波洛克，乔·克拉兹，2008）[236-241]。实际上，直接实在论与信念理论都是事实推理与判断，所不同的是后者基于信念假设，前者则基于直觉思维。

就知识生成的过程来说，知识论对知识的探究具有鲜明的"个人知识"特征，但这种"个人性"仅仅是形式上的，知识只是个人对事实的客观反映而已，个人的主体性并没有融入知识本体之中。康德完整地表达了知识论的这一观点："他要求一切能够称得上知识的判断都必须具有客观有效性或者普遍必然性，明确地将个人的主张、意见、偏见、经验、情感、常识等主观性东西排除在知识之外，以便从逻辑上把普遍性赋予知识，从而简洁地把知识的普遍性要求表述为一种知识陈述，即一切能够称之为客观知识的逻辑判断，必然同时超越各种社会和个体条件的限制，能够得到普遍的证实并被普遍接纳。知识的这种属性绝不会随着意识形态、价值观念、生活方式以及性别、种族等的改变而改变，因而是先天的、绝对的。"（傅永军，2011）[16]康德的主张是在普遍的科学陈述与个人的主观价值判断之间划定了严格的界限，科学陈述是作为知识纯粹经验和理智的产物，具有中立属性与"文化无涉"。只有搁置认识主体所有的观念，直面"事物本身"，才能获得知识。"认识主体"实无主体性可言，是抽象的孤立的个人，"个人知识"只是形式而已。

俞吾金先生认为传统的知识论有三个基本特征："一是直截了当地把求知理解为人类的本性，未深入反思人类求知的动因究竟是什么；二是把求知理解为人类对外部世界的静观，未深入探究人类求知的实际过程；三是把真理性的知识理解为主观认识与客观对象相符合的结果，未深入追问知识的本质及其他何以可能的真实前提。"（俞吾金，2011）[1]率先超越事物本身，洞见知识属人本质的是叔本华，他在《作为意志和表象的世界》开篇就指出："'世界是我的表象'：这是一个真理，是对于任何一个生活和认识着的生物都有效的真理；只不过只有人能够将它纳入反省的抽象的意识罢了。"（叔本华，1982）[25]叔本华把知识问题带到生存意志的根基上，从而打开了回归主体、回归实践的知识探索之路。

美国实用主义思潮对知识实用价值的叩问，开启了知识的"价值视角"，促成了知识从事实世界向人的实践世界转向。皮尔士在对笛卡尔的批判中建立了实用主义知识论主张，他反对知识的直观性和绝对性，反对把知识看作作为主体的个人的自我确定，而强调应当将其看作"共同体"中的不断商讨的过程，知识并非确定的、绝对化的和终极的东西，而只能存在于具有现实性的和社会性的实践和探索之中。詹姆士更是公然地把真理等同于观念的有用，他说，一个观念，"它是有用的，因为'它是真的'，或者说，'它是真的，因为它是有用的'。这两句话的意思是一样的"（詹姆士，1979）[104-105]。他进一步指出："真实观念的实际价值基本上是由于观念的对象对于我们的实际重要性而产生的"（詹姆士，1979）[104]。不过他又提到，并非观念符合对象就是真理，只有当这种对象能为人所用时，其观念才是真理。归根结底，他还是把是否对人有用当作真理的根本标志。美国当代新实用主义者罗蒂用反本质主义来描述实用主义知识主张："在关于应该是什么的真理与关于实际上是什么的真理之间，不存在任何认识论的差别；在事实和价值之间，不存在任何形而上学的差别；在道德和科学之间，不存在任何方法论的差别。"（理查德·罗蒂，2007）[614] 罗蒂是要否定知识的理性化，寻求道德、事实与价值的融通，强调实践的智慧。他说："在我看来，实用主义的出发点是由贝恩和皮尔士提出的反表象主义主张：信念是行为的习惯而不是表象实在的努力。根据这种信念观，一个信念之真，是其使持此信念的人能够应付环境的功用问题，而不是其摹写实在本身的存在方式的问题。"（理查德·罗蒂，1992）[1]在罗蒂看来，"人应付环境的功用问题"是判断知识或信念为真的根本标准，而不是静观中的表象是否与实在相符合。这种以主客观的符合为前提的真理论，使传统的、以抽象的方式求知的知识论从根本上动摇了。实用主义者旗帜鲜明地把实用的目的理解为真正的知识的必要前提，使知识回归了人的实践活动本身，主体的认知活动融入了鲜明的价值取向，个人的观念与需求映射于知识之中，传统的个人知识由抽象与孤立走向具体与实践关系之中，知识的个人性不再是形式，而具有了个性化的实质内容。

实用主义对知识工具价值的强调使知识走向了人的生存实践，法兰克福学派对知识人本价值的追求使知识走向了人自身的解放。他们极端重视个体性，以致被一些评论家称为"个体化的马克思主义"①。霍克海默作为法兰克福学派的创始人和社会批判理论的奠基者，主张认识主体是确定的、具体的、处于一定关系中的个人。他批判实证主义是反人道主义的，在他看来，给人以规范性指导的理论并不是基于人的经验事实，而是依赖对人的主体价值的充分信念，实证主义的要害就是忽视人的主体性。他批判"工具理性"对人造成的最大危害就是使其思维程式化，人的思维的程式化意味着人丧失自我，而自我的丧失也就等于自由的丧失。哈贝马斯也反对仅仅从工具性的角度看待认识，而把认识视为人类兴趣不可分割的一部分。他认为理性的兴趣和认识是高度统一的，兴趣对认识具有基础作用，同时包含适用于自己的知识范畴，对认识具有指导作用。他区分出三个不同层次的理性的兴趣，即技术的认识兴趣、实践的认识兴趣和解放的认识兴趣。第一种理性的兴趣以成功地支配自然为目的，第二种理性的兴趣以取得人与人之间相互理解为目的，第三种理性的兴趣则是以自我的解放为目的。他说："在自我反思中，为了认识的缘故，认识达到了同独立自主的兴趣的一致，因为反思的完成表现为解放运动。"（哈贝马斯，1999）[200-201] 他同时指出："技术的和实践的认识兴趣，只有同理性反思的解放的认识兴趣相联系，这就是说，在不受心理化或现代客观主义影响的情况下，才能不被误解。"（哈贝马斯，1999）[201] 哈贝马斯对认识兴趣的分析是在强调知识只有与人自身解放相联系才有意义和价值，这种价值赋予使知识的个人性和主体性具有了实质性的内涵。"解放的旨趣"何以可能？哈贝马斯在《交往行动理论》中以言语行为、交往行为作为出发点，把理性理解为运用语言进行交往的能力，推演出解放的旨趣和愿望，证明解放的旨趣的确植根于人类交往活动之中。他认为交往行为包含三重关系："第一，认识主体与事件和事实世界的关系；第二，在一个行为社会世界中，处于互动中实践主体和其他主体的关系；第三，一个成熟而痛苦的主体与其自身

---

① 法兰克福学派虽然大体继承了西方马克思主义者卢卡奇、柯尔施的观点，但与卢卡奇等强调的"集体主体"立场不同，他们极端重视个体性，故被一些评论家称为"个体化的马克思主义"。这种个人主义立场与康德哲学有一定联系，但重要的是吸取了狄尔泰、柏格森、叔本华和尼采等现代西方哲学家的相关理论。他们反对个人生存的标准化，关注个人的命运和处境，追求个人的自主性、自发性、创造性、自由和解放。在这方面，他们与存在主义最为接近。

的内在本质、自身的主体性、他者的主体性的关系。"（佚名，1997）⁵⁷这三种关系实际上生成了理论知识、实践知识和审美知识。这里，哈贝马斯在理论上对旨在人自身解放的知识基础进行了重建，完成了知识由客观事实的反映向主体自身解放旨趣的回归。

至此，在一般知识论的意义上，知识逐渐完成了"个人性"的建构。"个人知识"不再是个人对事实的客观反映而是在认识实践中将个人的观念、价值取向与实际需求映射于知识之中，并寻求在认知过程获得主体自身的解放。

2. 作为意会认知结构的个人知识观

波兰尼在《个人知识——迈向后批判哲学》中，明确提出了"科学知识是个人的"的论断。波兰尼企图用"个人知识"来替代那种具有超脱性理想的客观知识。波兰尼强调："本书的目的是要表明，通常被认为是诸精密科学的属性的完全客观性是一种错觉，事实上是一种虚假的理想。但是我并不试图在拒绝作为理想的严格客观性的同时而不提出一种替代。我相信这种替代更值得明智的效忠。这就是我所说的个人知识。"（迈克尔·波兰尼，2000）²⁶所谓"个人知识"并不是一种相对"科学知识"的另类知识形式，而是对科学知识性质的一种表述，主张知识是个人性与客观性的结合，知识的典型特征是个人性、意会性和信念性，强调个人的情感、意志、直觉或无意识的本能冲动是一种无法用概念和语言表述的、不能言传且不能论证的知识，并把它们设定为人乃至世界的本质。波兰尼主要从"知识具有个人性，是一种要求技能的行为，是一种艺术"、"知识具有意会性，在一定程度上是不可言传的，是具有个人性的"、"知识是一种信念，是一种寄托"三个方面表达其"个人知识"的认识论框架（许泽民，2000）⁴⁵。波兰尼把个人知识分为"言传知识"与"意会知识"两类。他说："通常被说成知识的东西，像用书面语言、图表或数学公式来表达的东西，只是一种知识；而非系统阐述的知识，例如我们对正在做的某事所具有的知识，是另一种形式的知识。如果称第一种知识为言传知识，第二种为意会知识，就可以说，我们总是意会地知道，我们在意知我们的言传知识是正确的。"（迈克尔·波兰尼，1985）¹⁴这里波兰尼强调因不能言说而为个体所独占的知识部分即意会知识，这种知识是个人所拥有的知识的根本，它让主体能够判断其所掌握的言传知识是否正确，波兰尼把"意会知识"作为人类认识的本质。

在论证个人知识的过程中，波兰尼首先强调知识具有个人性，个人的认知活动是科学活动的真正基础。他认为在科学认知形成的全程中，个体的参与者无时不在。"从头至尾，科学探寻的每一步最终都是由科学家自己的判断来决定的，他始终得在自己热烈的直觉与他本身对这种直觉的批判性克制（critical restraint）中做出抉择。这种空间所涉甚广：从重要的科学论战中我们已经看到，即使在论争的每个方面都受到检验以后，论争中的基本问题仍然在相当大范围内被存疑。对这些经过互相对立的论战仍无法解决的问题，科学家们必须本着科学良心（scientific conscience）来做出自己的判断。"（迈克尔·波兰尼，2004）[14] 在作为实证科学基础的经验材料的形成中，在任何当下直接经验的感性操作获得中，科学永远无法摆脱实验者个人的理论参考系和行为动作的介入，科学的绝对客观性标准从一开始就是虚假的。同样的道理，科学理论总体逻辑的理论框架的特殊选择受主观偏好所左右，所以任何科学理论框架都是以个人意向为先导范式的特定结果。"在一切科学决策过程——某项科学研究之探寻、研究成果之公布、接受公众质疑并为之辩护——中，难度将更大，它们都涉及科学家的良心，对科学家来说，其中的每个过程都在检验他们对科学理想的诚意与奉献精神。"（迈克尔·波兰尼，2004）[41-42] 在这个意义上，科学认知就是个人认知，科学知识源于个人的认知活动。个人知识，在波兰尼那里强调的是科学是人的科学，包括科学具有人的意向、科学方法是人的认知方法等。

知识的个人性与普遍性的内在关系，波兰尼是通过对求知热情、内居与寄托的论述加以阐释。波兰尼认为，科学研究也是一个充满了理智的激情的过程，理智的激情来自科学成果给人的满足，而且具有永久性。理智的激情的生成机制则是科学的美感与真理的内在关联。他充分肯定理智的激情对科学研究的意义，认为理智的激情具有逻辑功能，是科学研究不可或缺的因素。波兰尼借用了基督教的内居（in-dwellings）来揭示个人知识的特征，指出在科学研究中科学家总是把自己投射其中，科学研究对象与研究者个人具有高度的双向融合。而内居与波兰尼所说的寄托又是密切关联的，科学家个人坚持不懈地进行科学研究，达到忘我的境界，动力就在于科学家内心存有一种寄托。寄托意味着个人性与普遍性的有效互动，个体通过对普遍性的认知显示自身的存在，普遍性通过个体认知并承认个体的寄居而彰显一种客观意义。在波兰尼看来，寄托是一种个人选择，它寻求并最终接受某种被认为与个人无关地提出来的东西；而主观性本质上完全是个人所从属的某种状态。他认为，个人性和普遍性是寄托结构的两极，将个人性与普遍性这两极联系起来的是信念。个人性通过对普遍性的断言而显示自己的存在，而普遍性则由于它被承认为这一寄托的与个人无关的条件而得以构成。寄托所揭示的个人性与普遍性的内在张力进一步彰显了个人知识的本质属性。

英国学者吉尔分析了波兰尼的个人知识结构有四个构件，即个体知识、意会认知的结构、认知主体本身、个体认知活动，他把这些构件做了如下逻辑组合："当集中意知一端和概念化活动一端两极相交时，其结果是'言传知识'；当附带意知和身体活动两极相交时，其结果是'意会知识'。由于每一意知和活动是其各自一极的混合物，所以每一个知识形成也是言传与意会因素的混合物。换句话说，前面两个连续统一体以上述方式关联产生第三个连续统一体——知识连续体，它处于言传与意会两极之间。"（吉尔，1985）据此，意会认知逻辑结构如图 3-1 所示。

图 3-1　吉尔意会认知逻辑结构

吉尔把波兰尼的集中意知与言传知识看作一致，而附带意知则与意会知识相通。实际上，波兰尼却认为，这种附带意知和集中意知功能整合的意会结构整体是"超越了默会知识和言传知识的区分"，它是一切认知运转的"主宰"和"本质结构"（波兰尼，1985）[13-14]。在这里，波兰尼打破原有的感性经验和理性认知的旧格局，提出了由身体活动——体验化（embodiment）和言语活动——概念化（conceptualization）构成的活动统一体。然而，人在认知过程中的身心参与并非平面化的、直线式的。身心活动是一个具有意向性的立体过程。我国学者张一兵认为吉尔的问题是忽视了波兰尼强调的意会知识是人类认识之根本的观点，对之加以矫正，对上述逻辑图表作了调整，如图 3-2 所示。

图 3-2 张一兵有关意会认知逻辑结构

张一兵说："这张线性逻辑结构图表只是就纠正吉尔的解释而言的，因为波兰尼的逻辑本体是意会的，当我们在符号图表中浮现这一功能结构时，我们却已失落了真实的那个波兰尼。"（张一兵，1991）他意在强调意会认知结构是人的一切认知活动的本质。

3. 作为社会行动理论的个人知识观

对"个人知识"给予关注的还有新自由主义旗手、1974 年诺贝尔经济学奖得主哈耶克。他认为没有所谓整合的社会知识，知识总是分立于个人身上即"分立的个人知识"，是"特定时空下的情势的知识"，具体指个人所具有而不为他人所知的那些对稍纵即逝之情势的专门了解的特殊知识，具有分散性，并且是可以阐明，是具体指向怎么做的。在哈耶克看来，个人知识是与理论知识相对的一种知识，他的划分让人看到了知识并不是同质的。个人知识总是与具体行动相联系的，行动者本人可以在行动过程中习得这种知识。

哈耶克认为个人知识是在具体社会行动中有关个人行动者之间自发生成并传播。在他看来，社会行动中的均衡状态意味着"组织该社会的个人为即时性行动所制定的不同计划是彼此相融合的"（哈耶克，2003）[64]。在这个意义上说，作为对特定情势把握的个人知识就是对那些行动的"预见"和"调适"。"如果每个人的计划都恰好是以他们对其他人所旨在采取的那些行动的预见为基础的，又如果所有这些计划都是以他们对一系列相同的外部事实的预见为基础的——因而在某些条件下任何人都没有理由改变计划，那么在这个意义上讲，他们的预见也就必定是正确的。"（哈耶克，2003）[64] "如果不同的计划从一开始就不相融合，那么不论发生什么情况，某个人的计划就肯定会被打乱，而且也必须做出修正。"（哈耶克，2003）[65] 在"预见"和"调适"的背后有一个基于经验判断的假设：社会中存在一种倾向于均衡的趋势。意味着"在某些条件下，不同的社会成员所具有的知识和意图应当越来越趋于一致，或者用较少一般性的和较不精确的但却更为具体的术语来说，人们的预期，特别是企业家的预期，将会变得越来越正确"（哈耶克，2003）[67]。哈耶克认为，这些"假设"应是"众所周知的为所有的人都共同知道的那些事实"。它"能够理解或能够在思想上重构其他人的思想过程"（哈耶克，2003）[70]。它所指涉的是乃是人们所所采取的理性的行动，"所关注的却是某个个人的思想与外部事实相一致的问题"。有关经验创造知识也以这些假设为依凭。哈耶克强调，我们必须从各种各样的可能情形中选择出那些因某种缘故而被我们视作与现实世界中的某些情势特别相关的理想类型（ideal types），"人们正是从经验中习得了这些显然具有辅助性质的有关他们如何获得知识的假设，而这些假设却构成了我们所提出的命题（亦即有关现实世界中所发生的事情的命题）的经验性内容"（哈耶克，2003）[69]。哈耶克对"辅助性"假设的阐述，表明个人知识生成的社会行动依据，意在强调"个人知识"生成的认识论基础，同时揭示了个人知识作为经验的客观性和理性。而个人知识形成的关键则在于行动者本身对行动的无知。他说："一个人可以在偶然之中了解到新的事实，这就是说，一个人可以按照一种并不是他努力执行其原初计划的必然后果的方式了解到新的事实；或者，一个人也会在他努力执行其原初计划的过程中不可避免地发现，他的预期乃是与事实情势不相符合的。显而易见，如果一个人试图按计划行事，那么他的知识只需要在他执行该项计划的过程中必须加以证实或修正的时候是正确的就足够了。但是需要指出的是，他也可能对某些事情一无所知，而如果他知道这些事情的话，那么这种知识肯定会对他的计划产生影响。"（哈耶克，2003）[76-77] 这里是说，一个人行动中了解到新的事实，当然是计划行动前所不知道的情况，这种事实情势与预期不符，支撑其继续行动的新知就生成了，如果仅仅按原有计划展开，也就不可能有新知出现。"我们之所以有可能达成一种均衡的状态，仅仅是因为一些人没有机会了解到那些——如果他们知道的话——会使他们改变其计划的事实。换言之，达致一种均衡状态的可能性，只是与一个人在努力执行其原计划的过程中注定可以获得的那种知识紧密相关的。"（哈耶克，2003）[77] 在哈耶克看来，均衡状态作为一种自发秩序的出现，恰恰依赖行动者对行动过程的无知，即依赖个人在行动中获得调适行动的知识，从这个意义上来说，个人知识是在基于自发秩序的行动中自觉生成的。

在哈耶克的个人知识体系中，"意会知识"居于首要位置。他说："感觉的思想或现象秩序（以及其他思想秩序）是可以直接为人所知的，尽管我们关于它的知识在很大程度只是一种'知道如何'而非一种'知道那个'的知识，而且尽管我们可能永远没有能力通过保障机制而揭示出决定那个秩序的所有关系。"（Hayek，F. A.，1952）[39] 在哈耶克看来，意会知识并不是由形式制度储存和传播的，而是隐含于社会的非正式的制度网络之中的，作为无须明言阐释的意会知识，为人们在各种情形中行事提供了一种一以贯之的指导，在根本上是一种实践性知识，人们所知道的远比能用语言表达的要多。

无论是一般知识论意义上的个人知识，还是作为意会认知理论的个人知识以及社会行动中分立的个人知识，都在表达知识的属人特性。意味着知识是个人理解和建构的结果，科学研究内居着人的本质，可以言传的知识只是冰山之一角，大量的知识内在于人的素质并在具体行动中运行。个人知识理论赋予人的主体信念以知识的崇高地位，肯定其对人之行动的指导意义。

三、个人知识理论的大学课程意义

对个人知识的价值发现，将丰富对人的发展的理念与路径的理解，打开了审视大学高深学问传播的视角，当学生的个体需求内居于高深学问的时候，将改善学术本位课程目中无人的状态，同时一种真正意义的个人知识就生成了。在这个意义上，大学课程正走向一种个人知识秩序。置于当代大学内外的知识生态之中，有关个人知识的诸多理论对大学课程开发的意义主要有三。

一是主体解放的旨趣。在叔本华把知识融入主体之后，实用主义者把知识的探索转向人的知识世界。法兰克福的大师们把认知过程看作追求个人的自主性、自发性、创造性、自由和解放的过程。哈贝马斯基于解放旨趣的批判取向的认知理论，把知识的理解甚至理性本身，深深嵌入主体自身的解放之中。在哈耶克那里，"分立的个人知识"，亦即这种不为他人所知的对一瞬间即逝的情况的专门了解，在社会中起着重大的作用。主体价值对认知过程植入，打开了大学课程理解的新视角，彰显了从学问和专业本身向学生主体回归的理论压力。

二是意会认知的方法。吉本斯等人在强调默会知识在当代知识生产中的重要性的同时，指出这种知识具有鲜明的个体性，需要在职业训练和经验积累中获得。这种知识就是波兰尼所说的意会知识，波兰尼认为在人类的总体认识结构中，意会认识是逻辑在先的，意会推论的目标在于正确地解释外部对象遗留在我们身体内部的痕迹。人与外部世界相对而言，并不是一般的直观对象的表象，而是要找出主体与客体的同体结构，即他称之为"本体映射"的实在之本质认识结构。这种深层的认知关系却不单纯存在于对象之中，也不是主体的主观创造物，而是主体能动干预对象活动的特定方式，即知与在的统一，这才是科学认识论的本真结构。哈耶克则用他的"感觉秩序"理论解释"意会知识"认知，认为知识所反映的是作为一个人感觉的他个人所处的环境，而这种反映是独特的，从而也只在一个相当有限的程度上是可以传播的。个人知识所提出的意会认知方法对传统的大学教学无疑是冲击，就研究型大学来说，学生进入社会大多从事知识生产模式2的相关工作，他们需要提升意会认知能力，他们需要积累意会知识，这是大学课程必须重视的时代命题。

三是行动学习的过程。罗蒂把"人应付环境的功用"作为判断知识为真的标准，旗帜鲜明地否定了传统的抽象知识观，把知识获得放进应用的情境之中。哈耶克的社会理论建基于其进化论理性主义的主张，在他看来进化论的理性主义强调理性的限度，反对任何形式的对理性的滥用，只有在累积性进化的框架内，个人的理性才能得到发展并成功地发挥作用。他认为，知识是经由不断试错、日益积累而艰难获致的结果，或者说它是经验的总和。哈耶克的自发秩序原理为认知活动提供了实践框架。所谓自发秩序，是各种因素利用各自的片面认识，在决定什么是正确行为的一般性规律框架内追求各自利益时所造成的偶然结果。在自发秩序中，只要每个人都坚持一般性规律，每个人就都可以正确估计他人的行为，从而保证和促进各自的利益。作为参与者的个人意图和预期的一致性乃是基本的要素，秩序生成于要素多样间的互动，而这些要素在回应其特殊环境的时候受着某些一般性规则的支配，秩序运行的机制一方面是人们对这些行为规则的普遍遵守，另一方面是个人对具体情势的调适。哈耶克所说的一般性规则是一种文化进化的结果，反映了关于社会世界的真知识，是个人知识与经验被广泛纳入的累积性知识储存，没有明确的形式，也不是因果性知识，却能够使我们与周遭世界相调适。哈耶克的自发秩序强调的是个人行动，而行动过程的核心是预期一致前提下的多元互动，最终实现个人意图。在这一过程中对行为规则的遵守以及各种调适行为，都是主体对意会知识的广泛应用。这种自发秩序原理实际上构成了行动学习的一种框架，可用图3-3表示。

图3-3　基于自发秩序原理的行动学习框架

在学术资本主义盛行的市场环境中，应用情境中的知识开发与利用，以及知识的高度民主化，都决定了行动学习过程是大学课程实施的重要选择。个人知识理论提供了大学生行动学习的实践框架。

四、大学课程的个人知识秩序

克拉克·克尔廓清历史迷雾审视当代大学，用"城市"隐喻"巨型大学的理念"，得到广泛认同。他说："'大学的理念'是把大学当作一个村庄，有着一批教士。'现代大学的理念'是把大学当作一个城镇———个单一工业的城镇——有着一批知识寡头。'巨型大学的理念'是把大学当作一个变化无穷的城市。有人在城中迷失，有人在城市中高升，大多数人使自己的生活适应城市许许多多亚文化中的一种。那里比在村庄里较少共同意识，但也较少禁闭感。那里比在城镇里较少目的性，但有更多出人头地的方法。那里也有创造性人物和流浪者的更多匿名的隐蔽所。与村庄和城镇相比，'城市'更像文明的总和，而随着文明的演进，城市越来越多地成为文明的内在部分，并且城市也越来越快地与社会发生互动。在城市里，单一法治之下产生了许多分散的活动。"（克拉克·克尔，2008）[23-24] 在克尔描述的大学生态中，本科教育只是一个街区，它承载着"城市"的文化，但不等同于城市。所以克尔的问题在于，纽曼与弗莱克斯纳所说的"大学理念"指向大学本科教育，而他说的"巨型大学的理念"语境中的大学是一个庞大的社会机构，其中有一部分是本科教育。纽曼与弗莱克斯纳所说的本科教育置于广阔的社会之中，克尔所说的本科教育置于一种叫"大学"的组织机构之中。当本科教育不等于大学的时候，其地位、实践模式、生存状态都发生了改变，这种改变来自其母体"大学"的文化关涉。克尔说："巨型大学对于学生是一个混乱不清的地方。他在那里难以确立认同感和安全感。但是它提供了广泛的选择，的确足够震惊心灵。在这个选择范围中，他既有机遇又有自由的困境。伤亡率很高。许多人是残存的伤员。自由学习——学生自由选择、自由留下或者继续学业——就是胜利。"（克拉克·克尔，2008）[24] "共同性"和"目的性"的弱化，个体性与多元化的形成，正是滋生大学本科课程"个人知识秩序"的土壤。

1. 服务学生个人知识建构的大学课程理念

以"个人知识"建构为核心的大学课程也将改变原有的大学理念，研究型大学本科教育不再是单纯传播知识、探索真理、服务社会的场所，将从以知识为目的转向以学生发展为目的，在这个意义上，研究型大学是本科阶段学生自我唤醒、学术体验和理智生成的地方。

自我唤醒。本科教育阶段是学生走向成人的关键阶段，走向成人的实质是完成社会化，成为理智的、有文化的公民。美国社会学者乔尔·查农（Joel Charon）指出："一个其本性是社会的人，他／她通过依赖他人来生存，它从他人那里学到如何生存的知识，它通过社会化来发展人的特质及个体特质，其生活深深地嵌入社会中；一个其本性是文化的人，他／她按照其社会中所学到的去理解这个世界，从而也是一个其天性没有被生物学因素固定死而是有着极其多样发展方向的人。"（乔尔·查农，2009）[36] 这样一个具有社会本性和文化本性的人必然是高等教育的结果，本质上说是大学教育情境中学生自我认知、自我设计与自我实践的结果。这种自我的唤醒是课程所呈现的外在文化与学生主体认知融合的过程。狄尔泰认为"所与"始终是生命表现，而生命表现又分不同的等级，概念判断和较大的思想结构构成了生命表现的第一等级，行为构成了生命表现的另一等级，所谓理解的对象就是所有种类的生命表现（洪汉鼎，2001）[93-94]。从这个意义上说，大学生所要理解的文化对象也是他人的种种生命表现，这里的"他人"既是现实的也是历史的，这种理解始终是从自身已有文化出发向陌生文化的前进。课程的价值之一就是唤醒学生的已有文化即学生已经理解了的生命表现，使之从朦胧到清晰，由无意识到有意识。狄尔泰认为，人们"早在他学说话之前，已经完全置身于共同性的媒介之中了。他之所以学习理解姿势、表情、动作和叫喊、词语与句子，只是因为这些东西始终作为同样的东西，作为与所意指和表达者处于同一关系中的东西呈现在他面前"（洪汉鼎，2001）[97]。狄尔泰在这里强调已知与被理解对象的某种"共同性"是实现理解的基础，意识到这种"共同性"，理解者才能真正体验到被理解对象的意义。课程所要唤醒的正是学生自身文化中与被理解文化对象所具有的共同的文化因素。这种文化要素构成了学生的自我个性，这种文化的自我个性是创造一个能够改变社会而不仅仅被社会塑造的人的必备品质。

学术体验。学术体验是一种专业素养、一种意会知识、一种文化积淀，是学生在具体情境中完成具有知识性工作的素质基础，是存在于自身而无法编码的知识，是表现一个人做事能力的内在因素。大学教育的理论从来都不缺少对学生自身体验的强调。只是在科学主义僭越的时代，学生对知识的建构性被遮蔽了。即便如此，像雅斯贝尔斯这样作为社会良心的大师，始终把人放在中心地位，他说："大学教育是一个潜移默化的过程，目的是为了获得一种意义深远的自由。它是在参与大学学术生活的过程中产生出来的。"（卡尔·雅斯贝尔斯，2007）[83] 在这个意义上，学生需要适度的自由来将他们自己感知到的可能世界与组织化的课程融合起来，也需要将他们自己的行动过程与最好的公共生活综合起来。课程必须创造一种情境，学生能够从中将他们的原创性、视域以及他们理解的课程框架统一起来，他们获得的体验才能成为一种意会知识，实现知识的个人化。实现这种结合的条件之一是教师的教学方式，雅斯贝尔斯认为，只有教师是一个研究者，才能使作为事实的知识转化为学生可体验到的东西。他指出："科研与教学的结合是大学至高无上而不可替代的基本原则。这种结合之所以必要，不是因为这是一项经济方面的衡量指标，也不是因为这种联合独立地为科学家或者学者从事研究工作提供了财力上的保障，而是因为，从理念上来看，最好的科学研究人员同时也应该是首选的教师。这个科研人员或许在教学方法上并不称职，也就是说，在教授纯粹的事实这方面他或许是不称职的。但是他能够独立地引导学生接触到真实的求知过程，从而也就能够引导学生接触到科学精神，而不只是接触仅凭借记忆就可以传授的僵死的结果。他是活灵活现的科学探索过程的精神所在；在与他沟通的过程中，一个人可以看到知识存在的朴素形态。他也在学生之中唤起了类似的激情。他指导学生直达知识的源头。只有那些亲身从事科研工作的人才能够真正地传播知识。其他的人只不过是在传播一整套按照教学法组织起来的事实而已。大学不是一所高中，而是一个高等学府。"（卡尔·雅斯贝尔斯，2007）[73-74] 在这里，雅斯贝尔斯强调了本科学生的体验与基础教育阶段的差异在于学术性，认为学术体验在学科高深知识中获得须以教师的直接科研为前提，其中包括引领学生参与具体科研活动。

理智生成。理智是一种习惯、一种力量、一种境界、一种精神，是一个有才能的人持续成功的素质基础。尽管许多研究者在概念上用"理智"、"理性"、"智慧"、"智力"等不同表述方式，但作为教育目标的实践取向是基本一致的，并认为促进学生理智生成是大学教育的本质之一。赫钦斯把理智培养作为大学教育的最高目标，他理解的理智是一种形而上的思维。怀特海把理智理解为人的一种力量，他说："一所大学的理想与其说是知识，不如说是力量；大学的目标是把一个孩子的知识转变为成人的力量。"（怀特海，2002）[49] 雅斯贝尔斯把理智看作一种境界和精神，他说："理性反对孤立，寻求连贯。为此目的，理性需要一致而通贯，而非武断或随兴的思维，来提示矛盾，来整合零碎的事实与想法。理性促使我们从个人经验出发寻求这种理解。它突破所有的限制，越过所有的禁忌；理性总能在最需要它的地方不辱使命，并以此来确保它的研究对象不被曲解。"（卡尔·雅斯贝尔斯，2007）[53-54] 英国分析哲学家吉尔伯特·赖尔（Gilbert Ryle）对理智作了系统的分析，他说："当我们谈到理智，更准确地说，谈到人的理智的各种机能和行为时，我们主要是指构成理论思维的那类特别的活动。……具有理性乃是能够认识到各种真理以及它们之间的各种关系。因此，合乎理性地行事乃是使一个人的各种非理性的天然倾向为他对于各种为人处世的真理的领悟所控制。"（吉尔伯特·赖尔，1992）[20] 在他看来，这种理智活动主要指理论思维活动，亦即"下判断"、"推理"、"形成抽象概念"等词所描述的活动，而且"理智活动高于并且确实'支配着'其他心理能力的运用"（吉尔伯特·赖尔，1992）[350]。赖尔对这种理智工作赋予了重要的文化意义："理解工作在文化上具有一种首要地位，因为它是那些受过并且传授一种高等教育的人的工作，……正是理智的工作构成了文化，它是文化的一种绝对必要条件。"（吉尔伯特·赖尔，1992）[350] 正因为理智活动的文化性和支配性，所以不是所有的人都能具有理性能力，它需要高等教育的课程来发展和检验，理智的生成是大学教育的产物。理智生成并不是高深知识的简单转化，它是以知识为载体、在人际互动过程中内化而成的。首先是师生互动，但学生间的互动同样具有高等教育的价值，雅斯贝尔斯精辟地指出："最好的人被拣选出来，并不是说他们可以被用作某些和他们自身的人生追求毫不相干的目的的原材料，而是说，他们的知性本身可以帮助他们塑造恰如其分的个体人性，并且是为了个体人性完美而塑造个体人性。"（卡尔·雅斯贝尔斯，2007）[149] 理智生成具有个体性，研究型大学哪些优秀学生之间的理智分享是重要的途径。

2. 个人知识作为大学课程目标

综合不同理论视野中个人知识观，作为当代知识生态中研究型大学课程目标的"个人知识"，有以下几层含义。其一，学生对专业知识的个性化建构。"个人知识"是个性化知识，是基于个人经验、主观理解、主体内化的知识。传统意义上的任何高深学问，都不可能原样地复制到学生头脑中，学生实际掌握的知识一定是自我建构的结果。专业性是大学所传播知识的根本特征，专业知识只有与学生的生活经历、原有知识结构以及现实理智需求建立联结，对学生来说才有价值和意义，否则只能是外在于学生的东西，不能被学生所理解。大学生对专业知识的学习是主体的个性化建构。其二，学生在具体情境中解决问题的能力。"个人知识"是情境性知识，有时表现为特定情势下的个人敏感性，这种敏感包括即时的决策、下意识的方法选择、跨学科思维等。解决问题的能力是大学生较高学习成就的主要指标，这种能力高低取决于情境知识的多寡，也可以说这种能力就是情境性知识。情境性知识有时是个人独占而不为他人所有的，是可意会不能言传的，是在不断解决问题的过程中生成和积累的。其三，学生具体行动中所采取的独特思路与方法。"个人知识"是实践性知识，体现了个人独特的实践方式。学生对"怎么做"的知识的掌握是大学课程的重要任务，也是学生最迫切的需要，这类知识的学习必须与具体行动相结合，每个人对行动意义的理解不同，在行动中具体行为方式有差异，决定了"怎么做"的知识具有鲜明的个体性，表现为在行动中行动者都有独特的思路与方法。其四，学生对知识价值与自我需要的意知。"个人知识"是自我认知的知识，具有元知识的意义。大学生学习不仅掌握知识，更重要的发展终身学习的能力，这种能力主要表现为对知识之于自我的价值判断、自我学习需要的意知、自我学习目标的确定、自我学习计划的安排、自我学习过程的调控等，都要求个体意会地知道自我当下的知识状况和未来的认识取向。其五，学生的理智信念与情感寄托。"个人知识"是信念寄居的知识，具有个人的情感关照。学生学习和研究知识的过程，本质上都是有求知满足感或说服别人的愿望和个人责任感这样的感情相伴随的。在进行科学验证的过程中，"大自然的事物并没有贴着'证据'的标签，它们之所以成为证据，只不过是为我们这些观察者所接受罢了。甚至在最精密的科学里情况也是这样"（许泽民，2000）[45]。信念是知识的唯一源泉，在知识的探求过程中，必须将信念内居于具体知识求证之中，这样知识才能实现内化，并成为学生个人的东西。

3. 大学课程"个人知识秩序"的适切性

"个人知识"作为当代大学合理存在的哲学和大学课程开发目标，是由当代大学的性质决定的。其一，大学教育是面向青年大众的教育，"个人知识"恰是成人之学。有关大学教育，我们关注较多的是"高等教育"，这是一种知识本位的理解，从学生本位的理解来看，大学教育主要是青年教育。与儿童教育不同，大学教育应充分体现青年学习者的特点。青年阶段的大学生，与童年相比，他们独立性和自控能力较强，积累一定的生活经验和社会活动经验，他们的学习意愿受到各种直接的社会环境因素的影响，具有内驱性而非外部因素强加的。大学生学习希望具有立竿见影的效果，而儿童学习则是为将来做准备。大学阶段的青年学习与基础教育阶段的儿童学习就有了质的区别，从主体意义上看，这种区别在于基础教育是发展学生的基本素质，大学教育则在于培养学生独立生活、驾驭社会的综合素质，这种素质就是"个人知识"的发展。"个人知识"生成依赖主体的独立性、自我控制力和自主发展能力，依赖主体较为丰富的生活经验、较为全面的背景知识并深知生活目标与学习内容的相关性，依赖主体个性化的理解力和意会力，所以"个人知识"是成人之学，童年阶段个人知识发展是很有限的。在大众化高等教育时代，"个人知识"是大学教育的适切目标。其二，大学教育是学生进入社会的准备教育，"个人知识"恰以实际运用为取向。学生大学毕业后就进入社会，他们希望大学能够提供为职业生涯做准备的教育，尽管这与大学"为学术而学术"的理想相悖，但在大众化高等教育时代，大学无论如何都无法回避职业教育。大学的职业教育不是单纯的技能教育，更多的是职业意识、创业理念、行动能力等方面的教育，使学生有能力面对择业、市场、劳动协作、人际关系等问题。这就需要发展作为行动者的知识，这正是"个人知识"的价值取向。大学生个人知识的发展意味着应对变化的社会情境的能力，意味着遇到事情知道该怎么做，意味着深知如何在社会生活中运用所学知识并能够判断知识运用的有效性。其三，大学教育服务于学生的终身发展，"个人知识"恰好表现为元认知能力。在信息化社会，大学教育也只是学生的一段经历，那种认为四年本科学习的知识可让学生受用一生的想法无疑是幼稚的。大学教育服务学生终身发展的重点在于发展学生终身学习的能力，这种能力包括学生反思学习过程的能力和必要时改变学习过程的能力，具体表现为保持自己对所思考的问题的理解、协调自己的注意力、组织可以利用的学习资源、对自己学习任务的进展进行适时的回顾。这种学习是一种"有意学习"，学习者对自我学习本身要有意知能力，这种元认知无疑是一种"个人知识"。"个人知识"发展是学生终身发展的基础。其四，大学教育是学生理智分享的场所，"个人知识"恰是同伴分享的丰富内容。库马尔（Krishan Kumar）认为：

"在日益家庭化和个人化的社会里，大学是少数存留下来能够吸引人们走出私人空间的机构之一——它鼓励人们参与共享的公共空间。"（安东尼·史密斯，等，2010）[60]他希望"大学是聪明、有活力和不同年龄的学生随时可以接受教育的地方，一个能与他人一起在口头表达、写作、表演、游戏、想象力和身心各方面都得到共同发展的地方"（安东尼·史密斯，等，2010）[55]。在大学这一"公共空间"里，学生从教授那里和书本中学习的东西，未必有从同伴那里学到的东西多，因为同学间朝夕相处，共同分享着快乐、思想和智慧，而真正能够分享的就是那些"个人知识"，在同伴理智分享中得到发展的也是那些"个人知识"。

高深学问秩序课程在从以知识为目的向学生主体回归的过程中，不断地变革自身，最终走向了个人知识秩序。个人知识秩序的出现并不是完全取代高深学问秩序，大学的多样性和复杂性，大学教师根深蒂固的学科思维方式，都决定着高深学问秩序的持续性和顽固性，在个人知识秩序的总体格局中，高深学问秩序可能存在于某一院系中，也可能存在于某一学科中。个人知识秩序要取代的是高深学问秩序，但并不抛弃高深学问；相反，没有高深学问的情境与知识载体，个人知识的建构就是一句空话。谈高深知识或高深学问强调的是知识的性质，谈个人知识说的是个体对知识的建构与形成的结果。在高深学问秩序中，适应与学问本身是教育的目的；在个人知识秩序中，高深学问是学生自我唤醒、学术体验与理智生成的手段，学问本身只是目的之一，且这一目的是附载于意会知识的。高深学问始终是研究型大学的特征，在高深学问秩序中学问本身处于支配地位，在个人知识秩序中学生发展处于支配地位。在高深学问秩序中，学生为学问而来，自身发展遮蔽于学问之中；在个人知识秩序中，学生为发展而来，学问遮蔽于自我完善之中。没有高深学问不可能有个人知识，有了高深学问不一定生成个人知识，或许只是一堆识记的事实。个人知识秩序是大学课程秩序，不是单纯的知识秩序，就大学来说，赖以生存的知识永远是高深学问；但对学生个人来说，在当代社会背景上，生存与发展更多地依赖个人知识。

4. 大学课程"个人知识秩序"的理论框架

"个人知识秩序"的大学课程开发，重点包括五个方面。一是从学生个体需要出发把"基本素质培养"与"个人知识生成"作为基础教育与高等教育的目标分野，围绕"个人知识生成"这一核心价值思考高等教育的实践特质，建立大学课程开发研究的哲学基础；二是在"青年学习"与"儿童学习"的比较研究中，把握大学生学习文化，结合终身学习的实践诉求，建立以"个人知识"为整合要素的本科课程目标体系；三是探索服务于学生个体发展的课程理念、解放学生学习权利的课程制度、满足学生多样学习需求的课程资源，构建学院课程整体规划的实践模式，包括课程体系、课程实施和非正式课程；四是在传统基于教材的学习与基于行动的实践学习之间，探讨学生行动学习的必要与可能，建立以学术引领和资源支持为中心的教学策略；五是分析教授的研究行为与课程开发行为，探讨教授作为课程开发者的行为特征、专业要求与实践内容，推动教授走向基于课程研究的新专业化之路。根据诺思的制度分析框架，就大学课程制度来说，正式规则表现为正式课程包括课程结构体系及相关规定；非正式约束表现为隐性课程包括各种规章制度、学校文化传统、校园活动、各种学院经历以及人际关系等；二者实施特征具体呈现于课程实施中，主要是教学，也包括实践活动、情境创设、科研行为等。促进个人知识秩序生成的制度重建主要基于这一制度框架展开，以学生学习为中心重建课程体系，以丰富学生的学术经历为重点实现隐性课程自觉，以服务学生行动学习为根本优化课程实施过程。围绕正规课程、隐性课程与课程实施可以形成服务学生个人知识建构的大学课程开发框架，如图 3-4 所示。

图 3-4　大学课程"个人知识秩序"框架

在这一框架中，从大学生个体发展需要出发，结合社会文化关涉制订课程目标，形成包括正式课程、隐性课程和课程实施要求在内的大学课程体系，以课程资源为支撑、以包括教授教学在内的学习环境为学术引领，学生开展行动学习，生成包括言传知识和意会知识在内的个人知识。框架中所涉及的诸多课程要素在实践中的相互作用，构成大学教学与研究统一、普遍要求与多元目标融合、高深学问与个体知识共生的课程生态。围绕发展大学生的"个人知识"，大学课程开发的实践目标具体有四个维度。

一是丰富学术体验。日本学者金子元久认为："大学教育与中小学教育的不同之处在于，学生所学的并不是那些为了便于学习而被系统化了的知识，而是和那些直接与自然、社会、人的状态相对峙的学问打交道的方法。因此，有一种观点认为，大学教育并不是要教授那些已经知道了答案的问题的解决方法，而是有必要针对未知的问题，开阔视野，使学生领会探究问题的态度。"（金子元久，2009）[13] 达成这种探究取向，必须让学生广泛参与大学的科研活动，让学生在浓郁的学术研究氛围中获得学术体验，这是大学能够给学生提供的最好的知识。大学课程要明确学生学术体验计划，把大学的日常生活和师生间密切交往的机会作为教育资源，引导学生主动体验大学的学术生活，促进他们提高探究兴趣、强化合作意识、领略科研魅力。学术体验无疑是学生"个人知识"结构中最具深度的部分，也是一个人接受大学教育最为本质的特征。

二是建构专业知识。塔戈（John Tagg）用"知识工厂"来描述当前的大学教学模式："学生从知识工厂的流水线经过。学生经过时，每位教师给他们装上一部分知识。然后，他们沿着流水线走到另一个教师那里，那位教师再给他们装上另一部分知识。流水线稳步运转。每位教师一个学期或半个学期给每个学生上同样的课，学生就如同规定型号的汽车底盘一样没有差异。"（弗雷斯特·W. 帕克，等，2010）[412] 这种寻求统一知识目标"没有差异"的教学，忽视了学生个性化的存在，很难达成专业教育目标。层次化、差异性、个体化是专业知识建构的目标，这种专业教育应超越职业技能的范围，重在给学生一个全面的专业概念，使学生能够在变动不居的职业轮转中处于不败之地。布朗（Phillip Brown）和史凯斯（Richard Scase）通过调查发现，雇主对大学生招聘的标准可以概括为"合适性"、"能力"、"可接受性"三个方面。"合适性"反映技能、知识、执行能力以及沟通、问题解决和人际交往能力；"能力"主要指先天才能、智力、心智品质以及内部驱动力、斗志、勇于实现目标、做一个影响者而不是追随者等；"可接受性"指一个人的"社会适应"程度，具体指外表、兴趣、人际关系、风格、着装和谈吐等，是一个人通过个人调适，成功掌握组织行事方式所需的条件。（安东尼·史密斯，等，2010）[151-153] 对于每一个大学生来说，这些指标都不是同质的，都需要他们进行个性化建构。大学课程就是要围绕这些个性化指标引导学生对专业知识进行个体建构。

三是提升意会能力。意会知识是个人知识的重要组成部分，许多在社会生活中"怎么做"的知识多是"只能意会，不能言传"的。意会认知生成意会知识，获得知识本身、认识过程、表达无所依赖等使意会知识"不可言传"。波兰尼用"理解"来总结所有的意会认知："我们的意会能力是通过重组我们的经验以便对它进行智力控制而取得这些结果的。有一个词能包括所有这些操作，这些操作在于领悟经验，即懂得它的意思，这个包罗了一切的词就是'理解'。"（李白鹤，2006）[63] 在他看来，知道我们意图做什么、知道我们所指的意思是什么、知道我们正在做的是什么等需要以理解为基础，意会的过程就是理解的过程，意会认知是主体对认识对象身心合一的整体理解。大学课程必须着力提高学生的意会认知能力，即基于经验领悟的理解力。

四是唤醒理智激情。在科学研究和高深知识理解的过程中，选择、启发、说服是理智的激情三种功能。把具有科学兴趣和科学价值等问题纳入科学研究的视野之中，排除缺乏科学兴趣、科学价值的东西，即选择功能；引导科学家去解决问题并给予他们持久的动力，以完成最终的发现。科学发现就在于跨越存在于问题及其解决之间的逻辑鸿沟，这种跨越逻辑开展创造性工作，即启发功能。让科学研究成果为世人所接受，即说服功能。引导学生善于接受新思想、新观念，培养他们研究的习惯，形成理性的生活方式，是大学教育的重要目标，这就决定了大学课程必须唤醒学生理智的激情。

五、大学课程个人知识秩序建构的可能

克尔巨型大学的理念的提出，标志着当代大学的转型，他称之为"第二次转型"。克尔认为，美国大学的第一次转型是 19 世纪的最后 25 年时间，当时赠地运动和德国的理智主义一起带来了不同寻常的变化。"当前的转型将大

体包括第二次世界大战以后的 25 年。大学正被号召去教育数量空前的学生，去响应国家机构的日益扩大的要求，将自己的活动与工业前所未有地融合在一起，去适应并重新开辟新的学术潮流。"（克拉克·克尔，2008）[50] 在克尔看来，大学面临调整的三个领域：增长、转变学术重点及参与社会生活。学生数量成倍增长，校园不断扩大，建立许多新的校园。社会对某些新技能的需求激增，一些新兴专业不断诞生，大学成了进入这些专业的主要入境口岸。作为知识的生产者、批发者和零售者，大学积极参与社会服务，知识正在造福每一个人。就本科教育来说，克尔提出了一些需要面对的问题："如何适当地认识教师的讲课技能和研究状况，如何制订出既符合学生需要又符合教师研究兴趣的课程表，如何在追求更加综合的专业化时代里既培养专家又培养通才，如何把学生个人当作学生群体中一名独特的人来对待，如何使大学在日益增大时仍然显得较紧凑，如何在师生之间确立一种比通过讲台或电台屏幕的单行线更为广阔的接触方式，如何再次把教育政策提到教师关注的前沿。"（克拉克·克尔，2008）[67] 这些问题构成了近半个世纪以来美国研究型大学本科教育思考的框架。

1. 布朗大学作为"个人知识秩序"课程的案例分析

从布朗大学的自由选课制度，我们看到了个人知识秩序课程应有的实践状态，也感受到美国大学本科教育回归学生个人发展的共同努力。

位于罗得岛州的布朗大学创办于 1764 年，是美国常青藤大学之一。布朗大学的本科教育享有盛誉，有"大学学院"（University College）的美称。布朗大学本科教育的目标是培养学生作为独立个体智力和身心的成长。为了达成这种基于学生个体发展的目标，布朗大学实行自由选课制度，所有课程均让学生自主选择，这在全美正规大学中是绝无仅有的。用本科生院前院长阿姆斯壮（Paul B. Armstrong）的话说，其宗旨在于培养学生在不断变化的世界中，尽快获得自己做出判断和决定的能力。这种由学生构思、教师认可的个性化本科教育课程资源形成于 1969—1970 年，反映了前布朗大学校长弗朗西斯·威兰德创立的一种哲学，他认为只要是实际可行的，各种各样的课程都应该有所安排，以便让每一位学生可以学习自己选择的课程，也只学习自己选择的课程。

布朗大学本科教育课程由多个课程模块组成，如 Liberal Learning Course（通识教育课程）、Diversity Perspectives（多视角课程）、First Year Seminars（新生研讨会）、Independent Study Projects（独立研究 / 学习项目）、Group Study Projects（小组研究 / 学习项目）、Departmental Independent Study（学系 / 学科独立研究 / 学习）、Academic Internships（教学实习）、Paid and Credit Opportunities（Pathways to Paid and Credit Opportunities in Internships, Volunteer Work, and Work-Study）（有偿学习）。同时，还辅之以其他课程模块，如 RISD 跨学科课程、出国留学、美国境内研究、城市教育学期以及各种交流计划。其中，Liberal Learning Course 课程模块又划分为 literature、languages、history、philosophy、political science 和 anthropology 六大类。

布朗大学通识课程有机融入大学不同学科课程模块，而不是一个单纯或独立的概念，正如学校希望学生懂得建立学科联系一样，学校用自己的方式建立起不同学科间通识课程的沟通桥梁。不同学科对通识课程学习的要求不尽相同，各学科依据大学通识教育目标，结合本学科人才培养特点，设置本学科课程目录，再由学生根据各自爱好与特长设置个性化课程学习计划。所以，在布朗没有统一的通识课程目录。布朗大学的课程模块与其说是课程模块，不如说是课程教学方法或是课程计划的有机组合，布朗对自己的课程模块表述为 "course program"。课程模块直接反映出本模块的教学方法与风格，便于学生理解并准确做出选择，可操作性很强。

低、高年级人文科学研讨会是布朗大学通识教育向整个教学过程纵深融合的重要途径。布朗大学的人文科学研讨会由 The Cogut Center 负责组织实施，中心为低、高年级本科生以及研究生提供根据学期、学年的不断提高难度不断增强的研讨会，内容涉及各个不同学科领域，中心还向优秀学生提供不同等级的奖学金；研讨会教师不仅来自中心和学校本部，还有来自其他学校或学术机构的访问学者。而多元化发展课程组合是通识教育得以有效运行并收到良好教学效果的一个重要教学方式和手段。该模块着力培养学生的团队合作精神，使不同学科、不同专业的学生在一个集体的氛围中学习知识、接受训练、从事科研；对不同学科类型的知识进行重新组合，开展多样化研究，培养学生跨学科思维的意识和能力，从而达到提高学生综合素质的教育目标。

每年，布朗大学 40 个不同学科提供约 2000 门课程，学校鼓励学生根据自己的发展兴趣在至少 7 个学科的课程群中构建自己的学业计划，其中，主修学科专业课程不少于 8 门、不多于 10 门；专业课程总共不超过 20 门。由此可见，布朗大学本科生为顺利取得学位需修读的通识教育课程为 12 门，占学位课程总量的 37.5%。在布朗大学，学生追求跨学科学习早已成为一种风气，学生通过个人或小组的形式编制自己独特的课程计划，设计个性化专业名称，这些充分反映布朗大学办学的自由风尚。

布朗大学通过课程介绍、课程咨询、课程审核、课程注册等方法进行课程管理，同时还为学生提供便捷的课程调整、更换以及延期注册等服务，宗旨就是为学生课程选择提供尽可能多的方便和服务。在 2000 门课程中进行课程选择是一件艰难的事，但同时也是令人振奋的。学校有 3 种途径帮助学生在布朗浩瀚的课程资源中进行课程选择。(1) Banner。布朗的官方在线课程目录，包含了布朗大学所有课程目录以及不同学期完整的课表公告。(2) Mocha。是由布朗大学学生自己设计的用于帮助学生完成课程计划的软件系统，学生使用 Mocha 安排个性化课表，课表能够根据选择的变化适时做出相应的调整。(3) Course Map（课程地图）。是由学院办公室主任赞助的一项课程导航系统，宗旨是协助学生开展独立或小组式（包括学术顾问、朋友、同学等）课程设计。在这里，学生及教师可以通过导师、主题、关键词等信息条搜索课程，还可以通过学院、课程的名称或数量来搜索。这些信息条通过一个动态的网络图形描绘出来，图形根据不同信息的录入而转换或变化，仿佛事物的磁性、弹性和黏度等物理属性一样。

布朗大学开放式课程的成功有赖学校学术顾问力量的强大。学术顾问帮助学生了解学校学习路径，并形成自己个性化教育目标。与学院主任、同行顾问、教师顾问一起，学术顾问帮助学生从课内到课外，理性纵观大学四年学习历程。在布朗大学，这种学术咨询随时随处都能发生，在教室、在实验室、在办公室、在学术活动以及其他活动中。但是，最具体而规范的学术咨询还是由学校正式的学术咨询计划为学生提供。学校也鼓励为一、二年级学生提供咨询的教师对咨询网站资源进行适时更新，确保咨询服务的丰富、实用。学校设有"教师咨询小组"、"餐间咨询计划"、"一年级咨询计划"、"科学研究咨询"、"语言咨询"、"写作咨询"、"一年级研讨班"等不同领域、不同层次的咨询机构，为不同年级、不同爱好的学生提供各种咨询服务；各学院、学科专业、教师、顾问还印有侧重各不相同的指导手册，为咨询服务提供辅助作用。

　　每学期结束前，学校给每一位学生对本学期所学课程提出反馈意见，即做出评价的机会。学校认为给学生尽可能多的时间思考并撰写反馈意见是对学生更好的尊重，所以，学校建议教师学期开始时便提前着手安排学生评价事宜，让学生有充分的准备；评价不采取考试的形式，而是采取课堂评论和撰写书面材料的形式。事实证明，积极主动的课堂活动往往比课外完成效果要好。最后由学生代表收集、汇总班级的评价材料，并上交学院负责人。对学院和教师而言，尊重学生的反馈意见至关重要。学院课程委员会（College Curriculum Council，"CCC"）具体负责学院课程管理，包括课程评价。委员会由学院院长、8名教师、4名学生、4名行政管理人员和1名委员会秘书共同组成，学院院长为委员会主任，1名教师代表为副主任。委员会的主要职责是监督每一门课程执行的满意度和质量，包括个性化专业、学科专业以及学位计划等方面学习涉及的所有课程。委员会会审核新的学科课程，修改现有课程；委员会还有权对小组委员会提出的建议和所有行动进行管辖，该小组委员会每年审查不同的问题，例如，课程方法评价，教师与学生的作用，或对分级制度的修订等。[①]

　　可以看出，布朗大学的自由选修课程体系已经改变了高深学问课程秩序，体现了学生主导和充分自由，目标紧紧定位于学生个体的充分自由发展，重视学术体验、跨学科探索、理智的建构，学生的学术兴趣得到充分的尊重。博克在评价布朗大学的课程制度时指出："该大学得天独厚的条件是其选修制成功的关键所在。最重要的一个先决条件是：该大学拥有一套完整的选课咨询系统，能指导学生做出明智的选择。此外，其中一个同样重要的原因在于：该大学拥有一群优秀的学生，他们天资聪颖，关于探究，为追求通识教育而非职业训练来到大学。最后，布朗大学生的所有课都采用'通过或不通过'二级记分制，这样可以消除学生的后顾之忧，使他们可以选修不同领域的课程或尝试新领域的课程，而无须冒降低平均分绩点之险。"（德雷克·博克，2008）[156]

[①] 有关布朗大学课程体系的内容参阅南京大学教育研究院黄睿彦博士提供的《布朗大学通识教育课程实施状况研究报告》，深表谢意。

2. 牛津大学导师制的"个人知识秩序"意蕴

正如个人知识秩序无法完全取代高深学问秩序一样，在传统大学的课程体系中也包含一些服务于学生个体发展的课程教学制度，牛津大学的导师制就是典型。身为圣约翰学院院士和导师的威尔·G. 摩尔（Will G. Moore）在1968年出版了《导师制及其未来》一书，他在书中描述了导师制的教学情形：概而言之，导师制教学就是在学生和他所跟从的导师间进行的例行周会。但这并未取代其他的教学方式，如讲授课或研讨课。它也显然不能取代个人的自主学习。事实上，导师制教学肯定所有这些教学方式的存在，并且将它们的成效应用于每周导师制教学所要求的论文准备之中，该论文是由学生在与导师见面的周会上口头陈述，导师听完后就立即进行讨论。整个导师制教学的过程，包括阅读论文、讨论问题、安排下周任务等，持续的时间略多于一个小时。（大卫·帕尔菲曼，2011）[36] 这种教学方式的一个常见特点就是其格式上的非正式化。开始的时候，它通常会提几个问题，如询问学生的课题进展如何等，接下来是论文宣读，导师可以随时打断，学生也可以随时停下，随之而来的是敷衍的夸奖或感谢，然后导师再对论文进行详细的评论，学生是否要记录导师的意见也由他自己决定。在最后几分钟里，导师会针对下周议题给出一些建议或提示。当然，不是所有的导师制教学过程都是如此进行的，有如现有的其他教育形式一样，常规并不必然就是法则。实际上，由具体环境的改变而造成的不断变化是完全可能出现的。摩尔认为，导师制方法的根本就在于，它是一种质疑的方法，一种探究、摸索及细究的方法。最好的情形是，它不是通过权威的独断，而是通过批判、理论、分析及比较的方式来进行的。用圣安尼学院副院长马乔里·瑞务斯博士的话说："作为一种无法替代的个别化教学，导师制的作用不是去对学生进行教学，而是给学生设置了口头表达自我思想的任务，然后帮助他对自我的创见进行批判性审查和重构，导师制是学生个人的思想得到真正的创新的过程。同时，导师制催生出师生间最成熟的关系。"（大卫·帕尔菲曼，2011）[41] 导师制之所以成为牛津皇冠上的明珠，在于它心中有学生，是面向每一个学生的适切的教学制度，学生的自我在和谐的师生关系中得以建构，学术素质在师生合作中得以提升，基于学术的对话是理智培养的最佳课程。这种个体性的教学制度正是个人知识秩序课程需要继承的。

3. 南京大学大理科教学模式作为"个人知识秩序"的尝试

改革开放以来，我国研究型大学获得了长足的发展，为了适应不断变化的社会需要，一些著名大学都积极开展课程改革，积累了丰富的经验。南京大学以卢德馨教授为首的教学团队，历时20多年的研究探索，形成了大理科教学模式，成为我国研究型大学本科课程改革的一朵奇葩，受到中外高等教育研究者的广泛关注（有关大理科教育内容参见：卢德馨，2009）。大理科教学模式在教育目标、课程体系、师生关系、教学方式等方面都进行了改革，充分体现了为学生发展服务的思想。

学科交叉是大理科教育模式的特色之一。学科交叉旨在适应大规模团队作业的需要和促进学生个人知识结构丰富的诉求。在保证理科基本要求的基础上，跨学科设置课程，为学生提供多个理科的学科方向选择，涵盖学校所有的理科方向。并把科学素养的形成作为教育重要目标，包括科学精神的培养和科学规范、学术道德、诚信教育以及对伪科学、民间科学家、病态科学等现象的正确态度。本科生介入研究是大理科教育模式的特色之二。他们提出并实施了"铺垫—训练—研究"模式，把科学研究的各个元素，科学精神、知识水平、科学素养、科学思维、洞察能力、科学道德、评价能力、批评精神、合作精神、敬业精神、严谨作风等尽可能渗透到教学过程中，以知识为载体引导学生感悟科学思想，让学生参与到科研的过程中，为学生创造面向全体学生的科学研究训练大环境。学生的自主选择性学习是大理科教育模式的特色之三。大理科教育采取"多次选择，逐步到位"策略，给学生充分的自主选择权。南京大学进行大理科教育实验的强化部，在学生进校时发给教学一览，明确各学科方向的毕业要求。学生一年级不分方向，全部为相同的公共基础课，第一学年末学生可以按照学科大类选择，第二学年末则选择进入一级学科方向，第三学年末选择"毕业论文和本科阶段科研训练"方向。由于强化部贯通本科和研究生教育，第四学年开始不久学生选择研究生方向，对于初次选择不合适的还可以重新选择，当然学生应该清楚各个学科方向的准出要求。这不仅给了一个选择机会，更有利于学生自觉地拓宽知识面，构建自己的知识结构，也训练独立意志和选择能力。在每次选择的过程中，都为学生聘请导师就学科与课题进行咨询。

大理科教育的课程设置工作主要包括：梳理清楚公共课和学科群基础课；按学科群、学科组织课程；从加强基础、拓宽知识面角度开设必要的新课；增大学生选课的机动性，鼓励学生交叉选课；把本科阶段科学研究训练纳入教学计划；学习和研究系列均衡。让学生系统地、坚实地掌握本学科的基本理论、基本知识、基本技能和方法，对学生进行严格的科学思维和科学实验的训练，在培养学生具有一定的本学科的专门知识和处理实际问题的能力的同时引导他们对本学科的发展趋势及应用前景有所了解，培养学生一定的科学研究能力等，是这一课程体系的重要特点。他们充分利用研究型大学学科齐全的优势，充分考虑学科间联合、交叉、渗透和边缘学科出现的趋势，强调扩大知识面，在本科阶段不分专业。

图 3-5 南京大学基础学科教学强化部课程体系

大理科教育主要采用研究性教学方式。在研究性教学中文献被认为是教学的一部分，从低年级开始就接触文献，使读文献、查找文献成为一种习惯。在教材中列出参考书、参考文献而不是所谓的材料，其中有经典著作、经典文献、专业研讨和高级解读。网络资源的应用也是研究型教学的基本手段，强调以知识为载体传递思想。通过撰写小论文训练集中地在创新意识、学术规范、学术诚信方面给学生丰富的体验。在研究性教学中注重师生、生生互动行为的设计与实施，突出学生学习中心的地位，形成平等的学术氛围。

大理科教育模式对跨学科知识、研究型学习、自主选择权利等的追求体现了学生中心地位思想，彰显了学生的个体尊严，是我国研究型大学人才培养模式变革的成功案例。

中外研究型大学这些本科课程变革的实践案例雄辩地说明，大学课程个人知识秩序建构是可能的。

第4章　促进个人知识秩序生成的制度重建

新秩序总是伴随制度变迁而逐渐生成的。从经济学上分析，如果制度最初形成的条件发生了变化，同时，人们发现可以有效率更高的制度取代现存的制度，就会出现制度变迁的可能，从而产生人与人之间的新一轮的互动过程，这就是制度变迁。在《制度、制度变迁与经济绩效》一书中，诺思强调，制度变迁的起源在于决策者所洞察到的机会，这些机会或者来自外部环境的变化，或者是来自决策者在给定的心智结构下对各种制度框架在边际上的成本与收益的判断。由此诺思得出结论，制度变迁的方式取决于人的学习过程，而学习是对人的心智结构的修改或重新界定。学习不仅是认知主体面对新环境而产生的新经验的因变量，它同时还要受到既存信仰结构不断渗入的影响，这就决定了制度变迁中存在路径依赖，即文化传承使现在和未来都同过去关联。据此，诺思给出了清晰的制度变迁框架：即正式规则、非正式约束以及二者的实施特征。（道格拉斯·C.诺思，2011）在这一框架中，制度有的是最优化选择的结果如正式规则，有的则有演进的成分如非正式约束，二者的实施特征往往取决于实施者的主动建构。就大学课程制度来说，正式规则表现为正式课程包括课程结构体系及相关规定；非正式约束表现为隐性课程包括各种规章制度、学校文化传统、校园活动、各种学院经历以及人际关系等。二者实施特征具体呈现于课程实施中，主要是教学，也包括实践活动、情境创设、科研行为等。基于这一制度框架，促进个人知识秩序生成的制度重建可以围绕正规课程、隐性课程与课程实施展开，形成以学生学习为中心的大学正规课程，实现以丰富学生学术经历为重点的隐性课程自觉，优化以服务学生行动学习为根本的课程实施过程。

一、正式课程——以学生学习为中心的整体设计

美国学者约翰·塔戈（John Tagg）用"知识工厂"（knowledge factories）来描述当代大学的课程秩序，认为"知识工厂"里的标准化和科层化导致了本科生教育的平庸和脱节，"原子化"（atomized）课程使学生不能整体思考，不能将分析方法从一个学科或问题迁移至另一个学科或问题。他把当前的课程称为"教学范式"，在这一范式中，大学的成品是课程，大学存在的目的是为了在更多的课堂上为更多学生提供更多的教学，这种秩序误将手段当成结果，将提供课程和引发学习相混淆。他倡导一种新的课程秩序即"学习范式"，"从学习范式的角度来看，知识工厂的核心功能就显得十分平庸。学生学习的内容才是关键。大学的使命是促进学习，这应该没有什么争议，因为这几乎与所有的大学教师和行政管理人员的公开言论相一致"。（弗雷斯特·W. 帕克，等，2010）[414] 他说："一所大学，一所真正的大学，应是人的社会，不是行政官僚机构或工厂。"（弗雷斯特·W. 帕克，等，2010）[415] 如塔戈所说，向人的回归、对学习的关注已成为当代大学课程变革的主题。罗德斯对大学本科课程重构提出许多针对性的主张。他认为，本科课程的目标是"使毕业生不仅在职业上而且在生活上成为一个自我激励者，一个对知识有渴求并且能够满足自己这种求知欲的人"（弗兰克·H. T. 罗德斯，2007）[115]。在他看来，所有人类经历的丰富性都在课程中有所体现。所有我们社会中棘手和恼人的问题也都包含在课程中。所有人类的能力和对我们的星球、人类的美好愿望也都在课程中被表达出来。课程研究最好的办法是考虑学校应该培养什么样的学生，而不是需要什么样的课程。"我认为本科教育应该提供通识性的入门课程，培养一种批判性思考能力和经过训练的好奇心，以及一些特殊的技能。本科教育的目的是发展学生在一个选定的专业中判断、区分、参与和比较衡量的能力。"（弗兰克·H. T. 罗德斯，2007）[116] 罗德斯指出，大学不能让 22 岁的人获得所有的成熟品质。但是，大学可以营造一种氛围，在其中这些品质可以被培养出来。这种气氛不是靠一套预定的课程或者一些学术要求，而是通过一天天的接触、互相理解的校园生活、高度的期望、丰富的经

历、榜样的财富和校园共同体中所充满的活力、热情和好奇心所建立的。这些无形品质是可以互相传染的；它们可以影响本科生的成长、发展并且通过个体带入社会。"大学必须通过学生的学习目标的实现来达到自身的目标，而不是重新设定或者替代学生的目标。"（弗兰克·H. T. 罗德斯，2007）[118]他强调，大学必须通过在职业化教育中加入通识教育来保持对更大的社会目标、道德价值以及人类利益的关注。罗德斯的这些主张为以学生学习为中心的课程设计指明了方向。

1. 建立"以学生学习为中心"的课程理念

教育的实质是服务学生的学习，即一切活动以学生的学习为中心，关注人在发展中的主体意义，并在发展中使每个人的尊严以及平等、自由的权利得到保证。实际上，这也是当代课程发展的价值诉求，是人回归教育主体后的必然选择。教育的主体之一是学生，是处于发展中的人，强调教育"以人为本"，就是要强调教育的一切活动都要为孩子的发展服务。这需要确立满足孩子发展需要的教育改革理念，需要基于学生作为人的自我价值实现确定教育目标，需要从学生已有经验出发实现教育内容与其现实生活的融合，需要赋予学生个体自主学习的权利。

一是确立具有丰富人本价值的教育观。传统思维中，我们一直把教育理解为传递人类文化的工具，实质上是强调教育内容自身的价值，这是一种知识本位的教育观。问题在于，人类知识本身并没有自在的目的，只有把知识当作一种工具引导学生去了解社会生活情境、适应社会生活、形成推动社会进步的能力，才有其真实的意义。从这个意义上来说，大学教育如果忽视学生的心理特点和发展需要，不能与学生已有经验发生关联，就难以实现预设的目标。早在20世纪初，杜威就曾指出："课程的学科内容无论有多么重要，无论作了多么审慎的选择，倘若不按照个体自身的活动、习惯和愿望加以改造的话，就没有明确的道德内容。我们必须弄清历史、地理和数学在心理学上意味着什么，也就是说，在我们从中发掘其种种道德可能性之前，它们都是个人经验的方式。"（杜威，1994）[160]杜威这里所说的"明确的道德内容"就是学校教育的社会责任，从他的论述中我们不难理解，教育的社会价值只是一种潜在的可能性，这种可能性必须通过学生的个人发展来实现。我们强调彰显"人本"价值的教育观，就是强调学生个人价值与社会普通价值的统一，强调通过学生个人价值实现最终实现教育的社会价值。就教育本体来说应从知识本位走向学习经验本位，从"传递中心教育"走向"对话合作教育"，真正赋予学生作为学习主体的发展权利。

二是形成彰显个体发展意义的学生观。在人类发展的历史长河中，无论是西方文化还是东方文化，在相当长的历史时期内，都没有赋予学生作为人的合法地位和尊严，只是把他们作为改造和开发的对象。是卢梭、杜威、皮亚杰等一批先哲们以他们的智慧发现了教育中的人，使我们认识到学生的需求必须根据他们现在是什么而非将来是什么来决定。但是现实的教育依然是按照所谓他人意愿来训练学生的，作为教育者往往是想当然地控制学生进入某个阶段，按不同的年龄区别对待不同的学生，在他们看来，同龄人的身心发展水平是相同的。然而无论是从生物学还是社会学的角度来看，这种思想都是不科学的。因为每个学生都有他们自己的发展速度，个体之间存在较大的差异，正是这种差异要求我们关注不同的个体。正如人类学家蒙塔古（Ashley Montagel）所说："以平等的方式对待不平等是最不公正的待人方式。"（弗雷其特·W.帕克，等，2004）[132] 确立彰显个体发展意义的学生观，就是要赋予学生自主发展的合法地位和权利，在为学生提供均等学习机会的前提下区别对待每一个学生，从他们的现实需要出发帮助他们学习，服务他们的发展，同时研究每一个体的特点，提供适切性的教育，使他们基于自身的经验和条件获得最佳的发展。

三是构建突出学生经验价值的学习观。学习是创造性的活动，无论何时何地，学习何种内容，学生都不是简单地复制所学的内容，而是基于自身经验和体验方式去认识世界和验证事物。这种学习观又是与人们对知识的重新认识而确立的。从发展性的教育观点来看，知识总是一种建构，它是主观与客观共同作用的产物。这种知识观可以追溯到康德的哲学思想和经验主义哲学的阐释。康德认为，大脑提供了认识的"类型"，与此同时，真实世界提供了认知的内容，知识是大脑与外部真实世界的相互作用和建构。皮亚杰在康德哲学的知识建构主义观的基础上，做了发展性的补充，他证实了认知种类的多样化，认为认知的种类是随着年龄的变化而改变的。建构主义关于知识学习的主张已经超越了"对"与"错"的简单判断，而具备了个体经验的主观意义。对于大学生的学习而言，任何基于客观的理性判断，都会伤害他们的批判性和创造性。要研究学生的学习，要进入学生的经验世界来认识世界，给予个体经验以知识的意义，使本已融入个体生命的学习真正成为其自身生活的内容，成为其经验的自然生长。

四是关注学生作为整体的人的发展。关于人的全面协调问题，法兰克福学派曾就技术理性对人的统治，进行了深刻的批判。马尔库塞在他的《单面人》一书中认为，在相对富裕的消费世界中，技术理性消解了人应具有的否定性、超越性和批判性，人成为失去超越维度和批判维度的"单向度的人"。实际上，这种状况在教育领域也普遍存在。长期以来，技术理性主义在教育领域占统治地位，学校的课程体系追求学术化、专门化，专注于呈现抽象的知识符号，把学习等同于读书，而读书的目的就是为了考试。这就把学习简单化为记忆，学生成了知识的容器，唯书、唯标准答案，从而忽视了思维的批判性和否定性，忽视了学生个体的理解、想象和创造。这样，培养出来的学生也就成了马尔库塞所说的"单向度的人"。因此，促进人的全面发展是世界性的课题，正如《学会生存》所说："把一个人在体力、智力、情绪、伦理各方面的因素综合起来，使他成为一个完善的人，这就是对教育基本目的的一个广义的界说。"（联合国教科文组织国际教育委员会，1996）[195] 要实现人的全面、协调发展，必须改变基于技术理性的教育模式，在教育目标和具体实施上要关注学生作为"整体的人"的协调发展。首先是关注学生智能与人格的协调发展。改变教育对单纯学术化的追求，将非学术性的实践活动、生活体验等纳入课程体系，从而为学生情感、态度及自我认识等人格因素的发展提供基础。其次是关注个体、自然与社会的和谐发展。杜威曾说："只有当相继出现的经验彼此结合在一起的时候，才能存在充分完整的人格。只有建立起各种事物联结在一起的世界，才能形成完整的人格。"（杜威，1991）[268] 从这个意义来看，大学课程只有推动个体、自然、社会有机统一，才能实现整体的人的发展目标。打破学科界限，围绕人的生活经验进行有机的教育统整，是课程设计的重要选择。

五是培养学生的终身学习能力。联合国教科文组织的著名报告《学会生存》提出了"未完成的人"的概念，该报告认为："人永远不会变成一个成人，他的生存是一个无止境的完善过程和学习过程。人和其他生物的不同点主要就是由于他的未完成性。事实上，他必须从他的环境中不断地学习那些自然和本能所没有赋予他的生存技术。为了求生存和求发展，他不得不继续学习。"（联合国教科文组织国际教育委员会，1996）[196] 正是在这样的认识基础上，该报告主张教育应扩展到一个人的整个一生，应把社会的发展和人的潜力的实现作为它的目的。这也就是该报告所提出的终身教育理念，从这一理念出发，人的终身学习能力和发展能力就显得十分必要。培养人的终身学习能力无疑是课程改革的重要使命，也是人的可持续发展的基础。为了培养人的终身发展能力，《学会生存》提出了"教育必然是从学习者本人出发的"观点。该报告认为，当教育者把学习权充分地让位于学习者，使学习者能够从自己的实际出发确定学习目标、选择学习内容、规划学习过程、反思学习成果，学习者的学习能力也就在学习过程中形成了。这种自主学习能力是人的终身学习能力的本质。联合国教科文组织的另一份重要报告《教育——财富蕴藏其中》，也清晰地表述了人的终身发展能力的内涵。培养人的终身发展的能力具体包括终身学习的观念、全面的知识素养、合作交流能力、批判思维方式、创新意识和创造能力、民族情感和国际视野等。

2. 信息时代人类学习概念和目标重建

对人类学习有两个层面的理解：一个是日常生活中的学习概念，二是科学领域中的学习概念。在日常生活中，谈到学习，人们首先想到的就是在教室里上课，或是看书识字学文化，是文化科学知识的学习。由于学习是多学科研究对象，所以在不同的学科领域中，对学习的理解也不同。在心理学研究中，不同的心理学流派对学习都有不同的理解，被广泛接受的一个定义是：学习是指人和动物因经验而引起的行为、能力或心理倾向相对持久的变化过程，这些变化不是因成熟、疾病或药物引起的，而且也不一定表现出外显的行为（施良方，1994）[5]。心理学对学习的研究尽管揭示了学习活动性质，但并没有把人类学习同动物学习区分开来。与心理学不同，教育学研究则从人类学习的特殊活动出发，试图揭示人类学习特有的本质。从教育哲学的高度，对学习的定义是：学习是人类（人体或团队、组织）在认识与实践过程中获取经验和知识，掌握客观规律，使身心获得发展的社会活动，学习的本质是人类个体和人类整体的自我意识与自我超越（桑新民，2004）[65]。这一定义强调人类与动物学习的区别，廓清了人类学习的内容、目标和结果。当然，其他学科领域对学习也都有自己的理解，这里不一一叙述。

从学习概念分析可以看出，科学领域中的学习概念主要是揭示学习活动的内在本质，而这种对学习本质属性的探索，并不受学习外在因素诸如环境、条件、媒介、方式等的影响，相反，日常生活中关于学习的理解，却始终与学习的外在因素相联系，更具有文化的内涵。作为信息时代人类学习概念的探讨，着眼点应落在日常生活中的理解上，寻求一种文化的观照。在我国古代，"学"与"习"两个字一般分开使用，最早将"学"与"习"联系起来，并探讨二者关系的是孔子。他在《论语·学而》中说："学而时习之，不亦乐乎！"他强调的是"学"与"习"之内在的联系。真正最早出现"学习"一词的是《礼记·月今》中的"鹰乃学习"，意指小鸟反复学飞。可见，在中国古代文化中，学习一词包含"学"与"习"两个环节，前者指认识活动，后者则指实践活动。所谓学习，就是人们通过获取直接或间接经验，不断练习并付诸实践的活动过程。这是我们日常生活中学习概念的深层文化内涵。由此可知，日常生活中所说的学习是一种活动，这种活动的内容是获取生活经验，目的是改善自身的实践行为，这样的学习往往指人成年之前的活动。作为人类自身的活动必然受外在社会环境的影响，直接经验的获得依赖生活中的实际观察，间接经验的获得则以纸质印刷品为媒介，学习活动主要是特定时空中师生间的互动。这是印刷时代传统学习的典型特征。信息时代完全改变了人类学习的特征。学习目的不仅是获得经验，更多的是寻求生命的丰富；虚拟世界打破了时空的限制，使直接经验的获得无须进行实际观察，使学习活动可以超越特定时空的师生互动；学习资源空前丰富，使间接经验获得更加便利；同时信息技术对人的学习能力提出了更高的要求，学习活动贯穿于人的一生。因此，信息时代的人类学习发生了根本的变化。其一，信息时代的学习是资源学习。信息时代学习资源的多样性、多元性、层次性，为学习者提供了丰富的机会，对色彩斑斓的资源实行按需分类、筛选和管理，是信息时代学习的基本能力。学会快捷有效地使用资源，要求学习者对自己的学习过程有很好的自我监控和自我评估，以求达到适合于自己的最佳学习方式和方法。同时，这样一种资源学习也为学习者提供了无限的发展空间。其二，信息时代的学习是终身学习。信息时代的最大特点是知识更新速度加快，技能处于不断更换之中，因此学习不再仅仅是一个阶段的任务，需要贯穿人的一生，任何阶段的学校教育必须在人的一生中加以规划。其三，信息时代的学习是自主学习。目标是获取信息、培养能力、解决问题，学习时间根据实际分散安排，不再受空间制约，可利用互联网等工具随时随地获取学习资料来展开学习，充分自主进而达成一种"个性化"的学习。其四，信息时代的学习是协作学习。由于每个人掌握的信息都是重要的学习资源，学习者彼此之间的知识分享是最重要的学习方式之一，信息网络为新型协作学习提供了条件和可能。

在信息时代，信息和知识总量呈几何级数增长，信息储存、转换和传播实现数字化，信息传递实现即时化和全球化，由此也带来人们的生活节奏加快、产业结构不断调整、职业流动性增强，一切都在不确定性中展开。在这种条件下，传统的基于文本学习的学习目标、学习习惯、学习方式和学习行为将面临重大的冲击。在学校教育中，以班级集中授课为主要组织形式，以教师、教材为中心，以阶段学习为形式，以及循序渐进式的学习计划，都不能适应实际发展需要。学习目标、学习资源、学习方式和学习行为，在信息化条件下都面临新的革命。

人类学习目标的确立总是根植于特定社会生活的需要，以及建立于其上的个人的发展要求。对于信息社会的特征以及人类生活的变化，国外许多社会学家都有精辟的论述。[①]信息时代的特点深刻地影响人的发展，对人的学习目标提出了新的要求。那种以获得知识和经验，以求提升某一职业领域熟练技能和自身道德完善的学习目标，需要进一步拓展。这种学习目标的革新

[①] 奈斯比特认为工业社会到信息社会的变化主要体现在三个方面：第一，技术知识成了新的财富，工业经济时代诞生的"劳动价值论"被新的"知识价值论"所取代，在信息社会里起决定作用的不是资本而是信息知识，知识已成为生产力、竞争和经济成就的关键；第二，时间观念发生了重要的变化，人们既不像农业社会那样习惯于面向过去的经验，也不像工业社会那样注重眼前和现在，而是更强调面向未来和如何预测未来；第三，生活目标的变化，即更加激烈的是人与人之间的竞争，而不仅仅是人与各种自然的竞争。在嘉格伦看来，"信息社会的首要资源是信息，而信息社会工具的主要功能就是制造、存储、发送和更改信息，如果说工业社会使得人类活动扩展到了地球的各个角落的话，那么知识革命的主要特点，则是它能够大幅度地扩展人类的思维空间"。（嘉格伦，2000）[7]

可在以下几个层面展开。

阶段性目标与终身发展目标的统一。所谓阶段性学习目标，主要是指职前集中学习的目标，而终身发展的目标是指贯穿于人一生发展的学习目标。实际上，不论是哪个发展时期，人类学习都是职前集中学习与终身学习的结合。只是在工业化社会，人们更多地关注职前的集中学习，职后的终身学习也时常发生，但没有专门计划，具有零散性和随意性，这与工业社会的特点相一致，因为在工业社会及之前的各社会阶段，职前学习所获得的经验已经能够基本满足职后职业生活的需要。信息时代不同的是，由于科学技术的飞速发展，知识以前所未有的速度更新，职业生活变动不居，人们需要不断地、主动地进行学习以适应信息时代的快速变化。学习者只有终其一生地对自己的知识库进行"升级"和"换代"才能适应信息时代的生存与发展。这并不是说，职前的集中学习不重要，相反，职前的集中学习在人的一生中具有重要的不可替代地位。只是必须在人的终身发展格局中系统规划每一阶段的学习目标。就基础教育阶段的学习目标来说，不再是单纯获得客观的知识，而是重点发展自己的学习兴趣，发展自身的可持续发展能力，培养自己主动地、有效地获取知识的习惯，掌握适合自身的学习方法。同样重要的是制定终身学习目标，有计划地安排自身的职业生活和学习生活，使学习贯穿于人的一生，将"活到老，学到老"付诸自身的生活实践。

接受性知识目标与批判性思维目标的统一。获得新知识始终是人类学习最重要的目标，在信息时代也不例外。在工业社会，由于学习是为从事某一职业做准备，学习目标主要是接受性知识目标，包括知识和经验的获得，技能的训练和特定职业素养的提升。这种以"知识就是力量"为价值取向的学习，重在对知识的继承，强调知识的工具价值。信息时代的学习也强调对知识的获得，但不同的是更注重知识对人的生命的意义，更重视知识的人文价值，追求知识的创新。面对丰富的信息资源，学习者必须基于批判意识进行有效的选择，同时，也为人的批判思维提供了广阔的空间，批判性思维能力便成为学习的重要目标。这种批判性思维目标包括求异思维、创造性想象、独特的视角以及活跃的灵感、创新的技能等。具有这种批判性思维能力，学习者才能敢于打破陈规陋习，能够不为传统思想及习惯所束缚，能够大胆提出新的概念、新的思想、新的方法，从而创造新的产品和新的技术。

科学文化素养目标与信息素养目标的统一。基础性学习的目标主要是人的国民素养的提升，其核心是科学文化素养，包括读、写、算的基础知识和基本技能，某一特定职业领域的专业知识，传统的道德认识和伦理观念等。这种国民素养是工业社会的主要学习目标，对于人的存在和发展至关重要。但到了信息时代，信息主导人类的几乎所有活动，对信息的理解、感悟、开发与运用能力等成为人的基本素养，亦即信息素养，信息时代的国民素养很重要的内容就是信息素养，主要包括信息获取、信息分析、信息加工和信息利用有关的综合知识和能力。

个体发展目标与团队发展目标的统一。人类个体的学习活动只有在社会文化环境中才得以进行，每个社会成员的学习活动融为一体，又构成了整个社会的学习。只是在工业社会，学习活动主要是以个体形式进行，即使是在课堂上，学习也主要是个体行为，少量的协作学习也不能构成团队学习行为。学习的个体化是与工业社会过细的社会分工紧密联系的，也与人们对团队学习的认识不足有关。因为长期以来，学习行为主要是心理学的研究对象，而心理学主要侧重于研究人的个体学习。随着信息社会的到来，人类学习受到多学科的关注，尤其是管理科学的研究，使人们对协作学习和团队学习有了更深的认识。彼德·圣吉在长期研究的基础上发现，所有优秀的企业都有一个共同的特征，即具有较强的团队学习能力。这种以企业整体作为学习主体的反思性学习，使企业上上下下获得新的凝聚力，焕发出为"共同愿景"而奋斗的生命活力，企业因此而不断实现"自我超越"（彼得·圣吉，1998）[2-14]。共同的学习目标、有效的分工与合作、学习成果的无私分享与反思，是团队学习的基本要素，这样的团队学习可使个体都进入高效率的整体学习状态，能够真正凝聚、创造出一个作为整体存在的团队学习主体，从而获得个体学习无法达到的学习成效。信息技术依据系统协同观的要求，从整体的角度关注个体与群体在认知、情感和行动维度的发展，通过学习场域的构建为团队协作学习提供了动力和平台，从而为日常生活中的团队学习提供技术支撑。因此，在信息时代，我们不仅要建立个体的学习目标，还要规划团队的学习目标，要充分利用团队的优势提高自身的学习实效，也通过自身的学习为所在团队学习做出贡献。

3. 围绕学生学习优化课程结构与内容

威斯康星大学麦迪逊分校 1995 年发布题为《未来图景：今后 10 年威斯康星大学麦迪逊分校的优先发展工程》的文件，提出的图景集中于"学习"这一中心主题并作出承诺：以不同方式开展工作和开展不同工作来完成大学的目标。不再把教学、研究和服务当作相互分离的活动来努力加以平衡，而是把以下 3 个相互联系的学习系统当作优先考虑的工程来组织实施，即学习经历、学习社区和学习环境。

学校要将学习经历从传统教室拓展到学生宿舍、义务服务场所，充分利用信息技术，增加场地与研究机会，以及把教育视为丰富学习的机会。学习社区的改进工程包括增强跨学科疆界的联系与合作，拓展合作伙伴关系，建立与外部支持者的广泛联络。学习环境是促进学习经历和学习社区建设的基础，需要广泛利用信息技术来改进教学、行政事务和外部联系。学校还要开展一项综合的校园杰作计划，以此推进新的学习环境建设。这一计划提出几项具体建议，要把几个学科的内在需要与外部功能结合进来。

为了实现这一图景目标，文件勾画出五个主要系统支援下的四项优先工程，它们是：保持科研领先地位；重新检讨本科教育；融入全球化社区；更新威斯康星理念。五个支撑体系是：人力资源效用最大化；反思组织结构；鼓励合作；合理使用技术；改善校园自然环境。这些优先工程和体系目前已经推动了一系列自主创新式发展。威斯康星大学麦迪逊分校的未来图景可用图 4-1 表示。

计划的核心目标是为学生开发学习项目，使他们能够从教师的研究工作中受益。如有一项目安排协作型教师参加相关计划，结果收到 90 多份应征报告书。从这些打乱常规组合秩序的报告中选择五份作为资助项目，成为州在生命科学领域以类似方式组合的拨款对象。几乎所有这些报告都将通过几个现行的计划和协作课程整合智力分工来综合利用教师资源，在资助项目中包括生物光子学、经济地理学、认知和情感神经系统科学，以及公共事务方面的国际计划。另一个实施的大项目是鼓励学生争取顶点学位或证书：提供给完成了本科学位学习，但是为了适应迅速变化与技术含量日益增多的劳动力市场需要，要求学习更多知识的学生，希望项目能够丰富硕士学位标准的内涵，为学生提供自我调整进度的全日制和远程教育课程。项目的实施，使大学不同组织间的联盟协作所取得的成就达到了一个历史高度，教师、职员、学生一起突破传统疆界，构建共同未来。

图 4-1 威斯康星大学麦迪分校未来优先项目（大卫·沃德，2007）[14-20]

威斯康星大学麦迪逊分校的计划让我们看到了以学生学习为中心的课程结构状态，它打破了大学原有的教学、科研、服务的功能区分，所有的活动都围绕学生的学习展开。它以学习项目为载体，打破了原来基于学科专业的课程模式，生成一种跨学科的探究状态。这种课程已经重新诠释了学术的内涵，已经不再是外在于学生的抽象原理，而是被学生所体验的应用情境中的知识生产力与驱动力，是融入学生个体意识的意会能力。这正是高深学问转化为个体知识所需要的课程结构。在正式课程的整体框架内，基于个人知识秩序的课程结构可用图 4-2 表示。

在这种金字塔式的课程结构中，自下而上不仅呈现了课程类型的地位，也形象地反映了这些板块课程应有的比例。作为研究型大学普适性的本科课

图 4-2　个人知识秩序课程体系

程结构模型，它更加强调通识性，以高深学问学习为载体，达到学生人格完善、理智培养、学术理解等素质发展目的，引导学生提高意会认知能力，实现学生自主的专业建构。

"文化素养课程"是单纯的通识教育课程，在整个课程结构中处于最基础的地位。哈佛大学的核心课程为文化素养课程提供了很好的范式。罗德斯曾说："核心课程不是以名著为基础的课程，而是用一种方式把人文科学、社会科学直接与人类休戚相关的事物联系起来。"在美国前人文科学中心主席查尔斯·弗兰克看来，受过核心课程教育可以使你对生活有多维度的理解，你不会对事件做出被动的反应，也不仅仅从个人的角度去关心它们，至少你可以把自己的命运看作人类环境和人类命运的反映（哈佛委员会，2010）[211]。哈佛核心课程包括六个大领域：外国文化、历史研究、文学艺术、道德、自然科学和社会分析，每一领域又包括若干课程门类。在《哈佛 1994—1995 年核心课程目录》中，外国文化课有 27 门，历史研究课有 29 门，文化艺术课有 48 门，道德课有 12 门，科学课有 26 门，社会分析课程有 11 门。要求学生用本科学习时间的 1/4 左右来学习上述 6 个领域的 8 门至 10 门课程，每个领域至少应选修一门。

"多学科交叉课程"是专业基础课,是专业课程与通识课程的有机结合,强调学科大类中的知识交叉。在研究型大学中,传统学科大类不外乎理科、文科、工科、医科等,学科大类中的多学科交叉课程,是要引导学生形成多视角的知识概念,培养较为宽阔的学科视域,既见树木又见森林。南京大学卢德馨教授在大理科教育模式中开设的"学科群基础课"为我们提供了思考的视角(卢德馨,2009)[71]。他们围绕数理和化学生物两大学科群,进行必要的学科交叉。在数理类开设大学化学、大学天文学,在化学生物类开设理论物理。在大学科群基础课阶段,大学物理学、物理实验、化学实验、数理方法是公共的,大学生物学是为所有非生物类方向开设的,生物类则开设普通生物学,类似的有大学天文学和普通天文学。基础化学则略有不同,非化学类的开设大学化学,而化学方向则通过整合原有课程开设化学原理、谱学原理等。

"科研项目课程"是以为学生开发的让他们直接参与科研活动的项目为载体而设计的课程,包括学生直接申请研究项目、参与导师的研究项目,也包括将知识应用于社会实践的项目。科研项目课程应贯穿于大学本科学习的始终,同时在四年中应集中一年或半年时间进行多项目的科研。通过参与科研项目,把学生置于真实的社会环境中,他们就有机会应用从课堂上学到的知识,在研究实践中发现新的知识,或对知识形成新的理解。不仅如此,学生参与项目研究,促使他们对某一学术问题进行有计划的系统思考,主动运用跨学科的知识与方法,这对于提高学生解决问题和批判性思维的能力都有着重要的影响。由于科研项目需要多方面的协同,也必然培养学生对多样性的包容和理解,实现高水平的道德发展。

"专业课程"是融高深学问、专业文化、职业取向于一体的课程设计,与传统专业课程单纯的知识目的不同,它是兼备通识教育的责任,课程的目的最终是促进人的发展,诸如理智水平、创业意识、专业理解和应变能力等。由于大学内传统的学科分野已经被大学外更灵活多变、贴近现实的研究活动所淡化,所以专业教育需要在传统的基础上采取更加开放和灵活的态度,但并不意味着打破原有的学科化结构。"知识和组织的学科化结构能为个人提供坚实的基础教育训练,给予他们学科认同感和'能力凭证'。通过这种训练——特别是单一学科的训练——个人能够获得一种从本专业角度出发的世界观，并且学着以学科视野判断什么样的问题是重要的，应该如何建构并解决这些问题。学科的团结、来自学科同行的期望和奖赏都会鼓励个人遵守这种'原则'。"（迈克尔·吉本斯，等，2011）[132]事实上，个人的专业知识建构是进行跨学科对话的基础。只是在专业教育中，要培养与其他领域专家合作的能力，培养以全面的眼光看待世界和各种问题的能力，训练容纳并理解不同假设的能力，也就是提高自身承载多元认知和多重社会认同的能力。

4. 以提高学生学习能力为目的创新课程组织方式

在信息化条件下，学生在学校的学习只是终身学习的一部分，需要在终身发展理念下重新思考学习能力的内涵。除了理解能力、思维能力、注意能力、表达能力等普适性学习能力之外，还应包括良好的学习习惯、广泛的学习兴趣、积极的学习态度、高昂的学习热情等非智力因素，更重要的则是数字化环境中学习所必需的自主学习能力、协作学习能力、终身学习的规划能力，尤其突出的是信息加工处理能力。除了一般意义上的学习能力之外，大学本科生的学习能力还与学术理解、知识运用有关，面对跨学科的知识生产与使用环境必须具有超学科的认知能力，面对问题解决情境必须具有专题探究的能力，面对终身发展、持续发展的任务必须具有对学习本身的研究能力。

一是开发跨学科课程。固然学科交叉学习是进行跨学科教育的重要而简洁的形式，尝试开发跨学科课程则更具课程价值。最常见的跨学科课程主要有多学科整合与超学科整合两种。如以"社会媒体"为例，两种组织方式分别如图4-3、图4-4所示（林智中，等，2006）[109-110]。

从图4-3中可以看出，多学科整合是从学科角度入手，多个学科围绕一个同样的主题或议题来组织。在采用这种模式时，教师从多学科入手，保留各个学科的课程，分科属性强，学科之间的关联性弱。超学科的整合则不同，完全是真实的生活情境，学生的需要是组织的中心，学科不再是最初计划课程的平台。它的假设是大多数或所有的学科都包含在学习的主题之中。这种超学科课程完全消解了科际的区分。

图 4-3　媒体主题的多学科课程

图 4-4　媒体主题的超学科课程

二是组织专题研习。专题研习视学生为建构知识的主体，是以研究的方式展开学习，包括无结构的、有结构的、半结构的、真实世界的专题研习等多种结构形式，具体如图 4-5（Henry, J., 1994）[16] 所示。

在学生学习为中心的课程中，专题研习在提升学生学习能力上有着明显的优势，能够提高学生的学习动机，强化互动过程，增强学生的主动性，并能够充分考虑学生的个别差异，促进学生的多元学习能力发展。作为组织中心，主题是专题研习的主要学习线索，在跨学科的领域里，它联系了不同的学科范畴；在共通能力的范围里，它联系了学生已有的和将会发展的共通能力；在知识的应用方面，它联系了学术与现实生活。因此，专题研习的主题应来自学科知识与真实世界的交汇处，来自学生的学科兴趣，来自学生对知识的存疑处，来自多学科的共通领域。专题研习要超越课堂，走进实验室，走向社会的真实生活。

图 4-5　不同结构的专题研习（Henry, J., 1994）[16]

三是开设专门的学习科学课程。学生学习能力的提高依赖其对学习活动本身的认识，需要一种超越一般学习能力的元学习能力。开设专门的学习科学课程是提高学生元学习能力的重要途径。当代学习科学的研究已经超出了心理学研究的局限，成为多学科研究的领域，尤其是信息技术作为学习工具的有效开发和利用，使学习技术的研究成为学习科学的重要范畴。因此，学习科学课程不仅是学习论，还包括学习技术、学习文化等内容。让学生通过精心设计的学习生活，获得自觉的学习体验，并反思与超越固有的学习经验与学习习惯，形成稳定的学习能力结构。当学生真正理解了自身学习的特点，真正懂得了应该也必须对自己的学习活动和学习结果承担全部责任时，他们就会通过个性化的学习方式提高自己的学习效率与学习能力，真正成为命运的主人。

二、隐性课程——丰富学生的学术经历

克里尚·库马尔（Krishan Kumar），弗吉尼亚大学社会学教授。他这样描述所在的这座大学：该大学位于古镇夏洛茨维尔。19 世纪初，托马斯·杰斐逊创办了这所大学，他规划并细致地监督了这个"学术村"的建设过程，

包括学生宿舍、教员公寓、食堂、花园及校园的草坪这样一些细节。在几英里外蒙特卡罗山顶的家里，他用小型望远镜观察到大学每天的建设进展情况。最后，整座大学建造得如其他大学一样令人满意：学生宿舍、旅馆、羊肠小径及花园错落有致地环绕着绿荫遮蔽的中央草坪，而一座帕拉第奥风格的圆形建筑是整个建筑设计的亮点，它与周围环境达成一种极佳的平衡。杰斐逊很清楚，大学的空间设计是大学教育必不可少的部分，弗吉尼亚大学把多变的建筑风格和花园从教工的私家转移到了面向所有人的空旷的绿色空间，而把"旅馆"变成了学生及其客人居住的地方。杰斐逊认为，生活在这样的环境中，学生们将习得"品味和教养"。（安东尼·史密斯，等，2010）[57]库马尔在这里描述的是大学作为一个特殊场所的教育意义，这正是隐性课程的主要内涵。隐性课程（hidden curriculum）又译为"潜在课程"，指大学的组织特征、生活方式、历史文化、学院经历、校园环境等对学生所产生的类似课程的作用，这种作用多是非系统的、无计划的、在课堂以外发生的。库马尔说："我们必须坦承，真正维护大学地位的是这样一种学位：它被授予那些参加特定文化和社交活动的学生。人们现在常常提到的'课外活动'必须作为大学生活的真正核心和大学存在的主要理由而得到重视。"（安东尼·史密斯，等，2010）[51]西方学界对大学隐性课程的研究都表明，这些非正式课程对学生的道德水平提升、文化素养培育、创设学习情境、学习资源供给等有着正式课程不可替代的作用。作为个人知识秩序的制度组成部分，隐性课程属于非约束规则，其分析框架可用图 4-6 表示。

图 4-6　隐性课程分析框架

1. 组建学术共同体

"创造一个现代的学术共同体并不意味着所有学者在所有领域都必须成为博学者和专家，它意味着学者们愿意以通俗易懂的术语在不丧失知识完整性的前提下与别人交流；意味着必须努力去倾听；意味着在对知识的严肃投入，对其他学者的尊重，对知识、所有知识和知识本身的深刻尊重；意味着愿意去做艰苦的工作以建立和维护共同体；意味着欢迎那些以前被排除在外的学者归来；意味着愿意让他们的存在来改变共同体本身。"（大卫·沃德，2007）[35-36] 威斯康星大学麦迪逊分校文学与科学学院教务长菲利普·R. 瑟尔顿教授这段富有激情的描述，与其说是阐释"学术共同体"作为一种组织形态，不如说是宣扬一种学术文化。这种学术文化使大学成为一个统一的知识整体，它超越了习以为常的学科、理论、信仰以及意识形态的藩篱，将大学学术整合于对人类命运的关怀之中。它使学生拨开隐藏于被分化的知识间的云雾，直达学术的顶峰看到山与山之间的密切联系。所以罗德斯指出："不建立学术共同体，知识就会变成孤僻的东西：在孤立中进行研究的孤独学者，其狭窄的研究范围、独断主义和未经考验的假设都是脆弱的，站不住脚的；其知识无法得到扩展和传播，无法与相反的意见进行争论，无法接受不同经验的影响，也无法用另外的视角对其加以磨炼。不建立学术共同体，个人的发现就是有限的，这不是因为个体研究者的创造力和开拓性不及研究群体，而是因为他或她的结论没有接受质疑，也无法得到更多的检验；这样，个人的知识就是不完整的。"（弗兰克·H. T. 罗德斯，2007）[55] 对于大学教师来说，学术共同体的价值在于建立一种相互依赖的学术信念，将教学与研究置入广阔的社会空间，在各专业与各学科的交叉地带寻求对学问的深刻理解。这种组织与文化不仅深深地影响学生的学习和学术认知，其道理同样适应于学生的学习。

学生学习共同体的价值来自它的组织结构。它是一个具有广阔空间、着眼于人与事的有机组合，它通过具有多学科背景的个体组成的团队，进行深度沟通与研讨以共同探索学问。学习共同体的组织方式多种多样，但有三个共同点（Tinto ,Vincent., 2007）：一是共享知识。在学习共同体中，学生们一般围绕一个共同的主题进行研讨，共同的学习任务使它们凝聚在一起。学生们通过不同的学科视野，共同建构知识，使多学科得以融合，从而达成比课堂上更为复杂的、更具理智水平的学术目标。二是共享认知。当学生共同建构知识时，不仅依赖个人的智力，还有交往能力，学习中彼此的差异成为重要的学习资源，每个人都会明白多元的存在价值和各自生命的意义，在相互启发中唤醒自我和对别人的尊重。三是共同分担责任。学习中每一个体都必须对他人负责，只有相互依赖和依靠才能获取最佳的学习效能，责任不到位意味着学习的停滞。学习共同体的实质是责任共同体。

美国高质量高等教育研究小组 1984 年提交的报告《投身学习：发挥美国高等教育的潜力》中提出，有效的学习社团，如围绕共同的课题建立的学习社团，可以强化智力对话的条件，加强其他形式的积极学习。学校规模越大，在为学生提供有意义的学习环境方面，社团的作用就越重要。（吕达，周满生，2004）[40] 报告认为，有效的学习社团具备许多特点：它们一般比校内其他大多数单位小；它们有着共同的方向和目标；它们有助于克服教师彼此隔绝、教师与学生隔绝的状态；它们鼓励教师既作为专家又作为教育者相互联系；它们可以促进课程的连贯性和综合化；它们有助于培养一种作为集体一员的感情，一种合作感和独特的创新感。

典型的学习团体通常由少数几位学生组成，他们共同学习两门或更多的课程。一些课程是在指定的教室上课，另一些则可以在他们的住所内完成。其基本组织原则是致力于创建"学习者共同体"，通过这种社会结构将学生们彼此联系在一起。这样，通过有意识地将各类学生集中在同一个场所中学习，所谓的隐性知识及附着其中的道德规范就产生了，而这个场所就是教室。事实上，开展这些活动并不会在学生的分数、保持率和成果方面产生立竿见影的效果。这在一定程度上也许是由于某些学习团体中的学生的学术兴趣不如典型的优秀学生那么强烈所致。密苏里州的哥伦比亚大学和布卢明顿的印第安纳大学成立了住宿新生兴趣小组（FIGs），成员包括约 20 名学生。这些学生的宿舍挨得很近，他们在一起共同学习两到三门课程。在这个项目实施的头几年中，两所大学的参与者的学术背景（大学入学考试分数、高中班级成绩排名）都略低于其非兴趣小组的同伴。结果，与那些学术基础更好的同伴相比，兴趣小组的学生中坚持学业的比例是相同的，对大学教育经历的满意度也基本相同。此外，在随后的几年中，他们中有更多的人返回校园居住。这表明参与兴趣小组可能有间接的积极影响，因为住在校园内的学生从大学中的获益大于住在校园外的同伴。（乔治·D. 库恩，2007）[242]

学术共同体也包括师生教学与研究共同体。在学科研究与教学的交叉点上设置项目，师生共同参与研究，这些研究可能是理论问题，更多的是应用问题，尽可能吸收多学科的参与。这样一种以"教学相长"为取向的共同体中，师生均能获得相应的发展。罗德斯曾讲述康奈尔大学著名历史学教授拉夫伯（Walter Lafeber）的教学经历。一次，拉夫伯与 10 位学生进行讨论，在倾听他人发言时，一只手支着头，另一只手在笔记本上做潦草的记录。学生们阐述问题，并对问题进行解释和分析，然后形成结论。此时拉夫伯介入讨论，虽然他已经知道了错误所在，但他并没有直接指出。他要求学生们为这样的结论提供史实论据，但是没有一个学生能够。这就使结论不攻自破了。学生们也从中得到了教训：分析历史是可以的，但必须要以事实为基础，不能随心臆想。通过和学生们一起讨论，拉夫伯说他的学术研究和教学齐头并进。他说："除了第一本专著是完全出自我的学术论文之外，我写的每一本书（近 20 年）都来源于我的教学经验。"他指出："我认为检验一个想法的最好方法就是在学生们的面前，将它公之于众，再观察学生们的反应。这会使你的想法趋向精确和明晰。你也会听到许多议论，这些议论在你个人固有的思维模式中是不可能出现的。也会使你获得一个全新的视角，这是从那些思维已经固定的专业人士那里得不到的。"拉夫伯像对待专业人士一样对待他的学生。他布置给他们一个题目，要求他们阅读所有有关的资料，在进行课堂报告前，对自己的读书报告进行反思和评论。在课堂报告后，同学们就报告的不足之处进行讨论。用罗德斯的话说，这种教学与科研双管齐下的教学方式并不是每一位教授都应用的教学技巧，但它是一流大学中那些积极从事学术研究的一流教授所采用的教学方式。它反映出讲授课程与教学学生之间的不同之处。前者仅限于传授知识，而教育则是挖掘学生自身的能力，使学生成为教师在探索和研究过程中的伙伴，而且培育学生的创新能力。这正是研究型大学最突出的特征。（弗兰克·H. T. 罗德斯，2007）[100-102]

2. 丰富学院经历

隐性知识需要学生在校内外各种不同的学习场所中以自己高水平的表现

来获得，大学的日常生活和师生间密切的交往不仅可以帮助大学生理解学校是如何运作的，还有助于他们在智力和社会交往方面的发展。近年来，多项研究表明，学生在课堂外与同伴、同学及家人共同度过的时间比花费在报告厅、图书馆或工作室的时间要多得多。与同伴相互交流有助于学生培养许多重要的高级技能，包括理性思维、领会思想的相互关联性、认识自身的能力和兴趣等。此外，在提示知识的更深层次的意义并使其在学生身上得到内化的过程中，实际经历常常是最深刻的学习过程。这种经历有助于促进学生智力和社会交往能力的发展，并影响其思维和行动方式。"大多数学习是社会活动的结果，而不是封闭的个人努力的结果。它通常在这样的情境中起到最好的作用：学习者的姓名被大家所知而且他们作为个体得到尊重、感觉合适、与来自不同背景的人们相互交往、承担知识的风险、对他们的学习及社会福利负责任以及参与到社会事务中。"（乔治·D.库恩，2007）[241] 当代大学应有的共识是：大学本科教育是否成功与校园生活的质量有关系。它与学生在校园内度过的光阴和他们所参加活动的质量有直接关系。

博耶以卡内基教学促进基金会名义提交的报告《学院——美国本科生教育的经验》（吕达，周满生，2004）对本科生的课外生活以及服务性学习等提出了系列化的建议，体现了当代美国大学隐性课程的建构思路，提供了促进学生个体知识建构的校园文化建设框架。

报告提出，大学应当对本科新生进行学校传统文化和生活方式的指导，让新生们理解学院的目标和传统，时时刻刻提醒他们在学院教育中的机会和应该履行的义务。建议所有的学院都开设一门短学分课程，或许可以把它称为"我们的学院：其价值和传统"。这样一门讨论课在向学生介绍学院管理程序和校园课外生活的同时，应特别注意学院的学术传统，帮助学生理解学者是如何工作的。在这门课中可以考虑的课题是：这所学院是如何建立的？为什么建立？这所学院有哪些传统？为什么我们要设普通教育计划？这所学院以哪种服务著称？哪些事件对形成这所学院有重要意义？这所学院所要实现的目标是什么？如南卡罗来纳大学设有一门针对学术生活的指导课程叫作"大学101"。在这门课上，学生们思考高等教育的目的，向他们介绍大学的传统和工作程序。这门课的效果给人以深刻的印象。学习这门课的学生巩固率较高，增加了对大学资源的了解和使用，并且对参加校园的活动变得更加积极。"一个成功的一年级新生计划会使学生相信，他们是一个学术上朝气蓬勃、对人又关怀备至的社区的一员。在这样一种环境中，咨询指导不仅在正式的指导计划中进行，也在走廊里，在喝咖啡的时候或在从一幢楼漫步到另一幢楼的时候进行。社区精神会在这样一种校园气氛中发扬，在这里，人与人之间的关系受到珍惜，讲话是坦诚的。人们都认真地和别人谈话，也认真地听别人谈话。"（吕达，周满生，2004）[107] 典型的例子是迈阿密大学有一个"新生年"的计划，对新生进行一个暑期指导，在每幢宿舍楼，都有一名一年级学生的指导人员住在那里，学生的问题随时可以得到解答。由于与学生保持密切联系，把指导送入了学生宿舍这一小社区，迈阿密大学的学生巩固率令人注目，大大高出了全国的平均水平。

报告认为，体育运动计划是大学生活非常重要的组织部分，每一所大学都建立起综合性的和设施完整的校内体育运动计划，以便能够为全体学生服务，而不是仅仅为少数有体育专长的学生服务。报告敦促学校要帮助学生认识到良好的身体是一切的前提。应当让他们懂得良好的饮食、体育锻炼的意义，使他们能够认识到自我保健是一项特殊的任务。建议学校要配备营养学专家来指导学校的伙食，为学生的保健提供服务。学生保健中心的负责人应直接与伙食管理、校内体育运动部、学生宿舍管理、学生会，以至于校内的学术当局负责人合作，以确保学生保健这项工作得到全学校各方面的支持。在一个重视本科生教育质量的大学里，体育运动、健康教育和伙食管理都应是学校直接关心的问题。

除体育之外，学院要鼓励学生自主的活动，要开展各种有意义的集会活动。校园生活的内容除了听讲座、上课、集会和体育运动以外，显然还有许多别的活动。在集体活动的空隙中，还有空间需要填充，这就是学生们希望独处或与一两个知己相处的时候。他们应当能够在不受学校制度的影响下对如何安排自己的时间和与谁为伴度过这些时间做出选择。康乐活动、学生自由言论、学生自发组织的活动，都需要活动场所。最令人兴奋的是那些学生们自发地搞起来的各种活动，无论其内容是宗教的、社会的或政治的。学生自发的活动为校园增加了生气，而那些学生自己组织起来的非正式组织是足以自立的，因为大学生都已成为成年人。他们对那些有弹性的、应答式的和"与某项事业相关的"组织具有更多的追求意愿。

美国的好多大学非常重视学生集体活动的组织，有的学校停课一天，以使全校的人参加整个学校都予以关注的那些题目的讨论。其他的集会，则在校园内的不同地点利用晚间举行。在一所东海岸的公立大学中，学生们在 12 月的某个晚上可以选择参加各种活动，有妇女问题研究系主办的题为"南非的种族隔离"的讲演，有戏剧班的学生创作表演的一系列独幕话剧，有政治系主办的埃及电影（带英文字幕）晚会，等等。这些文化活动大大丰富了校园内的学习生活。这些活动都对增加和扩大学生在课堂内所学知识有较大帮助。在圣路易斯的华盛顿大学每星期三早上都举行大会，请诗人、艺术家、政治领导人以及其他能吸引众多听众的人和能帮助大学重新振兴的人出席。纽约州立大学布罗克波特校区几年前曾是举办残奥会的地方，其经常举行毕业典礼和校友会周末活动，全校上下为此齐动员，热情得到了激发，教师和学生的视野都变得开阔多了。

经营宿舍文化生活，是丰富学生学院生活的重要部分。博耶敦促大学校长们亲自参与学生宿舍的管理，直接了解学生的住校生活。密执安州立大学、太平洋大学、康涅狄格学院和其他大学都已经这样做了。在弗蒙特大学的"生活—学习中心"，他们既在一起生活，又在一起学习。在这个中心里，还有教师公寓、教室、餐厅。除了正常课程以外，学生们还参加旅行、专题讨论会等活动。有三名教师发起的"综合人文学科计划"每周或每两周在宿舍里举行一次活动。普林斯顿大学在过去的五年中花了较大的功夫以把本科生的教学与学生的宿舍和休息室里的活动结合起来。为此目的，普林斯顿大学设置了五个"学院"，在每个"学院"里一、二年级的学生被编入适当规模的组，在一起就餐、活动、学习，并有固定的活动场所。学生们自己安排一些社交与学术活动，吸收少量高年级学生参加这些活动，还邀请教授一起聚餐。学校为这些学生提供咨询和指导服务，安排著名教授做他们的顾问，并专门为此设立办公室。在一所东海岸学院中，学生宿舍里有"起居室"，这一点是让学生高兴的，因为学生喜欢围坐在壁炉周围相互攀谈。学生住宿部负责人曾在宿舍里举办"壁炉论坛会"活动。论坛会的题目当中有反映学生考试前的压力的，如"克服考试恐惧症"。论坛的题目也有涉及社会的，如前不久有人从"大赦国际"来给学生们讲关于政治犯和人权的问题。亚瑟·奇可林（Authur Chichering）的重要研究表明，学生寄宿在学校里可以提高学生的在校巩固率，有助于学生社交和学习能力的发展。比起走读生来，住校生有更多的机会与教师接触，参与学生的自我管理等事务，增加了对艺术活动的兴趣，其思路变得开阔，并在同学之间获得较好的威信。但与此同时，住校生也容易较多地参与吸毒和淫乱活动。在宿舍里开展的各种教育活动不但应有助于培植一种社区感，还应对丰富学生的生活内容产生影响。（吕达，周满生，2004）[194-195]

报告指出，参加服务工作使学生接触到新人、新思想，使学校生活与整个社会结合起来。耶鲁大学的德怀特厅是该校社区服务的中心。每年这里都安排1100名志愿学生到纽黑文社区去服务。其中大部分到医院和公立学校服务，也有的参加为新移民的服务和感化少年犯罪分子的工作。在专门为无家可归的人提供服务的哥伦布宫，那里的骨干工作人员是30名耶鲁大学的志愿学生。学生们还自发地搞起了一些其他社会服务项目，包括一条酗酒问题电话热线，一个社区厨房，一个名叫"马拉凯奇"的收容轻度智残妇女的"纽黑文半途之家"，以及一个名为"康涅狄格环境"的基金会。普林斯顿大学同样重视学生的服务工作，学生义务服务者理事会的成员们到城里去为少年们做辅导员，访问教养所、精神病医院和老人院；学生们组织"探索大自然"的野外活动，被组织的对象是当地数百名有困难的儿童。凡德比尔特大学的健康服务中心组织学生参加多种服务活动，包括到肯塔基、田纳西和西弗吉尼亚的农村和贫穷社区为居民进行体检；与社区领导人共同研究解决保健和环境保护方面的问题；为产妇和婴幼儿提供保健服务，等等。该校这一计划的成功为后来在全国范围内推行类似的计划提供了例证，例如根据对老年人的医疗照顾计划，在农村诊所中对见习护士予以补偿的做法，等等。

肯特州立大学校园里有一个专门为残疾学生服务的办公室，协调志愿者帮助残疾学生，例如帮助他们做笔记并抄写笔记。学生们参加的活动包括应付危机局面、卫生保健和儿童保护以及寻找失踪儿童的活动。一些志愿学生还到当地的艺术、影视和司法部门去服务。服务作为整个教育经历中不可缺少的一部分，教师就应当成为这方面带头人。普林斯顿大学一位名叫史蒂夫·斯拉比（Steve Slaby）的工程学教授带领一组学生在较贫穷的社区开展了一项家庭节能计划。他的小组向居民们传授利用太阳能和家庭节能方法，从而使这些居民减少了自己的燃料开支。由此，学生们不仅学会了如何把课堂上学到的理论知识用于实际生活的方法，而且也了解到了这些理论对人和环境有什么影响。在社区服务中学习，使学生们懂得了自我的独立、责任和义务。

3. 变革学习文化与管理行为

学习方式的变革是信息时代学习变革的主要内容，也是增强学习实效的重要途径，需要围绕学习方式的转变形成新的学习文化。这种新的学习文化是信息技术文化与创新型学习观念、个体解放的学习价值取向以及主体自由的学习行为的整合，是远程学习、移动学习、虚拟学习、非线性学习的合理配置，是问题探究学习、跨学科综合学习、多向互动学习和团队协作学习等具体学习行为的有效实施。具体而言，学习文化的变革主要实现由被动接受型向主动吸收型转变、由知识容器型向探索创新型转变、由封闭型向开放型转变、由格式化向个性化转变。传统的管理方式难以在多样的、个性化的学习活动中发挥作用，如何通过院校管理平台的建构，对学生的学习表现进行科学的分析，并为学生课后学习提供在线帮助，以促进学生的个性化发展，是院校管理面临的新课题。这需要大学把管理重心转向学习管理。学习管理的基本理念不是限制学生的学习自由而是充分解放学生学习的创造性，引导学生端正学习动机、激发学生的学习兴趣，通过互动性网络平台建设，实现有关学习的管理数据在师生间的交换，营造自由和谐的学习环境，使交互主体之间形成探究真理的伙伴关系。唯有如此，主体自由的创新性学习才能真正实现。

三、课程实施——服务学生的行动学习

学生个人知识建构是在广泛的学习行动与科研体验中实现的，学生的学习需要改变传统接受性学习模式而开展行动学习。学生的行动学习需要在课程实施的整体实践中进行，需要以教学变革为前提，需要学习方式和具体学习行为的创新。

1."个人知识秩序"课程实施的框架

杜德斯达分析了当代大学生作为数字化一代与先辈们在学习方式上的差异，以及数字化时代大学本科教育的转变。"如今的学生同他们的先辈不同。他们是数字时代的成员。他们很早就生活在充满活力的、可视的、交互式的媒体世界中——不是那种被动的广播媒体，就像我们年轻时的收音机和电视，而是任天堂、家用电脑、因特网、多用户网络游戏和面向对象的多用户网络游戏以及虚拟现实。他们通过实验和参与，而不是通过被动的听和读来学习。他们不把别人的话当回事。相反，他们喜欢互动性，认为这是塑造学习过程并参与学习的权利。他们对迅速变化的世界所带来的无常感到轻松自在。"（詹姆斯·杜德斯达，2005）[69] 他认为，传统的线性学习不是他们的学习方式，他们以一种非线性的方式学习，他们从开始跳到最后，然后再返回来，他们结成同辈学习小组，或者建立复杂的学习网络。不管我们是否意识到，也不管我们提供与否，他们在真正意义上建立起自己的学习环境，可以进行交互的、合作的学习。

在杜德斯达看来，新的知识媒体从根本上改变大学中教授和学生的含义。教师很快就会更像教练或者顾问，而不是一个说教的老师，他们要设计学习过程并传授技能，而不是告诉学生们特定的内容。甚至我们基础性的课程也会采用目前最高级的研讨班才有的形式，这样就会有更多的个人之间的互动。这些新技术不仅创造了教育机会，也代表了我们未来的文化水平。学术交流的媒介也正在从杂志文章走向更全面的多媒体甚至是交互式的文件。这些预示着我们社会中信息处理和交互作用构建方式的巨大转变。除非大学能教授给学生们进入 21 世纪所必需的基本技能，否则就不能说自己成功。"在这些新的学习模式里，学生这个词很大程度上会过时，因为它所描绘的是一个吸收由教师选择并传递的学习内容的被动角色。我们应该称这些 21 世纪大学的服务对象为主动的'学习者'，因为他们会日益要求对自己的学习和学习结果负责。"（詹姆斯·杜德斯达，2005）[70] 由于学习过程的智力结构将会越来越非线性，学生对学习经验会有更多的控制。与现在以课堂为基础、学生步调一致的学习的课程相比，一种超级模式可能是未来更典型的学习模式，在这种模式中，学习包含一定数目的模块或者站点。学生们使用他们所选择的模块，直至达到了一定层次的能力水平，而不是通过与其他学生竞争来获得分数。

杜德斯达强调了学习社区的重要性。他认为，大学和教师的作用在于推动学习社区的形成，既要通过正式的学术课程，也要通过大学里有助于学习的社会的、课外的和文化的活动。当教师和学生加入这样的社区中，他们就可以分享通向学习的彼此的观念、价值和实践。他说："在真正的学习社区中，教师和学生的区别是模糊的。二者都是主动的学习者，一起工作并互相受益。"（詹姆斯·杜德斯达，2005）[71] 在他看来，学生参与社区活动或专业服务，能获得同他人共同工作以及使用从正式的学术课程中学到的知识来解决社区需求的经验。

杜德斯达的分析让我们看到当代大学课程实施方式变革的必要性，必须基于信息技术和数字化环境改进教学行为，开发教育技术，服务于学生自主学习的需要。学生的学习方式和具体学习行为也发生了根本性的改变，尊重学生的学习兴趣、从他们选择的学习行为出发，是课程有效实施的前提。在网络环境下，学生的学习具有一定的自发性，这种自发性需要一定的课程制度作为保障，即提供一种有规则的学习情境，这种基于规则情境的自觉学习我们称之为行动学习。学生的行动学习是课程目标引导的自主学习，是基于网络等技术工具环境的资源支持性学习，也是在网络化学习社区或学习共同体中的团队学习，在行动学习中学习通过可编码的知识习得，结合具体行动即同伴、师生、知识与情境、问题与探究等互动过程，形成意会知识，实现个人知识的建构。行为学习是个人知识秩序大学课程实施的关键特征，具体框架如图4-7所示。

图4-7　个人知识秩序课程实施框架

2. 服务学生行动学习的教学设计

博耶认为教学是一门学术性事业，他说："教学上的程序应当认真计划，不断地检查，并同所教科目直接联系起来。……伟大的教师总是创造一种求知的共同基础。他们总是培养学生积极而不是消极的学习态度，鼓励学生进行批判性和创造性思维，使他们获得大学生活结束后能够继续学习的能力。"（博耶，2004）[23] 他认为，好的教学意味着教师既当学者，又当学生，在准备充分的教学中，不仅传授知识也改造和扩展知识，教授的自身也将被推向新的创造性的方向。罗德斯进一步地认为，对优秀的教授来说，教学是一个道德意义的职业，"说它是道德意义上的，是因为它不仅提高领悟能力，还规范了行为；它不仅影响和塑造智力，同时也影响和塑造意愿；他不仅对思想而且对心灵进行教化"（弗兰克·H. T. 罗德斯，2007）[82]。大学目标的实现主要通过教学，但现实教学并没有像博耶所说的经过精心准备。要实现教学的学术性和道德性，必须提高教学水平，强化教学设计行为。基于学生行动学习的实施需要，可构建如图 4-8 所示的教学设计模式。

图 4-8 服务学生行动学习的教学设计模式

在这一教学设计模式中，教学的基点是教学情境评估。一是分析学生需要，就特定的教学目标分析学生现有的经验基础、可能的发展需要、不同的学习取向，为服务学生的实际学习活动服务，分析既重视学生群体的特点，也观照个体的独特要求。二是分析课程资源，研究教材的适应性，从学生的发展需要出发制订教材使用计划，明确拓展性课程资源、补充性课程资源的内容和形态，评价条件性课程资源，弄清学生对个性化课程资源的需要。三是分析教学现场，对教学场地、有关设施设备、可利用的时间和空间，做出认真的分析，对师生以外的相关人员和周围环境进行预期，尤其对信息技术的使用情况及相关要求作出全面的设计。四是分析教学经验，这是对教师自身的研究，首先分析相关教学内容的过去执教经验、执教过程中的情况以及教后对问题的反思；其次是思考自身的教育价值追求、教学风格追求，以有机融入教学设计。在教学情境分析中，学生的实际发展需要是第一位的，课程资源分析的原则一是满足学生的发展需要，二是引领学生的有效发展，这种引领是基于学生自主发展需要的引领，而非学术暴力。

教学设计的第一项内容是确定教学目标。教学目标不是抽象的素质发展指标，而是可观测的行为性目标，包括表现性目标和体验性目标。目标设计避免刚性统一的传统思维，重在设计底线性目标，强化弹性目标的设计，尽可能为所有学生预留自主生成的学习空间，真正通过目标的个性化促进学生的个性化学习。生成空间的预设关键在于降低统一性学习要求，明确提出分层学习目标，同时提出发展性目标要求。目标的层次化、结构化和个别化是教学设计行为科学性的重要标志。

在目标设计的基础上，根据对课程资源的分析与评价进行课程资源开发。第一个问题是如何用好现有的教材，用教材教不表示可随意更改教科书，重在改变传统的单一使用方式，同时体现教科书为学生的学习服务。第二个问题是拓展性和补充性课程资源的开发，这种课程资源主要是为学生的个性化学习服务，强调课程资源的多样性和丰富性，以满足学生选择性学习的需要。第三是课程资源开发主体的问题，在教师自主开发的基础上，要善于利用课程开发共同体，努力实现课程资源共享，更重要的是要调动学生作为课程资源开发主体的积极性，让所有的学生都参与课程资源开发。学生自主开发的学习资源能充分体现学生学习的主体性、能动性和积极性，提高教学效果。

针对特定的课程资源，需要思考教师如何教学、学生如何学习，这就需要精心设计教学行为、选择合适的学习方式。改变传统单一讲授行为，尽可能采取实验、示范、对话等多样化、创新性的行为。教学行为的设计既要体现特定教学内容的要求，也要根据学生年龄特点，激发学生的学习兴趣，同时，要从教师自身的特点出发，有利于发扬自身的优势、避免自身的不足，融入自己的教学风格，体现个体的教育价值追求。改变传统的单一接受式学习，倡导自主、合作、探究学习。在学习方式选择上，尽可能满足学生个性化的学习需要，提供多种学习方式供学生自主选择，激发学生学习的内驱力，真正把学习的权利还给学生。

教师的教学行为与学生的学习方式统一于具体的学习活动之中，教学设计方案最终呈现的是学生的学习活动设计。教学过程就是具体学习活动的组织，由若干学习活动构成。这些学习活动的设计，要明确教师和学生的具体活动，要提出明确的学习要求。

最后设计评价策略。要改变以知识为目的的评价模式，教授必须对学生提出明确的思维与学术体验要求，以把握学习乐趣与学术规范之间、知识接受与个人信念之间、学生自主与教师引导之间的平衡，做到差异性和统一性互补。评价不在于定性，而在于描述，在于发现学生学习中的成功与不足，通过及时反馈促进学生更有效的学习。总的来说，这种教学评价策略是一种发展性评价，具有鲜明的人本价值追求。

3. 以学生行动学习为中心的教学行为

教学行动选择是教学设计中最重要的工作，传统教学最重要的行为是讲座。越来越多的研究表明，讲座是我们可以利用的方式中效果最差、局限性最大的一种。列昂·加德纳（L. F. Gardina）的题为《重新设计高等教育》一书中总结了讲座的局限性、有关教学方式和学习的重要研究成果。另一本书《本科教育中良好教学行为的七条标准》提供了很好的教学行为自我评价单。具体内容见表4-1、表4-2、表4-3。（罗伯特·M. 戴尔蒙德，2006）[130-131]

表 4-1　有关讲座的研究结论

1. 讲座是高等教育中主要的教学方式（80% 的教学时间）。
2. 讲座往往强调低层次的事实性材料，其中的 90% 的问题以回忆为基础。
3. 讲座中为数众多（30%）的问题得不到学生的响应。
4. 最能从讲座方式中受益的是那些具有较好学业背景的学生和来自社会经济地位较高家庭的学生。
5. 由于大型的讲座课程只提供最低限度的师生之间课外交流的机会，教学过程的不同质量拉大了住校生与走读生之间的差距。

表 4-2　有关教学方式和学习的研究结论

1. 讲座在传授低层次的事实性材料方面是有效的，但是讨论更加有助于信息的记忆巩固、知识向应用能力和解决问题能力的转化以及态度的转变。
2. 积极的学习比消极被动的学习更有效。
3. 学习可以通过几种感官渠道发生；在学习中起作用的感官渠道越多，学习效果也就越好。
4. 与竞争性或个体学习方式相比，合作式（合作学习）更有助于提高学生的推理能力和自尊。
5. 如果在选择教学方式时能够考虑到学生不同的学习方式，教学就会更加有效。
6. 大学教育的效果主要取决于学生的努力和他们参与课内外活动的积极程度。
7. 只有在整个课程体系中不断强化他们的高级学习能力，学生才能最充分地发展这些能力。
8. 学生批判性思维能力的变化与来自教师的赞许程度、师生之间的交流、同班同学的高级认知性回应呈显著的正相关关系。
9. 改正已有的错误知识比学习新知识还要困难。认清误区，通过积极的讨论以及与其他同学的交流纠正错误是解决问题的必经之路。
10. 新信息只有和已有知识产生有意义的联系才能被记住，只有被记住，它才有可能被学会。
11. 学习时间与所有的学习成效之间有直接的相关关系。
12. 已有的知识与经验往往比智力更有助于学习的成功。
13. 高期望值带动学习成效的提高。
14. 学习动机是可以改变的；它可能因学习任务、学习环境、老师和学习者的不同而相异。
15. 超过 50% 的学生声称自己每周的学习时间为 5 小时，或少于 5 小时。
16. 教授们对自己的教学评价非常之高(超过 90% 的人认为自己的教学水平属中上或优异)。
17. 师生课外交流的经常性程度与学生对所学内容的巩固性程度、他们的社会能力和智力发展呈正相关关系。
18. 学生往往会习惯性地使用那些被公认为不太有效的学习方法（如一遍遍地读课本），因而，他们在如何有效学习方面需要得到教师的指导。
19. 教师的研究质量与他们的教学质量之间的正相关关系尚未得到有关研究结果的支持。

表4-3　本科教育中良好教学行为的七条准则

---

1. 良好的教学行为鼓励学生与教师之间的交往。
   在本学期开始的两周之内，我能叫出自己的学生的名字。
   我带学生参加专业性的会议和本领域的其他活动。
2. 良好的教学行为鼓励学生之间的合作。
   我鼓励学生以合作的方式预习上课内容或准备考试。
   在课程中，我成立了"学习社"、研究小组或活动团队。
3. 良好的教学行为提供及时的反馈。
   我鼓励学生质疑我的观点、其他同学的观点、阅读材料和其他教学材料中提出的观点。
   我让学生分析现实生活的具体情景。
4. 良好的教学行为提供及时的反馈。
   我在一周之内返回试卷和小论文。
   我给学生提供机会，让他们计划与我一起讨论他们学习上进展的时间安排。
5. 良好的教学行为强调学习的时间投入。
   我清楚地告诉学生他们在课前准备上应该投入的时间底线。
   如果学生在我的课上缺课了，我会要求他们补上落下的内容。
6. 良好的教学行为向学生传达较高的期望值。
   在课程的开始之初，我就通过书面和口头的方式向学生清楚地表达了我对他们的期望。
   我鼓励学生大量地写。
7. 良好的教学行为尊重不同的才能和学习方式。
   我在选择阅读材料和设计活动时考虑到了学生的背景情况。
   在每门课程的开始阶段我就努力地了解学生的学习风格、兴趣和背景。

在当代科学技术广泛运用和信息技术快速发展的背景上，许多大学在教学方式上都进行了创新尝试。俄勒冈州立大学和俄亥俄州立大学在讲座的基础上构建积极的学习体系，他们的互动式讲授示范是围绕一个报告初稿来进行的，在教师做讲授示范之前，学生要起草报告初稿，教师常常选择一些人们都接受的错误看法，进行讲解示范。这种教学方法要求学生事先确定并解释自己的观点，然后通过教师的讲解示范，让学生面对真实的结果，而这个结果通常与学生们所持的观点不一致。这种方法有助于在教学中制造认知冲突，营造活泼生动的讨论氛围，提高学生的学习效果。在哈佛大学，埃里克·玛佐发明了一种学生在课堂上与同伴一起学习的教学法。其过程是：教师首先提一些与概念有关的问题，让学生根据提问对概念进行预测，再让他们与同伴一起讨论所做的预测，最后通过讨论、示范或推导来得出概念。而

明苏达州大学、华盛顿州立大学及马里兰州立大学的物理课程教学改革却瞄准了复述教学模式，在这种模式中，学生分组围在几张桌子周围，可以做实验、讨论、合作或听讲。这样将有助于缩短教师讲授的时间，教学不再是教师一个人滔滔不绝地唱独角戏，学生们可以反复听讲、讨论并动手实践。这些大学的探索开启了大学本科教学的学术化之路。

4.网络时代行动学习的主要方式

在信息时代，由于多媒体技术和网络技术的广泛运用，学习资源的供给方式发生了根本的改变。在工业社会，作为学习赖以运行的知识资源和物质资源，都是由社会统一分配的，作为学习内容的教材以及学习过程也都受到相关控制，在学习资源的输入方式上，学习者是被动接受的方式，学习者自身也是被管理的对象。这是一种外控式的学习资源供给方式。在信息化条件下，由于知识除了传统的存在方式外，更多的是以数字化形式存在，这种存在方式带来其存储、传播和呈现形态都发生了改变，学习者不再局限于社会制度性安排的学习资源，可以在远程服务和网络空间自由选择学习对象，学习资源的供给具有了生成性、开放性和自我选择性，是一种自主开发的学习资源供给方式。在学习资源的利用上，学习者总是在学习效能发挥与成本效益间寻求密切的关联，总是把促进自身潜能充分发挥、提升学习水平作为衡量资源利用效益的标准，不惜最大限度地释放学习资源的供应量。学习者不排斥学习资源的计划性输入，但这种输入不是被动地接受，而是基于自身学习需要的主动匹配，是学习者对学习资源的有计划的开发过程。学习资源的管理完全配合学习者学习的实际需要，并从自身的发展理念出发来开发个性化的课程体系。因此，在信息时代，学习资源充分体现了为学习者发展服务的理念。

建立个性化的学习资源库。在信息化条件下，每一个学习者都有条件建立自己的学习资源库。这种学习资源库包括个人电子图书馆、个人课程平台、个人发展电子档案、个人研究成果集等。当前，学习对象作为一种可重用的教学资源构件，受到教育技术界的广泛关注，并在网络课程开发中得到应用。学习资源库建设要求学习者学会对色彩斑斓的资源实行按需分类、筛选和管理。这就要求他们对自己的需求和学习目的有非常明确的认识和策划。要学会快捷有效地使用资源，需要他们对自己的学习过程有很好的自我监控和自我评估。值得注意的是，学习者的个人学习资源库建设是一个长期的、动态的、不断更新的过程，需要学习者根据不同阶段的学习需要，对学习资源库不断地加以调整、充实和维护，从而充分发挥学习资源库的功能，实现有效的学习和充分的发展。

规划个人的学习社区。《学记》中言"独学而无友，则孤陋而寡闻"。利用网络来进行学习，自主学习固然很重要，但是团队中的共同学习有时更能提高学习效果。团体动力理论认为，团体能创造出自己的心理势力，强烈地影响其成员，也就是"团体动力"。学习者通过对个人学习社区的规划、构建与利用，经常与其他学习者进行交流和沟通，既可以满足归属的需要，又能够提高学习效率，发展个人的社会交往能力以及与他人合作的能力。在学习社区的建构过程中，可以按照学员之间的联系程度将社区分为三个层次。第一个层次是在线交友。选择那些情投意合，相似的生活背景、共同学习需要和发展旨趣的人作为自己首要结识的朋友，彼此之间经常讨论一些学习问题。第二个层次是社区讨论。通过探讨一个有意义的、大家感兴趣的话题，每一个成员都可以充分表达自己的观点，相互分享经验和学习成果，达到共同进步。第三个层次是稳定的社区团队学习。在交友和社区讨论的基础上，选择志同道合的学习者，组成学习团队，构建共同的学习社区，建立组织保障，制订共同的学习计划，定期开展学习活动，形成一个虚拟的班级。当然，这种社区学习的稳定性是相对的，由于每个人学习需要的不同，社员可能会经常变化，一旦阶段性学习目标达成后，新的学习社区也应随之产生。

实施自我知识管理工程。信息时代也是一个知识经济时代，知识管理是知识社会中的个人和组织提升素质与竞争力的一项重要策略。信息检索、信息评估、信息组织、信息表达、信息安全和信息协同等是学习者个人知识管理的重要技能，具体知识管理包括建立个人知识库、不断地进行学习反思、开辟资源共享通道，提升显性知识的价值，将隐性知识外化为显性知识，实现知识的共享与交流，使知识价值最大化。

任何历史时期的学习活动，都是以特定的技术条件为基础的。历史表明，每一次大的技术进步，都将引发学习方式的显著变化。文字使学习时空从同步带到异步、过去延传到将来；印刷术使知识得到迅速且大范围的传播；

电影、广播、电视使学习时空远距离化；而以数字化为特征的信息技术则把人类带入一个虚拟的学习时空。在信息时代，传统的学习方式得以延伸，而以远程学习、移动学习、虚拟学习为典型的新型方式被广泛运用，改变了学习的形态，使即时学习、无间隙空间学习、检索性学习成为可能，人类学习进入一个全新的境界。

5. 技术推动下的学习行为创新

1985 年，苹果电脑公司发起了一项名为"明日的苹果课堂"（Apple Classrooms of Tomorrow，缩写为 ACOT）的项目（Fisher，C.，David C. Dwyer，Keith Yocam，1996），参与的机构有公立学校、大学、研究机构和苹果电脑公司，约 20 位老师和几百位学生参加了该项目的实验。该项目从 7 个课堂开始，覆盖多个年级。项目给予每个参与该项目的教师和学生两台计算机：一台在家里用，一台在学校用。项目的目标是了解日常使用计算机（相对照的是每周在电脑室使用一个小时的计算机）将会怎样影响学生的学和教师的教。项目的基本理论依据是，教育方法和手段的变化可以在许多工作层面上发生（包括物质层面），物理环境可能成为教育变革的障碍：计算机进入课堂将改变教师的角色，导致教师指导的活动减少，从说教的方法转向建构的方法；教师的教育信念是建立在以前的经验上，而且由于其他革新的失败，他们不大愿意变革。为克服教师固有教育信念的约束，研究小组通过提供信息、工具和反思来支持教师变革；合作、小队教学、真实学习都是物理环境和技术运用应当支持的活动。而传统的学校和课堂的物理环境设计，是用走廊划分教室，把学生和教师分到通常称之为"蛋箱"的排列之中，这种学校组织模式是与重视对学生的控制和教师中心的听讲学习相联系的。ACOT 将超越这种传统的学习模板，寻求更交互的、合作的和探究的、以学生为中心的方法。

在 ACOT 课堂中，学生和教师可以直接利用范围广泛的技术，包括计算机、影碟机、摄影机、扫描仪、光驱、调制解调器和在线通信服务设备。另外，学生可以使用软件程序和工具，包括文字处理软件、数据库、电子制表软件、制图软件包等。在 ACOT 课堂中，技术被视为学习和一种工具以及思维、合作和交流的媒介。

ACOT 的研究证明，把技术引进课堂能显著地增加学习的潜力，改变学生与教师之间的互动，尤其是当技术被用来支持合作、信息获取以及表达和陈述学生的思想和观念时更是如此。计算机的成功使用，提高了学生在词汇、阅读理解、语言技巧、数学运算以及数学模仿运用等方面的分数。通过观察表明，最为重要的研究发现在于学生在怎样运用探究、努力创造、技术及问题解决等能力上得到了提高。技术在这里成为学生获得、探索和表达想法的"概念环境"，如果恰当、有效地使用，技术能对学生思考和学习的方式产生积极的影响。

类似 ACOT 的研究还很多，这些研究告诉我们，在信息化条件下，传统的系统知识学习、单项学习、师生互动的学习、接受性学习等都发生了重要的改变，问题探究学习、综合学习、人机互动学习、创新性学习以及团队协作学习有了重要的技术条件支撑，从而逐渐成为主流的学习行为。

第5章 走向"发展自由"

多少年来，自由一直是大学的立身之本。从摆脱教会的控制开始，大学的自由与自治就成为追求的目标、争论的话题和意义建构的基本话语。在与国家的耦合与博弈中，研究型大学基本构建了自治的制度框架；在内部关系的互动中，教师之间、学生之间、师生之间等基本形成了以平等为取向的学术关联。从普遍知识到高深学问，大学对自由的诉求也从一般自由聚焦于学术自由。在"以学术为业"的大学黄金时代，"学术自由"不仅是传统大学发展的动力，也吸引着各种力量投身于大学教育事业，"学术自由"成为大学人崇高的信仰。随着大学功能的不断拓展，大学与国家机构的界限趋向模糊，大学在不断变化，但学术自由的旗帜一直在高高飘扬。在当代高等教育语境中，学术自由几乎涵盖了从教育价值观到大学文化生态等全部大学意识的思想边界，抽象话语背后的意义扩展，其实也在销蚀话语自身存在的合理性。在高等教育大众化向普及化行进的过程中，在大学课程秩序从高深学问向个人知识转型的意识自觉中，学术的核心话语地位已悄悄让位于主体的发展，学术自由在"图腾"意义上的局限也清晰起来，"发展自由"必然走向大学教育研究的话语中心。

一、大学演进中对自由追求的意义嬗变

对大学教育来说，学术自由如同空气一样不可或缺，大学发展的历史在一定意义上也是为争取学术自由斗争的历史，是自由精神不断自觉的历史。在这一历史长河中，随着社会生态的变化，大学所追求的自由意义也不断发

展变化，学术自由精神本身处于变迁之中。

1. 早期大学——享有特权的自由

秉持求知是人类本性的理念，古希腊的雅典成为思想自由和表达自由的社会，古希腊的学者们更是本着自由的精神探索真理，无论是柏拉图的阿加德米学园，还是亚里士多德的吕利昂学校，都是自由研究和自主讨论的场所。作为自由精神化身的苏格拉底，为了自身的信念和所追求的真理，对外来压迫可以献出生命。他善于用启发的方式与学生们分享自由的思想，把理性作为检验传统观念和知识信念的标准，引导人们抛弃权威控制而自主思考。他的探究行动与理性品质受到人们的敬仰，成为后人追求自由的榜样。古希腊人的贡献是把自由与真理结合起来，让后人认识到自由是探索真理的条件。但是在古希腊，自由只是一种自然的生活状态，并不是一种自觉追求或已被辨明的权利，这也是为什么苏格拉底没有得到辩护的原因。就古希腊来说，英国学者伯里（J. B. Bury）认为："思想自由，信仰自由，宽容等问题并未强行于社会，也未经严肃地考虑过。……但要稳固地建设思想自由的学理，尚须有迫害的理论和实际的长期经验。后来基督教所取的迫害政策及其种种结果就驱使理性为这个问题而奋斗，使理智自由乡终得辩明了。"（J. B. 伯里，1999）[24] 他把古希腊时期称为"理性自由的时代"，认为他们的自由源于他们是理性的朋友，这种理性不受权威的支配。

诞生于中世纪的早期大学，一方面受到宗教对理性的禁锢，另一方面却享有充分的自治和自由。其自由既包括与教会的冲突，又需要教会的保护。以早期巴黎大学为例，当学校首次使用"哲学"一词，以显示一种更崇尚古典内涵而不是传统宗教教育的实用道德理念，其世俗化倾向便遇到来自教会的抵制，任何时候教会都不放弃对学校的垄断，尽管学校处于世俗化的进程中，但并未与城市社会其他部分很好地融合。教师与学生明白留在教会符合自身利益，以躲避国王的警察和司法，并不反对教会权威把学生定为教士。教师与学生接受依附教会的司法地位，之后便从中感受到自治和知识自由的结果。教师的自治都是通过斗争而获得。大学行会基本上是自发组织起来的，就是说大学学者本身，全凭经验创造了他们所需要的机构，然后又求得教皇谕旨下的官方承认。通常，教皇的决定完全符合大学学者的愿望，但有时，教皇的决定也向大学学者叫停，迫使他们屈服。大学借助行会组织行使管理事务，主要有两项：一是保障大学的特许权，二是组织教学工作。一些特许权属于地方范围，包括免除所有形式的兵役和特别享有经济利益，大学学者不缴纳向城市居民征收的间接税，也免除缴纳自用商品特别是葡萄酒和啤酒的商品运输税和市场税。在城市，大学学者还享受某些物价的规定价，特别是向市民租房的房租价。其他特许权主要是司法特许权，不仅使大学学者避开世俗司法，甚至在某种方面避开地方的教士司法。

哈斯金斯（Charles Homer Haskins）认为："中世纪是教授控制大学的黄金时代。"（查尔斯·霍默·哈斯金斯，2007）[32] 大学本身即使不是一个学生协会，也是一个教师的共同体。由于没有任何具有实质性意义上的捐赠，也没有理事会，不存在国家对大学的控制，现代意义上的管理明显缺失。在很大程度上，大学是自我管理，教师联合体对教师的行动进行控制。教授拥有传授他所认为的真理的权利，这一理解很大程度上取决于对真理的设定。"假如它是某种需要通过探索去发现的东西，这种探索就必须是自由而不受限制的；从另一方面讲，假如真理是某种已经通过权威展示给我们的东西，那么，它只需要进一步得到解释，而解释者必须忠于权威的信条。毋庸置疑，后者就是中世纪对真理概念及教授真理的理解。"（查尔斯·霍默·哈斯金斯，2007）[32-33] 中世纪的正统信仰对一些仅仅卖弄聪明的做法是不屑一顾的，原因在于对一项主张抱着过分随意的态度很容易陷入异教的泥潭。中世纪教会组织了一个特别的对异教进行侦查和惩罚的体制，那就是宗教裁判所。在哲学和神学领域之外，法律、医学、语法和数学领域，人们只要愿意，一般来说可以自由地教学与争论。当时，没有现代意义上的社会问题，也就没有现代意义上的社会科学讲授，没有哪个教授因授课被谴责，直到16世纪才出现有组织的书籍审查制度。哲学只有在涉及神学问题时，自由才受到限制。但在当时，哲学很容易接触到神学问题，在整个12世纪和13世纪，在基督教神学与以亚里士多德为代表的异教徒哲学之间，时断时续地发生着战争。麻烦几乎来自那些被认为是神学异端的东西，或那些缺乏神学训练的人过分干预神学的主题。对于那些坚守自己职业的人似乎一般都是放任自流的。哈斯金斯指出："即使是在神学和哲学这两块被小心防护的领域，是否有许多人觉得他们自己被束缚住了手脚也是很值得怀疑的。当人们将权威的原则作为自己研究的起点时，他们并不像我们现在那样，感到它的限制。篱笆对于那些不愿跨越的人来说不是障碍。"（查尔斯·霍默·哈斯金斯，2007）[36] 也就是说，中世纪师生在教会的庇护下享有特权，他们甘愿以教会的权威为研究的准则，在信仰先于科学的前提下，他们感觉自己是自由的，事实上行动是自由的，而且他们是特权阶层。

伯里评论说："在这个时期里，基督教会的势力既达到了极点，所以理性就会禁锢在基督教设为束缚人心的牢狱里。理性并非真正不能活动了，只是它的活动取了异教的形式；用比喻来说，就是折断铁链子的人大多不能爬出牢狱之壁；他们的自由限定的信仰范围，与正教一样，都要以基督教神学为依据。"（J.B. 伯里，1999）[33] 既然不能爬出"牢狱之壁"，大多数人就选择在"牢狱"中享受自由，这种自由不是思想的自由和表达的自由，仅是以教会赐予的特权为基础的躯体行动自由。

2. 近代大学——免予控制的自由

近代大学以柏林大学的创建为标志，同时也宣布了学术自由实现了自觉，这种以思想自由、表达自由为核心价值的研究、教学和学习自由之光，是在中世纪的黑暗中点亮的。伯里指出："消散中世纪的黑暗而为最后理性的解放者作预备的理智和社会运动于 13 世纪发端于意大利。由轻信和愚稚所织成而蒙蔽着人们的灵魂使不能了解自身和他们对于宇宙的关系的雾幕开始揭开了。个人渐渐感觉到他单独的个性，觉悟到自身独立于种族和国家的价值（如希腊和罗马的后期一样），于是眼前的世界渐渐从中世纪的梦境中暴露出来了。"（J. B. 伯里，1999）[36] 他认为，个人思想的觉醒是以希腊和罗马的古文艺为向导的，这也正是这次运动被称为"文艺复兴"或称古文化的再生之原因，其实质则是"人文主义"。从另一个角度来说，古文艺正是当时大学的主要课程，是大学的教育推动了人的思想觉醒，中世纪大学利用它特有的角色渐进地揭开了蒙蔽理性的黑幕，唤醒个人的思想自由。在伯里看来，实现思想自由的另一决定因素是科学的发展。他说："文艺复兴时代已有了近代科学的萌芽，只因中世纪的成见阻遏着自然的探究，致使科学到 17 世纪才能发生，在意大利耽搁已久。近代天文学的历史发端于 1543 年，因为这年哥白尼表明地动说的著作出版。"（J. B. 伯里，1999）[44] 哥白尼的"太阳中心说"

完全颠覆了神学的"地球中心说",科学与教义产生了直接的冲突,哥白尼学说的证实者和宣传者伽利略最终不得不屈服于宗教的压迫,放弃对科学的坚守。直到 18 世纪中叶以后,罗马才允许"太阳中心说"的宣传,伽利略的书到 1835 年才从禁书目录中除去。但是这一斗争过程无疑推动了人们思想的解放。

在世俗化和宗教改革的进程中,教会的统治地位渐次让位于国家。教会控制人的思想,国家则从利益出发干涉和控制人的行动。早在 1711 年,创办哈勒大学的普鲁士国王腓特烈一世参加哈勒大学为其 7 月 11 日生日举办的学术会议,哈勒大学校长利用这个机会就皇家保护学术自由的意义和重要性发表了有说服力和大胆的讲话,旨在反对国家在政治上干预大学的教学和研究工作。洪堡则从国家利益的观点指明了学术自由对大学的生存是重要而必不可少的。他认为,精神活动需要"必然的自由"和"不受干扰"才能进行,自由是教育的"第一个,而且是不可缺少的条件"。(洪堡,1992)[21] 据此,他指出:"国家绝不应指望大学同政府的眼前利益直接地联系起来;却应相信大学若能完成它们的真正使命,则不仅能为政府眼前的任务服务而已,还会使大学在学术上不断地提高,从而不断地开创更广阔的事业基地,并且使人力物力得以发挥更大的功用,其成效是远非政府的近前布置所能意料的。"(贺国庆,等,2006)[157] 他明确提出"教学自由"和"学习自由",前者是大学教授具有在学术领域不受干涉、探索和传授真理的自由,后者是学生有选择学习内容和在大学中独立生活的自由。

马克斯·韦伯从社会政治思想的高度,系统地论述了"学术自由"思想。韦伯主张自由思想是治学的灵魂,只有在自由与开放的原则下,不同的学术观点彼此依存,才能出现新的思想。他认为对学术自由的侵害来自大学外部的国家权力机构和大学内部两个方面。他尖锐地批判"思想的官僚化",认为世俗功利主义盛行,致使学者追逐名利、趋炎附势,缺乏对学术的献身精神,只是借助所谓学术来表现自己,"这样的体制,试图把新一代学者变成学术生意人,变成没有自己思想的体制中的螺丝钉"(马克斯·韦伯,2006)[51]。他说:"这样一种变了质的'自由'和非学术化的大学教育结果阻碍了个人天性的发展。无论它拥有怎样的研究机构,容纳多少学生的最大型的礼堂,甚至制作出多如牛毛的论文和获奖的研究成果、学生取得考试业绩,都不能弥补其失去的东西。"（马克斯·韦伯，2006）[31-32] 在韦伯看来，学者只是当权者手中的棋子，而没有真正的自由。韦伯主张的学术自由的含义是："（1）审批谁具有教师资格的时候，不以任何信仰上的理由进行歧视、区别对待；（2）教师在大学以外的公共场所从事政治活动，于职业无碍；（3）相反，教师在大学讲坛上的讲课必须对自己的价值观、信仰有一定的自制，即所谓的'讲坛禁欲'。"（马克斯·韦伯，2006）[140] 在韦伯的视野中，学术自由已经由洪堡时期单纯地避免外部力量干涉的自由，拓展到主体自身思想自由的向度，从学术上寻求自主行为的取向转向基于学术规则的有限自由取向。他的学术尊严、价值中立、讲坛禁欲等观点，使学术自由具有了广泛的道德意义。雅斯贝尔斯从国家、社会等与大学的关系上，更清晰地阐述了大学学术自由的道德内涵。

雅斯贝尔斯认为，大学的功能是要成为一个时代的心智良知。他说："它是这样一群人的组合，这些人恰恰因为只对真理的发展承担着无限的责任，所以不必对当前的政治承担责任。尽管大学置身于现实事务的世界之外，但它作为一个科学研究的场所，仍然渗透着一种必要的真实感。是知识，而非行动，在它与真实之间建立了联系。为了便于实现纯粹真实的理想，价值判断和实践行动都暂时搁置在一边。"（雅斯贝尔斯，2007）[174] 他认为，一种远离现实事务舞台的生活之所以是富有意义的，只是因为这种生活被一种好学深思的激情所支撑。这是一种内化的行动；是行动在自我约束基础上的一连串凯旋。他同时指出，价值判断的搁置可能会蜕化为无关痛痒的漠然；实际行动的搁置有可能会蜕化为怠惰；学术上的谨慎有可能会蜕化为神经质的战战兢兢，不敢迎接任何对自身干枯血气的挑战。可以看出，为了一种社会良知的目的和真理事业自身的发展，雅斯贝尔斯希望教授们的学术研究能够关注到社会发展的现实需要，并保持一种不断超越自身的学术精神。

雅斯贝尔斯把大学的精神独立看作学术自由的基石。他说："大学因为自身的原因而败落的一个途径，就是对外界的大众教育的压力做毫无原则的妥协，还有就是自我降格到中学的水准上去。大学乐于接受哪些公众影响，同样也受制于这些被动的情况。"（雅斯贝尔斯，2007）[176] 在大学与国家的关系上，他主张大学作为一个法团实体，必须确定自己是独立自主的，从而保护教授工作的独立性。他说："……教授的基本工作是做出自己的选择，他要在没有任何外来干涉的情况下，义不容辞地想尽一切办法，从他为自己提出第一个问题开始，对自己的科研活动承担起个人责任。他做出决定所依据的是内在于他所从事的工作的标准，这个标准回避外来的预测、即时性的确认和最后的定论。"（雅斯贝尔斯，2007）[178] 面对其他功利性的诱惑，大学同样要维护教授的学术尊严。他指出，曾经不止一次地出现过这样的情形，即大学诸如学会组织和接受捐款这一类可见的虚名中得到了它们在职业信誉里面所丧失的东西。当教授们被颐指气使地指派，被予取予求地处置，被引诱进某些境况之中，被暴露于严格字面意义的学术政治之下的时候，他们就将跟人类的其他成员没有什么分别，最终都会与最败坏的期许不谋而合。

雅斯贝尔斯认为学术自由的维护需要学术人有一种献身学术的精神，同时只有在真正的学术生活中才能援引学术自由。他说："无论在什么地方，一旦有人将自己的个人存在与学术存在融为一体，学术自由就会证明自己的价值。他们将变成一个时代的代表性精神，在这个时代里，恰恰是他们对于历史力量的意识使他们从对自己时代的或明或暗的依赖中超脱出去。"（雅斯贝尔斯，2007）[185] "学术自由只有在援引它的学者始终对它的意义保持清醒的情况下才能存在。它并不意味着一个人有权说任何他高兴说的东西。寻求真理是一个过于艰巨和庞大的任务，它有可能被误会成半吊子真理之间的、头脑发热的交换，这些半吊子真理是一时兴起脱口而出的。只有在学术目的和对真理的忠诚被考虑进来的地方，它才可能存在。现实的目标、教育上的偏见或者政治说教都没有权利援引学术自由为自己正名。"（雅斯贝尔斯，2007）[186-187] 因此，学术自由并没有赋予教授高于其他公民的特殊豁免权。它只是意味着一种除了学术上的彻底性、方法和体系之外，可以免受一切束缚的职业方面的自由。它并没有赋予某个人权利可以就公共事务随意发表不负责任的言论；相反，它倒是给一个人平添了一种责任：使他不得将类似的私下声明包裹在一种虚假的权威氛围之中，使他在做出这些声明的时候加倍谨慎。

雅斯贝尔斯认为，学术自由对教授来说也是一种约束。他认为，不是所有的大学人都享有学术自由，处在大学代表人的位置上、对大学负责的监控者，绝不可以被允许去做学术演讲。他的工作必须被限制在全然独立的管理领域之内。同时，学术自由不是一笔财产，可以被一劳永逸地占有和享受。

单单是内在于薪酬等级的经济方面的依赖性就隐含着一个对于教授道德信誉的潜在威胁。顺理成章的，教授们自然会去支持那些对他们有利并且给他们带来地位的社会条件；自然会通过口说和笔写的言辞承认现存的情势，服务当前的政权……自从苏格拉底以来，极少有哲学家会认为有必要保持彻底的独立，拒绝无论何种形式的补助，这种状况的发生不是偶然的。（雅斯贝尔斯，2007）[189-190] 在这里，他承认学术自由是有限度的，不仅取决于外在的控制，还需要主体的独立，但许多问题出现在教授自身独立性的丧失。

美国大学教授协会（AAUP）于 1915 年发布《关于学术自由和教授终身教职的报告》，被认为是关于学术自由基本原则最全面的声明。报告明确提出"中立性和职责权限的原则"。"学者在大学内享有言论自由是有条件的，其前提是学者必须遵循科学研究的方法和精神，实事求是地提出研究结论。也就是说，学者得出的任何结论都必须是在他们所专长的领域进行、真实的研究的结果，然后郑重地、谦逊地、审慎地提出他们的研究结论。""教师在涉及有争议性的问题时，不应该隐瞒或讽刺其他研究者的不同观点，而应该客观地加以介绍。教师应该让学生了解目前关于这个问题已经发表的各种最有代表性的学说。最重要的是，教师要始终牢记他的本职工作不是向他的学生提供现成的结论，而是训练他们自己思考的习惯。"教师必须特别小心防止"利用学生的不成熟，在学生能够公正地看待关于争议性问题的其他观点，以及他有足够的知识和成熟的判断力来形成自己明确观点之前，向他们灌输自己的看法"。报告同时提出了校外言论自由的原则（沃特·梅兹格，2010）[151-156]。时隔 25 年，美国学院联合会（AAC）与 AAUP 达成共识，并于 1940 年发表《声明》（沃特·梅兹格，2010）[243-244]，在强调学术自由对大学的意义的同时，强调责任与权利的统一，对学术自由明确提出三点：其一，教师在充分履行了其他的学术上的责任的条件下，有权享有完全的研究自由和出版研究成果的自由。但是以金钱为目的的研究应取得所在学校权力当局的同意。其二，教师有权享有在教室中进行专业讨论的自由，但必须尽量在教学中涉及与其专业无关的争议性问题。因为宗教或学校其他目的而要求限制学术自由，必须在聘任教师时的书面材料上陈述清楚。其三，大学教师既是公民发表言论或写作时，他应享有免受学校审查或处罚的自由，但他在社会上的特殊地位要求其承担相应的义务。作为一个学者和教育工作者，他应牢记公众会根据他的言论来评论其职业和所任职的学校。所以，他应该始终注意适当地约束自己，尊重他人的意见，努力表明自己非校方发言人的身份，正确地表现自己。

从洪堡、韦伯到雅斯贝尔斯，从德国学者的个人信念到美国教授协会的宣言，基本构建了传统的学术自由观。它的立意在于，自由是真理探索等学术活动的基本条件，现实中存在广泛的诸如国家、宗教、社会力量等控制学者自由探索的力量，同时存在以学术自由名义服务个人利益的行为。所以，在坚守免予外力控制的自由理念的同时，也要明确大学监管者、教授等的学术责任。其实质已经走向关于大学学术伦理学的一种建构。

3. 现代大学——积极行动的自由

"二战"以后，社会民主化进程加快，思想自由和表达自由成为人们的基本权利，对自由意义的追寻成为多学科共同的研究命题。

在社会学领域，自由是人的本性的体现，它是与人的个性、心理相关的概念，主要研究生活质量的优化、个性的发展和生命的意义。美国社会心理学的开创者之一库利（Charles Horton Cooley）认为，自由是"获得正确发展的机会"，因此，"我们不应该把自由看作是某种确定的和终结性的东西，也不应该再把它视为某种可以被把握或一经把握就能一劳永逸地解决了的问题。我们应该学会把自由看作是发展的事物，……它是一个过程而非一种状态"（库利，1999）[298-299]。显然，仅把自由理解为一种过程是片面的，它既是过程，又是过程中呈现的状态。根据弗洛姆的说法，"摆脱束缚，获得自由"和"自由地发展"（埃里希·弗洛姆，2000）[25]是两种基本的自由，前者为外在自由，后者为内在自由。弗洛姆认为，在当代资本主义社会，人挣脱了束缚自由的纽带，但又没有积极实现自由和个性的可能性，人们疯狂地逃避自由，建立新的纽带关系，或至少对自由漠然视之。实际上，社会既不是个人自由的束缚，也不是个人自由的保证，更不是能够摆脱的纽带，二者是依存的关系。这一点，德国社会学家诺贝特·埃利亚斯（Norbert Elias）有过深刻的论述。他认为："对单个人来说，不存在社会相关性的零点、'起点'或入口，一种他这个不具有社会联系的人仿佛能从外部加入社会，而后再与他人建立起联系的入口；相反，正如必须先有父母的存在后有孩子的出生那样，正如母亲首先要以鲜血，后要以身体的乳汁来养育孩子那样，单个个人总是并且在根本上就存在于和他人的各种联系中。他是在与他人的这些联系的历史、依赖性和依托性的历史中，进而在一个更大的范围上，在他赖以成人并生存的全部的社会关系网的历史中，获得了自己的特征。"（诺贝特·埃利亚斯，2003）[31] 埃利亚斯在表明，单个人的成长就是从一个已经先他存在的人际纺织网中走出，进而跻身另一个由他自己参与构织的人际编织网。他说："他人的言说在未成年人身上所激发的，是某种完全自身独有的、完全属于自身的语言，并同时又是他与他人联系的产物，是他生活于其中的那个人际交织网的表达；因此，随着与他人的这种交往，在单个人身上便产生了思想、信念、情感、需求和性格特征，它们展现的是他最个人性的东西，是他本己的'自我'，唯其如此，那个他源出其中又归属其间的联系交织网也同样得到了表达；因此，这个'自我'，这个'最大的个人性'乃形成于诸多需求的某种连续的交织过程，形成于某种持续的要求和满足、某种互动性的索取和付出。"（诺贝特·埃利亚斯，2003）[39-40] 在这里，他强调，那永不止息的交织化的秩序，就是单个个人联系的历史，是规定了他的本质和形态的历史，在这个历史中，个人感知自己"内在"的东西，并通过人类关系网的构造保存下来，逐渐形成某种个体性并在其中生活，社会成了个体自由的本体成分。在这个意义上，人的发展总是社会性的发展，只不过这种社会性是个体建构的过程和结果。

在政治领域，有关自由主要探究人的基本权利和政权合法性问题。英国哲学家鲍桑葵（Barnard Basanguet）提出了消极自由即"免予……的自由"（be free from）和积极自由即"从事……的自由"（be free to）的概念，并指出，"凡是增强个性和维护自我的表现乍一看都是与他人敌对的，而自由，即个性的条件，也就变成了消极的概念，似乎在社会统一体的每个成员周围都要保留最大的空间，以免受一切侵犯"（鲍桑葵，1995）[142]。在他看来，消极自由的本质在于要求自我处于正常的状态，免除强制与奴役是消极自由的内在含义，消极自由主要表现为法律自由，而肯定人的自我和个性则是消极自由赖以存在的基础，而所谓积极自由则是一种采取行动的自由，主要表现为政治自由。以赛亚·伯林（Isaiah Berlin）同样从这两个方面展开新的研究，他把参与政治生活的自由权利称为肯定性自由，把免予外在束缚的个人自由称为否定性自由。前者指当我可以掌握自己的命运时，我是自由的；后者指我的自由只不过是一系列我可以做别人无法阻止或惩罚我的事情。亚当·斯威夫特则在他们研究成果的基础上，总结出对自由观认识的三个区别（亚当·斯威夫特，2008）[50-62]。一是实际自由和形式自由。主要在于有权或有能力以某种方式行为和仅仅没有干预之间的区别。没有人干预你做某事的事实并不必然意味着你实际上可以做某事。你是否自由地做某事——没有人阻止你？你是否无自由去做某事——你没有能力去做？比如给以金钱就是增加他们的实际自由。给予他们教育和医疗卫生也是如此。拥有教育和良好的身体，人们就可以自由地利用在其他情况下不能真正对他们有用的机会。这些机会可能只是形式上有用的。但是，对一些人来说，他们需要政府的行为使得利用这些机会变得真实或者实际。二是作为自主的自由和作为去做想做的事情的自由。自主意味着"自我统治"或"自律"。其区别的意义是人在没有真正自主的时候也能够做他所要做的事情。这样他具有消极的自由，即没有对他进行干预，但是他会具有积极的自由吗？他会具有一种控制自己生活的状态构成的自由吗？这种区别意味着自由能够被内在的因素所限制，而不仅仅是他人的外在干预。三是作为政治参与的自由和开始于政治终结的自由。前者通过政治行为才能实现自由，后者认为自由在本质上涉及留给个人的行动氛围。引申的观点是通过对国家的政治参与，通过参与集体的自我管理，通过参与制定生活在其中的法律，人们才能实现真正的自由。与自主的自由相联系，其思想是人类通过政治行动才能获得真正的自我实现。

在哲学领域，存在主义哲学家们把自由作为人之存在的意义，在这一哲学理念下构建了完整的教育哲学。他们坚称，教育应该关注个体的人。这种教育将个人看作世界中的独特存在——不仅是观念的创造者，而且还是活生生的、感情充沛的存在。个体在认识这个世界的同时，也是作为一个感受着的、有意识的个体而存在。好的教育应该鼓励个体询问"我是谁"、"我的生活驶向何方"、"为什么我存在着"这样的问题，这种教育试图帮助我们每一个人看到我们身上的恐惧、挫败感、希望以及通过多种方式使用理性来惩恶扬善和救死扶伤。个体总是处于转变当中，人们相信他们认识自身的那一刻可能正是他们开始全盘检验的时刻，好的教育的第一步应当是理解我们自身。（Howard A. Ozmon, Samuel M. Craver, 2006）[244-245] 据此，存在主义者认为教育的目的是个体解放，即个体自由。首先，个人必须摆脱这样一种观念，即人为了要被他人看作一个好人，就必须和他人一样地思考和行动。其次，获得自由意味着个体要在一个充满着不确定和悲苦的世界中理解自己的处境。再次，个人必须从庸众的庸常状态中摆脱出来，从而使他自己能够认识和利用自己的各种力量去创造他自己的存在。最后，个人自由意味着把个体视为所有教育活动和所有生活活动的出发点。只有当学校的目标是发展自由的个体，即使个体认识到自己的自由并担当起自己行为的严肃的责任时，学校才有存在下去的理由。(杜普伊斯，高尔顿，2006)[178-179]在马斯洛(Abraham Maslow)看来，个体解放的标志之一是实现"超越性需要"，这种需要不同于空气、食品、抵御危险和熟悉环境等基本需要，是个体不断进取或成长来实现自己的潜能的需要。"超越性需要"包括归属感、自尊和美学需要等。马斯洛认为，超越性需要是帮助人们成为"自我实现"的人的必不可少的条件，自我实现的人以现实为导向，是自发的和富有创造性的。马斯洛也区分了虚假的自我实现和真实的自我实现。虚假的自我实现是冲动的不加约束的释放，一个真实的自我实现的人会说"我关注自己的感受，也关注你的需要"。这一核心观点激励人们做出自己的选择，尊重自己，并富有同情心。生活充满悖论和矛盾，没有哪种生活模式是唯一正确的。存在主义的思想框架使我们意识到个体的差异和变化。

在自由成为人们基本权利的历史语境中，学术自由原有的立意已经发生了转变，大学对自由的追求越来越多地转向大学内部，转向从事学术工作和学习的人自身的解放，强调人积极行动的准则，自由开始与道德紧密结合。在具体的研究中，许多学者对学术的内涵、学术自由的具体原则进行深度的探讨。

博耶在他代表卡内基基金会发表的报告《学术水平反思——教授工作的重点领域》中，基于当代大学学术状况，建立了一个新的学术框架（博耶，2003）[88]。一是探究的学术，即大学应当继续通过科学研究来发现新的知识，拓展人类的知识领域；二是整合的学术，即把科学发现置于一个更大的背景、促进更多的跨学科交流和对话，发挥几个不同的相邻学科的综合优势；三是传播知识的学术，即为了确保学术之火不断燃烧，必须持续不断地交流，不仅在学者同辈之间进行，而且要与教室里的未来学者进行交流；四是应用知识的学术，即使教授成为"反思的实践者"，使他们从理论到实践，然后又从实践返回理论，从而使理论更加真实可靠。

美国著名社会学家希尔斯（Edward Shils）则在制度层面对"学术自由"诸原则进行了论述。（爱德华·希尔斯，2007）[279-283] **其一，学术自由并不能免除学者个人作为学术机构的成员所应负的责任**。因此，学位授予的要求不能由哪一位学者自行决定，除非他所在的系或学校里得到授权的某个权威赋予他这项决定权。一所大学要作为一个机构正常运转，就有许多必要的活动不能由各个学者个人自行决定。譬如说，任何一位学者个人无权决定他或她的授课时数或者考试中分数等级A的标准，这些问题应该由学者们集体决定。**其二，学术自由是大学教师履行其教学和研究责任的自由**。这是根据"他们的最好见解"追求和交流真理的责任。学术自由不是学者个人可以做任何事的自由、随心所欲的自由，说任何他们想起来要说的话的自由。它是做学术之事的自由：教授他们依靠长期深入的研究而发现是真理的东西，与同事们自由地讨论这些思想，将那些经过系统方法研究和缜密分析得出的真理付诸出版。这才是严格意义的学术自由。**其三，学术自由并不扩展到学者可能从事或可能忽视的所有活动**。一位学者不能随意篡改其观察记录，他也没有伪造和歪曲文献和题词的自由。他没有在其报告和教学中忽略对还存在疑问的资料进行审查或在教学和报告其研究结果时否认自己的观点的自由。他没有讲授与通行的传统相矛盾的观点的自由，除非他能以自己的研究提供的证据来支持自己的主张，或者能用自己对传统观点的理性分析说明这些传统观点是错误的或不适当的。**其四，学者个人的学术自由可以由制度要求予以合法的限定**。一位学者无权享有在他承担教学任务的课堂上经常缺席的自由；无权享有拒绝审阅学术论文的自由。他无权拒绝组织考试和判分，如果这些任务在他的作用合同中已有规定。一个学者无权拒绝教授他有资格教授而又必须由他所在系的某些教师教授的课程。一个学者无权明显地改变他的学科，自行决定要教授形体物理学，不管天体物理学系并没有聘他这样做，也不管他本来是受聘讲授宪法或希腊悲剧。**其五，学术自由不能扩展到违背公认的道德规范的活动**。学者的性活动不在学术自由保护的范围之内。同样，学者的犯罪活动，也不是在学术自由的保护下可以自由进行的活动。如果他在课堂上花了相当大的一部分时间，以一种夸张的语言，情绪化地指责或赞扬政策或者公共舆论的某些观点，那么，就可以公正地说他超越了合法的学术自由赋予的权利。

沃特·梅兹格（Walter P. Metzger）提出，学术自由需要遵循科学自身的伦理观（沃特·梅兹格，2010）[104]。首先是科学的可靠性原则，即把对科学工作的评价同对科研工作者的信仰及其社会关系的评价区别开来，从而体现了学术的普遍性价值观。普遍性不仅意味着消除科学评价中的偏见，即根据人们的信仰、种族、国别评价一个人工作的优劣，而且意味着消除了不当的优势，即根据人们的社会关系、社会地位、社会等级的高低评价一个人的好坏。第二个原则是科学中立性原则，即公正无私，科学必须超载意识形态，以及大学教授必须抵制各种可能破坏积极追求真理的行为。

二、关于当代学术自由危机的反思

当代学者一方面在进一步完善传统的学术自由观，另一方面则在当代学术秩序中开始反思"学术自由"自身的合理性与合法性。希尔斯在他的一篇论文《我们还需要学术自由吗？》中，分析了美国大学教授协会的活动情况，分析了美国"二战"以来的学术生态，在此基础上指出："学术自由也已经走上了它自己的道路。人们不再认为它与通过研究和反思而追求或证实真理的活动具有任何紧密的联系。它已经变成了更加普遍的言论自由权的一部分。言论不再被限定为对那些理由充分的、合乎逻辑的和被经验证实的观点的陈述；现在，它的意义已经得到了极大的延伸，变成了对任何一种欲望、任何一种情感和任何一种动机的表达。"（爱德华·希尔斯，2010）[113] 在学术自由的庇护下，美国大学教授已经成为一种特权阶层，以至于"一个富有侵略性和威胁性的、持有反律法的学术观点的团体得到了加强。它的目标完全不同于美国大学教授协会曾经试图维护的那些目标。在它看来，'性别平等'、'种族平等'、'文化平等'以及同性恋的正常化是唯一真实的价值，而那些关于真理的标准则是虚假的和骗人的，其根本目的是压榨妇女、有色人种、同性恋者和穷人。它也否认学术自由的价值；它认为，在'性别平等'、'种族平等'、'文化平等'以及同性恋的正常化之外的其他价值都是毫无意义的，因为它们所要保护的真理不过是一种幻觉"（爱德华·希尔斯，2010）[130]。希尔斯据此指出，如果没有任何一个陈述能够比其他的更加真实，那么就不存在任何关于正确性和真实性的标准，从而也没有必要去评价学者和科学家的成果的正确性。这样一来，就没有必要为了聘任教师而去评估求职者的科学或学术成果，也没有必要通过学生的论文和考试来判断其学业的优劣。在这种情况下，学术自由除了可以用来保障职位的稳定性和胡作非为的特权，还能起到什么作用呢？希尔斯所说的学术现象并非美国的个案，在其他国家同样存在，完全是一种当代学术状况。希尔斯的质疑动摇了学术自由理论的根基，也让我们看到了学术自由空心化的表征。

有一篇评论概括了对美国大学教师的批评至少有四个方面（菲利普·G. 阿特巴赫，等，2007）[267]：一是动机错位。大学教授们为自己服务的兴趣比为公众服务的兴趣高。他们以牺牲真正的工作为代价，将所有精力用于追求自己的研究。他们热衷于迅速地脱离教学，积极地为获得提升而全力以赴，说明他们对学生和院校缺乏忠诚。二是道德滑坡。大学教授总是寻求与班级接触的时间最小化，以便能够做自己的事情。由于获得了专业自治，他们弱化了对所教班级应负的教学责任，以至于许多工作人每周的上课时数不超过6小时，还有一些人根本就不上课。三是满足现状。教授终身制助长了大学教师的懒惰和漠然态度，保护了无能及不负责任的教授。四是责任丧失。终身制保护了职业的自治，使得大学教师可以自由地按照自己的意愿行动，而无须为自己的行为负责。尽管这些批评背后是社会对大学教师的理解缺失，但这些批评仍然意味着大学教师享有的自由特权正在失去稳定的社会基础，意味着在一个享有广泛自由的社会更关注一个人的社会责任，也意味着学术自由自身的话语危机。

学术自由的深层危机来自科学自身的发展，当象牙塔中的高深学问在信息时代无处藏身之后，本属学术人自我把玩的科学伦理、科学部落习俗也赤裸于大众之中，科学自身的"祛魅"使"学术自由"成为大众话题，并不断接受社会的拷问。克隆技术的发展在全社会引起了广泛的大讨论①，既是一个科学普及的过程，也使科学本身陷入了道德危机。克隆人或通过基因技术塑造新人，意味着人不再是自然的产物，而是由人为决定的，是一种外在意志的强加。这样，人的唯一性不复存在，也就失去了人的原初价值。克隆人行动使科学进入了一个伦理禁区。有关克隆人的讨论，使人们认识到，科学自身发展的两面性，由此也必然带来学术自由的两面性。它告诉人们，伦理道德的功能绝不仅在于为科技发展保驾护航，也在于为科学家的行为设立规范，对受这一行为影响的人们提供保护。伦理道德与科学研究的关联就在于，科学作为理论可以是价值中立的，但作为实践上的行为却逃脱不了道德上的评价，就像人类其他行为一样，只要行为的目的、手段、结果与人类利益相关涉，则就必须受控于人类的价值考量，必须受到科技伦理的制约。学术自由首先是一种规范和责任，但在科学家那里，这一点并不为人们所知。

---

① 1997年2月英国的爱丁堡罗斯林研究所采用克隆技术复制出绵羊"多利"；不久，一家得到国家大财团支持的并在50多个国家有分支机构的组织宣布在巴哈马成立"克隆人"技术公司；1998年年初美国一位名叫理查德·锡德的科学家率先提出，他将进行克隆人试验，目的是为患不育症的夫妇繁衍后代。这还只是"克隆人"风声初起。1999年年初，韩国的两位科学家用一位30岁妇女的体细胞克隆出胚胎；2002年4月3日，意大利"魔鬼医生"塞维里诺·安蒂诺里声称，某位妇女肚子里"克隆婴儿"已经长大到8个星期，世界上第一个克隆人很快将诞生在地球上，当然，生物学界的科学家们纷纷对安蒂诺里的克隆人实验表示怀疑和谴责。但在2002年2月11日，美国《科学》杂志宣布，汉城国立大学研究小组成功克隆出人类早期胚胎，并从中提取出胚胎干细胞，首次证明克隆技术对人类细胞也适用。在2001年4月10日，在布什总统发表讲话催促参议院批准全面禁止人类克隆法案后，美国有40位诺贝尔科学奖获得者联名上书政府，要求立法支持治疗性克隆。正如Nature杂志在2001年5月发表的评论文章所指，美国一些反对治疗性克隆的人正在利用公众对生物技术的恐慌，但对待治疗性克隆研究的态度也应该建立在理性分析的基础之上。

另一个重大的科学事件则是"索卡尔诈文"引发的"科学大战"①，许多著名的报纸诸如《纽约时报》、《泰晤士报》等都参加了讨论，众多著名出版社如普林斯顿大学出版社、杜克大学出版社、哈佛大学出版社、牛津大学出版社等都出版了有关的著作。这场论战涉及对科学本性、科学真理的客观性和理性、科学方法，以及科学、技术与政治、军事、经济等社会因素的关系等的辩论，这是一场科学与人文的大冲突，必将对人类的文化与社会产生深刻的影响。"讨论"把科学自身推上了历史的审判台，同时也是科学、理性、学术的一种解构，克隆人事件对传统科学观的冲击，"索卡尔事件"对科学神化的曝光，都动摇了科学的神圣地位，同时强化了科学的文化语境。在这种语境中，那种基于真理探索的学术自由同样失去了假设的基础。

实质上，大学在争取学术自由的过程中，不自觉地颠覆了"自由"的本义，在理想与现实的纠缠中获得的仅是一种学术束缚。这种束缚既来自对多元化学术的反叛，也来自强烈的社会规训。如古特曼所说："学者可以按照自己的学科采纳的真理标准自由地对既存的理论，对已经确立的制度，以及广泛认同的信念进行评估，而无须担心一旦自己得出不受欢迎的结论会受到制裁。具有学术自由的学者跟随自己的自律判断指向任何方向，条件是学者必须在学术探究标准确定的边界内活动。"（艾米·古特曼，2010）[193-194] 她认为，

---

① 1996 年 5 月 18 日，美国《纽约时报》头版登出一条新闻，报道纽约大学的量子物理学家艾伦·索卡尔（Alan Sokal）向著名的文化研究杂志《社会文本》递交了一篇诈文，标题是"超越界线：走向量子引力的超形式的解释学"，其目的是检验《社会文本》编辑们在学术上的诚实性。结果是 5 位主编都没有发现这是一篇诈文，没有能力识别出作者有意识捏造出来的一些常识性科学错误，也没有识别出索卡尔在编辑们所信奉的后现代主义与当代科学之间有意识捏造的"联系"，一致通过把它发表，在知识界引起巨大震动。这就是著名的"索卡尔事件"。这一事件的产生有其深刻的文化背景。20 世纪 70 年代中期以来，随着后现代主义向科学中的渗透，在知识界充满着对科学技术的价值持怀疑倾向的相对主义思潮，其特点是：对科学研究的逻辑标准、客观真理与实验证据等认识论价值进行挑战，强调政治权力的规则，把科学变成一种权力，一种靠金钱运转的游戏，一种服务于其赞助者的手段。一些科学家在游戏中堕落为争权夺利的政客。作为一位政治上持左派倾向的物理学家，索卡尔感到更为不安的是，这种相对主义的思潮是以政治上的左派面貌而出现的。他自己说过，他的诈文的目的是要把左派从相对主义思潮中解放出来。这篇诈文的消息一公开，立即触发了一场席卷全球的由科学家、持实证主义立场的哲学家组成的科学卫士与后现代思想家之间的"科学大战"。

如果学术自由没有学术边界的限制，那么，学者的自由就与那些更普遍的自由没什么两样。那些更为普遍的自由当然也适用于作为公民的学者，但学术自由对学者因而也对学者所处的社会要求更高。学者必须认识到，作为自己所占有的社会职位的一个条件，自己有义务遵循学术探究的标准。在福柯看来，自主性的发展不是以自由为先决条件的，相反，这个在规训场所中发生的发展（以一种特殊的自律形式），既是在发展进程中对自由的一种否定，又是对自由作为这些进程的和结果的一种拒绝，正是由于这些原因，知识/权力才会存在。（詹姆斯·D. 马歇尔，2008）[82]学术自由已经失去了它原初的价值和意义。

"学术自由"诞生于对普遍真理追求的土壤中，在高深学问的秩序中实现建构，同时也完成了自身的历史使命。它知识本位的血液，已经不能适应服务学生发展的个人知识秩序需要。向"发展自由"的话语转换，将避开当代科学自身的乱象，聚焦于知识群落中人的发展，在自身获得合理性的同时，也将实现大学教育新的意义建构。

三、"发展自由"是当代研究型大学的价值追求

一百多年前约翰·穆勒将洪堡的精辟论断录于《论自由》一书的篇首，一百多年后哈耶克将其录于《自由秩序原理》一书的结语，即"本书所阐明的每一个论点，都明确且直接趋向于一个大原则，即人得到最为多样化的发展具有绝对真理且本质的重要性"（哈耶克，1997）[183]。洪堡、穆勒、哈耶克，都把"自由"的终极价值归于人的多样化发展。如果说在传统大学教育模式中，这种"自由"的价值追求还是一种理想的话，那么在当代社会生活背景下，随着大学教育的转型，"自由"的终极价值将成为一种现实。原因有四。

其一，全球化时代，社会生活的不确定性需要大学开放学习时空。全球化是当今社会的典型特征，它意味着全球经济、跨国联系、新的集体策略制定形式、政府间和类似于超级国家机构的发展、跨国交流的加强、新的地区和军事秩序的建立、增强的经济和社会等领域的相互依赖、新的跨

国经济政治组织、资金和人力资本的流动，以及这些因素同时存在的同质化和分化趋势。全球化已引发了社会生活的诸多改变，如人们的生活方式、工作方式、认同与聚集方式、交流与参与方式以及受教育方式等。世界处于变动不居的过程之中，社会生活越来越不确定，包括居所、职业等。面对"在一个复杂度越来越高的世界中，我们教授'世界如何运作'的职责是什么？谁会去履行这一职责？我们如何知道？"这样的困惑，教育者不禁失望："教育被一个几乎不可能的任务遗弃了：即使世界继续发生变化，教育仍寻求去解释这个日益复杂的世界。"（迪恩·纽鲍尔，2009）[41-43] 这无疑是大学教育面临的最严重的挑战，为此，被动的"从知道者到学习者"的知识传递模式需要走向"从学习者到学习者"的主动的知识参与模式，学习者需要自由的学习时间与空间，以体验丰富而不定的现实生活，提升应对外在世界变化的能力。

其二，信息化时代，知识体系的不确定性需要大学开放学习方式。在信息化时代，计算机、数字网络技术得以广泛运用，信息和知识总量呈几何级数增长，信息储存、转换和传播实现数字化，信息传递实现即时化和全球化，人们所处的学习、工作和生活均处在高度信息化环境中。由于知识存在方式的网络化，加上知识本身被不断更新和创造，大学滞后的以"高深学问"为本的教育体系缺陷更加显现，学生实际学习的知识呈现出很大的不确定性，学习资源空前丰富，学习目的更加多元，学习活动更加便利。在信息化环境中，传统的学习方式得以延伸，而以远程学习、移动学习、虚拟学习为典型的新型方式被广泛运用，学习的形态也发生了改变，使即时学习、无间隙空间学习、检索性学习成为可能，人类学习进入一个全新的境界。如帕克.罗斯曼（Parker Rossman）所描述的那样，越来越多的学习者通过各种技术系统、卫星通信有线电视、电子邮件、网络课程等学习世界各国的大学课程，在线咨询辅导已经习以为常，电子图书馆、电子实验室等普遍存在，学者在办公室可以借助网络参加各种国际学术会议，网络书店可以让消费者购买纸质书籍和下载电子图书。（帕克·罗斯曼，2006）[33-34] 面对信息化的挑战，大学稳定的知识传播体系和基于课堂的学习方式不得不走向开放，开放的学习方式使大学学习更加自主和自由。

其三，学习化时代，发展目标的不确定性需要大学开放学习机会。学习化时代即学习型社会是以知识经济为特征的，"在这种经济形态中，个体、公司、地区以至国家的成功，同其他任何因素相比，将更多地反映他们的学习能力"（OECD, 2000）[29]。其学习的内容不仅应该包括使用新的科技成果获取知识，还应该包括使用科技更好地与他人交流如何提高生产力，这种学习的过程是持续的、终身的，而不仅仅局限于正式的学校教育。就学校教育来说，在学习型社会，其教学目标重在培养创造力、灵活性、问题解决能力、独创性、集体智能、专业信任、敢于冒险的精神、不断改进与提高的品质。（安迪·哈根里夫斯，2007）[18] 尽管这是共同的发展目标，但每个人的理解和具体表现不同，达成目标的途径与方式也不同，发展目标具有鲜明的个别性。更重要的是，学校的正规学习只是人生学习的一小部分，主要的学习是终身学习。由于知识更新速度加快，加上人的职业变动不居，不断学习是人的基本生存行为，这种非正规的学习没有统一的目标。发展目标的不确定性和学习的随机性，需要大学和其他社会教育机构随时提供适切的学习服务，大学需要向社会成员开放学习机会，意味着人的一生中随时可以进入大学学习。

其四，普及化时代，个体需要的不确定性需要大学开放学习权利。当代高等教育正从大众化迈向普及论的进程中，随着大学教育规模的迅速扩张，学生的人口构成日益多元化，文化和背景具有多样性，他们的需要也是多样的，这种多元化导致传统的教学方法和新的学生群体的期待之间存在差异。美国科学院（NAS）有一项研究对 20 世纪美国 50 所一流大学的本科课程进行了调查，结果发现，在这一时期这些大学一直不重视普通核心知识，要求学生学习的基础课程急剧下降。必修课平均数由 1914 年的 9.9 门下降到 1964 年的 6.9 门，到 1993 年只有 2.5 门。对此，马丁·特罗评论说，在通识教育阶段，美国大学很少有两个学生选择相同的课程，在一门课程的初期也很少有两个学生读过相同的书。教师在导论课教学中根本不能假定学生有共同的知识背景，甚至不能认为学生有相同的兴趣；专业学习以前的任何一门课程都是从同一个起点开始的。（马丁·特罗，2007）[97] 这就是普及化高等教育必须面对的现实，与其抱怨自由选修课制度以牺牲课程的学科品质为代价，不如从学生的实际需要出发为学生开发课程。基于这样的思考，大学为各种知识和学习提供机会的目标转型被一些人视为应对全球学生多元化的一个理想的目标。2009 年《联合国教科文组织世界教育大会上的全球学生声明》一致呼吁"人人都能接受教育",并且迫切要求对"足够的支持,尤其是更个性化的方式"给予更大的关注。(菲利普·阿特巴特,等,2010)[87]实质上,即使是在精英化教育阶段,学生的主体需要依然是多元的,只是因为学生共同的文化基础、稳定的就业取向等遮蔽了个性发展目标。在普及化阶段,基于共同目标的知识本位教育已经失去了制度基础,大学教育到了该向学生开放学习权利的时候了。

全球化、信息化、学习化、普及化构成当代大学教育的社会文化生态,时空开放、方式开放、机会开放、权利开放赋予大学教育"自由"追求以新的意义。传统的基于"学术自由"的教育哲学叙事,已难以涵盖当代大学教育的自由价值追求,需要建立一种新的教育哲学语境即"发展自由"。在大学理念的意义上,"发展自由"是"学术自由"的继承与发展,标志着当代大学教育的文化转型。在价值层面,从"学术本位"教育转向"学生本位"教育;在目标层面,从"高深学问"研究转向"个人知识"建构;在资源层面,从系统知识的学科转向跨学科的应用情境;在方式层面,从被动的知识传递转向主动的知识参与。"发展自由"首先是学生的学习与成长自由,同时也涵盖了教师、学校追求的"自由"旨趣。在当代社会文化生态中,大学教授作为学术职业不可避免地处于发展的过程之中,大学在成就学生的同时必须首先成就教师,大学教授的发展自由意味着研究的自由、教学的自由、学习的自由、流动的自由等。大学作为学习和研究的场所,其独特价值在于同政府、企业、事业单位等互动中保持批判性和独立性,大学的"发展自由"意味着自主发展、主动发展和特色发展。当代研究型大学在适应社会文化变迁与实现自身超越的过程中,把"发展自由"作为价值追求的旨归,是教育的时代使命也是文化的历史选择。

四、大学"发展自由"的意义分析

在"社会正义"语境中的自由诠释之外,仅就个体发展的意义讲,自由同样是多学科研究的范畴。一般意义上,自由被定义为控制自我、自我思考、自我行动的能力。美国社会学者乔尔·查农（Joel Charon）认为，这个世界上没有绝对的自由，而是有许多不同程度的自由。一些社会比其他社会更自由。一些人比其他人更自由。一些行动比其他行动更自由。他说："有两个方面的自由需要理解：思想自由和行动自由。我们很难获得所有的思想自由，但是，没有思想自由也就没有行动自由。而且，即使有更多的思想自由，也不一定就会有更多的行动自由。"（乔尔·查农，2009）[89] 在他看来，多数人都会对其实际上拥有多少自由抱有一种夸大的看法，把个人自由建立在社会代言人的态度中，较少批判考察它到底是什么意思。对自由基于人的意义的考察是复杂和多元的，本书重在建构"发展自由"教育意义。

1. 关于大学"发展自由"的理论探讨

在传统的"学术自由"叙事语境中，对自由的探讨有着不同的理论视角。有的专家从政治的角度研究大学人的自由权利，如洪堡、马克斯·韦伯等；有的专家从伦理的角度研究大学人自由中的道德，如爱德华·希尔斯等。像雅斯贝尔斯、哈耶克、艾米·古特曼等人更关注学生作为人的发展自由，提供了理解"发展自由"的理论视角。

雅斯贝尔斯主张自由就是学生对自我使命的掌握与追寻。作为存在主义哲学的主将，雅斯贝尔斯对大学生主体自由发展的理念作了系统论述，只是在"高深学问"本位教育的光晕之中，他的思想之光被遮蔽了。雅斯贝尔斯认为进了大学，就必须明确自己的使命，他说："既然每个人都必须努力实践内在于某个既定情形之中的标准，那么在大学里面，一个人也必须把做到尽善尽美看作是自己的使命。"（雅斯贝尔斯，2007）[155] 他指出，每个人都按照他的自然潜力，获得他应该得到的，尝到他应该学习的，工作在合适的位置上，这个理想即便在最伟大、最快乐的人身上都没有实现过。雅斯贝尔斯认为只有这样一些学生是成熟的：他们不需要导师，因为他们已经掌握了自己。他们把自己完全暴露于各种学说、观点、调查、事实和好的建议之前，而这样做的目的只是为了检验自己，并从自身的立场作出判断。他说："真正的学生都要有主动性；他们明晰自己的问题所在。他们能够清醒地工作并且也明白工作的意义。他们是一些个体，且通过交流来深化其个性。他们不是作为整体的一群人，不是资质平凡的人，不是大众，而只是无数个冒险想成为自己的个体。"(雅斯贝尔斯,2007)[170] 在雅斯贝尔斯的视野中,科学因人而存在;大学生在科学探究中可以更好地实现生命价值。他说:"如果知识本身变成了科学的最终目的,那么科学也就毫无意义可言了。"(雅斯贝尔斯,2007)[44] 他认为只有在投身于求知的过程以后,我们都会领略知识的来源与意义,就学问是被一种理性探询的原始冲动所引导、被一种既感应于世界同时又超越世界的冲动所引导这点来说,它才是有意义和价值的。也因为如此,学生自我生命意义可以在科学的探究中得以实现。

哈耶克主张自由是学生对外在机会把握中的自主发展。作为新自由主义的旗手,哈耶克倡导社会发展的自由秩序,强调发展意味着规则环境中的自主行动,发展目标的实现则依赖主体对外部各种机会的认知与把握。他说:"在知识的普遍进步过程中,具有决定意义的且不可预见的重要成就,一般来讲并不产生于对具体目标的追求之中,而是产生于对各种机会——亦即每个个人所具有的特殊知识、天赋能力、特定环境和社会交际等因素之间的偶然性组合所创造的机会——的把握和运用之中。"(哈耶克,1997)[177] 所以,大学应当竭尽全力为所有的人增加机会,让他们积极参与到选择性的学术活动之中,在丰富的体验中实现自身的学问发展。当然,在做这种努力的时候应当充分认识到,为所有的人增加机会,有可能会只有利于那些能够较好地利用这些机会的人,而且常常会在努力的初期增加不平等的现象。教授和学生的自由发展的意义正在这里,正如哈耶克所说:"由于任何个人的主要贡献都在于最充分地利用他所遭遇的偶然因素,所以在很大程度上讲,成功一定是一个机遇的问题。"(哈耶克,1997)[175] 在对机遇的把握中,学生内在的学术需求得到满足,也就超越了其"此在的自我"(present self),自由最终显示出其自身的价值。哈耶克基于自发秩序的学习自由观,清晰地阐明了发展自由的价值和实践策略,不仅适应于学生的学习,也适应于教授的教学和研究。

艾米·古特曼(Amy Gutmann)主张自由体现为学生个体选择性学习。作为宾夕法尼亚大学校长,古特曼在探讨国家与教育的关系时,根据教育权威的属性提出了家庭国家、家庭构成的国家和个体构成的国家三种理论(艾米·古特曼,2010)[23-44]。家庭国家的根本特征是具有一种排他性的教育权威,在家庭国家中,教育的目标是教授所有可教的孩子什么是适合于他们的

（唯一的）优良生活，通过在孩子身上培植一种追求优良生活而非低劣生活的欲求，来培养所需求的一体性，个体没有选择的自由。这种试图在所有家庭中维系道德一体性的国家，不仅低估父母传递自己价值于孩子的能力，而且根本就不承认这种合法性。与家庭国家根本对立的是由家庭构成的国家。在家庭构成的国家中，教育的权威完全置于父母之手，父母通过教育使自己的孩子偏向于选择一种与家庭传统相一致的生活方式。当家庭构成的国家假定孩子的利益可以因父母的自由而得到最好的界定或保证时，它就错误地混淆了孩子的利益与父母的自由。为了能获取社会多元性带来的收益，就必须要让孩子接触与其父母的生活方式不同的其他生活方式，并且，在接触的过程中，还必须同时信奉一些使得社会多元性既可能又可欲的价值，如个体的相互尊重，而家庭构成的国家把孩子当成了家庭的财产。这些思想也是对个体构成的国家的辩护。从个体自由的视角来看，理想的教育权威能使孩子未来的选择最大化而不会诱导孩子偏向任何富有争议的优良生活观念。通过倡导选择的机会以及在优良生活观念之间保持中立这个双重目标，个体构成的国家就消解了家庭国家和家庭构成的国家之缺陷。一个正当的教育权威不能影响孩子对优良生活的选择，但他（她）却必须为孩子提供机会，让孩子在最广泛生活方式中自由地、理性地进行选择。这种教育权威是当我们作为一个社会共同行动时，能够自觉认同的，这就意味着，一个支持有意识的社会再生产的社会必须教导所有可教的孩子有能力共同参与到对他们的社会的塑造中。

综合不同的学术主张，"发展自由"作为大学教育哲学，理论内涵可以概括为四点。**一是尊重个体价值**。信奉个人的唯一与不可能替代性，把人的素质发展作为教育的根本目的，"高深学问"只是人自身发展的平台与手段。满足学生、教师的个体发展需要是教育理解的基础和展开实践活动的起点，平等对待每一个发展主体，追求共同愿景对个体目标的适应性，将个性的充分自由发展作为判断主体发展水平的最终标准。**二是通过环境学习**。重新界定学校环境对于学生学习、教师教学与研究的地位与功能，师生关系、同伴互动、学术活动、学习设施、实验场所、文化氛围、历史遗迹等是环境的构成因素，学校环境本身成为学习与探究平台，课堂讨论与实验室研究只是环境的一个组成部分，传统的课程资源供给融入学校环境之中，学生通过环境实现自主行动学习。传统教育中以有计划知识传授为中心的控制因素被抛弃。**三是机会成就自我建构**。基于个体自由选择的教育理念，教育重点在于为学生自主学习创造各种选择的机会，这些机会能够满足学生主动发展的需要，教育过程不再是教师主导与控制的过程，而是学生在对机遇的把握中主动行动学习的过程。对教师来说，学校把他们的发展同样作为教育目的，试图通过他们的发展成就学生的发展，各种研究平台与空间拓展构成了教师自主发展的机会。通过各种成功机会驱动学生与教师的自我超越。**四是进化性道德与制度规范**。学生的道德发展与制度规范的形成不是有计划教育的结果，而是在学校学术和日常生活中自然进化的结果，正是在师生共同学习共同体中逐步学会与人交往，在各种公共生活体验中掌握行动规则，在具体的研究与实践过程中学会做事规范。是学校富于教育性的生活样态生成使学生实现了道德和规则自觉。学校生态中教师的专业德性发展亦是如此。

2. 大学"发展自由"的实践意义

学生个体自由选择的教育，内在地要求以"高深学问"为本的课程体系转向以学生发展为本的课程体系，需要大学课程借助"高深学问"的学习与研究平台，重在引领学生进行"个人知识"建构。在以学生个人知识建构的大学教育秩序中，"发展自由"是大学教育的核心价值，其意义在于保证学生多样化发展、个性化发展，并把推动教师的充分自由发展包含其中。在个人知识秩序中，"发展自由"在实践层面涵盖精神自主、学问自理、行为自律三层意义，可用图 5-1 表示。

图 5-1 发展自由的实践意义

其一，精神自主。人的精神是人的意识、思想、思维以及心灵等内在活动的总称，支配着人的外在语言与行为，是人的本质构成因素。雅斯贝尔斯认为，精神、人的存在和反应性理性，构成了我们的生活的全部处境。精神是理念的支撑和动力。他说："我们对明确性的追求在哪里表现为一种对完美洞察力的追求，精神也就活跃到哪里，运行到哪里。理念从内心深处激励着我们，与此同时，它又作为一个不可企及的目标在召唤着我们。……精神是创造性直觉的动力源泉；没有了想象，科学就会死气沉沉。"（雅斯贝尔斯，2007）[157] 在这里，精神既是一种力量，也是一种信念，同时包含创造性心智活动。这样的精神一旦被控制，就没有自主和独立可言，也就无法达成发展的选择性。就大学课程实践而言，"精神自主"具体表现在四个方面。**一是深刻的科学认知**。对周围世界的理解和认识是主体精神的重要维度，大学教育阶段是人的科学认知的高级阶段，学生在不断寻求科学世界中人的意义，并致力于在贡献科学发展中寻求自身价值，并在哲学层面对科学有自己的深刻见解。正是在科学认知的支撑下，人的精神才鲜明和丰富，进而建立自主的根基。**二是独特的生命理解**。对人类存在与自身生命意义的把握是精神存在的另一重要之维。对人性的认知是保证主体行动必要德性的基础，对自我生命价值的追求是成长与发展行动的动力。大学教育是实现外在知识内省化的教育，所谓"内省化"，就是寻求哲学层面的一致性达到知识的"切己"，在意会层面融入自我以建构个人知识。对生命理解也是一种精神自知，自知是精神自主的内在之义。**三是鲜明的批判意识**。与外部关系上，精神自主表现为将个人的理解置入外部信息之中，不是全盘吸纳外部供给的信息，而是在批判的过程中进行个人化的建构。在这个意义上，批判不是排斥，不是自以为是，而是强化信息传播和接收中的理性。批判意识体现了主体精神自主的内在品质。**四是创新的思维方式**。在主体精神活动的持续性上，精神自主表现为思维的创新性。思维方式的创新以批判意识为前提，单纯地批判具有认知价值但往往不能体现发展价值，只有批判基础上的创新才能实现主体的持续发展。"创新"不仅指向个体思维方式的自我超越，更重要的是追求与他人包括传统思维的不同，表现能够在平常的、秩序化的事物与实践中看到未发的意义与价值，通过新的思维方式推动知识与实践活动的创新。

其二，**学问自理**。大学作为传播与探讨真理的地方这一传统理念，在"发展自由"的思想支配下发生了实践范式转型，从基于外部发展需要的被动知识供给转向基于个体发展需要的主动性知识开发，从外部控制的学习转向个体自主的学习。由于教育在学生发展过程中有着权威和优势的地位，所以哈耶克认为，人们对教育所能拥有的对人的心智的控制力评价越高，则人们就越应当相信将此一控制权置于任何单一权力机构支配之下所具有的危险。他说："自由的终极目的乃在于扩大人们超越其前人的能力，对此，每一代人均须努力贡献自己的力量——亦即为知识的增长和为道德信念和审美观念的不断进步做出自己的贡献。在此一领域中，任何上级或上级机构都无权将一套关于何为正确或何为善的观念强加给人们，而只有进一步的经验才能决定什么观点应当盛行。"（哈耶克，1997）[182] 无论是从人类知识的进步还是从人的多样化发展，处于大学教育中心的学术活动都不应当是外部控制的，而应当是学生自理的。学生的"学问自理"意味着学生有充分的学习选择权，意味着学生能够理性地管理自己的学习事务，意味着学生对自己的学科与专业状况完全负责。"学问自理"的实践行动主要包括五个方面内容。**一是明确的知识建构目标**。学生对自我的发展使命有清晰的认知，能够从现实条件出发将发展使命转化为可执行的知识目标，有长期的总体目标也有短期的具体目标。目标本身包括知识的探究、学术活动体验、道德成长、理智提升、方法积累等诸多方面，构成自我发展在素质结构、阶段特点与空间状态等多维作用下的总体面貌。**二是善于规划和调整自己的学习**。在明确的目标引领下，形成具体的行动方案，开展有计划的行动学习，能够有效处理教师辅导、网络探索、实践体验、自我反思等关系，既重视独立探究性学习，也乐于参与共同体内的合作学习。根据自身的学习过程与结果情况分析，自觉评价自我学习质量，依此调整阶段性学习目标、任务、内容与方式，努力提高学习效能。**三是科学处理外在需要与内在需要的关系**。对学习生活的自我管理，避免对自我的放任，长于发现自我知识结构、思维特点与行动能力的不足，以开放的心理接受外在需要的引领并以此丰富和提高自我认知，对于自我需要能够排除非理性的干扰，从长期发展和终身发展的观念出发审视当下需要的合理性。授受外在需要关照的同时，将外在需要转化为内在发展动力。**四是对新知有敏锐**

的洞察力与探究愿望。高深学问的追求和自身知识结构的更新完善是学问管理的重要取向，管理本身包括对各种知识的评价，哪些是自我发展的基础，哪些是生存的本领，哪些是必需的储备，形成知识分析图谱。高层次的管理则在于对新知的判断，对新知能够敏锐地发现别人没有发现的价值，享受发现快乐的同时激发无尽的探究激情，形成不竭的学习与探究动力。

五是乐于利用学习共同体发展自己。充分理解知识的价值以及有价值知识的存在方式，知道存在于组织内部和个体身上的知识数量远远超过书本以及多媒体网络中的知识数量。认识个体独立学习与发展的局限，以开放精神和包容心境参与组织和各种学术团队的互动学习。在潜心于正式组织如班级、社团、探究小组等共同体中学习的同时，有意识地与教师、同学等组织非正式学习共同体，在相关互动中目标明确地向他人、向组织学习。

其三，行为自律。教育本身就是一种"规训"，既有道德性也有制度性。来自外部的"规训"使受教育者处于被控制的地位，来自内部的自我"规训"才具有自由特征。雅斯贝尔斯说："大学应始终贯串这一思想观念：即大学生应是独立自主、把握自己命运的人，他们已经成熟不需要教师的引导，因为他们能把自己的生活掌握在手中。他有选择地去听课，聆听不同的看法、事实和建议，为的是自己将来去检验和决定。"（雅斯贝尔斯，1991）[146-147] 他同时强调，高等学府的本质在于，对学生的选择是以每个人对自己负责的行动为前提，他所负的责任包括到头来一无所成、一无所能之冒险。雅斯贝尔斯主张的是学生的行动自律，他所反对的"规则"是大学为约束和控制学生制定的管理规定，但并不包括教育的一般性规则，这种一般性规则是大学之所以为大学的内在规定性，是大学所要提供的体现教育规律的制度环境，也是激发学生责任意识与选择方向的促进力量。学生在学校生活中自觉生成具体环境中的道德规范与行事规则，并以此进行自我行为约束，使个体行动具有公共品性。"发展自由"理念下的行为自律包括四层含义。**一是利他性道德准则。**学生主体的交往、学习等行动都以不损害别人的利益为前提，在与教师、同学和其他人士的互动中能因别人快乐而快乐，也因别人痛苦而痛苦，并宽容别人的过错。在各种共同体中主动承担责任，乐于帮助别人，以服务他人、奉献群体为乐事。**二是反思性学习实践。**学习上的自律不仅包括自觉执行学习计划，处理好学习、娱乐与其他活动的关系，在学习行动中有控制自我的坚强意志，更重要的是能够在学习过程中结合目标与任务有效评价学习组织、方法与效果，寻求学习过程优化和效率提升。作为反思性学习实践者，学生能主动发现学习中的问题，制订解决问题的方案，展开新的学习行动，不断提高自主学习品质。**三是个性化行为方式**。行动自律的方向不是寻求行为方式的同质化，而寻求能够获得别人理解的前提下增强行为的个性化。这是一种积极的行动自律。行为方式个性化的目的不是哗众取宠而是自我建构的重要内容，包括有特点的行动创意、有效率的行动过程、独特的行动方法和满意的行动结果等。**四是发展性效能管理**。把具体行动的效能追求作为自我行动管理的重要内容，做每一件事或完成每一项学习任务都追求效率最大化，但尽量避免功利追求和短期行为，总是在完整的任务单元或长期目标追求中理解效能，体现行动的连续性和学习的发展性。发展性的效能管理使学生的行动自律更具自我教育价值和意义，使"发展自由"理念成为大学教育实践质量提升的重要选择。

3. 主体"发展自由"的社会与文化机制

大学教育之所以通过"发展自由"的实践建构能够实现学生积极主动的发展，进而全面提升教育质量，有其内在的社会与文化机制。

学生自由发展的社会解释。美国学者 G.H. 米德（Mead,G.H.）的"主我"与"客我"关系学说，揭示了环境与主体行动的关系，也揭示了主体行动自律的内在机制。他认为，"主我"是有机体对其他人的态度做出的反应；"客我"则是一个人自己采取的一组有组织的对其他人的态度。他说："'主我'存在于他自己的行为举止内部的、他针对这种社会情境采取的行动，而且它只有在他完成了这种活动之后，才进入他的经验。他在这之后才觉察到它。……'客我'的出现是为了履行这种职责——它在他的经验中就是以这种方式出现的。他在自己的内心之中具有他人的所有需要做出某种反应的态度；这些态度就是与这种情境有关的'客我'，而他的反应则是'主我'。"（乔治·赫伯特·米德，1999）[190]就"主我"与"客我"的关系而言，"主我"是某种对处于个体经验内部的社会情境做出反应的东西。它就是个体对其他人——在他针对他们采取某种态度时——对他采取的态度所做出的回答。因此，虽然他对他们采取的态度在他自己的经验之中呈现出来，但是，他对他们的反应将会包含某种新奇成分。"主我"使个体具有了自由感和进取心。这种情境是为了我们以一种具有自我意识的方式进行活动而存在的。我们既觉察到我们自己，也觉察到这种情境是什么，但是，只有在这种行动出现之后，确切地说，我们将如何活动，才会进入我们的经验。而"客我"表现了一种存在于我们自己的态度之中，并且要求我们做出某种反应的、明确的共同体组织，但是，出现的这种反应却是某种偶然的东西。就它而言，不存在任何确定性。对于这种活动来说，虽然某种心理方面的必然性存在，但是不存在任何习惯方面的必然性，当它确实出现时，我们才会发现我们做了什么。……"主我"既导致"客我"，又对它做出反应。它们共同构成了一个出现在社会经验之中的人格。从实质上说，主体的行动自律就是自我的一个社会过程，它借助于这两个可以区分的方面而不断进行下去。如果它并不具有这两个方面，那么，就既不可能存在有意识的责任心，经验中也不会存在任何新奇的东西。米德强调："个体并不是直接经验他的自我本身，而是只能从和他处于同一个社会群体的其他个体成员的特殊立场出发，或者说从他所从属的这个作为整体而存在的社会群体一般化立场出发，来经验他的自我本身。"（乔治·赫伯特·米德，1999）[150]他进一步指出，是在与社会组织及他人的全部联系中，个体使他获得了某种自我。也就是说，个体的行动是在与环境互动中做出的一种自我决定。图 5-2 形象地展示了米德的这些描述（J. 瓦西纳，2007）[54]。

图 5-2　米德自我生成机制

从米德的学说可以看出，自我的建构依赖社会与个人的双重作用。环境中与他人及组织的互动社会行为构建了社会世界的新异性，通过行动中承担的社会角色改变了社会世界，通过"客我"的反馈，生成了主体内部的新异性，因"主我"的适时反应而进入个体经验。行动的过程是自我决策的过程，也是自我发展的过程，因为在环境中活动的个体改变了环境，这一过程的反馈和结果使心理内部的自我实现了重构。主体自我重构的过程就是主体自觉发展的过程。

学生自由发展的文化解释。"个人文化"与"集体文化"的区分为主体自由发展提供了一种解释框架。"'个人文化'这一概念不仅指经过内化的主观现象（内部心理过程），而且指对这些过程的直接（以个体为中心）外化。后者使得个人文化公开可见，因为个体对其周围世界重新建构的每一个方面都反映了这种外化。因此，所形成的意义的个人系统通过处理那些对个人重要的事情将意义投射到外部世界中。这反映在公开可见的符号领域的个人建构中：身体装饰、衣着、个人目标的社会展现，等等，从对个人比较重要的人际仪式中也可以看到这种现象。"（J. 瓦西纳，2007）[79] 集体文化则具有个人建构的外化性质。"集体文化是由有限人群的个体意义系统的外化组成的，由此而形成的集体文化是起源于集体的一种相对的实体。因此，我的集体文化可能包括我对其他人——朋友、熟人、过路人、教堂台阶上的乞丐、街上的警察、电视上的名流、多年以前艺术家所创作的古老油画等这些所有情境的体验，这些他人以特殊方式外化了他们的个人—文化系统。我，一个过着我自己生活的人，与这些外化的结果相遇，且将这些外化的结果用作对我个人文化的建构的输入。我将建构的结果外化，并因此成为别人集体文化的参与者。"（J. 瓦西纳，2007）[80] 集体文化不断地得到不同个体的建构和重新建构，这些个体组织具有特定社会的层级结构。集体文化是通过建构它的个体间的交流互换而形成的。集体文化的概念意味着社会世界的组织内部充满异质性，……不同个体在同一社会单元——可能是家庭、工作团体、人群或整个社会——中相互联系着，并以其独特方式将个人文化外化。在特定的社会单元中产生了社会交谈的多种声音。在多种声音内部，外化的个人文化之间存在着不同的支配关系，这样可能会形成共识。在随后的人际交往中，形成的共识开始作为主导性的"声音"而起作用，从而降低了异质性。

可见，个人文化是个体对最近将来的期望逐步适应的基础，个人文化的基础来自环境和来自他人的社会暗示的符号输入。集体文化是一个异质性结构，产生于个人文化的外化。它是引导人类行为的手段。精神作为文化的核心，个体间的独立是生成集体间交往和文化共识的基石，同时也需要包容性集体的行动空间和运行机制。就大学教育来说，大学自身对社会和国家的精神独立是大学自主发展的核心，也是保护每一个教师和学生发展自由的基础；每一个学生与教授的自由发展，才能产生学术发展和创造的动力，才能参与到社会秩序、发展环境和教育文化的塑造之中。

五、大学"发展自由"语境中的课程旨趣

梁启超在《莅北京大学校欢迎会演讲辞》中谈到大学的学风问题，"言今日学风之坏，莫过于学生缺乏服从之德"。他强调学生最重要的是服从，服从教师之训导、服从校长之约束。原因很简单，"然学生德之未修，学之未成，始入学校求学，则在学校之中，自当服从校长教师之训导；不然，又安名学生？学生中有言自由者，实不学误之也"。也就是说，学生是发展中人，服从是学生本分。所以在梁启超先生的意识中，学校与军队类同。他说："且一国之中，一切皆可言自由，唯军队与学生，乃不能言自由。军队言自由，则不仅全军瓦解，不能成军，且足以扰乱秩序，其危险莫可名状。学生言自由，亦不仅学业无成，教育无效，其影响于社会国家，所关殊非浅鲜。"（梁启超，蔡元培，等，2004）[5] 在梁公看来，大学就是军营，服从是学生的天职，自由必将误国。罗家伦在就任清华大学校长职务时发展演说，得出"四化"，即"学术化"、"民主化"、"纪律化"、"军事化"。冯友兰评说："前二'化'是五四运动所提倡的'科学与民主'的别名。后二'化'是冒充'革命'精神，其实有法西斯的意味。"（冯友兰，2005）[133] 可以看出，"服从"在中国大学中不仅有主张，也有实践。其实在以学问为本位追求的大学课程秩序中，无论方式变化，内在的精神仍是"服从"，因为老师是学术权威。学术自由对学生来说仅仅意味着在规定框架内有一定的选课自由，由于学分结构的制约，这种选择权是十分有限的，加上各种证书考试，学生实无自由支配时间，学生的学习自由也是一句空话。所以学生只是一个"学问的接收者"。个人知识秩序不同，它把学生自身的发展作为核心，而人的发展需要自主和自由，否则只能是按照某种外在意志的形塑，因此，需要学生成为"自我探险者"。

1. 学生作为自我探险者

发展心理学研究为大学本科生成为"自我探险者"提供了依据。进入大学,青年从只看外面的世界转向更多地探究自己的内心世界,原来统一或不可分割的自我意识开始分化,原来那个稳定而笼统的自我被打破了,分裂为"主体我"和"客体我",在分化中开始自我探究。他们自我沉思、自我反省的时间明显增多,开始关注自己在别人心目中的形象,开始设想自己应该成为怎样的一个人,开始揣摩自己的心理活动、性格特点。他们会有自己的生活目标、事业理想、个人抱负,构成他们为自己设定的理想自我。与理想自我相对应的是现实自我,它是青年对自己实际状况的看法。一般而言,理想自我总是高于现实自我。随着自我认识水平的提高,这两种自我时常产生矛盾,成为自我探险的动力。自我评价的成熟是理想自我与现实自我、主体自我和客体自我趋向统一的基础,因为青年大学生能够独立地做出自己的判断,具有自我评价的稳定性,能够在自我矛盾中找到统一的方向,实现自我意识的和谐。雅斯贝尔斯指出:"大学里的每位成员、教授及学生的基本意识是,他要努力工作好像被召唤去做最伟大的事业一样,但另一方面则始终承受着不知自己能否成功的压力。因此最好的态度是以这种想法来反省自己,严于律己,同时也不必过分期待得到外界的承认。"(雅斯贝尔斯,1991)[168-169] 对大学学习来说,大学生就是一个自我的探险者。这既是一种自我定位,也是一种生活模式。印度理工学院的生活给我们提供了一个很好的案例。

印度理工学院(桑迪潘·德布,2010)被比尔·盖茨称为"一所改变世界的神奇学府",美国《商业周刊》评论说"印度理工学院的毕业生,是'印度史上最热门的出口产品'"。这所建校仅有半个世纪的大学被视为"精英工厂",也被誉为"最有效益的大学",无疑创造了世界高等教育的奇迹。奇迹源自培养出大量的精英人才,在总部位于美国的财富500强企业中,几乎所有公司的管理层都能找到印度理工校友的身影。华尔街投资银行、世界银行、国际货币基金组织、美国宇航局,以及任何人类探索知识边界的地方,都能找到他们的身影。他们从离开校园步入社会的那天起,就把自己看作特殊的一群"天之骄子",他们还是十七八岁时,就形成了一个群落，并且拥有不容置疑的永久群落资格。在这些精英们的心中，印度理工学院的生活是丰富多彩而充满生机的，是一种生活方式给他们以用之不竭的人生财富。

那里的宿舍楼、各个学院，当你四处闲逛或是到教室上课，都会让你萌生一种生活在大同世界中的感觉。在那里，你不再被贴上锡克教徒或旁遮普人的标签，那种感觉真的难以用言语描述。这里有众多来自不同文化背景的人。遇到姓拉曼的人，你不会轻易下结论认为他来自印度南部，而遇见名为巴尔比尔的人，你也不会以为他就是从北方邦来的。你所看到的只是一个普通的个体。学生刚刚到印度理工的时候，不管来自哪里，都能打成一片。没有区域主义，没有贫富之分，彼此之间完全平等。如果有人只跟自己的"老乡"来往，就会被人认为是低等人，通常情况下，会被大家慢慢疏远。

印度理工校园内的生活教给学生团队协作，教你学会体谅别人的苦衷，并与人感同身受，让你认识到什么是人道、什么是正直，培养你无私的心胸。这些概念中有很多都是建设整个民族的文化所必需的，所有这些学生都可以在印度理工学院的日子里所学到——这样的一种文化，这样的一种态度。学生在印度理工学到的第一件事就是这个世界上还有很多比你聪明的人，你来到印度理工前还以为自己是个聪明的人，但是当你来到印度理工后，你会感觉到周围都是一些比你还要聪明的人。所以，一段时间后，你确定自己仍然是个聪明的人，但是周围尽是一些比你还聪明的人，你不得不去掌控整个环境。学会如何与身边那些比你还聪明的人相处，这真是伟大的一课。

"印度理工信条"最重要的宗旨就是，在这里首先应该得到尊重的是你的才智。没有人会去注意你的父亲是不是百万富翁、你的宗教信仰是什么、你出身的种姓是什么，唯一起决定作用的只有你的才智。在这里，犯什么错都可以被原谅，只有愚蠢是最不可饶恕的罪过。在课业上的出色表现并不能说明什么，其他一些能力会受到更多的尊重，比如说，积极参加课外活动的天分、领导能力。能够在考试中发挥出色而取得成绩并不被当作一项多么重要的才能来看待。学术，在印度理工的校园中有着不一样的含义，它无关分数的高低，而与其所具备的超级敏锐的能力紧密相连。有一些人，考前只需投入最小的努力，就能拿到 10 分的满分，在第二年的时候会有新的理论诞生，这些人会像上帝一样被人供奉追捧。所以，印度理工给了学生一个展现自我的更为广阔的、充分发挥领导才能的舞台。让他们知道了除关注学习成绩之外，还有更多更重要的事情要做。他们可能不记得在课堂上具体都学了些什么，其中又有哪些用在了他们以后的事业中，因为他们后来转到了其他专业。但是，他们彻底领略到了印度理工提供给他们的更为宽广的教育内容成就了一种完整的教育，而并不只是局限在工程学或技术的教育上。

在对印度理工校友的调查中，他们对母校最深的印象是：拥有出色的学生、勇于创新者、不只是埋头苦学，以及英才教育。他们为母校感到自豪，大部分人都将他们在印度理工的那段时光视为改进技能、改造个性和改变命运的宝贵经历。"印度理工不仅教给我书本上的知识，还教会我如何有目的地进行学习，这项技能在以后的任何情况下都用得着。""印度理工给我自信，它让我相信没有什么事能将你打败，你会闯过一切难关。这也是激发我在三年前成立自己的公司的力量。""印度理工给我这样一种感觉，我可以在任何舞台上积极地参与竞争，我的智力得到了证实。""事实上，技术教育是我们所受到的教育中最无关紧要的一部分。比技术教育更为重要的是，我们学会了如何掌控自己的生命。""你学着去领导和担负责任。你会时常被人提醒，记住自己所享有的优越性以及你应当对社会所负有的责任和义务。""它告诉你：没有什么难题解决不了的，没有什么挑战是无法战胜的。""当我想到印度理工时候，我会想到聪明伶俐、天资聪颖、乐观豁达、自信十足以及竞争意识。"

在斯坦福举行的印度理工全球校友聚会上，曾有过关于印度理工人领导素质的讨论。一群人吵吵嚷嚷地认为印度理工人并不是做领导人的材料，他们只是四处奔波忙碌的工蜂、问题解决者、毕业设计的导师，或许甚至是思想领导者，或者知识领域的领头人。这群人觉得印度理工体制内并没有任何培养领导才能的机制。而其他的人则认为，领导才能并不是靠老师教会的，已经有足够多的首席执行官或企业家站出来反对以上言论。而且印度理工体制在课外为培养学生们的领导才能提供了广阔的空间，满满的课外活动日程，以及校园中学生的选举活动，都足以说明这一点。"那些口口声声说要在印度理工增开一些领导培训课程的人根本就是对教学的过程一无所知。"

有学者在调查的基础上概括出印度理工校友们遵循的 10 条戒律：（1）你对问题的解决应当客观，而不是感情用事；（2）你应当具有个人的创新性，而在群体中时要自律；（3）清晨醒来时你应当自己激励自己；（4）你应当有一种勇于竞争的精神，但是，应以公平的方式进行；（5）你应当自我肯定，但这样做的时候记得要谦卑；（6）在你的一生中，你应当时常发挥自己的长处；（7）你应当成为精英，但不必要给自己贴上精英的标签；（8）你应当时刻将团队的利益放在首位；（9）即使你忘记了你学习中所修的课程内容，但也不能忘记校园生活中的一点一滴；（10）你可以用当前人类的幸福和你在校园中所经受的一切之间的比率，来测量你进步的速度。

在我们透视印度理工学院精英们的校园生活时，我们发现，大学给他们提供了一个自我探索的空间，他们充分利用这个空间自由而多样的生活、充满智慧挑战的人际关系，成就了自我的精神、理性和存在。这印证了雅斯贝尔斯的结论，"自我实存，或个体自我是这样一个条件：没有它，作为人之能动性的实在的世界，即，一种为某一理想所渗透的实在就不再是可能的。由于个体自我只能通过与当代存在共处而生存，所以它仍然坚定地决心仅仅生活在这样一个时代里——即使它将发现自己与这个时代相冲突。他的实现自己的每一个行动都成了种子——无论其多么微小，都仍是创造新世界的种子"（雅斯贝尔斯，2005）[160]。这种作为自我探险者的学习状态与作为"学问接受者"的学习状态存在明显差异，具体如表 5-1 所示。

表 5-1　大学生"学问接受者"与"自我探险者"的学习差异

	学问接受者	自我探险者
理念	掌握高深学问是大学生发展的根本	高深学问是一种手段，精神、理性和意会能力是发展的根本和自我成熟的标志
目标	掌握系统的专业知识	丰富多样的学术体验 广泛深入的交流合作
内容	文本化的专业课程 体验性的学术研究	文本化的专业课程 应用性的社会实践 多样化的社团活动

续表

	学问接受者	自我探险者
方法	听课、读书、实验	听课、读书、实验 讨论、活动、实践
结果	获得丰富而系统的事实性知识	获得知识应用的能力、驾驭社会生活的能力和全面素质的发展

这只是一种抽象的比较，实际的区分要复杂得多。实际上，学生的自我探险必然包括对高深学问的理解和接受，其动力来自主体的求知欲望，而非功利的目的。学生对学问的接受，同样不排斥自我的探险，成熟的学生始终在学问的批判性接受中获取自我的认知和价值的追求。学生自我探险者的定位旨在彰显"发展自由"的教育意义，并对传统以高深学问为目的的教育秩序做出区分。

2. 教授作为课程开发者

在"发展自由"的语境中，需要我们重新认识基于教授角色的学术定位。在高深学问秩序中，教授的教学与研究都是围绕学科展开的，所谓学术主要指向学科领域，教学工作很少被大学教授视为专业，也较少进行有关教学的学术研究。博耶在《学术水平反思——教授工作的重点领域》一文中第一次提出"教学的学术水平"问题，把教学艺术视为一种知识传播的学术，"教学作为一门学术性事业，是从自己所懂得的东西开始的。当教师的一定要消息灵通，沉浸在自己专业领域的知识之中。教授只有广泛涉猎并在智力上不断深化，其教学才能得到好评"（博耶，2004）[23]。对教学自身学术性的强调，是对大学教学作为一种专业的重视，而实际上，大学教授把教学行为仅仅看作一种日常体力而已，往往对其专业内涵视而不见。马里（Prter J. Marie）第一次分析了大学教学专业问题。他以医学和法律两个范例性专业作为例子加以说明，认为专业有四方面特征：一是专业人士拥有基于某领域高级的、高度专业化的知识和技能；二是专业人士拥有使用这种专业技能促进超越自身利益的目的的使命；三是专业人士在其专业实践活动中，拥有很大的权威性；四是专业人士拥有自主权。（Randall Curren，2011）[781-783] 大学教授的教学活动完全具备这四个特征，教授和学生都是自愿地进入教学这种专业关系之中，在这种关系中，教授以一种运用自身知识技能引导学生达到目标的使命感来回应学生的自我承认的差距和学习欲望。这个关系中明确的目的和学生的自主权决定了教授权力的限度，教授行使权力的自主性也是建立在自身专业知识技能以及运用这种技能促进学生的教育利益的使命的基础之上。大学教学作为学术和专业的提出昭示了大学教育的关注点，从只注重教什么拓展到也关注怎么教。但是大学"课程"较少被提及。

在长达 400 页的英国《高等教育的国家调查》报告（NCIHE，National Inquiry into Higher Education，1997）中几乎没有使用"课程"这一术语，除了关注学生"知识和理解"，该报告所关注的重点是学生需要掌握的"技能"概念。"报告关注的是'技能'，并没有明确地关注把诸多技能联系起来的'课程'。这实际上体现了国家试图提出一种高等教育的课程观。这些技能，还有学生的知识和理解，就是课程。"（Randall Curren，2011）[723] 这里的课程变成了它的终点，教育过程、教师与学生、学生与学生之间的教育交流和课程所可能服务的任何一般的教育目的，统统被抹去。课程更为关注的恰恰是学生以及他们发展的过程。大学教学活动与大学课程开发的问题视角是不同，它们的区别可以用表 5-2 说明。

表 5-2 大学教学活动与大学课程开发的不同问题视角

	大学教学活动	大学课程开发
理念	如何使每一个学生都掌握相关知识？	如何使相关知识促进每一个学生的发展？
目标	学习目标是什么？	学习目标是否合理？
内容	学生需要学习哪些内容？	哪些内容是学生需要并适合学习的？
方法	学生学习特定知识有哪些有效方法？	适合学生学习特定知识的方法是什么？
结果	怎样使每一个学生都完成预设的学习任务？	怎样让学生在相关任务中都获得最佳发展？

可以看出，仅仅把大学教学作为专业和学术，仍然是知识本位的高深学问秩序的产物，它关注的是知识本身，学生的学习主要被限定在知识的具体

要求中，具有工具性的意义。在个人知识秩序中，以学生发展为目的，作为教育实践活动的话语也需要从教学转向课程，把教学作为课程的最主要实施方式并包含于课程的意义之中，从而引导教授关注诸如借助学问促进学生的发展、学习目的如何设计是合理的、哪些高深知识适合学生的学习、服务学生的自主选择、引导学生探究知识对自身发展的意义等问题上来。"课程开发"作为教学的替代话语，理应是一种学术，比教学活动本身更具有专业性，因此大学教授首先应当是一个课程开发者，其次才是基于学科的学术部落成员。

其一，课程开发者要以发展的眼光看学习。韦尔斯利学院的威廉·佩里（William Perry）和布莱斯·麦克维克·克林奇（Blythe McVicker Clinchy）以及她的同事提出学生可能经历的四种广义的层次分类，每一层次都有各自的学习概念（肯·贝恩，2007）[42-44]。在最基础的层次上，学生认为，学习只是跟专家核实对错，得出"正确的答案"，之后把它们记住。克林奇把这些学生称为"接受型认知者"。她指出，对接受型认知者而言，兴趣是外在的。"他们可以囫囵吞枣，但没法对真理做出评价，也不能够将其化为自己的知识。接受型认知者就是这样一些学生，他们坐在那儿，手拿铅笔，随时准备把老师说的每一句话都写下来。"他们期待教育按照所谓的"银行模式"运作，在这种模式中，老师们把正确的答案直接储存到学生的大脑中。许多学生最终发现，专家们给出的"正确答案"各不相同。结果，他们开始相信所有知识都是一件见仁见智的事。这时学生就进入第二个发展阶段。这些"主观认知者"使用感觉来作判断，正如克林奇所说的那样，对他们而言，"如果他们感觉一个概念是对的，它就是对的"。一切都不过是看法因人而异的问题。这个层面的学生得了低分，就常常会说"老师不喜欢我的观点"。少数学生成了"程序认知者"，他们学会了遵守学科的"游戏规则"。他们认识到并且把学科看作评价的标准，用来指导自己的论文写作。他们思维敏锐，在学科标准认知与个人信念之间，仍然坚守课堂以外的自我的思维方式，仅仅是给予老师想要的东西。只有到了最高层次（佩里称之为"投入"）的学生，他们才成为独立的、有判断力的和创造力的思想者，重视他们所接触到的观念和思维方式，并有意识地始终如一地努力加以运用。他们知道自己的想法，而且在思维过程中学会自我纠正。克林奇和她的同事发现在最高层次的学生当中有两类认知者："独立认知者"和"关联认知者"。"独立认知者"喜欢挣脱某一观点，保持客观甚至是怀疑的态度，并总是乐意就此观点进行辩论。与此相反，"关联认知者"总是着眼于他人观点的长处，而不是努力将其彻底否定。他们并非"冷静的没有偏见的旁观者，他们故意让自己信心于他们正在研究的事物"。根据这种系统，学生并不只是一直向上发展，而是在不同层次之间来回移动，他们可以同时处在不同发展阶段上。在他们的专业领域，他们可能上升到程序认知的层次；而在其他领域，他们可能仍然是接受型认知者或主观认知者。我们有听到他们索要他们能够记住的"正确答案"，看到他们的表现达不到学科的要求，因此他们会认为所有的观点都是同样站得住脚的。最优秀的老师主张刺激学生逐步改变他们对知识的观念，并对不同层次的学生采取不同的方法。

其二，课程开发者需要建构专业的问题研究框架。优秀教师的教学设计无不是一种课程开发活动。肯·贝恩（Ken Bein）在对优秀教师的调查中，发现他们最重要的观点是"教促进学"和"教学要求严肃的智力劳动"，正是课程开发的重要理念。他认为这一理念渗透于教师最关心的 13 个教学实践的问题之中（肯·贝恩，2007）[50-59]：（1）我的课程将帮助学生回答哪些大的问题？或者说，我的课程将帮助他们培养哪些技巧、能力和素质？而且我如何鼓励学生对这些问题和能力感兴趣？（2）学生必须拥有或发展什么样的推理能力，才能回答本门课程所提出的各种问题？（3）学生可能有什么样的课前思维模式是我希望他们质疑的？我怎样帮助他们得出那种理性的质疑？（4）我的学生需要理解什么样的信息来回答本课程的重要问题，并质疑他们原来的假设？他们如何最为有效地获取此种信息？（5）我如何帮助那些有困难的学生来理解各种问题，并帮助他们使用证据和推理来回答这些问题？（6）我将怎样让学生面对相互矛盾的问题（甚至是相互冲突的有关真理的主张），并且鼓励他们努力（可能是协作）解决这些问题呢？（7）我如何了解学生已经知道什么，并了解他们期望从本课程得到什么？我怎样调和我的期望和他们的期望之间的差异？（8）我将怎样帮助学生学会学习，学会审视和评价他们自己的学习和思考，学会更为有效、更加活跃地进行阅读，并在阅读时更加擅长分析？（9）在对学生做出评价之前，我如何弄清他们是怎样学习的？我如何在给学生评价之前给他们提供一种不同于评价的反馈？（10）我将以何种方式跟学生交流以让他们不停地思考？（11）我如何详细说明用于评价学生学习的智力标准和专业标准？我为什么要使用那些标准？我怎样帮助学生学会利用那些标准来评判自己的学习？（12）我和学生应该怎样透彻地理解他们学习的特征、进步的情况及学习的质量？（13）我怎样创造出一个自然的批判性的学习环境，将我希望教给学生的技能和信息以他们感兴趣的作业（问题和任务）的方式传授给他们？（这些真实的任务将会唤起学生的求知欲，刺激学生重新思考他们原有的假设并审视他们对现实世界的思维模式。）我如何创造一个可以让学生去尝试、失败、接受反馈并且再尝试的安全环境？可以看出，这13个问题涵盖了课程理念凝练、课程目标确立、课程资源开发、课程内容组织、课程实施变革、课程管理与评价等全部的课程开发要素，构成了课程开发的问题框架。

其三，课程开发者需要遵循课程开发的基本专业要求。肯·贝恩在调查中发现，在优秀教师的教学实践中，有七条相当普遍的原则（肯·贝恩，2007）[96-112]。（1）创造一个自然的批判性的学习环境。包括五个要素：一个令人感兴趣的问题或难题；帮助学生理解问题意义时要悉心指导；使学生参与高层次智力活动：鼓励他们进行比较、应用、评估、分析、综合，而绝不仅仅局限于听课和记忆；有助于学生回答问题；给学生留下一些悬念。（2）引导他们的注意并且保持下去。凭借一个具有煽动性的问题或难题，用学生以前从未想过的方式提出一个论点，或者运用富有刺激性的个案研究，或者是用带有目的性的情节梗概来开始一场讲演，教师就能成功地吸引学生的注意力。（3）从学生本身而不是从学科出发。用学生关心、知道或学生认为他们知道的东西来开讲，而不是一来就展示蓝图、大纲、数据、理论这些老师自己的东西，面对学生可能带到课堂上的思维模式，设计能够激励每个学生积极向上的教学，选择最能帮助学生发展对整体综合理解的安排，这就是以学生为中心的课程，它从学生实际状况出发，而不受学科传统的支配。（4）确定责任。在向学生公布课程计划时就要求学生按规定追求学习目标，明确学习责任，作为课程学习的条件。（5）帮助学生进行课外学习。教师可以反向规划课程，首先决定在期末时学生应该能够干什么，他们制订一系列通过课程可以实现的智力发展计划，其目标是激励学生自学，激励他们深入思考。（6）激励学生从专业的角度去思考问题。帮助学生以学者从事专业研究的方式分析资料和观点，引导他们审视自己的思维方式，明确地理解研究的整个过程。（7）创造多元化的学术体验。教师不断变化教学材料的组织形式与呈现方式，善于利用新的学习方式，给学生创造多种学习体验，在有条不紊和眼花缭乱之间保持平衡，相信学生从多元化的学习中受益。这些原则体现了服务学生学习自由、促进学生自主发展的价值观，将知识置于学生自我发展的意义之中，强调学生的主体建构。这七条原则在本质上是课程开发的基本要求。

其四，课程开发者需要在师生之间建立新的学术伦理。爱德华·希尔斯关于教师对学生责任的论述，可以看作基于课程开发的学术伦理（爱德华·希尔斯，2010）[38-44]。一是教师必须努力做好教学的准备。如果一名教师的教学是漫不经心的，那么他就不可能激发学生的探索精神，也无法使他们看到细心和想象的必要性。这意味着教师必须充分地了解本学科中最优秀的代表人物所取得的最出色的科学和学术成就。如果老师把那些可能遭到严厉批评的观点当作不容挑战的真理来向学生介绍，那么他就没有尽到自己的职责。教学不仅仅是为了传授一大堆基本的、事实的或者理论上的知识。它的目的必然是为了传授那些对于本学科的基本真理的认识以及本学科所特有的研究和实验方法。二是大学教师需要保持一种价值中立。大学的基本任务是发现与传播那些重要的科学和学术真理，但是这个前提并不意味着大学教师应该避免向学生表明他们自己的政治和道德信念。然而，它的确意味着大学教师一定不能把他们自己在政治上或道德上的主张当作科学性或学术性的观点来加以讲授，它还意味着大学教师一定不能把那些通过他们自己的政治或道德理想以及倾向而产生的观点当作真理性的知识来加以陈述。大学教师也一定要避免因为学生在政治上或道德上的理想和个人倾向而歧视他们。三是大学教师要避免学科中的教条主义。大学教师要相信自己所传授的知识的价值，并且坚信本学科的真理是非常值得认识和传播的。只有严格地坚持自己的良知并且坚信自己所从事的学术活动的价值，他才能够胜任向学生传播真实的和重要的知识的职责。教师一定要小心谨慎，以免陷入他所讲解的学科中的教条主义，或者为使学生支持他自己的观点和方法而对他们施加不恰当的影响。他必须要让学生知道，他自己的观点并不是唯一合理的观点，而且其他科学家或学者的不同解释和方法也应该为学生所了解。四是大学教师需要认真对待学生的疑问、兴趣与学业评价。教师比学生拥有更多的知识，所以他有责任认真对待学生在学术上的疑问和困惑。如果学生对于他所提出的命题的有效性产生了疑问，那么他就有责任解答学生的疑问。学生的兴趣可以加强大学教师在课堂上的学术诚信。学生在学术上的迫切需要可以让教师变得更加认真负责。只有在这种值得提倡的意义上，教师和学生才能构成一个相互支持的知识群体。教师要努力让不同类型学生的知识都得到施展。学生绝不仅仅是接受教育者。他们必须得到评价，而且必须是由考核者做出的公正的评价。这种评价之所以至关重要，是因为它影响学生们继续学习的机会和成为专业人士的机会。这种评价还会影响学生们的学习态度以及他们对于自身的态度。正如社会必须得到评价一样，学生个体也必须得到评价。五是大学教师要加强与学生的非正常学术交往。教师要寻找机会与学生进行更高层次的学术交往，对于教学而言，这种交往常常是非常有价值的。它们使教师和学生有机会在课程大范围之外进行非正式的学术讨论。师生交往中的友好气氛还将得到某些学生的喜爱，这将促使他们在课堂上做出更多的回应。如果学生与某个教师建立了友好关系，那么他在大学里会感到更加轻松自在，学术问题将对他更有吸收力。在与学生的交往中，教师要避免因偏爱某些学生而歧视其他学生，而且要努力避免给学生造成这样一种印象。当学生为自己做出了负责任的选择并且意识到了其中所蕴含的风险时，教师应该尊重他们的选择，但是当学生为自己做出了不负责任的决定时，教师一定不能向他们表示祝贺或者鼓励。如果学生采取的鲁莽行动有可能伤害自己并且损害作为教育研究场所的大学，那么老师一定不能支持他们。

教授成为课程开发者意味着教授教学不再是简单执行教材，需要重视课程资源开发和教学过程设计；意味着教授的专业研究不能直接成为教学内容，需要进行课程编制；意味着教授的学术与教学不再是全部专业行为，需要承担课程开发任务；意味着教授不再是简单的知识传播者和生产者，需要为学生提供个性化的学习服务。作为课程开发者，教授首先要成为大学课程研究者，参与课程决策，进行课程设计，解决实践问题，优化教学过程，构建教学模式。

大学作为高深学问的重要领域，决定了课程开发的特殊性，主要表现为：大学类型的多样化决定了大学课程开发范式的多样化；高深的专业要求决定了大学课程开发要重视学科品质；基于科研的教学特征决定了大学课程开发中资源建设的动态性和开放性；大学科研、教学、学习的一体化决定了大学课程开发以研究性学习为主要组织方式；学术研究的精细化决定了大学课程开发需要不同专业教授的有效合作；大学生的年龄特点决定了大学课程开发中需要学生的积极参与。

大学教授作为课程开发者需要外部条件的支撑。一是实现大学课程开发范式的转型。包括从大学教育理念出发明确学校课程主张，建立院（系）课程开发研究中心，建立跨专业的教授课程开发共同体，广泛开展大学课程开发的行动研究。二是完善现代大学教育制度。包括在终身教育理念下规划大学阶段人的发展，把课程开发能力作为当代大学的核心竞争力，将课程研究纳入教授学术维度，建立大学课程开发与研究成果奖励制度等。三是建立大学教师专业发展新体系。改变重专业轻师范的传统，制定包括课程学术在内的大学教师专业发展标准；改革大学教师培养和资格考试制度；加强大学教师的在职培训，强化教授的课程意识，提升教授的课程能力；将课程开发与研究成果作为大学教师职务晋升的重要依据等。

3. 学习场域作为大学课程

"学习场域"是从社会学中"场域"概念演化而来，不同的问题取向对这一概念的理解也不相同。有的学者从建构教育思维分析工具的需要出发，认为"'学习场域'就是指以文化资本的习得与占有为中心的多元位置之间的多元关系网络，是有形与无形的整体集合与各种力量的不断重组，是意义场域的集合"；并认为，学校场域的实体性构型的存在与否都不影响学习场域的存在与建构。（娜仁高娃，柳海民，2010）[137]有的学者从学习者的关系建构出发，认为"'学习场域'的立足点在于倡导建立一种'文化心理盟约'的学习共同体关系，让学习主体自由、自治进行学习"。这种文化心理盟约式的学习共同体关系体现为一种容纳多元观点和文化个性差异的合作性，而且要求盟约者即学习者以一定的深度理解自身价值和学科内容，获得超越学习文本知识的理性洞察力、开拓创新力和精神丰富性。（程玮，2012）[76]实际上，学校教育实践中存在各种复杂的关系，既有实体性，也有意义性，这种关系网络与空间形式构成了学生的学习场域，成为一种客观存在。这种学习场域不可能离开学校的实体性构型而存在，也不可能仅仅表现为心理盟约式的学习共同体关系。在课程变革的语境中，需要回归"场域"的社会学本义寻求对"学习场域"的课程意义建构。

在社会学意义上，根据"场域"概念进行思考就是从关系的角度进行思考。布迪厄（Pierre Bourdieu）指出："从分析的角度来看，一个场域可以被定义为在各种位置之间存在的客观关系的一个网络或一个构型。正是在这些位置的存在和它们强加于占据特定位置的行动者或机构之上的决定性因素之中，这些位置得到了客观的界定，其根据是这些位置在不同类型的权力（或资本）——占有这些权力就意味着把持了在这一场域中利害攸关的专门利润的得益权——的分配结构中实际的和潜在的处境，以及它们与其他位置之间的客观关系（支配关系、屈从关系、结构上的对应关系，等等）。"（皮埃尔·布迪厄，华康德，1998）[133-134] 可以看出，布迪厄的场域概念中，对"各种位置"以及位置之间的"客观关系"的理解是关键。就学校来说，在以课程开发为核心的教育实践中，"学习场域"涉及的"位置"除了指向学习者在群体中的具体位置之外，更具意义的"位置"指向教师、学习资源和学习环境，正是学生、教师、资源、环境等之间的相互作用关系型构了具体学校的学习场域。

布迪厄对场域属性的描述有利于我们进一步把握"学习场域"的特征（皮埃尔·布迪厄，华康德，1998）[134-147]。其一，特定场域有其自身的逻辑和必然性。在高度分化的社会里，社会世界是由大量具有相对自主性的社会小世界构成的，这些社会小世界就是具有自身逻辑和必然性的客观关系的空间，而这些小世界自身特有的逻辑和必然性也不可化约成支配其他场域运作的那些逻辑和必然性。艺术场域正是通过拒绝或否定物质利益的法则而构成自身场域的；在经济场域中，友谊与爱情这种令人心醉神迷的关系在原则上是被摒弃在外的。其二，特定场域是有界限的。这种界限能通过经验研究加以确定。尽管各种场域总是明显地具有各种或多或少已经制度化了的"进入壁垒"的标志，但它们很少会以一种司法限定的形式出现。可以把场域设想为一个空间，在这个空间里，场域的效果得以发挥，并且，由于这种效果的存在，对任何与这个空间有所关联的对象，都不能仅凭所研究对象的内在性质予以解释。场的界限位于场域效果停止作用的地方。其三，特定场域运作和变革的动力在于它的结构形式。根源于场域中相互面对的各种特殊力量之间的距离、鸿沟和不对称关系，成为积极活动的各种力量，是场域运作关系重大的因素。在场域的某个既定状态下可以被察觉的协调统合，场域表面上对共同功能的取向实际上肇始于冲突和竞争，而并非结构内在固有的自我发展的结果。每一个场域都构成一个潜在开放的游戏空间，其疆界是一些动态的界限，它们本身就是场域内斗争的关键。场域是一个没有创造者的游戏，比任何人可能设计出来的游戏都更变动不居、复杂难测。其四，特定场域的分析包括场域位置、客观关系结构和行动者惯习三个环节。必须分析与权力场域相对的场域位置；必须勾画出行动者或机构所占据的位置之间的客观关系结构；必须分析行动者的惯习，亦即千差万别的性情倾向系统，行动者是通过将一定类型的社会条件和经济条件予以内在化的方式获得这些性情倾向的，而且在所研究场域里某条确定的轨迹中，我们可以找到促使这些惯习或性情倾向系统成为事实的一定程度上的有利机会。其五，特定场域中个体以行动者的方式存在。对置身于一定场域中的行动者产生影响的外在决定因素，从来也不直接作用在他们身上，而是只有先通过场域的特有形式和力量的特定中介环节，预先经历了一次重新形塑的过程，才能对他们产生影响。在某种意义上来说，个人不过是以行动者而不是生物性的个体、行为人或主体的方式存在着，在所考察的场域中，他们是被各种社会因素构成为积极而有所作为的，而场域的这种构成影响则体现在以下事实上：这些行动者都拥有在此场域中发挥作用所必需的禀赋，他们对世界特有的观念正是从特定场域中构建出来。

在这里，有关场域的自身逻辑、边界、动力、认知环节、个体存在方式等属性，构成了学习场域的分析框架。在大学学习中，按学生心理发展规律进行有目的有计划的学习实践，是学习场域的自身逻辑，这种逻辑还受社会与学生自身发展需要的制约。大学教育的边界也是学习场域的边界，家庭和社会无疑是学校教育的延伸，与学校相关的家庭与社会学习实践也必然是学习场域作用的范围。学习场域运作与变革的动力来自教师、教材、环境与学生的相互作用，这四大核心要素相互作用的客观关系构成了学习场域内在的结构形式，彼此之间基于特定目标与任务的冲突、矛盾与竞争，内在地规定着学生作为学习行动者的具体学习实践，并形成学习场域内部的动力关系。

对学习领域的认识和把握，首先要理解学校外部要求、内部制度等对课程尤其是学习实践的要求，理清学校学习实践与外部因素的适应关系；最后是理解教师、学生、教材、环境等课程功能、相互影响以及对应关系；最后是研究每一个学生的学习需要、习惯、风格、个性表现等以及能够提供的适切学习服务。学习场域对学生的作用不是基于组织职能的直接关涉，只是提供了每一个学生积极学习的支持条件和空间，学生在自主或合作的学习过程中充分利用这些条件与空间获得发展，他们的学习才能在场域中得到肯定，学生以学习行动者的方式存在并与学习场域共生。

学习场域作为课程的具体实践表现在以下几个方面。

第一，学习场域是大学课程诸要素的重新定位。学习场域包括教学环境、模型建构、互动平台、课程资源、教师发展和学生实践等要素，"场域"仅仅是一种整体性符号，它要把这些要素统合起来，使其成为关系网络，为学习实践提供一种条件与时空。在这些要素中，教学环境、知识模式建构、学习互动平台、学生实践活动成为中心点，成为制度设计与权力运作的内容，其中以创设新型教学环境为重点，以知识建模、平台建设为路径，以学生的有效学习实践为归宿，重新确立了课程要素的位置关系。

第二，学习场域是对学生作为学习行动者的身份赋予。长期以来，在知识、教师、学生的地位博弈中，知识始终处于统治地位，作为知识的代理人，教师则处于支配地位，学生只是吸收知识的机器。学习场域首先将改变课程资源的供给方式，通过先进科技的引入丰富课程资源，通过核心知识模型建构改变知识的呈现方式，通过互动学习平台建设为学生提供自主探究的条件；其二是改变学生的学习方式，通过物化教学环境的创设，让学生从实验、实践和活动中学习，使学习成为一种实践活动；其三是改变学生的被动地位，通过基于操作性资源的开发，给学生更多的选择课程和自主学习空间，使学习成为一种自主行动。

第三，学习场域是围绕教学环境重建课程关系。教学环境因学习方式的转变和学习资源的丰富而具有了现实的课程价值。在一本书、一支粉笔、一块黑板的教育资源贫乏时代，在以记诵经典、教师讲授为主的单一学习方式时代，教学环境因为单纯而被忽视其课程意义。随着学习方式的多样化，无论是合作学习还是探究学习都需要特定的环境支撑；随着学习资源的多样化，无论是电影电视技术的引入还是信息网络技术的应用，都改变着原有的教学环境。而学习方式改变与学习资源的丰富又是结伴而行的。因素的多样化和形态的丰富性，使教学环境本身具有了课程意义与价值。学习场域追求创设具有鲜明特色的教学环境，把知识模型建构、互动性学习平台建设、课程资源的丰富作为教学环境的有机组成部分，主张学生依赖教学环境进行学习实践、教师以教学环境为支撑开展研究并促进自身发展，可以说是大学课程的重要变革，也是个人知识秩序大学课程的实践旨趣。

结　语　秩序自觉中的学生个人知识建构

大学课程研究中的知识问题是大学的基础问题，是大学的哲学问题，也是大学存在的合理性问题。大学课程中的知识问题研究，是多学科的共同命题，本书主要关注知识本位研究和社会本位研究和学位本位研究三种范式。围绕"什么知识最有价值"形成了大学课程研究的知识本位研究范式，在大学发展史上长期占有绝对的统治地位。知识本位研究范式关注知识本身，对知识的价值分析主要有四个维度：一是社会、文化发展需要维度，这一维度是大学教育产生的条件也是生存的基础。二是人自身发展需要维度，是教育品质提升和大学理想追求的哲学前提，也是自由主义教育的根基。三是知识传播、生产与应用维度，这决定了大学的性质与其存在的合法性。四是教育体系整体设计维度，这决定了大学教育的实践特征。在叩问"什么知识最有价值"的时候，进入大学课程的知识便理所当然地获得精英化的身份，并被赋予一种客观化的地位，于是消解了对知识合理性的质疑，知识问题转化为学习有效性问题。围绕"谁的知识最有价值"，形成了大学课程研究的社会本位研究范式。大学课程的社会本位研究有良好的传统，重点从三个主要方面展开：一是学科的组织，二是社会控制，三是知识的分层。大学是多元知识汇聚的场所，大学的理想应从关注"谁的知识"进一步走向关注"我们所有人的知识"。"每一个人的知识都有价值吗"成为课程的新论题，也开启了大学课程研究的学生本位范式。认同每一个人所拥有知识的价值，是大学课程的美好愿景，期待着各种知识在大学相遇与平等交流。围绕知识的演进，大学课程不断实现自身的适应和超越，在这过程中也实现了课程与知识的双向建构。20 世纪 70 年代以来，西方教育科学领域发生了重要的"范式转换"：开始由探究普适性的教育规律转身寻求情境化的教育意义。课程研究领域开始超越以"泰勒原理"为代表的具有理性主义性格的"课程开发范式",走向把课程作为多无"文本"来理解的"课程理解范式",呈现出多学科、多种话语的研究视野。这种超越知识的课程研究范式,在大学课程研究中更具实际意义。在一定意义上,课程是一种政治、一种消费、一种制度、一种文化。寻求多学科的课程理解,探索一种新的研究视角,是本书的重要旨趣。

1. 大学课程秩序的自觉性、复杂性与秩序自觉

在晚期现代性中,知识越来越关注对自身的适应性,而不是关注对其他事物的适应性。这种知识自反性的洞见,揭示了当代大学课程开发应有的价值取向,即促进知识适应每一个学生的发展需要,为每一个学生提供适宜的课程。在这种认识中,课程必然从静态质料或结构走向动态的制度化过程。大学教育发展历程中课程认识所遭遇的挑战,不是赋予了大学课程新的意义,而是使我们越来越清晰地看到了本来就属于大学课程的意义大陆,大学课程不仅仅是作为素材性资源的知识体,而是一种复杂的社会实践秩序。大学课程作为秩序的存在,具体表现为一种理智性的标准秩序、一种信念性的文化秩序、一种情感性的伦理秩序。对大学课程的秩序分析,使人们能够从宽广的学科视野理性认识大学课程,把握其复杂的理论属性。课程开发是一种实践行为,受诸多外部因素的制约、课程主体之间存在多样的互动关系、行动中有共同的课程愿景、各种课程要素有机地相互作用、课程实践基于传统并不断地进行文化创新,这些同样构成了大学课程秩序的实践表征。具体表现为外部关涉、目标驱动、主体合作、对话生成、持续发展。

大学课程作为共同体秩序的本质是主体的内在联系或内在规定性,具体体现为共同体活动的一致性状态、社会关系的结构化状态和一般性规范的约束性状态。大学课程秩序的主体包括学生与教师个人、学生群体、学院等机构、社会服务的场所等,个体意志已经通过各种方式赋予群体、机构,群体和机构也以自己相对独立的意志对个体学习和生活发挥着特殊的影响。大学课程秩序在实践中不断生成,同时在实践中实现知识传播与创新、人类自身生产的价值和功能。大学课程秩序能够确保课程共同体内部关系的再生产,能够使相关主体对自身的利益建立稳定的预期,能够在社会需要与个体自由间建立动态平衡。大学课程是一个复杂的系统,决定了大学课程秩序具有同

样的复杂性。在宏观层面，围绕国家的课程政策和学科指南，涉及政治、经济、文化、社会等各种互动关系；在中观层面，以学校课程体系和院系课程计划为主要内容，既有教学、科研与服务等功能的融合，也有课程管理制度设计中的利益博弈；在微观层面，围绕课程实施，基于教授的学术研究，以师生、生生互动为主要方式，课程本身成为一种生活。作为开放系统，大学课程要维持其原有结构，并促使其走向更高级、更复杂的有序结构，就必须从外界不断地输入物质、能量和信息，推动系统的自强行为，在有序与无序之间不断寻求平衡。大学课程内部又是由若干子系统构成，子系统之间互相开放、相互作用，既有矛盾冲突又有和谐取向，从而形成整体秩序。从不同的层面审视大学课程秩序，其构成要素也不一样，就社会关系层面有外部秩序与内部秩序，组织方式层面有集合秩序与整合秩序，实践类型层面有教学秩序与研究秩序。

把大学课程概念化为秩序意在阐明课程实践系统的存在具有客观意义，一方面意味着课程是一种自觉的实践活动，另一方面则意味着大学课程的相关主体需要一种课程秩序的自觉。波普尔的"三个世界"理论能够让我们更清晰地洞察课程的秩序世界。波普尔认为："如果不过分认真地考虑'世界'或'宇宙'一词，我们就可区分下列三个世界与宇宙：第一，物理客体或物理状态的世界；第二，意识状态或精神状态的世界，或关于活动的行为意向的世界；第三，思想的客观内容的世界，尤其是科学思想、诗的思想以及艺术作品的世界。"（卡尔·波普尔，2001）[114] 有关第一世界、第二世界都是人们所熟悉的，波普尔的贡献主要是对第三世界的阐释。他说："在我的'第三世界'的各成员中，尤为突出的成员是理论体系，但同样重要的成员还有问题和问题境况。而且我将论证，这个世界的最重要的成员是批判性辩论，并可类似于物理状态或意识状态而称之为讨论的状态或批判辩论的状态；当然还有期刊、书籍和图书馆的内容。"（卡尔·波普尔，2001）[115] 波普尔区分了两种不同意义的知识和思想的存在：一是主观意义上的知识或思想，包括精神状态、意识状态，或者行为、反应的意向；二是客观意义上的知识或思想，包括问题、理论和论据，等等。他说："客观意义上的知识是没有认识者的知识；它是没有认识主体的知识。"（卡尔·波普尔，2001）[117] 波普尔所说的第三世界就是一个客观精神或客观知识的世界，强调了知识作为一种存在的客观性与自主性，它制约着科学研究者的主观精神，任何理论的猜想与建构不仅是思想自由的产物也是客观知识发展过程的产物。所以知识世界本身是进化的。就大学课程来说，首先是一个物理状态的世界，因为它是由人、财、物、时、空、信息等物质元素构成的实践系统，它有自身的实践运行秩序，而这种秩序有自己的历史发展轨迹；其次是一个受主观意识与精神支配的世界，课程实践总是主体在具体情境中基于价值整合的意向性活动，具有主观能动性；最后是一个客观知识的世界，有关大学课程的理论、问题、论据以及它们的载体包括书籍、期刊、资源库等普遍存在，任何课程理解与实践建构都受到课程知识自身的制约，是大学课程理论发展的必然结果。课程发展的自觉性、课程活动的意向性、课程知识的客观性，都需要课程相关主体强化课程秩序的自觉意识。用学者库利（Charles Norton Cooley）的话说："人们更重视自觉的思想和行动而倾向于看轻不自觉意识的原因在于，选择是有明确的意识的，因此它本质上必定是反省意识的核心。"（查尔斯·霍顿·库利，1989）[42] 因此，大学课程开发实践中的秩序自觉意味着对课程秩序变迁的清晰认知，意味着对当下课程秩序合理性及潜在问题的准确把握，意味着对未来课程秩序发展方向的合理猜想。

大学课程秩序是一种复杂性秩序，秩序自觉需要一种认识框架。美国当代哲学家尼古拉斯·雷舍尔（Nicholas Rescher）指出："世界的复杂性是影响着我们的某种意义深刻而又深远的事实。复杂性首先和最重要的是关乎系统组成要素的数量和种类多样性的问题，以及是关乎相互关联的组织构造和运作构造的精巧性的问题。任何系统或过程——任何完全由相互作用的部分构成的结构——在某种程度上都是复杂的。"（尼古拉斯·雷舍尔，2007）[8-9] 他认为，科学所揭示的、我们独特的自然世界是如此，通过创造性技艺而建立的思想世界是如此，由人类内在关系的各种形态和结构构成的社会世界还是如此。大学课程实践作为一种社会世界和思想世界的统一体，其秩序一定是一种更加复杂的秩序。课程开发实践的秩序自觉，其实质是对本体论复杂性的主动认知，目的在于有效利用现存的课程秩序。雷舍尔关于复杂性本体论的模型，为我们提供了理解复杂性的基本框架。他认为本体论的复杂性具有三个向度：一是组分复杂性，包括构成复杂性、类别复杂性；二是结构复杂性，包括组织复杂性、层次复杂性；三是功能复杂性，包括操作复杂性、规则复杂性。(尼古拉斯·雷舍尔，2007) [18] 从这三个向度、六个方面，可以对课程实践活动有一个较为全面的认识。雷舍尔认为，对复杂性的认识往往只能寻求最简单的、最经济的理论框架，从而方便地用来解决我们的说明性问题。但他指出："我们总是设法应付得简单些，然而当确实需要把额外的复杂性强加在我们身上时，这种简化就必须到此为止。这种趋向增加复杂性的内在定向运动因而成为科学事业的真正本性，如我们已有的那样。"(尼古拉斯·雷舍尔，2007) [73] 他认为复杂世界的知识具有不可完成性，尤其是社会科学研究，冒险去寻求社会现象的严格科学规律是不可能的，而且在原则上也是毫无发展之希望，只能再现一些短暂规则性。所以，有关大学课程秩序的研究和自觉，也只能在较弱的目标上有所洞察和理解，可能是局部的，也可能是阶段性的，难以进行全部、完整、彻底的理论和实践建构。

2. 大学课程秩序是特定历史时期知识状况在教育生活中的具体反映，具有历史承继性和相容性

作为一种社会秩序，大学课程是有目的、有计划、系统性的人类自身生产实践活动状态。教育伴随着人类活动而产生，大学是人类知识生产达到较高水平的产物，大学课程则是大学教育制度化的知识载体。如果说初等教育还有可能存在于自然生活之中的话，那么大学教育必然剥离了自然而走向实践自觉，大学课程不可能是自然秩序，在本质上是基于人之设计的计划秩序。但早期大学课程往往是约定俗成的产物，更像一种自发秩序。早期大学课程只是在内容难度上追求高深，强调学习与研究相结合，及时吸收新的知识，所有这些并不是人们刻意设计的结果，而是在学习行动中逐步形成的规则，具有自发秩序的特征，课程自身的专业性并没有得到应有的发展。基于人为设计的大学课程秩序可以称为创生秩序，在大学课程的创生秩序中并不排斥自发秩序的存在。创生秩序的价值在于有效传播知识，充分发挥教师的学术影响和引导作用，但是从理论上讲，任何创生秩序都是基于权威的一种制度设计，课程的性质是知识本位或教师本位的，以命令、约束为基本手段，教学方式表现为讲座为主，必然制约学生创造性和潜能的发挥，难以实现学生的学习自由。课程创生秩序的设计需要在制度层面保证学生学习的自由和教师教学的自由，只有在自由的学术环境中才能实现追求真理和发展学生的目的。课程实施中，各种要素尤其是师生、生生之间的自由互动，是课程真正的发生机制，也就是说，课程意义的生成并不是传授知识的结果，而是在互动中学生自主建构的结果。知识的建构不是流水线上可控制的直线运动，而是主体思想的灵活对话，是基于主体经验的意义生成，这种生成过程是行动中随机完成的，具有自发性，是一种自发秩序。从这意义上来说，大学课程秩序是创生秩序与自发秩序的有机整合。

在知识演化过程中，大学课程秩序也在不断变化。知识演进包括知识生产、知识性质和知识形态的变迁，这些要素与大学、大学课程发展都有着密切的关系，是大学社会地位和教育功能变化的标志，也是大学课程秩序转型的内在动因。

早期大学并不是知识生产的中心。中世纪的大学以"七艺"为百科全书式的课程，并以亚里士多德的著作为主要内容，学问并不来自大学。大学作为知识生产场所的确立是与知识性质的变化紧密联系的。哲学界习惯于把从古希腊哲学家泰勒斯到德国哲学家黑格尔的学说称为"传统知识论"。在中世纪，诸多知识被统一在基督教信仰体系中，其核心是在上帝这唯一真理下的普遍知识，宗教教义被赋予知识意义，将抽象的知识变为指导人们日常行为和解释神的最终旨意的"道德"真理。这是一种借助于亚里士多德的形而上学、逻辑学、科学和自然哲学的理性，综合了哲学与神学的统一真理观。这种知识观在文艺复兴、宗教改革和启蒙运动的急风暴雨中受到沉重打击，加上自然科学的快速发展尤其是达尔文进化论、牛顿力学和笛卡尔认识论的出现，使基于神学的统一知识体系失去光芒。19世纪，人们惊叹于自然科学成就的同时，逐渐形成了人类及其周围的世界也服从相同的物理定律与过程，观察、归纳、演绎与实验的科学方法不但可以应用于科学，而且在人类思想与行为的各种不同领域里也可以应用的观念。实证主义科学对一种去道德化的知识体系的寻求，完全割裂了知识与德性之间的关系，在这一知识体系中有着多种分门别类、不分高下的知识，这种知识观是一种多元化的科学知识观。以统一性为本质诉求的知识形态可以称为普遍知识，基于普遍知识构建的大学课程秩序称为普遍知识秩序；以多元化为本质诉求的知识形态可以称为科学知识，基于科学知识构建的大学课程秩序称为高深学问秩序。

普遍知识秩序产生于古希腊知识遗产的土壤，因教会的专制得以维持。

纽曼的大学理论可以看作这一秩序的总结和提升。尽管纽曼强调大学不以宗教训练为目的，但它并不反对教会对大学教育的参与，他认为教会对实现大学的完整性是有必要的，这并不是说因为有了宗教的介入，大学的主要特征就会被改变。大学仍具有智育的职责，但教会使大学在履行职责的过程中表现得更稳健。纽曼对传播普遍知识作为大学目的的强调同样基于他对教会创办大学目的的理解，他认为当教会创办一所大学时，它并非出于爱护才智或知识自身，而是为了孩子，为了他们的精神幸福和他们的宗教影响和效用，以便达到训练他们更好地履行各自的生活职责并把他们培养成更聪明、更能干、更活跃的社会成员的目的。正是在宗教与世俗的融合中，以普遍知识为目的的大学课程生成稳定的秩序。

大学课程从"普通知识秩序"走向"高深学问秩序"，知识演进固然是其内在动因，但与多种外部因素的综合作用是分不开的。基于高深学问的大学课程从理论上说有三个特征：知识的专业性强、包含对未知领域的探究、面向少数精英人群。这些特征的生成基于四个现实条件。一是中等教育的大众化。这一点是提升大学教育层级、选拔优秀生源的基本条件，现代大学正是在这一条件下得以发展的。二是人才的专业性成为社会的普遍需求。随着社会分工走向更加精细，科学技术更加广泛地运用，各行各业都需要大量的专业性人才，各种专业普遍受到重视，这样大学的各个学院和各个专业就具有了同样重要的地位，知识不再有类型的高低之分，专业性成为判断学问高低的主要指标，使大学的高深知识教育具有了合理性。三是研究成为大学职能。"研究"将大学的理智生活引入未知领域，对未知的理解、建构与发现是高深知识的重要标志。四是大学享有学术自由。学问之高在于创新，在于批判，在于立异，都需要自由的学术环境，学术自由是高深学问成为大学课程的制度保障。

近一个半世纪以来，尽管大学教育新机构不断涌现，大学课程不断变革，但总体上维持了大学课程的高深学问秩序。20世纪后半叶，在后现代知识的意义建构中，在高等教育大众化的背景下，伴随着数字化生存方式成为现实，高深学问秩序受到越来越多的挑战，导致大学受到越来越多的指责。当代大学已经成为社会上一个体系庞大、肩负大量公共服务任务的重要机构。作为公共服务产品，政府对大学的投入，主要是为了服务社会的公共目的，而不是为了学校自治、学术自由、独立探索等理想的大学理念。这种政策设计导致大学传统理想的式微，并使大学教育进入社会生活的舆论中心。在招致自身怀旧者批判的同时，大学也因公共服务质量的不尽如人意而备受各方指责，包括本科课程体系缺乏统一的目的，本科教育的质量已经开始贬值，大学开始逐渐变为提供就业帮助的训练营，教师无暇关注学生，等等。"顶尖研究型大学"之所以备受批判，源于这些大学丧失了其所代表的理想大学形象。就大学课程来说，需要在大学时代变迁的格局中，审视"高深学问"作为课程秩序的现实合理性。

"高深学问"作为大学的教育特征，最终落实为大学课程目标，表现为一种秩序的存在。多少世纪以来，大学课程一直是围绕保存、传授和发展高深学问而设计与实施的。"高深学问"能够成为大学存在的理由，并作为大学课程的现实秩序，依赖四个条件得以维持。即大学是高深学问的领地、大学学习是少数精英的特权、大学学术自治、学者的学术自由。但是，20世纪中后期，随着大学社会服务功能的强化，激发了政府举办大学的热情，大学规模迅速扩张。公立大学与政府在实现联姻之后，退化为政府的婢女，除了少数传统的私立大学之外，多数大学机构逐步走向官僚化。一些新办的民办或私立大学，更多地充当了市场或社会的服务机构。大学的生存环境发生了根本的变化，加上信息社会到来、学习型社会进程加快，"高深学问"作为大学课程秩序，已经与社会现实需求产生疏离，失去了几乎所有的社会支撑条件。具体表现为：垄断身份的消解，由于数字化生存方式，大学教师不仅失去了对高深学问的集体垄断权，也失去了关于高深学问课程的开发权，人们具有了开放的学习与研究高深学问的时间和空间；合法地位的转移，本科教育已经游离"高深学问"的传统目标，这种传统目标历史性地落到了研究生阶段教育上；现实需求的丧失，对于当代绝大多数本科学生来讲，有关高深学问的需求已经基本丧失；制度环境的变迁，高深学问赖以生存的学术自治和学术自由环境，在当代社会发生了重大变化，学校的学术自治失去基础，教授的学术自由走向没落；机构功能的分离，"高深学问"的大学课程目标建基于科研与教学的一体化，当代科研由于自身的分化和艰深，无法与大学课程教学一体化，使高深学问失去应有的功能基础。

既然高深学问秩序严重失调，"高深学问"也就难以成为当代大学合法存在的哲学基础，必须回到当代知识特征来寻求大学存在的知识依据。在古典时期，大学是知识传播的中心；随着研究职能的确立，近代大学又成为知识生产的场所；现代大学在与社会互动过程中，主动承担起服务社会的责任，大学被社会誉为应用知识的服务站。从本质上说，大学是知识机构，大学的状态反映了知识的社会特征，知识的特征同样反映了大学的社会状态。分析大学课程的知识转型必须基于对当代知识特征的分析。当代知识特征主要表现在三个方面。一是"知识生产模式2"的出现，二是学术资本主义的兴起，三是知识民主化进程加快。三者作为一个整体共同体现了当代社会发生在大学内外的知识行为的特征，对大学课程秩序的冲击是显而易见的，具体表现为个性化知识建构成为课程重要目标、课堂由知识传播的场所变为知识交流的场所、传统的学科体系受到跨学科研究需要的冲击、促进了教学与研究关系的重建。对个性化知识建构，对知识理解的强调，学科知识范式的式微以及教学向生活的转移，无不显示一种新的大学课程秩序生成的必要性。"个人知识"课程秩序取代"高深学问"课程秩序成为可能。

　　置于当代大学内外的知识生态之中，有关个人知识的诸多理论对大学课程开发的意义主要有三。一是主体解放的旨趣。在叔本华把知识融入主体之后，实用主义者把知识的探索转向人的知识世界。法兰克福的大师们把认知过程看作追求个人的自主性、自发性、创造性、自由和解放的过程。哈贝马斯基于解放旨趣的批判取向的认知理论，把知识的理解基于理性本身，深深嵌入主体自身的解放之中。波兰尼更为明确地提出了他的个人知识主张。他声称，科学是人的，特别是个人的，科学认知就是个人认知，个人的认知活动是真正的科学知识，科学方法是人的认知方法，科学是人的科学。他强调在相当大的程度上，一切信息的沟通都得依靠唤醒我们无法明言的知识。哈耶克在解释经济活动的秩序时，发现了个人的分立的知识的存在，恰恰是这种"分立的个人知识"，在社会中起着重大的作用。主体价值对认知过程植入，打开了大学课程理解的新视角，彰显了从学问和专业本身向学生主体回归的理论压力。二是意会认知的方法。吉本斯等人在强调默会知识在当代知识生产中的重要性的同时，指出这种知识具有鲜明的个体性，需要在职业训练和经验积累中获得。这种知识就是波兰尼所说的意会知识，波兰尼认为，在人类的总体认识结构中，意会认识是逻辑在先的，意会推论的目标在于正确地解释外部对象遗留在我们身体内部的痕迹。人与外部世界相对而言，并不是一般的直观对象的表象，而是要找出主体与客体的同体结构，即被他称之为"本体映射"的实在之本质认识结构。这种深层的认知关系却不单纯存在于对象之中，也不是主体的主观创造物，而主体能动干预对象活动的特定方式，即知与在的统一，这才是科学认识论的本真结构。个人知识所提出的意会认知方法对传统的大学教学无疑是巨大冲击，就研究型大学来说，学生进入社会大多从事知识生产模式 2 的相关工作，他们需要提升意会认知能力，他们需要积累意会知识，这是大学课程必须重视的时代命题。三是行动学习的过程。罗蒂把"人应付环境的功用"作为判断知识为真的标准，旗帜鲜明地否定了传统的抽象知识观，把知识获得放进应用的情境之中。哈耶克的自发秩序原理为认知活动提供了实践框架。自发秩序是各种因素基于一般性规律追求各自利益时所造成的偶然结果，秩序运行的机制一方面是人们对一般性行为规则的普遍遵守，二是个人对具体情势的调适。哈耶克所说的一般性规则是一种文化进化的结果，反映了关于社会世界的真知识，是个人知识与经验被广泛纳入的累积性知识储存，没有明确的形式，也不是因果性知识，却能够使我们与周遭世界相调适。哈耶克的自发秩序强调的是个人行动，而行动过程的核心是预期一致前提下的多元互动，最终实现个人意图。在这一过程中对行为规则的遵守以及各种调适行为，都是主体对意会知识的广泛应用。在学术资本主义盛行的市场环境中，应用情境中的知识开发与利用，以及知识的高度民主化，行动学习过程是大学课程实施的重要选择。个人知识理论提供了大学生行动学习的实践框架。

综合不同理论视野中的个人知识观，作为当代知识生态中研究型大学课程目标的"个人知识"，有以下几层含义。其一，学生对专业知识的个性化建构。"个人知识"是个性化知识，是基于个人经验、主观理解、主体内化的知识。传统意义上的任何高深学问，都不可能原样复制到学生头脑中，学生实际掌握的知识一定是自我建构的结果。专业性是大学所传播知识的根本特征，专业知识只有与学生的生活经历、原有知识结构以及现实理智需求建立联结，对学生来说才有价值和意义，否则只能是外在于学生的东西，不能被学生所理解。大学生对专业知识的学习是主体的个性化建构。其二，学生在具体情境中解决问题的能力。"个人知识"是情境性知识，有时表现为特定情势下的个人敏感性，这种敏感包括即时的决策、下意识的方法选择、跨学科思维等。解决问题的能力是大学生较高学习成就的主要指标，这种能力高低取决于情境知识的多寡，也可以说这种能力就是情境性知识。情境性知识有时是个人独占而不为他人所有的，是可意会不能言传的，是在不断解决问题的过程中生成和积累的。其三，学生具体行动中所采取的独特思路与方法。"个人知识"是实践性知识，体现了个人独特的实践方式。学生对"怎么做"的知识的掌握是大学课程的重要任务，也是学生最迫切的需要，这类知识的学习必须与具体行动相结合，每个人对行动意义的理解不同、在行动中的具体行为方式有差异，决定了"怎么做"的知识具有鲜明的个体性，表现为在行动中行动者都有独特的思路与方法。其四，学生对知识价值与自我需要的意知。"个人知识"是自我认知的知识，具有元知识的意义。大学生学习不仅掌握知识，更重要的是发展终身学习的能力，这种能力主要表现为对知识之于自我的价值判断、自我学习需要的意知、自我学习目标的确定、自我学习计划的安排、自我学习过程的调控等，都要求个体意会地知道自我当下的知识状况和未来的认识取向。其五，学生的理智信念与情感寄托。"个人知识"是信念寄居的知识，具有个人的情感关照。学生学习和研究知识的过程，本质上都是有求知满足感或说服别人的愿望和个人责任感这样的感情相伴随的。信念是知识的唯一源泉，在知识的探求过程中，必须将信念内居于具体知识求证之中，这样知识才能实现内化，并成为学生个人的东西。

　　尽管高等教育大众化对大学的冲击是全方位的，但研究型大学的生源质量并没有受到显著影响，本科毕业性以学术为志业者仍占较大比例，当然包括传统的教师、医生、法律等专业性要求较高的职业。只是当代知识状况改变了原有的学术生态，知识产业的文化取向改变了传统知识的地位，数字化生存方式改变了学生的学习生活。原有的基于高深学问的课程秩序已不再适应本科教育的实际需要。个人知识秩序的大学课程也将改变原有的大学理念，研究型大学本科教育不再是单纯传播知识、探索真理、服务社会的场所，将从以知识为目的转向以学生发展为目的，在这个意义上，作为本科教育的研究型大学是学生自我唤醒、学术体验和理智生成的地方。自我唤醒的取向在于"成人"。本科教育阶段是学生走向成人的关键阶段，走向成人的实质是完成社会化，成为理智的、有文化的公民。学术体验的旨趣在于"成事"。学术体验是一种专业素养、一种意会知识、一种文化积淀，是学生在具体情境中完成具有知识性工作的素质基础，是存在于自身而无法编码的知识，是表现一个人做事能力的内在因素。理智生成的取向在于"成才"。理智是一种习惯、一种力量、一种境界、一种精神，是一个有才能的人持续成功的素质基础。尽管许多研究者在概念上用"理智"、"理性"、"智慧"、"智力"等不同表述方式，但作为教育目标的实践取向是基本一致的，并认为促进学生理智生成是大学教育的本质之一。

高深学问秩序课程在从以知识为目的向学生主体回归的过程中，不断地变革自身，最终走向了个人知识秩序。个人知识秩序的出现并不是完全取代高深学问秩序，大学的多样性和复杂性，大学教师根深蒂固的学科思维方式，都决定着高深学问秩序的持续性和顽固性，在个人知识秩序的总体格局中，高深学问秩序可能存在于某一院系中，也可能存在于某一学科中。个人知识秩序要取代的是高深学问秩序，但并不抛弃高深学问。相反，没有高深学问的情境与知识载体，个人知识的建构就是一句空话。谈高深知识或高深学问强调的是知识的性质，谈个人知识说的是个体对知识的建构与形成的结果。在高深学问秩序中，适应与学问本身是教育的目的；在个人知识秩序中，高深学问是学生自我唤醒、学术体验与理智生成的手段，学问本身只是目的之一，且这一目的是附载于意会知识的。高深学问始终是研究型大学的特征，在高深学问秩序中学问本身处于支配地位，在个人知识秩序中学生发展处于支配地位。在高深学问秩序中，学生为学问而来，自身发展遮蔽于学问之中；在个人知识秩序中，学生为发展而来，学问遮蔽于自我完善之中。没有高深学问不可能有个人知识，有了高深学问不一定生成个人知识，或许只是一堆识记的事实。个人知识秩序是大学课程秩序，不是单纯的知识秩序，就大学来说，赖以生存的知识永远是高深学问；但对学生个人来说，在当代社会背景上，生存与发展更多地依赖个人知识。

3. 当代大学课程即秩序自觉中的学生个人知识建构

"个人知识秩序"的大学课程开发，重点包括五个方面。一是从学生个体需要出发把"基本素质培养"与"个人知识生成"作为基础教育与高等教育的目标分野，围绕"个人知识生成"这一核心价值思考高等教育的实践特质，建立大学课程开发研究的哲学基础；二是在"青年学习"与"儿童学习"的比较研究中，把握大学生学习文化，结合终身学习的实践诉求，建立以"个人知识"为整合要素的本科课程目标体系；三是探索服务于学生个体发展的课程理念、解放学生学习权利的课程制度、满足学生多样学习需求的课程资源，构建学院课程整体规划的实践模式，包括课程体系、课程实施和非正式课程；四是在传统基于教材的学习与基于行动的实践学习之间，探讨学生行动学习的必要与可能，建立以学术引领和资源支持为中心的教学策略；五是分析教授的研究行为与课程开发行为，探讨教授作为课程开发者的行为特征、专业要求与实践内容，推动教授走向基于课程研究的新专业化之路。围绕发展大学生的"个人知识"，大学课程开发目标具体有四个维度：丰富学术体验，建构专业知识，提升意会能力，唤醒理智激情。西方一些研究型大学的经验以及我国一些学者的探索，充分说明大学课程个人知识秩序建构是可能的。

新秩序总是伴随制度变迁而逐渐生成的。诺思给出了清晰的制度变迁框架：即正式规则、非正式约束以及二者的实施特征。在这一框架中，制度有的是最优化选择的结果如正式规则，有的则有演进的成分如非正式约束，二者的实施特征往往取决于实施者的主动建构。就大学课程制度来说，正式规则表现为正式课程包括课程结构体系及相关规定；非正式约束表现为隐性课程包括各种规章制度、学校文化传统、校园活动、各种学院经历以及人际关系等；二者实施特征主要呈现于课程实施中，主要是教学，也包括实践活动、情境创设、科研行为等。促进个人知识秩序生成的制度重建主要基于这一制度框架展开，以学生学习为中心重建课程体系，以丰富学生的学术经历为重点实现隐性课程自觉，以服务学生行动学习为根本优化课程实施过程。

正式课程——以学生学习为中心的整体设计。一是建立"以学生学习为中心"的课程理念。确立具有丰富人本价值的教育观，强调学生个人价值与社会普通价值的统一，强调通过学生个人价值的实现最终实现教育的社会价值，真正赋予学生作为学习主体的发展权利；形成彰显个体发展意义的学生观，赋予学生自主发展的合法地位和权利，在为学生提供均等学习机会的前提下区别对待每一个学生，从他们的现实需要出发帮助他们学习，服务他们的发展，同时研究每一个体的特点，提供适切性的教育，使他们基于自身的经验和条件获得最佳的发展；构建突出学生经验价值的学习观，进入学生的经验世界来认识世界，给予个体经验以知识的意义，使本已融入个体生命的学习真正成为其自身生活的内容，成为其经验的自然生长；关注学生作为整体的人的发展，大学教育唯有贯彻个体、自然、社会有机统一的原则才能实现整体的人的发展目标。打破学科界限，围绕人的生活经验进行有机的教育统整，是课程设计的重要选择；培养学生的终身学习能力，具体包括终身学习的观念、全面的知识素养、合作交流能力、批判思维方式、创新意识和创造能力、民族情感和国际视野等。二是信息时代人类学习概念和目标重建。信息时代的学习是资源学习，是终身学习，是自主学习，是协作学习，要求人类学习目标进行必要的革新，寻求阶段性目标与终身发展目标的统一、接受性知识目标与批判性思维目标的统一、科学文化素养目标与信息素养目标的统一、个体发展目标与团队发展目标的统一。三是围绕学生学习优化课程结构与内容。以学生学习为中心的课程结构状态，需要打破大学原有的教学、科研、服务的功能区分，所有的活动都围绕学生的学习展开。它以学习项目为载体，打破了原来基于学科专业的课程模式，生成一种跨学科的探究状态。这种课程已经重新诠释了学术的内涵，已经不再是外在于学生的抽象原理，而是被学生所体验的应用情境中的知识生产力，是融入学生个体意识的意会能力。这正是高深学问转化为个体知识所需要的课程结构。作为研究型大学普适性的本科课程结构模型，它更加强调通识性，以高深学问学习为载体，达到学生人格完善、理智培养、学术理解等素质发展目的，引导学生提高意会认知能力，实现学生自主的专业建构。四是以提高学生学习能力为目的创新课程组织方式。除了一般意义上的学习能力之外，大学本科生的学习能力还与学术理解、知识运用有关，面对跨学科的知识生产与使用环境必须具有超学科的认知能力，面对问题解决情境必须具有专题探究的能力，面对终身发展、持续发展的任务必须具有对学习本身的研究能力。据此，开发跨学科课程，从多学科入手，将知识置于真实的生活情境，学生的需要是组织的中心，学科不再是最初计划课程的平台；组织专题研习，把学生作为建构知识的主体，以研究的方式展开学习，包括无结构的、有结构的、半结构的、真实世界的专题研习等多种结构形式等，超越课堂，走进实验室，走向社会的真实生活；开设专门的学习科学课程，提高学生元学习能力，让学生通过精心设计的学习生活，获得自觉的学习体验，并反思与超越固有的学习经验与学习习惯，形成稳定的学习能力结构。

隐性课程——丰富学生的学术经历。一是组建学术共同体。建立一种相互依赖的学术信念，将教学与研究置入广阔的社会空间，在各专业与各学科的交叉地带寻求对学问的深刻理解。这种组织与文化不仅深深地影响学生的学习和学术认知，其道理同样适应于学生的学习。典型的学习团体通常由少数几位学生组成，他们共同学习两门或更多的课程。一些课程是在指定的教室上课，另一些则可以在他们的住所内完成。其基本组织原则是致力于创建"学习者共同体"，通过这种社会结构将学生们彼此联系在一起。学术共同体也包括师生教学与研究共同体。在学科研究与教学的交叉点上设置项目，师生共同参与研究，这些研究可能是理论问题，更多的是应用问题，尽可能吸收多学科的参与。二是丰富学院经历。大学应当对本科新生进行学校传统文化和生活方式的指导，让新生们理解学院的目标和传统，时时刻刻提醒他们在学院教育中的机会和应该履行的义务，每一所大学都建立起综合性的和设施完整的校内体育运动计划，以便能够为全体学生服务，而不是仅仅为少数有体育专长的学生服务。学院要鼓励学生自主的活动，要开展各种有意义的集会活动。经营宿舍文化生活，是丰富学生学院生活的重要部分。参加服务工作使学生接触到新人、新思想，使学校生活与整个社会结合起来。在社区服务中的学习，使学生们认识到他们自己并不仅是具有独立机能的个人，而且还是一个更大的社会群体内的成员，而且他们对这个群体是要尽一定义务的。三是变革学习文化与管理行为。被动接受型向主动吸收型转变，由知识容器型向探索创新型转变，由封闭型向开放型转变，格式化向个性化转变。这需要大学把管理重心转向学习管理，包括更新学习管理的观念，明确学习管理的内容，构建学习管理的网络平台，营造自由和谐的学习环境。唯有如此，主体自由的创新性学习才能真正实现。

课程实施——服务学生的行动学习。一是服务学生行动学习的教学设计。分析学生需要，分析课程资源，分析教学现场，分析教学经验，把学生的实际发展需要放在第一位，以引领学生的有效发展，这种引领是基于学生自主发展需要的引领，而非学术暴力。目标设计避免刚性统一的传统思维，重在设计底线性目标，强化弹性目标的设计，尽可能为所有学生预留自主生成的学习空间，真正通过目标的个性化促进学生的个性化学习。善于利用课程开发共同体，努力实现课程资源共享，更重要的是要调动学生作为课程资源开发主体的积极性，让所有的学生都参与课程资源开发。学生自主开发的学习资源能充分体现学生学习的主体性、能动性和积极性，提高教学效果。改变传统单一讲授行为，尽可能采取实验、示范、对话等多样化、创新性的行为。教师的教学行为与学生的学习方式统一于具体的学习活动之中，教学设计方案最终呈现的是学生的学习活动设计。改变以知识为目的的评价模式，教授必须对学生提出明确的思维与学术体验要求，以学习乐趣与学术规范之间、知识接受与个人信念之间、学生自主与教师引导之间把握平衡，做到差异性和统一性互补。二是网络时代行动学习的主要方式。建立个性化的学习资源库，每一个学习者都有条件建立自己的学习资源库，包括个人电子图书馆、个人课程平台、个人发展电子档案、个人研究成果集等；规划个人的学习社区，包括在线交友、社区讨论、稳定的社区团队学习等；实施自我知识管理工程，建立个人知识库以提升显性知识的价值，不断地进行学习反思以将隐性知识外化为显性知识，开辟资源共享通道。在信息时代，传统的学习方式得以延伸，而以远程学习、移动学习、虚拟学习为典型的新型方式被广泛运用，改变了学习的形态，使即时学习、无间隙空间学习、检索性学习成为可能，人类学习进入一个全新的境界。三是技术推动下的学习行为创新。在信息化条件下，传统的系统知识学习、单项学习、师生互动的学习、接受性学习等都发生了重要的改变，问题探究学习、综合学习、人机互动学习、创新性学习以及团队协作学习有了重要的技术条件支撑，从而逐渐成为主流的学习行为。

在大学课程秩序从高深学问向个人知识转型的意识自觉中，学术的核心话语地位已悄悄让位于主体的发展，学术自由在"图腾"意义上的局限也清晰起来。大学在争取学术自由的过程中，不自觉地颠覆了"自由"的本义，在理想与现实的纠缠中仅仅是获得了一种学术束缚。这种束缚既来自对多元化学术的反叛，也来自强烈的社会规训。如果学术自由没有学术边界的限制，那么，学者的自由就与这些更普遍的自由没什么两样。这些更为普遍的自由当然也适用于作为公民的学者，但学术自由对学者及其所处的社会要求更高。学者必须认识到，作为自己所占有的社会职位的一个条件，自己有义务遵循学术探究的标准。自主性的发展不是以自由为先决条件的，相反，这个在规训场所中发生的发展（以一种特殊的自律形式），既是在发展进程中对自由的一种否定，又是对自由作为这些进程的和结果的一种拒绝，正是由于这些原因，知识／权力才会存在。学术自由已经失去了它原初的价值和意义。"学术自由"诞生于对普遍真理追求的土壤中，在高深学问的秩序中实现建构，同时也完成了自身的历史使命。它知识本位的血液，已经不能适应服务学生发展的个人知识秩序需要。向"发展自由"的话语转换，将避开当代科学自身的乱象，聚焦于知识群落中人的发展，在自身获得合理性的同时，也将实现大学教育新的意义建构。

雅斯贝尔斯作为存在主义哲学的主将，从存在主义观念出发，对大学生主体自由发展的理念作了系统论述，在主体回归的大学教育中，我们需要回到雅斯贝尔斯，追寻大师的思想足迹。发展自由意味着有天才的自信和追求，意味着在局限中寻求自由，意味着对自己的掌握和追寻，意味着在科学中寻找生命意义，意味着通过认知展现最大可能。在个人知识建构的语境中，"发展自由"是大学教育的核心价值，其意义在于保证学生多样化发展、个性化发展。在个人知识秩序中，"发展自由"表现为精神独立、行动自律、学问自理三方面实践表征。

学生作为自我探险者、教师作为课程开发者是"发展自由"内在旨趣。在以学问为本位追求的大学课程秩序中，无论方式如何变化，内在的精神仍是"服从"，因为老师是学术权威。学术自由对学生来说仅仅意味着在规定框架内有一定的选课自由，由于学分结构的制约，这种选择权是十分有限的，加上各种证书考试，学生的学习自由成为一句空话。所以学生只是一个"学问的接受者"。个人知识秩序不同，它把学生自身的发展作为核心，而人的发展需要自主和自由，否则只能是按照某种外在意志的形塑。需要学生成为"自我探险者"。学生的自我探险必然包括对高深学问的理解和接受，其动力来自主体的求知欲望，而非功利的目的。学生对学问的接受，同样不排斥自我的探险，成熟的学生始终在学问的批判性接受中获取自我的认知和价值的追求。学生自我探险者的定位旨在彰显"发展自由"的教育意义，并与传统以高深学问为目的的教育秩序做出区分。

在"发展自由"的语境中，需要我们重新认识基于教授角色的学术定位。教授成为课程开发者意味着教授教学不再是简单执行教材，需要重视课程资源开发和教学过程设计；意味着教授的专业研究不能直接成为教学内容，需要进行课程编制；意味着教授的学术与教学不再是全部专业行为，需要承担课程开发任务；意味着教授不再是简单的知识传播者和生产者，需要为学生提供个性化的学习服务。作为课程开发者，教授首先要成为大学课程研究者，参与课程决策，进行课程设计，解决实践问题，优化教学过程，构建教学模式。

总之，大学课程秩序是特定历史时期知识状况在教育生活中的具体反映，不同的课程秩序之间有历史的承继性但并不相互排斥。大学课程开发与研究要从自然状态走向秩序自觉，"个人知识秩序"将生成研究型大学课程的新意义，即秩序自觉中的学生个人知识建构。

参考文献

B. 伯恩斯坦 . 2002. 论教育知识的分类和构架 [M]// 麦克·F. D. 扬 . 知识与控制——教育社会学新探 . 谢维和，朱旭东，译 . 上海：华东师范大学出版社 .

D. A. 库伯 . 2008. 体验学习：让体验成为学习和发展的源泉 [M]. 王灿明，等，译 . 上海：华东师范大学出版社 .

G. 霍奇森 . 2005. 经济学与制度（第三章）[M]// 安德鲁·甘布尔 . 自由式的铁笼：哈耶克传 . 王晓冬，朱之江，译 . 南京：江苏人民出版社 .

G. 霍奇森 . 2008. 方法论个人主义的含义 [M] // 姚中秋 . 自发秩序与理性 . 杭州：浙江大学出版社 .

Howard A. Ozmon, Samuel M. Craver. 2006. 教育的哲学基础 [M]. 石中英，等，译 . 北京：中国轻工业出版社 .

J. B. 伯里 . 1999. 思想自由史 [M]. 宋桂煌，译 . 长春：吉林人民出版社 .

J. 瓦西纳 . 2007. 文化与人类发展 [M]. 孙晓玲，等，译 . 上海：华东师范大学出版社 .

L. 迪·芬克 . 2006. 创造有意义的学习经历 [M]. 胡美馨，等，译 . 杭州：浙江大学出版社 .

Randall Curren. 2011. 教育哲学指南 [M]. 彭正梅，等，译 . 上海：华东师范大学出版社 .

阿尔弗雷德·席勒，等 . 2006. 秩序理论与政治经济学 [M]. 史世伟，等，译 . 太原：山西经济出版社 .

埃里希·弗洛姆 . 2000. 逃避自由 [M]. 刘林海，译 . 北京：国际文化出版公司 .

艾伦·布卢姆. 2007. 美国精神的封闭 [M]. 战旭英，译. 南京: 凤凰出版传媒集团译林出版社.

艾米·古特曼. 2010. 民主教育 [M]. 杨伟清，译. 南京: 译林出版社.

爱德华·希尔斯. 2007. 学术的秩序——当代大学论文集 [M]. 李家永，译. 北京: 商务出版社.

爱德华·希尔斯. 2010. 教师的道与德 [M]. 徐弢，等，译. 北京: 北京大学出版社.

安迪.哈根里夫斯. 2007. 知识社会中的教学 [M]. 熊建辉，等，译. 上海: 华东师范大学出版社.

安东尼·史密斯，等. 2010. 后现代大学来临? [M]. 侯定凯，等，译. 北京: 北京大学出版社.

巴巴拉·G. 戴维斯. 2006. 教学方法手册 [M]. 严慧仙，译. 杭州: 浙江大学出版社.

保罗·弗莱雷. 2001. 被压迫者教育学 [M]. 顾建新，等，译. 上海: 华东师范大学出版社.

鲍桑葵. 1995. 关于国家的哲学理论 [M]. 汪淑钧，译. 北京: 商务印书馆.

比尔·雷丁斯. 2008. 废墟中的大学 [M]. 郭军，等，译. 北京: 北京大学出版社.

彼得·圣洁. 1998. 第五项修炼——学习型组织的艺术与实务 [M]. 郭进龙，译. 上海: 上海三联书店.

伯顿·克拉克. 2001b. 探究的场所——现代大学的科研和研究生教育 [M]. 王承绪，译. 杭州: 浙江教育出版社.

伯顿·克拉克. 2001a. 高等教育新论——多学科的研究 [M]. 王承绪，等，译. 杭州: 浙江教育出版社.

博耶. 2003. 关于美国教育改革的演讲 [M]. 涂艳国，方彤，译. 北京: 教育科学出版社.

博耶. 2004a. 学院——美国本科生教育的经验 [M]// 吕达，周满生. 当代外国教育改革著名文献（美国卷·第一册）. 北京: 人民教育出版社.

博耶. 2004b. 学术水平反思——教授工作的重点领域 [M]// 吕达，等. 当代外国教育改革著名文献（美国卷·第三卷）. 北京: 人民教育出版社.

查尔斯·霍顿·库利. 1989. 人类本性与社会秩序 [M]. 包凡一，等，译. 北京: 华夏出版社.

查尔斯·霍默·哈斯金斯. 2007. 大学的兴起 [M]. 梅义征，译. 上海: 上海三联书店.

陈桂生 . 2006. 教育学建构刍议 [M]// 俞立中 . 大学之道——华东师范大学的理论与实践（中）. 上海：华东师范大学出版社 .

陈洪捷 . 2006. 德国古典大学观及其对中国的影响 [M]. 北京：北京大学出版社 .

陈洪捷 . 2006. 论高深知识与高等教育 [J]. 北京大学教育评论（4）.

陈锡恩 . 1948. 美国大学课程的改造 [M]. 檀仁梅，译 . 北京：商务出版社，1948.

程玮 . 2012. 论学习场域视角中大学师生的文化权力关系 [J]. 黑龙江高教研究（10）.

辞海编辑委员会 . 1999. 辞海 [Z]. 上海：上海辞书出版社，1999.

大卫·帕尔菲曼 . 2011. 高等教育何以为"高"——牛津导师制教学反思 [M]. 冯青来，译 . 北京：北京大学出版社 .

大卫·沃德 . 2007. 令人骄傲的传统与充满挑战的未来——威斯康星大学 150 年 [M]. 李曼丽，李越，译 . 北京：清华大学出版社 .

道格拉斯·C. 诺思 . 2011. 制度、制度变迁与经济绩效 [M]. 杭行，译 . 上海：格致出版社 .

德雷克·博克 . 2008. 回归大学之道——对美国大学本科教育的反思与展望 [M]. 侯定凯等，译 . 上海：华东师范大学出版社 .

邓正来 . 2010a. 哈耶克读本 [M]. 北京：北京大学出版社 .

邓正来 . 2010b. 哈耶克社会理论 [M]. 上海：复旦大学出版社 .

迪恩·纽鲍尔 . 2009. 全球化和教育：特征、动力和意义 [M]// 彼得·D. 赫肖克，马克·梅森，约翰·N. 霍金斯 . 变革中的教育：全球化进程中亚太地区的领导力、创新和发展 . 任友群，等，译，上海：华东师范大学出版社 .

迪戈·甘姆贝塔 . 2001. 我们信任吗？ [M]// 郑也夫 . 信任：合作关系的建议与破坏 . 北京：中国城市出版社 .

杜普伊斯，高尔顿 . 2006. 历史视野中的西方教育哲学 [M]. 彭正梅，朱承，译 . 北京：北京师范大学出版社 .

杜威 . 1991. 我们怎样思维·经验与教育 [M]. 姜文闵，译 . 北京：人民教育出版社 .

杜威 . 1994. 学校与社会、明日之学校 [M]. 赵祥麟，译 . 北京：人民教育出版社 .

恩斯特·卡西尔 . 1985. 人论 [M]. 甘阳，译 . 上海：上海译文出版社 .

菲利浦·阿特巴赫 . 1986. 比较高等教育 [M]. 符娟明，陈树清，译 . 北京：文化教育出版社 .

菲利浦·阿特巴赫 . 2006. 变革中的学术职业：比较的视角 [M]. 别敦荣，主译 . 青岛：

中国海洋大学出版社.

菲利普·阿特巴赫,等.2010.全球高等教育趋势——追踪学术革命轨迹 [M].姜有国,等,译.上海:上海交通大学出版社.

菲利普·阿特巴赫,等.2007.为美国高等教育辩护 [M].别敦荣,等,译.青岛:中国海洋大学出版社.

冯友兰.2005.五四后的大学 [M]//钟叔河,朱纯.过去的大学.武汉:长江文艺出版社.

弗·鲍尔生.1986.德国教育史 [M].滕大春,等,译.北京:人民教育出版社.

弗兰克·H.T.罗德斯.2007.创造未来:美国大学的作用 [M].王晓阳,等,译.北京:清华大学出版社.

弗兰克·纽曼,等.2012.高等教育的未来——浮言、现实与市场风险 [M].李沁,译.北京:北京大学出版社.

弗雷斯特·W.帕克,等.2004.课程规划——当代之取向 [M].谢登斌,等,译.杭州:浙江教育出版社.

弗雷斯特·W.帕克,等.2010.当代课程规划(第八版)[M].孙德芳,译.北京:中国人民大学出版社.

福兰克·A.斯米德林,等.2007.自治与责任:谁在控制学术界 [M]//菲利普·阿特巴赫,等.21世纪的美国高等教育:社会、政治、经济的挑战.施晓光,等,主译.青岛:中国海洋大学出版社.

傅永军.2011.后现代知识观与社会批判方法的知识学意义 [M]//文史哲编辑部.知识论与后形而上学:西方哲学新趋向.北京:商务印书馆.

格尔哈德·帕普克.2001.知识、自由与秩序 [M].黄冰源,等,译.北京:中国社会科学出版社.

龚放.2008.试论现代大学的社会责任 [J].北京大学教育评论(2).

龚放.2010.课程和教学:高等教育研究的潜在热点——对《高等教育研究》的一点期望 [J].高等教育研究(11):24-25.

哈贝马斯.1999.认识与兴趣 [M].郭官义,李黎,译.北京:学林出版社.

哈尔蒂·布荣.2001.自发社会秩序和文化进化 [M]//格尔哈德·帕普克.知识、自由与秩序.黄冰源,等,译.北京:中国社会科学出版社.

哈佛委员会.2010.哈佛通识教育红皮书 [M].李曼丽,译.北京:北京大学出版社.

哈瑞·刘易斯.2007.失去灵魂的卓越——哈佛是如何忘记教育宗旨的 [M].侯定凯,译.上海：华东师范大学出版社.

哈耶克.1997.自由秩序原理（下）[M].邓正来,译.北京：生活·读书·新知三联书店.

哈耶克.2000.致命的自负 [M].冯克利,等,译.北京：中国社会科学出版社.

哈耶克.2003.个人主义与经济秩序 [M].邓正来,译.北京：生活·读书·新知三联书店.

海斯汀·拉斯达尔.2011.中世纪的欧洲大学（第一、二、三卷）[M].崔延强,邓磊,译.重庆：重庆大学出版社.

贺国庆,等.2006.外国高等教育史（第二版）[M].北京：人民教育出版社.

亨利·A.吉鲁.2008.教师作为知识分子——迈向批判教育学 [M].朱红文,译.北京：教育科学出版社.

洪堡.1992.国家对其公民的幸福可以关心到多大程度 [M]// 赵祥麟.外国教育家评传.上海：上海教育出版社.

胡军.2006.知识论 [M].北京：北京大学出版社.

怀特海.2002.教育目的 [M].徐汝舟,译.北京：生活·读书·新知三联书店.

黄福涛.2008.外国高等教育史（第二版）[M].上海：上海教育出版社.

黄俊杰.2002.大学通识教育探索：中国台湾经验与启示 [M].广州：中山大学出版社.

黄坤锦.2006.美国大学的通识教育 [M].北京：北京大学出版社.

黄政杰.1997.大学的课程与教学 [M].台北：汉文书店.

吉尔.1985.裂脑与意会认识 [J].刘仲林,李本正,译.自然科学哲学问题丛刊（1）.

吉尔伯特·赖尔.1992.心的概念 [M].徐大建,译.北京：商务印书馆.

纪宝成.2003.转型经济条件下的市场秩序研究 [M].北京：中国人民大学出版社.

嘉格伦.2000.网络教育——21 世纪的教育革命 [M].北京：高等教育出版社.

加里·罗兹,希拉·斯劳特.2004.学术资本主义、被操纵的专业人员以及供应经济学政策的高等教育 [M]// 王逢振.美国大学批判.王义国,译.天津：天津人民出版社.

杰勒德·德兰迪.2010.知识社会中的大学 [M].黄建如,译.北京：北京大学出版社.

金子元久.2009.大学教育力 [M].徐国兴,等,译.上海：华东师范大学出版社.

经济合作与发展组织.2011.教育概览 2011：OECD 指标 [M].中央教育科学研究所,译.北京：教育科学出版社.

卡尔·波普尔.2001.客观知识——一个进化论的研究 [M]. 舒伟光，等，译. 上海：上海译文出版社.

科林·A. 罗南.2009.剑桥插图世界科学史 [M]. 周家斌，等，译.济南：山东画报出版社.

克拉克·克尔.2008.大学之用 [M]. 高铦，等，译.北京：北京大学出版社.

克里斯托弗·K. 纳普尔，等.2003.高等教育与终身学习 [M]. 徐辉，等，译.上海：华东师范大学出版社.

库利.1999.人类本性与社会秩序 [M]. 包凡一，王源，译.北京：华夏出版社.

拉尔夫·泰勒.1994.课程与教学的基本原理 [M]. 施良方，译，北京：人民教育出版社.

李白鹤.2006.波兰尼默会认识思想探析 [J]. 江汉论坛（9）.

理查德·罗蒂.1992.后哲学文化 [M]. 黄勇，编译.上海：上海译文出版社.

理查德·罗蒂.2007.实用主义、相对主义和非理性主义 [M]// 苏珊·哈克.意义、真理、行动——实用主义经典文选.北京：东方出版社.

丽贝卡·S. 洛温.2007.创建冷战大学——斯坦福大学的转型 [M]. 叶赋桂，等，译.北京：清华大学出版社.

连玉明.2004.学习型社会 [M]. 北京：中国时代经济出版社.

联合国教科文组织国际教育委员会.1996.学会生存——教育世界的今天和明天 [M]. 华东师范大学比较教育研究所，译.北京：教育科学出版社.

梁启超，蔡元培，等.2004.大学的精神 [M]. 北京：中国友谊出版社.

林智中，等.2006.课程组织 [M]. 北京：教育科学出版社.

刘宝存.2004.大学理念的传统与变革 [M]. 北京：教育科学出版社.

刘放桐.2000.新编现代西方哲学 [M]. 北京：人民出版社.

卢德馨.2009.大理科模式 20 年——思想、举措、人才 [M]. 北京：清华大学出版社.

卢现祥，朱巧玲.2007.新制度经济学 [M]. 北京：北京大学出版社，2007.

路易斯·P. 波伊曼.2008.知识论导论——我们能知道什么？（第 2 版）[M]. 洪汉鼎，译.北京：中国人民大学出版社.

罗伯特·M.2006.戴尔蒙德.课程和课程体系的设计和评价实用指南 [M]. 黄小苹，译.杭州：浙江大学出版社.

罗伯特·M. 赫钦斯.2001.美国高等教育 [M]. 汪利兵，译.杭州：浙江教育出版社.

罗杰·金,等.2008.全球化时代的大学 [M].赵卫平,主译.杭州:浙江大学出版社.

罗竹风.1991.汉语大词典(第八卷)[M].上海:汉语大词典出版社.

吕达,周满生.2004.当代外国教育改革著名文献(美国卷·第一册)[C].北京:人民教育出版社.

马丁·特罗.2007.从大众高等教育到普及高等教育:美国的进步 [M]// 菲利普·阿特巴赫,等.为美国高等教育辩护.别敦荣,等,译.青岛:中国海洋大学出版社.

马克斯·韦伯.2006.韦伯论大学 [M].孙传钊,译.南京:江苏人民出版社.

玛丽埃伦·韦默.2006.以学习者为中心的教学 [M].洪岗,译.杭州:浙江大学出版社.

迈克尔·W.阿普尔.2001.意识形态与课程 [M].黄忠敬,译.上海:华东师范大学出版社.

迈克尔·波兰尼.2004.科学、信仰与社会 [M].王靖华,译.南京:南京大学出版社.

迈克尔·波兰尼.1985.波兰尼讲演集 [M].台北:台湾联经出版社.

迈克尔·波兰尼.2000.个人知识——迈向后批判哲学 [M].许泽民,译.贵阳:贵州人民出版社.

迈克尔·波兰尼.2002.自由的逻辑 [M].冯银江,等,译.长春:吉林人民出版社.

迈克尔·吉本斯,等.2011.知识生产的新模式——当代社会科学与研究的动力学 [M].陈洪捷,沈文钦,译.北京:北京大学出版社.

麦克·F.D.扬.2002.知识与控制——教育社会学新探 [M].谢维和,朱旭东,译.上海:华东师范大学出版社.

麦克尔·N.巴斯特多.2007.高等教育课程:当代问题的历史根源 [M]// 菲利普·阿特巴赫,等.21 世纪的美国高等教育——社会、政治、经济的挑战.施晓光,等,译.青岛:中国海洋大学出版社.

娜仁高娃,柳海民.2010.基础教育"学习场域"的构建设想与反思 [J].东北师大学报(哲学社会科学版)(3).

尼古拉斯·雷舍尔.2007.复杂性——一种哲学概观 [M].吴彤,译.上海:上海世纪出版集团.

诺贝特·埃利亚斯.2003.个体的社会 [M].翟三江,译.南京:译林出版社.

帕克·罗斯曼.2006.未来高等教育:终生学习与虚拟空间 [M].范怡红,主译.青岛:中国海洋大学出版社.

帕克·罗斯曼.2007.未来的教与学:构建全球终生学习体系 [M].范贻红,主译.青岛:

中国海洋大学出版社.

潘懋元，王伟廉.1995.高等教育学 [M].福州:福建教育出版社.

皮埃尔·布迪厄, 华康德.1998.实践与反思——反思社会学导引 [M].李猛, 李康, 译.北京:中央编译出版社.

齐格蒙特·鲍曼.2010.大学:历史、现状和差异性 [M]// 安东尼·史密斯, 等.后现代大学来临?.侯定凯, 等, 译.北京:北京大学出版社.

乔尔·查农.2009.社会学与十个大问题 [M].汪丽华, 译.北京:北京大学出版社.

乔治·D.库恩.2007.今天的大学生:为什么我们不能顺其自然 [M]// 菲利普·G.阿特巴赫等.为美国高等教育辩护.别敦荣, 等, 译.青岛:中国海洋大学出版社.

乔治·D.库恩.2007.今天的大学生:为什么我们不能顺其自然 [M]// 菲利普·G.阿特巴赫, 等.为美国高等教育辩护.别敦荣, 等, 译.青岛:中国海洋大学出版社.

乔治·J.波斯纳.2007.课程分析 [M].仇光鹏, 等, 译, 上海:华东师范大学出版社.

乔治·赫伯特·米德.1999.心灵、自我与社会 [M].霍桂桓, 译.北京:华夏出版社.

让-弗朗索瓦·利奥塔尔.2011.后现代状况 [M].车槿山, 译.南京:南京大学出版社.

塞缪尔·亨廷顿.1989.变动社会的政治秩序 [M].张岱云, 等, 译.上海:上海译文出版社.

桑迪潘·德布.2010.印度理工学院的精英们 [M].黄永明, 译.北京:北京大学出版社.

桑新民.2004.学习科学与技术——信息时代大学生学习能力培养 [M].北京:高等教育出版社.

施良方.1994.学习论 [M].北京:人民教育出版社.

叔本华.1982.作为意志和表象的世界 [M].北京:商务印书馆.

斯宾塞.1994.什么知识最有价值 [M]// 任钟印.世界教育名著通览.武汉:湖北教育出版社.

田润峰.2002.论秩序 [D].西安:陕西师范大学.

托尼·比彻, 等.2008.学术部落及其领地:知识探索与学科文化 [M].唐路勤, 等, 译.北京:北京大学出版社.

王伟廉.2008.高等学校课程研究导论 [M].广州:广东高等教育出版社.

王一军, 龚放.2010.高等教育大众化阶段高校教学定位的再思考——基于伯顿·克拉克"教学漂移"观点的分析 [J].高等教育研究（2）.

威尔伯特·J.麦克齐, 等.2005.麦克齐大学教学精要 [M].徐辉, 译.杭州:浙江大学出版社.

威廉·墨菲,等.2007.芝加哥大学的理念 [C].彭阳辉,译.上海:世纪出版集团上海人民出版社.

韦森.2001.社会秩序的经济分析导论 [M].上海:上海三联书店.

韦森.2008.再评诺思的制度变迁理论 [M]// 道格拉斯·C.诺思.制度、制度变迁与经济绩效 [M].杭行,译.上海:格致出版社,上海三联书店,上海人民出版社.

沃特·梅兹格.2010.美国大学时代的学术自由 [M].李子江,等,译.北京:北京大学出版社.

沃特·梅兹格.2010.美国大学时代的学术自由 [M].李子江,罗慧芳,译.北京:北京大学出版社.

希拉·斯劳特,拉里·莱斯利.2008.学术资本主义——政治、政策和创业型大学 [M].梁骁,等,译.北京:北京大学出版社.

谢安邦.1999.高等教育学(修订版) [M].北京:高等教育出版社.

谢作栩.2001.马丁·特罗高等教育大众化理论述评 [J].现代大学教育(3).

许泽民.2000.中译本序 [M]// 迈克尔·波兰尼.个人知识——迈向后批判哲学.许泽民,译.贵阳:贵州人民出版社.

薛天祥.2001.高等教育学 [M].桂林:广西师范大学出版社.

雅克·韦尔热.2007.中世纪大学 [M].王晓辉,译.上海:上海人民出版社.

雅斯贝尔斯.1991.什么是教育 [M].邹进,译.北京:生活·读书·新知三联书店.

雅斯贝尔斯.2007.大学之理念 [M].邱立波,译.上海:上海世纪出版集团.

亚伯拉罕·弗莱克斯纳.2001.现代大学论——美英德大学研究 [M].徐辉,等,译.杭州:浙江教育出版社.

亚当·斯威夫特.2008.政治哲学导论 [M].佘江涛,译.南京:江苏人民出版社.

亚瑟·科恩.2010.美国高等教育通史 [M].李子江,译.北京:北京大学出版社.

杨冬雪,等.2006.风险社会与秩序重建 [M].北京:社会科学文献出版社.

杨雪冬.2005.论作为公共品的秩序 [J].中国人民大学学报(6).

佚名.1997.现代性的地平线:哈贝马斯访谈录 [M].上海:上海人民出版社.

尹伯成.2006.西方经济学史——从市场经济视角的考察 [M].上海:复旦大学出版社.

俞吾金.2011.从传统知识论到生存实践论义 [M]// 文史哲编辑部.知识论与后形而上学:西方哲学新趋向.北京:商务印书馆.

郁振华. 2002. 克服客观主义——波兰尼的个体知识论 [J]. 自然辩证法通讯（1）.

约翰·S. 布鲁贝克. 1987. 高等教育哲学 [M]. 王承绪，等，译. 杭州：浙江教育出版社.

约翰·S. 布鲁贝克. 1991. 教育问题史 [M]. 吴元训，主译. 合肥：安徽教育出版社.

约翰·W. 梅厄，等. 2004. 课程的内容———个制度主义的视角 [M]// 莫琳·T. 哈里楠. 教育社会学手册. 傅松涛，等，译. 上海：华东师范大学出版社.

约翰·波洛克，乔·克拉兹. 2008. 当代知识论 [M]. 陈真，译. 上海：复旦大学出版社.

约翰·亨利·纽曼. 2001. 大学的理想 [M]. 徐辉，等，译. 杭州：浙江教育出版社.

詹姆士. 1979. 实用主义 [M]. 北京：商务印书馆.

詹姆斯·D. 马歇尔. 2008. 米歇尔·福柯：个人自主与教育 [M]. 于伟，等，译. 北京：北京师范大学出版社.

詹姆斯·杜德斯达. 2005. 21 世纪的大学 [M]. 刘彤，译. 北京：北京大学出版社.

詹姆斯·洛温. 2009. 老师的谎言——美国历史教科书中的错误 [M]. 马万利，译. 北京：中央编译出版社.

张国启. 2010. 秩序理性与自由个性——现代文明自身的话语体系与实践机制研究 [M]. 北京：人民出版社.

张一兵. 1991. 波兰尼意会认知理论的哲学逻辑构析 [J]. 江海学刊（3）.

张沂福. 1992. 大学课程论 [M]. 南京：江苏教育出版社.

赵汀阳. 2011. 深化启蒙：从方法论的个人主义到方法论的关系主义 [J]. 哲学研究(1).

赵祥麟. 2003. 外国教育家评传（第 3 卷）[M]. 上海：上海教育出版社。

中国大百科全书编委会. 1991. 中国大百科全书·社会学卷 [M]. 北京：中国大百科全书出版社.

中国高等教育学会. 2008. 改革开放 30 年中国高等教育发展经验专题研究 [M]. 北京：教育科学出版社.

钟启泉. 2006. 教学与研究的关系：高等教育功能的教育学考察 [M]// 俞立中. 大学之道——华东师范大学的理论与实践（中）. 上海：华东师范大学出版社.

周光礼. 2003. 学术自由与社会干预——大学学术自由的制度分析 [M]. 武汉：华中科技大学出版社.

Armstrong，David G. 2003. Curriculum today[M].New Jersey: Pearson Education，Inc..

Bocock, J., David Watson. 1994. Managing the University Curriculum: Making Common Cause[M]. The Society for Research into Higher Education & Open University Press.

Bogue, E. Grady, Jeffery Aper. 2000. Exploring the Heritage of American Higher Education: The Evolution of Philosophy and Policy[M]. Oryx Press.

Diamond, Robert M. 1989. Designing and Improving Courses and Curricula in Higher Education : A Systematic Approach[M]. Jossey Bass Inc., Publishers.

Dressel, Paul L. 1971. College and University Curriculum[M]. Michigan State University.

Eble, Kenneth E. 1990. The Aims of College Teaching[M]. Jossey-Bass Publishers.

Elster, Jon. 1985. Making Sense of Marx[M].Cambridge University Press.

Emans, Robert L. 1989. Understanding Undergraduate Education[M]. University of South Dakota Press.

Fink, L. D. 2003. Creating significant learning experiences [M]. San Francisco: Jossey-Bass Publishers.

Fisher, C., David C. Dwyer, Keith Yocam. 1996. Education & Technology: reflections on computing in classrooms[M]. San Francisco: Jossey-Bass Publishers.

Gaff, Jerry G. , James L. Ratcliff. 1997. Handbook of Undergraduate Curriculum: A Comprehensive Guide to Purposes, Structures, Practices, and Change[M]. San Francisco: Jossey-Bass Publisher.

Gaff, Jerry G. 1991. New life for the college curriculum[M]. San Francisco: Jossey-Bass Publishers.

Hayek, F. A. 1952. The Sensory Order[M]. London: Routledge & Kegan Paul.

Hayek, F. A. 1978. New Studies in Philosophy, Politics, Economics and History of Ideas[M]. Routledge & Kegan Paul.

Henry, J. 1994. Teaching through projects[M]. London: Kogan Page.

Kelly, A. V. 2009. The curriculum: theory and practice (6th edition) [M]. London: SAGE Publications.

Lattuca, Lisa R., Joan S. Stark. 2009. Shaping the College Curriculum: Academic Plans in Context[M]. San Francisco: Jossey-Bass Publishers.

Lattuca, Lisa R. , Jennifer Grant Haworth, Clifton F. Conrad. 2005. College and university curriculum: developing and cultivating programs of study that enhance student learning[M]. Boston: Pearson custom publishing.

Levine, A. 1988. Handbook on undergraduate curriculum[M]. San Francisco: Jossey-Bass

Publishers.

OECD. 2000. Management in the Learning Society[M].Paris: OECD.

Ratcliff, J. L. 1997. What is a curriculum and what should it be?[M]//In J.G.Gaff & J.L.Ratcliff. Handbook of the undergraduate curriculum: A comprehensive guide to purposes, structures, practices, and change. San Francisco: Jossey-Bass.

Rudolph, Frederick. 1978. Curriculum: A History of the American Undergraduate Course of Study Since 1636[M]. Jossey-Bass Publishers.

Rudolph, F. 1987. Curriculum: A history of the American undergraduate course of study since 1636[M]. San Francisco: Jossey-Bass Publishers.

Tanner, D., Laurel Tanner. 2007. Curriculum development: theory into practice[M]. New Jersey: Pearson Education, Inc..

The Carnegie Foundation. 1977. A commentary of The Carnegie Foundation for the Advancement of Teaching. Missions of the College Curriculum[R]. Jossey-Bass Publishers.

Tierney, William G. 1989. Curricular Landscapes, Democratic Vistas: Transformative Leadership in Higher Education[M]. Praeger publishers.

Tinto ,Vincent. 2007. Learning Better Together: The Impact of Learning Communities on Student Success [M/OL]. [2007-11-27]. http://www. mcli.dist.maricopa.edu/fsd/c2006/docs/learningbettertogether.pdf.

Veysey, Laurence R. 1970. The Emergence of the American University[M]. Chicago,The University of Chicago Press.

Whitehead, A. 1929. Universities and their functions[M]. The Aims of Education and Other Essays. London: Williams and Norgate.

William L. Schubert, Ann Lynn Lopez Schubert, Thomas P. Thomas, Wayne M. Carroll. 2002. Curriculum Books : The First Hundred Years[M]. New York: Prter Lang Publishing, Inc..

附录1

研究型大学本科学生学习情况调查问卷

各位同学：

　　您好！为了解大学本科生学习的基本情况以及您的态度，我们拟定了这份调查问卷。我们承诺：调查结果的分析不对个人作任何评价，只是为改进大学本科教学提供参考或依据。您的回答对我们的研究非常重要。因此，请您如实地表达自己的想法，以便下一步的结果分析更加合理、科学。对您的参与，我们深表谢意！

南京大学教育研究院

第一部分：您的基本情况，请在合适的选项前打上"√"。

Q1 性别：A. 男　　B. 女

Q2 专业：A. 文科　　B. 理科　　C. 工科　　D. 其他

Q3 年级：A. 二年级　　B. 三年级　　C. 四年级

Q4 户籍性质：A. 农村　　B. 县城　　C. 地级以上城市

Q5 任职情况：A. 无任职　　B. 班干部　　C. 院、校级学生干部

Q6 毕业计划：A. 去政府机关（或事业单位）　　B. 去企业（或公司）

　　　　　　C. 继续学习　　D. 不明确

第二部分：在下列各问题的答案中，选择最符合您想法的一项打"√"。

1. 您认为当前大学课程实际追求的核心学习目标是什么？

　A. 掌握专业知识和技能

　B. 提高文化素养

　C. 培养科研能力

D. 满足个人兴趣

E. 提高社会适应能力

F. 其他

2. 您在大学课程学习中实际追求的目标是什么?

A. 掌握专业知识和技能

B. 提高文化素养

C. 培养科研能力

D. 满足个人兴趣

E. 提高社会适应能力

F. 其他

3. 您认为当前大学课程追求的学习目标与您的个人发展需求是否符合?

A. 非常不符合

B. 较不符合

C. 不确定

D. 较符合

E. 非常符合

4. 您认为当前大学课程体系与社会需求的关联程度如何?

A. 几乎没有

B. 较少

C. 一般

D. 较大

E. 非常高

5. 在您已经学过的必修课程中,您认为仅仅是为了获取学分的课程占多大比例?

A. 几乎全部

B. 比例很大

C. 半数左右

D. 比例较小

E. 几乎没有

6. 在学校为您开设的选修课目录中,真正想去学习的课程有多大比例?

A. 几乎全部

B. 比例很大

C. 半数左右

D. 比例较小

E. 几乎没有

7. 在您所学过的并已计入学分的所有课程当中，切合您自身学习需要的有多大比例？

A. 几乎全部

B. 比例很大

C. 半数左右

D. 比例较小

E. 几乎没有

8. 在所修大学本科课程提供的教材中，您饶有兴趣、多次阅读的有多大比例？

A. 几乎全部

B. 比例很大

C. 半数左右

D. 比例较小

E. 几乎没有

9. 在教师推荐的阅读书目中，您认真阅读的有多大比例？

A. 几乎全部

B. 比例很大

C. 半数左右

D. 比例较小

E. 几乎没有

10. 在大学学习生活中，下列哪个因素对您的影响最大？

A. 课程

B. 教师

C. 同学

D. 社团活动

E. 家人

F. 其他

11. 在大学学习生活之中，教师对您的哪个方面影响最大？

A. 专业知识

B. 学术体验

C. 自我认知能力

D. 社会适应能力

E. 情感与信念

F. 其他

12. 在大学学习生活之中，课程内容对您的哪个方面影响最大？

A. 专业知识

B. 学术体验

C. 自我认知能力

D. 社会适应能力

E. 情感与信念

F. 其他

13. 在大学学习生活之中，同学对您的哪个方面影响最大？

A. 专业知识

B. 学术体验

C. 自我认知能力

D. 思维品质

E. 情感与信念

F. 其他

14. 在大学学习生活之中，您参与的社团活动对您的哪个方面影响最大？

A. 专业知识

B. 学术体验

C. 自我认知能力

D. 社会适应能力

E. 情感与信念

F. 其他

15. 您如何评价本校可用的网络学习资源？

A. 很丰富

B. 比较多

C. 一般

D. 比较少

E. 几乎没有

F. 其他

16. 您在本科阶段，您有没有制订学习计划？

A. 有完整系统的学习计划

B. 有某一方面或某一阶段的学习计划

C. 只有学校统一的学习计划

D. 没有任何学习计划

E. 其他

17. 您最喜欢哪种学习方法？

A. 听讲

B. 自学

C. 合作学习

D. 研究性学习

E. 其他

18. 您花时间最多的是哪个方面的学习？

A. 外语学习

B. 专业课程

C. 普通文化课程

D. 个人兴趣类学习

E. 其他

19. 总的来说，您觉得任课教师与您的关系怎样？

A. 很密切

B. 较密切

C. 一般

D. 较疏远

E. 很疏远

20. 在一般情况下，任课教师与您在哪一个方面交往最多？

A. 学习指导

B. 生活帮助

C. 思想交流

D. 参与教师研究

E. 帮老师做事

F. 其他

21. 在一般情况下，任课教师对您的个性化学习要求关注程度如何？

A. 从不关注

B. 较少关注

C. 一般

D. 比较关注

E. 非常关注

22. 一般来说，老师授课过程中是否就内容、方式、进程等征求学生的意见吗？

A. 从不

B. 较少

C. 偶尔

D. 较多

E. 很多

23. 一般来说，您认为课程成绩能反映您的真实学习收获吗？

A. 很少

B. 较少

C. 一般

D. 较多

E. 很多

24. 一般来说，考试内容和手段能反映课程本身的学习要求吗？

A. 很少

B. 较少

C. 一般

D. 较多

E. 很多

25. 您如何评价当前所在院（系）的本科教学质量？

　　A. 很差

　　B. 比较差

　　C. 一般

　　D. 比较好

　　E. 很好

第三部分　请您简要回答下列问题。

26. 您最喜爱学习的本科课程是什么？说说您的理由。

27. 对您影响最大的教授是谁？说说您的理由。

28. 您认为理想的大学学习生活应该是什么样子？

附录 2

研究型大学课程有关问题访谈提纲

Interview outline about some related questions on curriculum in Research University

访谈对象：研究型大学有关教授

Interviewee: some professors in Research University

尊敬的教授：

您好！对您在百忙之中能够接受访谈表示由衷的敬意！我是南京大学教育研究院博士生王一军，为了完成我的博士学位论文，我非常渴望能够得到您的帮助。

随着大学本科教育质量问题的显露，人们越来越关注大学教育的核心——课程（包括教学和学习）。就研究性大学本科课程来说，包括课程理念、课程目标、课程内容、课程组织、课程管理、课程评价等诸多要素，教师和学生则是课程开发主体。本次访谈以这些主体和要素为对话框架，以研究性大学具有本科教学经历的教授为访谈对象。访谈的主要目的有三点：一是了解被访教授对大学课程的认识、理解以及形成的课程观；二是了解被访教授对本科教学定位、大学课程开发、教授的课程角色以及大学课程管理制度等现实问题的看法；三是就学生的课程主体地位、大学课程哲学等理论问题进行探讨。以下是具体访谈提纲。

Dear Professor,

Please allow me to express my sincere respect and appreciation for your accepting my interview of your busy schedule. My name is WANG Yijun, I am a doctoral candidate of Institution of Education in Nanjing University, I am eager to get your help to finish my doctoral dissertation.

With the quality of undergraduate education revealed, we pay more and more attention to the core of higher education— curriculum (teaching and learning included). As to undergraduate curriculum of research university, the various elements of the idea, objective, content, structure, management, evaluation of curriculum should be included, and teachers and students are the subject of curriculum development. The interview is based on the dialogue frame of these elements and subjects, and some professors in Research University who have the teaching experience for undergraduate are invited for this interview. Here are the three main aims of this interview:

First, get to know the cognition, understanding of the higher education curriculum of the interviewed professors and their views of curriculum.

Second, get to know the views of the interviewed professors of their   understandings of topical issues such as positioning for undergraduate teaching, higher education curriculum development, the role of professors in curriculum, and higher education curriculum management system.

Third, discuss some theoretical issues of students' subject status in higher education curriculum and philosophy of higher education curriculum.

Thank you very much for your zealous help, and looking forward to your early reply.

Best wishes,

Sincerely yours,

WANG Yijun

The following are the outline of the interview:

1. 从您个人的经历来看，目前进行教学和科研所依赖的知识，有多少是在大学本科阶段学到的？本科教育给您一生最大的影响是什么？

1. From your own experience, for the knowledge you use in teaching and research, do you think about what proportion are acquired from your undergraduate study? Do you think what the most important influence on your life from undergraduate education is?

2. 目前的大学教育越来越关注为学生就业服务，有的专家认为其功能是远不如周末"短期职业培训班"。您怎么看这一问题？究竟如何定位研究型大学的本科教育？

2. Today, university has paid more attention on student's employment. So some experts argue that the university can not do better than "short-time occupational training institution" in this aspect, what is your opinion on this problem? What is the essential or fundamental orientation of Research University?

3. 您认为影响大学教学质量最核心的因素是什么？您的教学实践主要关注哪些问题？

3. What is the most important factor influencing the quality of university teaching? In your teaching practice, what issues do you pay attention to?

4. 您是如何理解大学课程的？您认为当前研究型大学课程主要存在哪些问题？

4. What is your opinion about curriculum in higher education? Do you think what the problem of curriculum in today's research university is?

5. 谈到大学课程，许多大学教授总是基于自身的研究编制方案和确立内容，您认为这样做合适吗？大学教授在课程开发中应扮演什么角色、主要工作有哪些？

5. As to curriculum of higher education, many professors always develop the curriculum from their own research; do you think it is a proper method? What the roles do you think should the professor play in curriculum development? And what should the professor do in curriculum development?

6. 大学管理者应建立怎样的大学课程理念？现行的大学课程管理制度主要有哪些？您觉得应建立怎样的课程管理制度？

6. What ideas should the leaders of university hold to university's curriculum? What are the main systems of curriculum management in university? What is the good system in your opinion?

7. 回顾历史，大学教育文化经历了三次大的变革。一是中世纪大学走出宗教的桎梏，确立以知识传授为核心的教育职能；二是近代以柏林大学创办为标志，确立了大学的科研功能；三是现代以威斯康星思想为标志，赋予大学社会服务功能。但是学生自身的需求始终被边缘化，研究性大学能否确立学生中心的教育文化？您认为大学课程怎样才能更多地关注学生？您对大学课程改革有什么建议？

7. In history of higher education, there are three periods of development. With the development of university, we find that researching and service have become more and more important, and the needs from student own have been more and more neglected. Do you think whether or not should Research University form the student centered culture? What are your

suggestions to curriculum reform in today's university?

8. "数字化生存方式"、"终身发展理念的确立"以及"快速的高等教育普及化进程"无疑对研究性大学教育产生重要影响，您认为这些影响主要包括哪些方面？围绕"高深学问"建立的高等教育哲学是否需要重新审视？

8. "Being with the information", "lifelong learning and development", "rapid popularization of higher education", these ideas now have impacted on higher education greatly. So in your opinion, what are the main factors that influenced the higher education most deeply? Do we need to rethink the philosophy of higher education which is built around the key idea "profound knowledge"?

索　引

后　记

　　攻读高等教育学博士学位，对我来说，纯粹是"闲逸的好奇"，却又不同于弗莱克斯纳、维布伦、怀特海、布鲁贝克等所说的"真理"的目的，仅仅是一种对教育理性的探险。在我的意识之中，社会科学研究的目标只能是洞察和理解，能够揭示特定社会背景下的短暂性规则，但无法再现其普遍性。这也正是本论文聚焦于研究大学课程问题，并根植于高等教育大众化、生存方式数字化和学习生活社会化背景之中的原因。恩师龚放教授曾问我为什么对高等教育学感兴趣，我坦言：选一所自己向往的大学，认一位德高望重的导师，在研究方向与原有学科背景之间保持张力。于是就牵手了南京大学的高等教育学。与高等教育学从相识、相恋到相知，是通过与大师对话、与现实纠缠、与理想相望达成的，意象中的小桥流水、肃穆教堂、常春青藤，是诗意的栖居，更是无限的思想空间，构成高等教育学无法抗拒的美丽。

　　在论文构思与写作中，我两次寄居江南大学。那些日子，在这所新型大学中，我常独自一人，伫立曲水桥头眺望夕阳尽染的山色，漫步小蠡湖畔流连水光摇曳的倒影，倚栏听雨轩中倾听如丝震颤的生机。每当这时，总有江大学子们或置身树丛书声琅琅，或二三成群议论纷纷。在自然与人文之间我感受到一种高度的融合，能够鲜明地触摸到大学那极具历史厚重感的脉动与呼吸。正是在这样的文化生态中，我把当下江南的诗画烟雨与中世纪欧洲的教堂钟声联系起来，在知识的时间隧道中，追寻大学课程的秩序之旅。

　　在研究的艰难旅程中，我珍惜来自老师、同行的每一次观点碰撞或质疑，不管是真诚的帮助还是不屑的讥讽。异质的理解是不可多得的力量，它拨开朦胧的迷雾，使我看到深度思维背后的绚丽风景。有人说，与"高深学问"相对的概念是"基础知识"，怎么会出现"个人知识"？我不禁想到"封建主义"、"资本主义"和"社会主义"，这些概念之间在逻辑上也没有内在联系，马克思为什么会使用它们来概括不同的社会形态呢？我最终明白，作为人类社会实践的研究，目的是描述实践、建构实践，并不是概念辨析，概念使用必须尊重历史、现实与发展。基于发达国家大学课程的走向以及当代知识状况的研究不难发现，发展"个人知识"是当代大学的核心目标，"个人知识"与"高深学问"一同成为大学存在的哲学基础，与社会主义社会与资本主义社会并不完全相异一样，大学课程的"个人知识秩序"并不背离"高深学问"作为大学的重要表征。有人说，"秩序"这一概念的嵌入是多余的。事实上，概念本身就是一种分析，理论的自恰总是以思想的准确概念化为前提。用"秩序"来描述大学课程的历史变迁并生成认识框架，是研究的重要基础。至于本书的研究方法，有人说是一种思辨研究，促使我又一次对社会科学研究方法进行认真的学习，发现并没有所谓"思辨"的研究方法。本书从对大学课程发展中的知识问题批判入手，结合历史分析，提出理论假设，通过调查研究验证问题，参考新制度主义分析框架进行实践建构，并以史实或案例作为理论阐释的基础。这是一种理论研究，就研究模式来说，与实证研究并不背离，只是证实的力度没有纯粹的数据分析强而已。

个性使然，我关注高等教育的现实问题，更关注高等教育的理想问题。从本质意义上来说，发现和解决问题是教育实践行为，教育研究的目的是理解问题，从而发现有效可靠的教育判断。基于发现与解决问题的研究试图寻求科学的思维，寻求理解和判断的研究离不开哲学思维。著名政治学家列奥·施特劳斯认为，科学教育面临的危险是，它不再使人类变得广博和深邃，正确理解的人性比科学更能给我们提供直接的帮助，洞察力和见微知著的精神比几何学更有用。同样道理，教育研究中单纯的科学思维往往规避必要的价值判断，忽视对"好教育"的思考，忽视基于人性的教育美德的追求，使教育研究失去灵魂。教育研究需要关注人类对美德的追求，在应然教育的追寻中发现新的教育理解，超越时代教育的问题局限，展示对人类教育理想的敬畏和尊重。

我注重研究的具体方法，更重视研究的理论范式。理论与方法往往是难以分割的。诸如行为主义理论、理性选择理论、制度分析理论、建构主义理论、女权主义理论、马克思主义理论等无不是成熟的理论模型。这些理论模型表现为包含相互关联的价值、理论和假定的知识框架，研究正是在这样的框架中进行的。当我们在特定理论框架中展开研究时，理论就成了一种研究方法和分析工具。具体研究方法的运用需要理论范式的关照，是因为理论建构的需要而选择方法，方法本身不是目的。当我们基于理论探究而选择方法时，我们判断的着力点在于方法自身的合理性。没有好的方法，只有适切的方法。没有科学的理论，只有喜欢的、好的和富于解释力的理论。

我立足于教育生活世界，更迷恋于进入客观知识世界。在波普尔（Karl R. Popper）看来，存在三个世界。第一世界是包括物理实体和物理状态的物理世界，简称世界1。第二世界是精神的或心理的世界，包括意识状态、心理素质、主观经验等，简称世界2。第三世界是思想内容的世界、客观知识世界，简称世界3。知识世界本身是客观、自主和实在的，它处在彼此之间的逻辑关系之中，知识存在自身固有的特性和规律，它们是其他领域（或对象）所没有的，这些特性或规律原则上不可断定为已给的特性或规律，它们可引导人们去生产和创造新的知识。在这个意义上，教育生活世界是我们研究的对象，关于教育的知识世界同样是我们研究的对象，那些教育常识是教育知识生产的依据，那些充满智慧的教育思想是重要的财富。从世界3的理论出发，我们必须承认基于思想与逻辑的理论与实践建构是教育学研究多元化的重要内容，事实上教育的理论与实践都是深度建构的结果。只有学术自由和宽容才有研究的多元化，只有研究的多元化才能确保高等教育的生命常青。

在这充满挑战和冒险的理性旅途中，恩师龚放教授的一次次点拨与鼓励，犹如黑夜中的亮光，使我看清远方的路，并对未来旅程充满好奇、勇气和信心。恩师对自己从事的高等教育研究极尽虔诚，他能整段背诵大学教育的研究作品，他总是充满激情地讲述高等教育中的每一个人和每一件事，他像呵护自己的孩子一样呵护我们身上被他激发出的对高等教育的热情。恩师总能以最敏锐的眼光捕捉到高等教育最前沿的研究走向，鼓励自己的学生挑战旧循，探索新路，传递给学生的是一种学术的开放与大气。南大的课堂是尊严、激情与挑战的复合体。每一个老师都把上课作为崇高的事情，并用不同的方式表达着对课堂的敬畏。龚放、冒荣、桑新民、张红霞、王运来、汪霞等教授各具风格的课堂，本身就是重要资源，给高等教育研究带来无穷的魅力。

在论文准备出版之际，从中国高等教育学会传来消息，我的博士论文被评为 2013 年度全国高等教育学优秀博士论文。感谢中国高等教育学会的专家以智者的眼光和仁者的胸怀给予我的真诚鼓励。感谢南京大学吕林海博士在我论文写作中给予我的无私帮助。感谢华东师范大学柯政博士、北京师范大学杨明全博士、南京师范大学许立新博士、南京大学范利群硕士和黄成亮博士，还有我的同事尹坚勤研究员、马振理研究员、马维娜研究员，他们为我的调研与访谈做了大量的工作。感谢江苏省教育科学研究院丁晓昌院长、杨九俊副院长、彭钢所长，他们在我读书期间为我提供诸多支持。感谢教育科学出版社所广一社长、刘明堂主任为本书的顺利出版所付出的努力。

日本学者中村雄二郎说，我们人类的求知活动应该是一种超越了日常生活中的习惯性状态的行为，应该是能带来生机勃勃的生命轮回的行为。也正是在这个意义上，我们人类的求知活动极像那充满了冒险的旅行。我想，我的旅行才刚刚开始。

2014 年 3 月于南京百家湖

出 版 人　所广一
责任编辑　刘明堂
版式设计　孙欢欢
责任校对　贾静芳
责任印制　曲凤玲

图书在版编目（CIP）数据

当代大学课程秩序论：在"高深学问"和"个人知识"之间／王一军著 . —北京：教育科学出版社，2014.9
ISBN 978 - 7 - 5041 - 8240 - 1

Ⅰ.①当… Ⅱ.①王… Ⅲ.①高等学校—课程—教学研究 Ⅳ.① G642.3

中国版本图书馆 CIP 数据核字（2014）第 066405 号

当代大学课程秩序论——在"高深学问"和"个人知识"之间
DANGDAI DAXUE KECHENG ZHIXULUN——ZAI "GAOSHEN XUEWEN" HE "GEREN ZHISHI" ZHIJIAN

出版发行	**教育科学出版社**			
社　　址	北京·朝阳区安慧北里安园甲 9 号	市场部电话	010-64989009
邮　　编	100101	编辑部电话	010-64989419
传　　真	010-64891796	网　　址	http://www.esph.com.cn
经　　销	各地新华书店		
制　　作	北京大有图文信息有限公司		
印　　刷	保定市中画美凯印刷有限公司		
开　　本	169 毫米 ×239 毫米　16 开	版　　次	2014 年 9 月第 1 版
印　　张	21.5	印　　次	2014 年 9 月第 1 次印刷
字　　数	325 千	定　　价	49.00 元

如有印装质量问题，请到所购图书销售部门联系调换。